図書新聞
インタビュー

語りの記憶・書物の精神史

米田綱路【編著】

社会評論社

まえがき

米田綱路

ほぼ二年間にわたり、図書新聞紙上でインタビューを続けてきた。書物を手がかりに話を聞いた方々の数は、すでに六〇人にのぼる。このなかから選んで編まれた本書は、書物と人間、そして歴史にまつわるそれぞれの「語りの記憶」であり、語りのなかで本と本とを繋ぎ紡いでいく「書物の精神史」、その一つの記録である。

書評紙という舞台で、インタビュー形式による本の紹介を始めた動機はいろいろある。これはと思う一冊の本を、できるかぎりスペースを割いて紹介したいという思いも強かったが、直接著者の方々に会い、本をめぐって話を聞き続けるなかから見えてきたのは、書物の内容や著者のモティーフのみならず、歴史と人間への省察ともいうべきものが、各人の語りのなかから浮かび上がってくるということだった。

本書に収録したなかでも、自らの個人史と時代とを交錯させながら二〇世紀を語った石堂清倫氏、講演で「済州島四・三事件と私」を伝えた金時鐘氏の語りは、歴史と人間、そして二〇世紀という時代への省察に貫かれている。記録することと、そして書物を読むとはどういうことかを、語りに接した私自身を含めて、人々に問いかける内容がそこには溢れていた。書物が、かけがえない人間の記憶を内包するものであるとするならば、語りはその記憶に命を吹き込むものとなる。それこそが、時代に刻印された人生に浸された「語りの記憶」であることを、収録したそれぞれの話は物語っている。

一貫して一九三〇年代とその前後史を「この時代」の問題として問い続けてきた池田浩士氏は、二〇世紀を規定したともいえるナチズムとスターリニズムを、その内部に生きた人々の日常と感性に肉薄することで捉えてゆく。「この時代」に深く影を落とす歴史のさなかでいまを捉える意味を、池田氏の語りは読者とともに考え、問いかける。そして細見和之氏は、記憶し伝えることのかけがえのなさを、カツェネルソンや尹東柱、ツェランの〈投瓶通信〉の如き詩、その記憶が「出会う場所」をつくるなかで語った。

「ペルー日本大使公邸占拠事件」で「人質」となった小倉英敬氏は、全員射殺によって断たれたMRTAメンバーの声を伝え、その存在を総体的に捉えるなかで、グローバル化と五〇〇年史への視点、そして「事件」を報道した日本のマスメディアのありようなど、封殺された対話をめぐる問題を掘り下げてゆく。太田昌国氏は、噴出する「日本ナショナリズム」への洞察と、それに対する対抗軸を、自らの日常と実践のなかで問いかけていく。二人のインタビューは、現代の問題を考え、書物を読む意味を問う内容となっている。

インタビューを続けるなかで、私は書物を手がかりに、北海道から沖縄まで、列島各地を著者に会いに訪ねてゆくことになった。それは、それぞれの土地で生き、思索してきた人々の語りに接する旅であり、書物と人とを結ぶ精神史を探り当てる旅でもあった。

北海道近現代史を生きた人間の記録を書きついできた平澤是曠氏は、自らの人生と交錯させながら、北海道精神史の脈流を物語った。それは、『語りの記憶・書物の精神史』という本書のタイトルを体現する語りであった。秋田・能代にあって、花岡事件や出稼ぎの近現代史、森林や農をめぐる聞き書きを続けてきた野添憲治氏は、研究や「正史」に隠れた民衆の生きざまを記録してきたみずからの半生をたどりながら、能代から見える世界を語った。そして、大阪・猪飼野に生まれた金蒼生氏の語りは、生きるなかで温められ、紡ぎ出された言葉に包まれていた。そこには、現代日本の知の驕慢を照らし出す、生きた思想が脈打っていた。

私は、新聞記者が詩人と歴史家の眼を持つということを、沖縄の二人のジャーナリストに学んだ。新川明氏と三木健氏のインタビューには、ジャーナリズムが歴史への視座と思想に裏打ちされてあるという、日本のマスメディアが喪失した時代批判の感性が横溢していた。

水俣を抱いて旅立つ学生、その巡礼者の姿を語る最首悟氏、そして水俣病者と向き合い、身体のざわめきを聴きとる学問を模索する栗原彬氏の語りは、センシビリティに貫かれ、傷つき共振する身体のなかで、書物を読み学ぶことの意味を問いかける内容となっている。野本三吉氏の語りは、子どもとの関わりのなかで、歴史を受けとめ、語り伝える「暮らしのなかの思想」の大切さを伝えている。

生きる場で考え、書を読み実践するなかから、みずからの言葉で編み出された哲学が、花崎皋平氏の語りから浮き彫りになる。そして柳原一徳氏の語りには、震災以後の神戸にあって、一人ひとりの生きざまに寄り添い、身体のなかに凝固しまた呟くような声々に耳を澄ますなかから、社会や行政、ひいては日本近代の病理を抉り出す言葉の強さがあった。

それぞれの言葉が、本書のなかで交錯し響いている。語る人びと、語られるものごとをとおして、開き開かれてゆく精神の在処を問い求める言葉が、本書にはちりばめられている。こうして、各人の「語りの記憶」が、それを受け取る者へと伝えられてゆくのだ。

一人ひとりによって語られた書物を読者に伝えること、なによりそれが、書評紙に生命を吹き込むということを、それぞれの語りは示している。それらをつなぎ合わせ読者に伝えることが、なにより「書物の精神史」を紡ぎ出してゆく実践であると、聞き手として、私はここに収めさせていただいた各人の語りに学んでいった。

それぞれの語りの後にインタビューメモの如きものを付した。書物をたどる手がかりになればと願う。

本書への収録を許してくださった皆さんに感謝いたします。インタビューのなかで、金時鐘氏の語りは講演収録であるが、語りの記憶・書物の精神史をたどるに欠かせぬものと無理を申し上げ、お許しいただいた。ここに改めて感謝の言葉を記させていただきます。

図書新聞《インタビュー》

語りの記憶・書物の精神史◎目次

I　証言の時代としての二〇世紀

Ⅱ　掘り起こされる列島の記憶

III　身体からつむぎだされることば

図書新聞 インタビュー

語りの記憶・書物の精神史

I 証言の時代としての二〇世紀

二〇世紀を生きる
終わりゆく世紀の証言

石堂清倫
Ishido Kiyotomo

愛国主義から排外主義へ――二〇世紀日本の幕開け

――まもなく一九九九年も終わりを告げます。いま、二〇世紀とはどういう時代であったか、改めて問い直すべき時に来ています。そこで、一九〇四年に生まれて日本の戦前、戦中、戦後から東欧革命・ソ連崩壊以降の九〇年代を、まさに二〇世紀と共に歩んでこられたともいえる石堂さんに、この世紀を顧みてお話をうかがいたいと思います。

石堂　日本にとっての二〇世紀の始まりは、帝政ロシアが極東に進出して、アムール河北岸に住んでいる中国人三〇〇〇人ばかりを虐殺したという大事件です。第一高等学校の寮歌「アムール河の流血や」が日本中に流行しました。つまり、帝政ロシアのアジア進出への脅威に対する反応で、日本の二〇世紀は幕を開けたことになります。

一九二〇年代になって勃興した労働運動のなか、最初のメーデーの時に歌われた「聞け万国の労働者」のメロディは、実は「アムール河の流血や」の流用でした。つまり、わずか十数年で、そのメロディがツァーリズムの極東進出に対する愛国的な慷慨悲憤の歌から、労働者解放の歌のそれへと変わったわけです。

しかし、それも一〇年ほどしか続かなかった。すぐに日本には反動期が訪れて、メーデーは禁止された。それで、官製で軍国主義の歌である「日本陸軍の歌」が歌われます。「大和男の子と生まれなば、散兵戦の華と散れ」というものです。おなじメロディが、わずか二〇年の間に、愛国の歌から労働者解放の歌になり、それがすぐに巻き返されて

石堂清倫（いしどう・きよとも）　一九〇四年石川県生まれ。東京帝大新人会、組合運動、無産者新聞の編集に携わる。二八年、「三・一五事件」で検挙。三三年、転向・釈放後日本評論社に入社、三八年、満鉄調査部に入社、四三年、満鉄調査部第二次検挙で逮捕、投獄。敗戦後大連で労働組合運動に加わる。帰国後、日本共産党に入党、のち離党。荒畑寒村らとともに運動史研究会を結成、またグラムシ研究会を創設し、翻訳・紹介に努める。そのほかロイ・メドヴェージェフ『共産主義とは何か』など、数多くの翻訳を手掛ける。主な著書に『わが異端の昭和史』『続わが異端の昭和史』『異端の視点』『中野重治と社会主義』ほか。

軍国主義の歌にもなった。このことが、二〇世紀前半の特徴のように思われるわけです。

民主主義の花が開く前に、日本では社会主義の花が広がった。しかし、その広がり方に問題があって、満洲事変が一九三一年に起こります。満洲事変は日本にとって運命的な岐れ道でした。当時のことを思いかえしてそのように思います。一九二九年の国際的経済危機はわが国にとっても苦い経験でした。わけても日本農村は深刻な分解をおこしていました。娘の身売りや自殺のくらい話が新聞をにぎわしていました。それまでも農村では土地のない小作人と地主のあいだに闘争が進行していました。それがこの時期になると、小作料減免をめぐる経済闘争から、地主的土地所有の廃止が農民の要求になりかけていました。

日本の軍部は三〇年暮から三一年夏にかけ、全国的に満蒙侵略の大宣伝運動を敢行しました。彼らは窮乏のなかで革命化しようとしていた農民をとらえようと努力したのです。一六五万人を動員し、一八六六回の講演会をひらきました。参謀本部や陸軍省の作成した種本にもとづき、佐官たちがはげしい煽動演説を試みました。彼らは農民にたいし、窮乏脱出の手段として地主制度の廃止をさえ叫びました。しかし彼らは、日本における人口過剰と土地狭小の現状では、たとえ土地分配を実行しても零細所有に変りはなく、空しく餓死するよりは、満蒙の沃野を入手する方法をえらぶと言いました。そうすれば、農家は一躍して十町歩の地主になれる。そのためには、天皇をいただき国内政治を一新しなければならないというのです。

それだのに、自由主義者も左翼もこの悪煽動に反対するものはなかったのです。人口や土地の問題から対外侵略をひきだすのでなく、国内改革によって新しい生活をつくりだすべきであり、その具体的可能性があることを説く人は出てこなかったのです。露骨な満蒙侵略論はこうして世論になりました。日本の農村は軍部のヘゲモニーのもとに組織されました。それからというものは、もう止めどなく侵略が拡大していって、大戦争になってゆくわけです。

――日本における社会主義と労働者解放についてはどのようにお考えですか。

石堂　日本の社会主義運動が、どうして国民の多数をリードできなかったのかという大きな問題があると思います。先頃、田中彰『小国主義』（岩波新書）というよい本が出ましたが、本当は一九九九年ではなくて、一九三〇年に出てほしかったのです。

たしかに、国民の中には少数ながら民主主義的な熱望というものがあったという証明にはなるけれども、それが多数を代表できなかったことに問題が残ります。満蒙侵略の軍部の全国宣伝に批判も抵抗もされなかったと言いましたが、さかのぼって、一八八〇年の「軍人勅諭」が、とくに全国各地の在郷軍人会支部網をつうじて、農村を天皇信仰の基盤にしてきた事実があります。しかし、この君主専制を鼓吹する勅諭に対してもほとんど批判をしてきていません。たしかにそれを批判することは危険な作業でしょう。ですが、批判も反対もしないのはそれを黙認することであり、客観的にはそれを支持することになります。なぜ日本の進歩陣営はそのような態度をとったのか。その他の問題では進歩的であり、民主的でもあるが、その底辺には古い伝統精神の層を残しているのでないかと思われます。

われわれ日本人には非常に古くから、排外主義の精神があったのでないかということです。それは中世からあったに違いない。そこには歴史的根拠があったのでしょう。

日本が古代から中世にかけて、中国の大陸文化に出会いますが、それは日本の文化に比べると格段に優秀で、日本は圧倒されたと思うのです。だから、一所懸命に大陸文化を吸収しようとしたわけですが、その吸収の仕方自身に問題があって、これは吉川幸次郎さんがいうことですが、外来の文化を吸収する場合に日本的な歪曲を試みているといいます。文化を本質的に摂取するよりも、現存の日本の支配体制に適応するように曲げて吸収している。例えば儒教でも、人倫の道として受け入れるのでなく封建制擁護の手段として取りこむところがあるという意見です。

それは、弱小の文化が優秀な巨大文化に圧倒される場合にアイデンティティの一つの主張の仕方としてはやむを得ないことでしょう。平安時代になって、菅原道真に仮託して和魂洋才をたてましたが、それを見ると、文化の質の高さでは大陸に及ばないけれども、しかし日本は大陸に欠けている特徴をもっているというのです。

中国には歴代、易姓革命の伝統があり、王朝の断絶がある。ところが、日本には王政が一貫している。それは中国にはないものであり、和魂が独自性をもつと主張されたのです。

徳川時代の鎖国政策のもとで、この思想は偏狭で回顧的な民族優越性の信念になったと思います。新しい文化を創り出す努力はしないで、鎖国によって異質の文化が日本に広まるのを阻止しようとする。そういう方向で努力をした。一方で本居宣長流の国学者は、「からごころ」を排撃して、尚古的「やまとごころ」を打ち出すけれども、きわめて主情的で一面的なやり方で、新文化の実態を創り上げる努力を怠った。

幕末にペリーがやってくると、日本は上下震動しました。アメリカ人を人間より下等の禽獣の類として、相手を卑しめることによってしか自立性を主張できなかったのです。ほぼ同時期に中国人が阿片戦争でイギリスに武力的に圧倒されたとき、彼らは、伝統的な中華思想で対抗しようとした。攘夷という言葉だけでは空威張りにとどまり、夷に対して実効的対抗はできない。夷の方が自分たちを圧倒できるだけの文化や科学や技術を持っている。その差が敗北につながっている以上、ここでは夷に学ばなければならない。夷の長技を自らのものとすることによってしか攘夷ができなくなるという結論に、中国人は一九世紀の中頃に達しています。

その考えは、『海国図志』に結晶していますが、それが日本にも入ってくる。幕末の志士たちも学んでいますが、彼らの攘夷論は、止むなく開国に向う幕府を窮地に追いこむ政策の傾向が強く、中国の経験から学ぶべきもう一つの側面を重んじなかったといえます。

坂本龍馬や横井小楠も『海国図志』を読んでいたし、吉田松陰や佐久間象山も読んでいました。松陰はそれに非常に感動して、単純な攘夷論ではだめで、アメリカ人がイギリスからいかに独立して力をつけたかという近代化の跡について熱情を込めて語っています。しかし、そのことを日本の自立のために利用する人は少なかったと思います。

明治維新で権力を握ったのは、開国を前提とする公武合体派でなく攘夷派だったですね。勝海舟は腐朽した封建権力のなかでは異数の開明派であり、新しい文化を取り入れて、自分自身を文化的に再武装する以外には自立できないと信じていました。そうするためには、日本と同じような歴史的任務を抱えている中国や韓国と新しい国際関係を結び、欧米の勢力に対抗するより他ないといっています。

つまり、打倒された幕府の方にそういう意見があるのに、革命勢力の方にそれが乏しいわけです。そういう意味では、明治維新は確かに変革ではあるけれども、歴史を前進させるための革命ではなかった。それは革命であると同時に復古であって、太政官制のような古めかしい、前代的形態のエリート権力でもって近代化を図っていくことになりました。

最初に出てきたのは征韓論でした。封建制廃絶に伴う旧士族の要求を内政改革によって解決する代りに、それを対外侵略に転化する。西郷隆盛たちは敗北したけれども、国内矛盾の対外侵略への転化の方式は残りました。明治の新政権は自分自身の近代的改革ではなしに、古い体系のもとでヨーロッパの文明を技術や手段として取り入れようとしたのであって、それが「文明開化」の方向でした。そしてその一方で、新しい国民精神の樹立を内包する自由民権運動が起こってくると、武力に訴えてこれを弾圧して、新しい民主主義勢力の頭部を切り取り、その一部を順応させる。それで、強力な官僚制度、すなわち藩閥政府を作り上げ、本来なら革命によって達成されるべき事業を自らの手で遂行するわけです。グラムシがイタリアのリソルジメントのうちに認めた「受動的革命」に類似する現実が、わが国にも生じたことになります。

一方で、日本は一九世紀末から帝国主義化するのに伴い、日清戦争に朝鮮併合、そして日露戦争によって対外的に成功する。つまり、国内の改革をする代わりに、矛盾を対外的に転化して侵略によって解決しようとする方向へ向かったのですが、そこでは愛国心が排外主義的な傾向と結びつけられ、侵略的帝国主義のイデオロギーに化したことは、はやく田添鉄二が指摘しています。

距離がありすぎた日本の社会主義者の「理論」と「実践」

――民主主義が育っていく前に、愛国主義が早くも排外主義と結びついてしまったわけですね。

石堂　そうですね。二〇世紀初めには、清末の革命家たちが日本にたくさん亡命していました。東京と横浜で中国人が一万三〇〇〇人に達したといいますが、そのなかの亡命者たちは、清朝を打倒する革命を念願し、日本の社会主義者と交流していました。彼らは西洋の新しい社会理論を紹介した幸徳秋水や堺利彦などの急進的社会勢力からいろいろなことを学んだそうです。

のちにアナーキストになった劉師培が、『亜洲現勢論』（一九〇七年）のなかで、欧米の帝国主義がアジアを従属させようとしているが、日本は欧米帝国主義と結びついて、彼らの気に入るようにしながら自ら朝鮮を支配しようとしている、そればかりでなく、中国を侵略するイギリスやフランスと妥協し、またフィリピンを占領しようとしているアメリカと協力している。つまり、日本は朝鮮の民衆の敵ばかりではなく、アジアの共通の敵すなわち亜洲の公敵であるといっているんですね。

そのことは、当時の日本の社会主義者たちにも聞こえないはずはない。ところが、どうすれば日本がアジア諸国民の友になれるかを、日本の社会主義運動が具体的に検討した形跡はないようです。それにこんなこともあります。中国の革命家たちが日本の社会主義者から教わったのは、直接行動でした。つまり、当時の万国社会党、第二インターナショナル流の議会政策によっては、民衆の解放は困難である。だから、直接行動に出るべきだというものでした。当時議会政策を主張していたのは片山潜や田添鉄二でしたが、人気がない。それよりも、幸徳秋水のような直接行動を掲げる者の方が人気があった。

ところが、直接行動を習った中国人は、それをすぐ実行に移すのです。「直接行動とは軍事的な反乱を起こすことだ、そのためには武器弾薬を集めねばならない」と考えるわけです。だから、彼らは上海や香港を経由して武器弾薬の密輸入をやる。そうして、部隊を形成して、清朝の権力に対して武装蜂起を企てるのです。それがやがて辛亥革命となって、清朝は滅びる。その後にできた軍閥政権を、孫文たちが出てきて国民革命で打倒する。さらにそれから二〇年経たないうちに、今度は毛沢東たちが新民主主義革命を行うわけです。このように、中国の人たちは、自分たちの状況に応じて変革を具体化していくだけの力があったのに対して、日本ではそうはいかなかった。日本の社会主義者の「理論」と「実践」には距離がありすぎた。その原因が問題です。

一九二二年に、コミンテルンのジノヴィエフが、モスクワにアジア諸国の革命家たちを集めて極東民族大会を開催しました。ジノヴィエフは、極東で真っ先に革命を行う可能性があるのは日本で、日本なしにアジアの革命は考えられないと信じていました。しかし、日本人のもって生まれた愛国心が、アジアの革命運動を結合する大きな妨げになっている。

エンゲルスは、アイルランドの独立運動を助けないようなイギリスの労働運動は自己自身の解放もできないだろう、その原因はイギリス人の愛国主義にあると批判したことがあります。

ジノヴィエフはこの言葉を引いて、日本人も母乳とともに愛国心で育ってきたことを指摘しました。象徴的だったのは、朝鮮の金という若い労働者が「朝鮮人の労働者と日本の労働者が同じ工場で働いていても、日本人は朝鮮人に対する支配者であって同僚ではない。日本人の愛国心は排外主義、ショービニズムだ」と言ったことです。

それは一九二二年のことです。そのあと一九二四年に日本共産党ができます。そして二八年に三・一五事件で大弾圧されるわけですね。

——石堂さん御自身もそのとき検挙されたわけですね。

石堂　ええ。この一九二八年の日本の共産主義運動は絶頂だったと思います。大正デモクラシー下の労働運動のなかで、優秀な人がたくさんいましたが、彼らが三・一五事件で弾圧されたわけです。

日本の官憲はそのとき党員だけを検挙し、党員候補は逮捕せずに残ったのです。そして、その逮捕され損ねたグループによって、一九二九年に共産党はもう一度再建される。けれども、それも四・一六事件で全部だめになります。それ以来、日本の社会主義運動はずっと下り坂になっていきます。でも、一方で中国の社会主義運動は日本では想像もできない残酷な迫害を受けながら、だんだん大きくなっていきました。ついに一九三五年に日本の党組織は壊滅し、中国では遵義会議のあと抗日統一戦線の飛躍的発展が始まりました。

——日本の社会主義運動が下り坂になっていくのに反して、その日本で学んだ中国の社会主義運動が高揚したわけですね。それはなぜだとお考えですか。

石堂　その一つの条件は、日本人の革命的主体の確立がなかったということでないでしょうか。日本の社会主義運動はロシア革命の成果に幻惑されて、ロシア革命の現実すなわちボリシェヴィズムが何であるかを十分に検討しないでこれを普遍的真理と認め、コミンテルンの方針から出発しています。

日本の現実から出発すべきであるのに、日本にとって他者であるコミンテルンの判断に基づいて運動を開始したことで、国民と結びつくすべを知らず、本当の意味での変革の主体となることができなかった。国民の要求を具体化し

日本の現実から出発すべきであるのに、日本にとって他者であるコミンテルンの判断に基づいて運動を開始した。コミンテルン権威主義と排外主義とは裏と表の関係にある。

て、国民の目から見て「これは我々自身の運動だ」と思えるような方向に進む力がなかったのです。その一つの原因は、排外主義です。日本人のコミンテルン権威主義と排外主義とは裏と表の関係にあると思います。

たしかに、弾圧されない革命運動などどこにもないのですから、日本の革命運動の不首尾を弾圧のせいにするのは間違いであって、日本以上に激しい弾圧の国でも革命運動は進んでいくわけです。

――民族的なナショナリズムと社会主義との関係は、二〇世紀の社会主義運動において非常に困難な問題だったと思いますが、とりわけ一国社会主義とスターリニズムは、大きな問題として依然在り続けていると考えられます。

スターリンも独ソ戦のおりは、「大祖国戦争」を呼号してロシア・ナショナリズム的感情を国民に煽ることで、ようやくナチズムを撃退するわけですね。そこで名実ともに、国際共産主義運動はナショナリズムに取り込まれていったと思うのですが、この問題を石堂さんはどのように考えておられますか。

石堂　わが国の共産主義運動は、アジア諸国の労働運動と、戦前戦後をつうじて協力体制をつくることはありませんでした。建前として国際主義をとる以上、反資本の運動を国際化するべきですが、戦前の日本の労働運動は、「インド以下的な賃金」に憤激しながらインドの労働者と提携したことなどありません。そして、戦後の総評は、「ヨーロッパ並みの賃金」を唱えましたが、そういう前に、朝鮮やインドネシア、インドシナ、フィリピンなどの労働運動と共通の目標を掲げ共通の運動をつくることをしなかったのです。いまでも、共通の綱領を持ち共通の資本と戦うという国際連帯の運動はありません。

日本の工業は東南アジアはじめ各地に多くの工場をつくっている。現地の労働運動と日本の労働運動のあいだに、連帯の組織をつくる努力は十分でなく、利害の衝突さえ存在していると聞きます。

政治運動となると、労働運動よりも国際的な連帯は弱いようです。日本共産党の歴史を見ても、ソ連共産党や中国共産党との対立が目だちます。それは各国それぞれ違う歴史を歩んできたわけですから、利害の不一致は当然あるのですが、そうした各国の多様な社会主義運動を、いかにして統一するかという共同の知恵がないのが現実です。

まず、労働運動や政治運動の主体自身が、本当の意味の国際的展望をもつための多元的接近の経験がなかったという経過があります。敗戦の時が、そうした日本の排外主義を突き崩す一つのチャンスだったでしょう。敗戦によって排外的な国民精神を共生的なものに改革する歴史的な条件の一つは、天皇制を根本的に変革することでしたが、それは制度の変更である以上に、われわれの国民精神の知的な、また道義的な改革を包含するべきものでした。しかし国民のかなりの部分は、伝統的因襲的な思想をそのまま残していた観があります。そのうえ日本に来ていたアメリカ軍部は、そのような保守的な伝統を自己の帝国主義的支配を拡大する道具として利用する方針をとったこともあげるべきです。二〇世紀を送る段階で、「日の丸」と「君が代」の問題が法制化されたのは、日本国民の現実の到達点を示す事件でした。

新しい世紀に当面する経済のグローバリゼーションには、核戦争の代替戦略の一面があります。それは資本主義の退行を示すものですから、労働運動自身も独自のグローバルな対抗戦略をもつ必要に迫られています。

ロシア革命とは何だったか

——二〇世紀において、ロシア革命のもった意味は非常に重いと思います。大きくいって、ロシア革命はネガティヴな意味も含めて、二〇世紀の歴史的歩みを規定したといえると思うのですが、この世紀の動きと共に歩んでこられた石堂さんは、そのことをどのようにお考えですか。

石堂　正直なところ、私たちはごく最近までロシア革命の積極的意義を無条件に信じていた。そして、それをマルクス―レーニン主義に拠って説明しようと努力してきたのです。ロシア革命とは何だったのかを議論できるようになったのは、ここ二〇年ぐらいです。ロシア革命が新しい時代を開いたというのは、それが現実であったというよりも、むしろそうであってほしいという期待の側面が持続していたのです。社会主義の世界化のためには、ロシアが一つの拠点であると期待せざるをえなかったといいかえることもできます。

一九八九年のベルリンの壁崩壊は、それが幻想であったことを証明しました。ソ連社会主義が本当の意味で民衆の利益を代表しえていたならば、民衆自身が社会主義の成果をそう易々と捨てるはずはない。ところが、捨てただけではない。最後の期待を担っていると思われたゴルバチョフを共産党自身が捨ててしまったのです。

そこで人びとは、ロシア革命とは何であったかを考え直したのです。資本主義の未熟な、ヨーロッパの東の果ての、市民社会がまだ生まれていないロシアに革命が起きた。自由主義ブルジョアジーは未熟であったし、ツァーリズムの権力と結びついた軍需工業と金融の勢力自身が半封建的な存在であった。それに、農民国でありながら労働者革命が成功したのですが、そこではブルジョアジーが未発達であったために、古い型の、フランス革命の延長のようなものが生じたのでした。

しかし、いろいろな条件のおかげでボリシェヴィキが権力を握った以上は、近代化を図らなければならない。本来ならブルジョアジーが果すべき任務が、少数者であるプロレタリアートに課された。市民社会のなかでおのずから生れ出るはずの事柄まで、少数の前衛が正面攻撃の方式で戦いとらなければならない。そこには無理がある。その無理は「プロレタリアート独裁」の力ではもはや解決できない。レーニンがそのことに気付いたのは一九二一年です。

一九二一年には、クロンシュタットの暴動があって、それまでボリシェヴィキ革命を支持してきた農民が、ボリシェヴィキに叛旗をひるがえす。労働者と農民の同盟は崩れてしまった。それは、レーニンにとって一大衝撃でした。

そのうえ、一九二一年三月にはドイツ革命の武装蜂起が失敗した。そのことによって、レーニンは戦術を根本的に立て直そうと提案するけれども、コミンテルンの各国の代表者はついてこないのです。彼らは、直接急襲の方針でまだやれると思っていた。そこで、レーニンは強行派の各国共産党代表を自室に集めて演説をした。

レーニンはそのなかで、ドイツの三月革命は歴史的な愚挙だった、それによって自分たちは世界革命を放棄したことになるというのです。そして「諸君は国に帰ったら、自分たちは変わったんだと労働者たちに訴えよ。これからはもうすこし慎重にもっと右寄りにやる、もっと日和見主義的にやると公言せよ」とまで言ったのです。これまでコミンテルンはドイツ社会民主党に代表される第二インターナショナルを「日和見主義」という言葉で罵ってきたのに、その自分たちが「日和見主義的」になるというのですから、これはまさに国際戦略の根本的な転換でした。

ところが、この演説は全集に載せていません。この資料を手に入れたのは、一九三六年ごろのことです。私は、それを友人に見せました。正直なところ、あまり反響はありませんでした。その演説が全集に収録されたのは、スターリンの死後に補遺としてです。

一九二二年に行われたコミンテルン第四回大会に、病中のレーニンは生前最後の演説をします。前回の第三回大会でレーニンの発意で「共産党の組織的構成、活動の方法と内容にかんする決議」が採択された。ロシアの党の組織的経験を各国の同志が体得すれば、ヨーロッパ革命が成功するとの期待があったのです。ところがそれは「長過ぎて、だれ一人読み通せないであろうし……あまりにもロシア的で外国の同志は理解できないであろう……理解しても実行はできないであろう……この決議を通したことで今後の成功への道をたってしまった」とレーニンは反省するのです。

そして、はじめから学び直すことを同志たちに勧めました。そのことは、それまでの世界革命方式は既に失敗していたことの告白を意味します。

——世界革命は、ロシア革命から数年も経たないうちにすでに崩壊していたということなのでしょうか。

石堂　そうです。では、いったいどうすればいいのか。レーニンが言ったのは、自分自身の条件を自分の目で見ること、そこで学び直すということができるならば、世界革命は可能であるかもしれないということです。

けれども、それは実行されない。レーニンの親衛隊はレーニンを神格化したうえ、棚上げして十月革命の方式を「マルクス－レーニン主義」の名のもとで続行したのです。

グラムシにこんな意見があります。一九二一年までレーニンが信じていた永続革命は、フランス革命から始まって、マルクスたちが『共産党宣言』を書いた一八四八年革命で頂点に達した。そしてそのサイクルは、一八七一年のパリ・コミューンで閉じている。それ以降は、新しいヘゲモニー運動に移らなければならない。武力によって権力を獲得して、権力によって社会主義を建設できるという考えは誤りである。むしろ大衆自身の同意を得て、一歩一歩、暴力ではなしに文化的、経済的に新しい社会生活を実現していかなければならないというのです。

もちろん、これはロシア革命の流産のあとに出てきた考え方であり、コミンテルン的戦略戦術への批判でした。しかもこのグラムシの思想が我々に伝わったのは、戦後のことです。グラムシのことばでいえば、「陣地戦」として行わなければならない闘争を「運動戦」としてやったのが、ロシアの十月革命であったということになります。

われわれ自らのスターリン主義との戦い

——石堂さんは、ソ連の異論派であったロイ・メドヴェージェフの『共産主義とは何か』上下（三一書房、一九七三、四年）、『社会主義的民主主義』（同、一九七四年）などに代表される著作を翻訳しておられますね。

石堂　そうです。一昨年（一九九七年）、メドヴェージェフが来日したとき話しあって意見が一致したんですが、一九二一年のクロンシュタット暴動は、これまでボリシェヴィキが農民の利益を無視していたことを気付かせ、農民の要求を容れることによって内乱が収まった。これを紀元元年として、新しい社会主義革命が起こるはずであったのが、レーニンの重病と死によりそれが潰えてしまった。だから、ロシア革命は一九二一年をもって終わってしまったといわなければならないのです。

その後のスターリン主義は、少数のエリートが上から、命令によって社会主義を押しつけた。その結果が兵営社会主義ともいわれるようなものになりました。たしかに、そこでも社会保障や教育制度、医療保障は行いましたが、それは資本主義国でもやっている程度のことです。

それともう一つは、ドイツ・ファシズムと闘って独ソ戦に勝利したことで、スターリンの株が上がったことになります。しかし、社会主義にとってみれば、少数のエリートが権力でもって上から国民を引っ張っていくやり方には限度があり、結局のところ失敗であった。ロシア・モデルで社会主義の建設を企てた諸国はみな失敗しました。

——石堂さんがお訳しになられたメドヴェージェフの『共産主義とは何か』が日本の社会主義運動に与えたインパクトは非常に大きかったと思うのですが、一九五三年にスターリンが死んで、五六年にフルシチョフによってスターリン批判がなされ、それからこの『共産主義とは何か』を翻訳されるにいたる経過についてお話しいただけませんか。

石堂　スターリンが死んだ段階では、私は割合反スターリンの方ではあったけれども、根本においてはまだスターリン主義でした。多くのものは清算されても、スターリンの『レーニン主義の基礎』と『マルクス主義と民族問題』は残るだろうと思っていましたから。

その後、ロイ・メドヴェージェフの弟のジョレス・メドヴェージェフと連絡がついたのです。彼はロンドン滞在中に、旅券を取り消されて帰れなくなってしまったんですね。その彼がいろいろな地下出版をやっていることがわかって、私はその地下出版物をずいぶん入手しました。それには国会図書館（のちに東大）の菊地昌典氏や庄野新氏の協力があります。

——石堂さんはメドヴェージェフ編**『ソヴィエト反体制——地下秘密出版のコピー』**（菊地昌典・江川卓・石堂清倫監修一・二輯、三一書房、一九七六、七年）という地下出版の資料集を編訳しておられますね。

石堂　実際には、あの本の何十倍もの資料があるのですが、続刊ができませんでした。それを見ると、ソヴィエト社会主義の実態がだんだんわかってきました。僕らは、公式に発表された上部構造のいちばんいいところだけを見せられていたんですが、その地下出版にあった写真を見て、愕然としました。

そうして、隠されていたソ連の暗い部分を少しずつ見ることによって、われわれ自らのスターリン主義を潰していかなければならなかったわけなのです。そんなときに、『共産主義とは何か』の原本のアメリカ訳が出ました。

——**"Let history judge"**（『歴史をして裁かしめよ』）というものですね。

石堂　そうです。それを読んで非常におもしろかったんですね。その本の内容を友人たちに話したら、ぜひ翻訳してみたらと勧められたので、翻訳したのです。アメリカ訳には省略があるので、ロシア語の原稿の写真版をテクストにしています。

この本はずいぶん売れました。当時日本共産党の本部員が、版元の三一書房へ買いにきました。本部員だけでも一〇〇冊以上買っています。それには蔵原惟人さんの指示があったそうです。

それからというものは、スターリン批判の本が堰を切ったように出版されました。しかし、スターリンという悪党が私たちをだましたというよりは、私たち自身がスターリンに組って、ソヴェト像をつくっていたことを忘れてはならないのです。私たちにあるスターリン的なものが、スターリン主義をつくりあげていたのでした。

残念ながら、ソ連ではスターリン批判は徹底されなかったですね。スターリン批判を行ったフルシチョフは、徹底的な改革をする前に失脚してしまいました。つまり、個人崇拝批判というかたちで、スターリンが加えた弾圧を暴くという段階にとどまっています。だから、スターリン主義を支えた思想的理論的基礎については、今日に至るまで手がつけられていません。世界中のオーソドックスな共産党もこの問題については充分に取り組んでいません。根底においては、先進資本主義国の共産党もスターリン主義を捨てきれない部分があるんです。誤ったイデオロギーとしてしか、スターリン主義批判を行っていません。

——では、その問題は持ち越されたまま二一世紀に入ってしまうわけですね。

石堂　そういうことですね。それから、スターリン批判のあと、一九六八年にチェコスロバキアに「プラハの春」が到来しました。

——ドプチェクによる「人間の顔をした社会主義」の試みですね。

石堂　そうです。私はそのとき、チェコ共産党の規約や宣言を翻訳しましたけれども、この「プラハの春」は、スターリニズム自身の自己批判であったと考えているんです。だから、そのときに各国共産党は、チェコ共産党を支持しなければならなかったのに、逆に戦車で粉砕した。そのとき世界の共産主義は自殺をしたのだと思っています。一九八九年にベルリンの壁は崩壊したけれども、すでに一九六八年に社会主義は自己改革の能力を失っていたのです。

あとは、複雑な国際関係のなかで、発展途上国において一種の独裁権力として社会主義が維持されたにすぎません。それに、共産主義者は冷戦体制に対して責任があるはずです。ヘゲモニー運動ではなしに、力の論理を柱とする社会主義が資本主義国とおなじ次元で対抗する試みが冷戦体制をうみだしたのです。

逆説的にいえば、冷戦のなかでやっと維持し得た社会主義体制が、冷戦が終わるとともに力を失ったということだと思います。誰が倒したのでもない。だから共産主義者は、冷戦体制のほかに選択をもてなかったことについて反省しなければならないはずです。

思い出されるジノヴィエフの期待

——石堂さんにとって、グラムシの思想との出会いは決定的な意味をもったと思うのですが、そのあたりのお話をしていただけませんか。

石堂　私がグラムシの名前を知ったのは戦後のことですが、GHQの支配下にあった頃は、外貨制限でマルクス主義文献の輸入ができなかったのです。そうしたなかで、私の友人がフランスやイタリアの文献を輸入する方法を考え出しました。当時、私はフランス共産党関係の文献を読むことによって、戦中の空白をやっと埋めることができた。そしてそのうち、イタリア共産党も復活して、そうした文献も入ってくるようになった。その一つにグラムシのことが書いてあったんです。

その後、イタリアで「グラムシ獄中ノート」が問題別分冊で刊行されはじめ、それはトリアッティが編集したために欠陥があるとされますが、僕らにとっては大変な朗報でした。それを読むために、私はイタリア語の勉強を始めたのです。

しかし、グラムシの「獄中ノート」をすぐに共産主義運動と結びつけることは困難でした。ただ、私はコミンテルンの運動を少し知っていましたから、そうした観点で「獄中ノート」を読んでみると、コミンテルンの理論と実践を支えている「マルクス=レーニン主義」体系にたいする全面的批判をグラムシが考えていることに気づきました。ただそのノートは不利な環境のもとで書きつづられているため、きわめて断片的で、レーニンとその鬼子ともいうべきスターリン的系への反措定と理解するにはひどく時間がかかりました。それでも一歩一歩読み進んだつもりですが、トリアッティとグラムシの関係を直線的に判断した誤りもあり、容易な作業ではありませんでした。幸い一九七七年にジェルラターナ校訂の新版「獄中ノート」が出版されてから、やっとこの二人の巨人を二重の視角でとらえることができるようになったのです。

——お訳しになられた『グラムシ獄中ノート』(三一書房、一九七八年)などはそうした御仕事の一つなのですね。

石堂　最近でも、現実と切り離して、純理論的に思想家としてグラムシを読むという読み方がありますが、もちろんそれはそれでおもしろいですけれども、私にはレーニン死後の共産主義運動の内部的な自己批判として読んだ方が分かり良いんです。

最近、サバルタン研究が盛んになり、日本でもスピヴァクの翻訳が出たりしていますが、私は、グラムシにとってのサバルタン問題というのは、単に社会学的な独立した理論分野として考えるよりも、支配被支配のなかで、被支配的なグループがいかにしてヘゲモニーグループに昇っていくかという問題としてとらえるべきではないかと思います。サバルタンについて書いたのは、グラムシが獄中で病状がやや良くなって、ムッソリーニとソ連との間の取引の結果、あわよくば釈放される可能性もなくはなかった時期のものです。だから、いままでの階級運動とは違ったかたちで、革命的な集団が形成されていく上での期待される展望として、グラムシはサバルタン問題を考えたのかもしれないと僕は考えています。

——いまお話しになられたグラムシのように、社会主義運動は、実際の歴史とは別の、残された可能性を持ち越して二一世紀に入っていくわけですね。

石堂　二〇世紀は前衛やエリートの考えた運動であったとするならば、二一世紀は民衆自身を主体とする運動に転化できるかどうかということが重要だと考えています。

一九八九年以来の「歴史的共産主義」の崩壊は、それがすでに現代社会の複雑化に適応しえなくなっていたことの表現でした。さきにも言った、一八四八年型革命運動が一八七一年を転機として時代錯誤的存在になっていたことに触れないで、いいかえれば第二インタナショナルと第三インタナショナルの双方の立脚地が歴史の彼方におき去られたことを反省しないでは、新しい世紀を展望することはできないと思います。古い「原理」が死滅したのに、新しいものはまだ出来上がった形では現れていないことは確かですが、マルクスやグラムシの視線をたどることによって、新しいものを予見することは可能であろうと思います。

私たちのおかれている国家と社会は、それを構成する公的、私的、家庭的、アソシエーション的な諸分野にわたって、多くの単位が行動しています。それらの目的とするところと、それらがもっている価値は一様ではありませんが、腐朽しつつある今日の資本主義にたいする代替力となりつつあるのですから、それらが収斂する方向を見定めた新しい社会主義運動の発展がこれからの中心問題になることと信じます。その運動の重要な指標は、コミュニケーションの世界的な発展にともない一国限りのものでなく、グローバルなものになっていることです。

それにつけても思いだされるのは、一九二二年のジノヴィエフの期待です。日本はアジアの諸革命運動の先頭に立っているということでした。その後の進展を見ると、日本はアジアの革命運動の最後列に立っているようなものです。その原因の一つは、勝海舟がいったような、アジアにおけ

アジアにおける小国自主自立の主体の結合体は実現されず、日本は征服者になろうとして失敗しました。そのことが、もっとはっきりしたかたちで反省されるべきです。

る小国自主自立の主体の結合体が実現されなかったことにあります。日本は、近隣の諸国の征服者になろうとして失敗しました。

そのことが、もっとはっきりしたかたちで反省されるべきです。そこから出発しなければ日本国民の自己改造はありえないのでないかと思います。支配と従属を伴わない共生アジアの一員として受けいれる条件を、われわれ日本人はこれから一つ一つつくりあげていくことになります。何百年もかかって形成され、アジアの諸国民の目には排外性として映ずる性格を変革するのは一朝一夕の事業でないのは当然でしょう。それはいまのところ全くの少数意見です。それが多数意見に、「国民的信念」に転化するには、長い時間がかかり、絶大な努力を必要とするでしょう。それだけにこれは新世紀の世代にとってやり甲斐のあることであろうと信じます。

（一九九九年一二月二五日号）

生きられた時代と思想の交錯

東京・清瀬の石堂清倫氏宅に伺ったのは、一九九九年一一月一二日だった。その週の月曜日、私は徐京植《ソ・キョンシク》氏に「石堂氏にお話をうかがったらどうか」と示唆を受けた。早速、四日後の金曜日に、カメラマンの春田倫弘氏と共にインタビューにお訪ねすることになった。

一九八九年という、「昭和」の終焉から天安門事件、ベルリンの壁崩壊と東欧革命によって刻印されたこの年を起点に二〇代を過ごした私は、その後の一〇年間、様々な「崩壊過程」に接してきた。なかでも、ドイツ統一とソ連崩壊は、「現存社会主義」成立の初発に遡及していくように、私の問題意識を駆り立てた。そして、一九〇四年に生まれ、まさに二〇世紀とともに歩んでこられた石堂氏におうかがいしたのは、同時代史と個人史の交錯のなかで語られた第一次世界大戦とロシア革命、そしてソ連崩壊までを包括する社会主義運動の二〇世紀論であった。

インタビューで石堂氏が語られた、スターリニズムとは何か、その問題への考究は二〇世紀に抛擲され置き去りにされつつある。ソ連崩壊は、すべてを忘却の淵へと追いやり、その問いさえ「崩壊」したかの印象を与えたが、それはそのまま、私たちに「内なるスターリニズム」の遺産として残されている。石堂氏のお話は、そのことを改めて再認識させるものであった。「われわれ自らのスターリン主義を潰していかなければならなかった」「私たちにあるスターリン的なものが、スターリン主義をつくりあげていた」と語られた石堂氏は、日本のみずからの現実のなかでその問題と格闘しながら、膨大な仕事をしてこられたのだった。

インタビューにおいて話題となった一つは、石堂氏が訳された、スターリニズムの起源とその帰結を分析した大著、ロイ・メドヴェージェフ

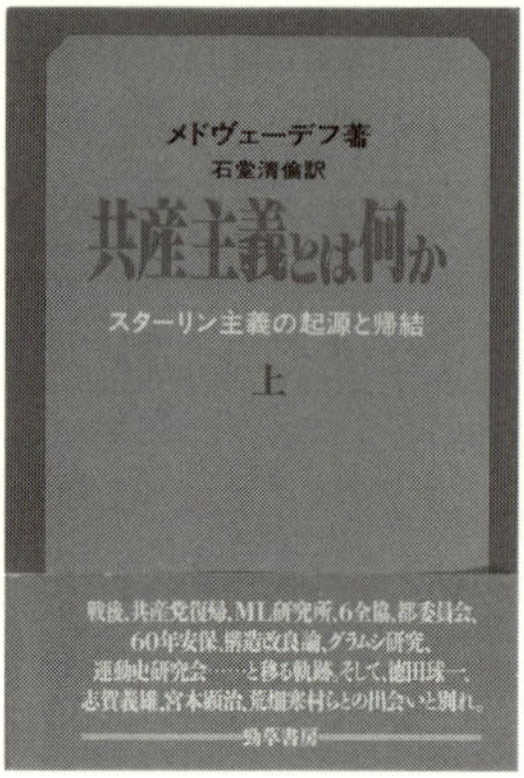

の**『共産主義とは何か』上下**（三一書房、一九七三、四年）であった。石堂氏はさらに、メドヴェージェフの**『社会主義的民主主義』**（同、一九七四年）も翻訳しておられる。スターリン死後のソ連内部から発せられたメドヴェージェフの書は、日本の社会主義運動に大きな一石を投じることになった。

このインタビューのなかでも語っておられるように、石堂氏はスターリニズム批判のなかで、ソ連におけるレーニン神格化のフィルターを通さず、直接彼の思想・革命理論と格闘し、研究に取り組もうとされてきた。ユ・ア・クラシン**『レーニンと現代革命』**（勁草書房、一九七一年）、またお話でも名前の出たグリゴリー・ジノヴィエフの**『レーニン主義研究』**（三一書房、一九七五年）などの翻訳は、そうした軌跡のなかで生み出されたものである。クラシン『レーニンと現代革命』に付された「訳者のあとがき」の次の一文には、石堂氏の視座が見てとれる。「いうまでもなく、この本には来るべき日本の革命についての処方箋めいたものは書いていない。それが何より大きな功績である」。そして問題の所在は、日本の近代化と社会主義運動史を検証する石堂氏の語りのなかでも指摘されている。

お宅にお邪魔したとき、石堂氏はちょうどアントニオ・グラムシの『獄中ノート』を原書で読んでおられた。その姿に驚嘆すると同時に、現実の変革と理論的格闘との切り結びを生きてこられた石堂氏の、変わらぬ姿勢を垣間見た気がした。**『グラムシ獄中ノート』**（三一書房、一九七八年）もまた、インタビュー中でも話されているように、レーニン死後の共産主義運動を内在的に批判していく思想として、石堂氏によって訳され、日本の現実に投げ返されたのであった。「グラムシの中心に近づくこと、その意味でグラムシに帰ることが今日必要になっている」、訳者あとがきにはそう記されていた。

また石堂氏は、メドヴェージェフによって編集された、ソ連のサミズダート（地下出版）の雑誌を翻訳・

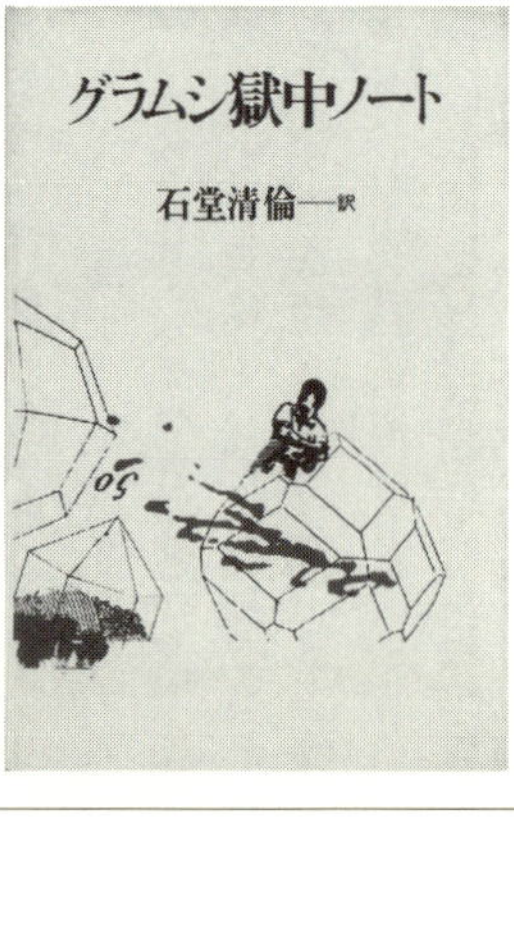

刊行している。メドヴェージェフ編『**ソヴィエト反体制**』**一・二輯**（菊地昌典・江川卓・石堂清倫監修、三一書房、一九七六、七年）は、インタビュー中にも語られているように、公式イデオロギーの帷に隠されたソ連の実相と、異論派の肉声を伝える貴重な資料となった。

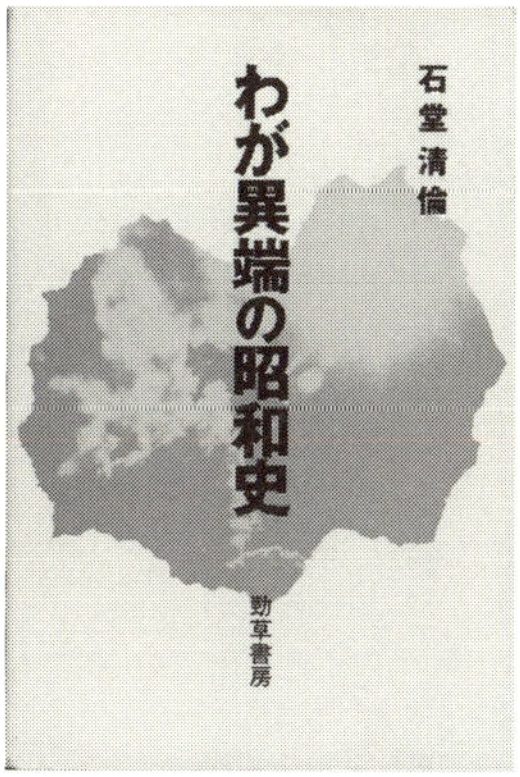

言うまでもなく、石堂氏へのインタビューで導きの書となったのが、自らの半生を綴られた『**わが異端の昭和史**』（勁草書房、一九八六年）『**続わが異端の昭和史**』（同、一九九〇年）および『**異端の視点――変革と人間と**』（同、一九八七年）である。これらの書については多言を要すまい。数多くの同時代人との交錯のなかで、そこにはこの世紀を生きぬいた知性の軌跡が刻まれている。そして石堂氏は、同時代を生きた中野重治について、『**中野重治と社会主義**』（勁草書房、一九九一年）を書いている。そうした意味においても、一九九九年最後の「図書新聞」に掲載したインタビューでうかがった石堂氏の話は、まぎれもなく、「生きられた思想」としての二〇世紀そのものであった。

「生きられた思想」としての二〇世紀をさらに知るには、石堂氏が文庫化のおりに校訂された**荒畑寒村**『**寒村自伝**』（論争社、一九六〇年。のちに筑摩叢書、岩波文庫に収録）が挙げられる。石堂氏の『わが異端の昭和史』『続わが異端の昭和史』とともに、これは日本の社会主義運動、その精神史を知るかけがえなき書である。

また、幾多のスターリニズム批判書のなかで一冊を選ぶとすれば、石堂氏とともに『ソヴィエト反体制』を監修した菊地昌典氏の『**歴史としてのスターリン時代**』（盛田書店、一九六六年。のちに筑摩書房）を挙げたい。「スターリン時代を徹底的に研究することは、いやしくも変革を志ざすものにとって、不可避の前提であり条件である」。「私は私なりのスターリン批判をおこなわねばならなかった」と述べた菊地氏のこの言葉と姿勢は、石堂氏が語られた二一世紀の変革への展望とともに、これからの私たちの問題として残されているのである。

二〇世紀と「この時代」

ありうる現実、〈虚構〉の可能性

池田浩士
Ikeda Hiroshi

「加害者」の現場へ

——あと数ヶ月で二〇世紀が終わろうとしています。私自身の問題としても、二〇世紀をこのまま「終わらせないぞ」という思いがますます強まっているんです。とりわけスターリニズムやナチズムのネガティヴな部分、ラーゲリやユダヤ人虐殺の研究が進むなかで、逆に、その現実を生み出した二〇世紀の人間を、自分たちの問題として、私たちと地続きのあるいは私たちがその一人であったという視点が、私はいま等閑に付されているような気がしてなりません。

とりわけ九〇年代に入って、日本の植民地支配下で引き起こした戦争犯罪について、被害者があげた声に真摯に向き合おうとする人たちが尽力を続け、それが私の視野をどれだけ広げてくれたか。そのことは言うにおよびません。そしてそれにもかかわらず依然として続く、自分は「加害者」であり、あったという自覚の欠如に反発するとともに、いま、その自覚が逆に見えなくさせてしまう可能性のある、かつてその現場で「加害」をどのような思いや感性で行ったのかという、いわば私たちの日常を省みれば当然にあることへの眼差しが、現代において優先される倫理的要請によって塞がれ、私たちに息づくその感性を、実のところ生き延びさせているのではないかという危惧があります。自足的自閉的な日本ナショナリズムの勃興は、実は私たちのなかに息づくそうした感性と無縁でないように思えるのです。

池田浩士（いけだ・ひろし）　一九四〇年生まれ。現在、京都大学教員。ドイツ文学・現代文明論。主な著書に『ルカーチとこの時代』『ファシズムと文学』『ふぁっしょファッション』『教養小説の崩壊』『死刑の［昭和］史』『権力を笑う表現？』『［海外進出文学］論・序説』ほか。

もちろんそのことは、いま問われねばならぬ日本の加害責任からの逃避、その回避を図るものとして言うわけでないことは当然の前提です。しかし、二〇世紀に多くの私たちが夢見た現実と、そしてそれが引き起こした果てしなき犯罪や虐殺や否定的現実とを、表裏一体のものとして見る視点を、いま改めて問い直さなければならないのではないか。私たちと切れたところで論議されるスターリニズムやナチズム、あるいはラーゲリやユダヤ人大虐殺は、「研究」にはなってもいまを生きる私たちの問題にならないのではないか。

その意味で、一貫して一九三〇年代とその前史および後史を、「われわれの現実」としてとらえてこられた池田さんにお話をうかがおうと思ったのです。

池田　いまのお話をうかがっていながら思いついたことがあるんですが、ついこの前亡くなった飛鳥井雅道さんと全共闘運動のすぐ後の時代に、一緒によく飲んだんです。そこで三回ぐらいでしょうか、酔っぱらったときに飛鳥井さんが繰り返し話してくれた話があるんですね。

飛鳥井さんは高校三年のとき、大学入試が三月上旬だったんですが、試験の前日に一睡もしなかったというんです。それは、別に最後の追い上げの勉強をするために徹夜をしたのではなくて、ラジオの前にしがみついて日本語のモスクワ放送をずっと聴いていたんですね。その日の夜、モスクワ放送の日本向け番組がなんの放送をしていたかというと、ちょうど天皇裕仁の時と同じで、もうほとんど何分おきかに「同志ヨージフ・ヴィサリオノヴィッチ・スターリンの容態は、脈拍何々呼吸数何々」とやっていたわけです。

彼にとっては大学入試よりもそちらの方が大事だった。スターリンが死ぬかもしれないということが、高校三年生の彼の人生の分かれ道になるような大学入試よりも、ずっと大事だった。

スターリンは一九五三年三月五日に死んだんですが、ちょうどその日が飛鳥井さんの大学入試の日だった。その話を僕が聞いたのは三回ぐらいですが、彼は酔っぱらって意識がなくなると、その話をしたんですね。

そういう時代があったというのは、まだほんの五〇年ぐらい前のことですよ。あのスターリンに、一八かそこらの若者が、しかもソ連ならともかく日本の若者が、自分の人生の将来に対してよりもずっと大きな思いを寄せていたなんて、いまではほとんど想像もできないでしょう。だから、僕は自分なりにいろんなことを調べたり書いたりするときに、その現場を生きた人の感性や直接的な思いというものに、どうやって到達できるかを考えざるをえない。それが、僕自身の一つのテーマだと思っているんです。

飛鳥井さんの話をしても、いまの高校三年生なり大学生には、もうものすごく遠い過去のことだとしか思えない。ましてや、共産主義と称するものが、二〇世紀においてどういうことを政治や社会の領域において行なったかということがほぼ明らかになっている時点で、一人の人間がそういう思いをもって、スターリンの死をいわば自分の人生以上に重いものと捉えたということは、ほとんどわからないでしょう。ただ僕個人は、年代的に言うと、スターリンが死んで号外が出たのは小学六年生の最後のときで、なんとなく覚えています。僕は飛鳥井さんより六つ年下の六〇年安保世代ですから、飛鳥井さんの思いというのは自分なりにわかるんですね。

たとえば、スターリンとヒトラーを同列に置くことについて僕は異論がありますけれども、やっぱりヒトラーに対しても、そうした思いを持った人がいっぱいいたわけです。そのことを抜きにして、ファシズムの問題あるいはスターリニズムの問題は考えられないというのは、極めて当たり前なことですね。

歴史というのは、評価がある程度確定してしまうと、良く言えば冷徹な目、正確に言うとシニカルな目で見ることができるようになって、その現場を大まじめで生きていた人間のふるまいは喜劇としてしか見えないわけですよ。しかし、たとえば飛鳥井さんの思いを見るときに、それを喜劇として見るのではないところから始めなければならない。それは、僕自身の個人的な体験を振り返ってもそうだと思うんですね。

その反面、冷徹な目ではなく熱い目や涙でうるんだ目で歴史の現実を見つめることにも、疑問があります。そういう目は、「自由主義史観」などというものを振りかざす連中をのさばらせることになるばかりで、それどころか、この連中のシニシズムとは別のもうひとつのシニシズムに通じかねない、と思うからです。

いまも、ナチズムの問題や日本の戦争責任の問題、侵略責任の問題をすごく真摯に問い続けていく作業を地道にやっている人たちはたくさんおられます。ユダヤ人に対する大虐殺やジプシーと呼ばれるシンティ・ロマの人たちに対する大虐殺の真実を暴く、あるいはユダヤ人の受難の歴史をきちっと押さえ直す、また、朝鮮人その他の従軍慰安婦とされた人々のことを自分が向きあうべき課題として受けとめるということに、僕はもう全面的に敬意を持つんですけれども、えらそうな言い方をすると、僕がやらければいけないことはちょっと違うなという思いがあるんです。

つまり、僕は「殺した側」「加害者」のことを自分のテーマにしたいんですね。というのは、ひとつには、その時代には僕もたぶん「殺した側」「加害者」だっただろうなと思うからです。飛鳥井さんがスターリンの死のときにああいう思いを抱いたのと同じように、僕が現場で生きていたなら、たぶん殺される側ではなくて、殺す側に近かっただろうという思いがあるんですね。

すごく短絡的に言いますけれども、全共闘運動は僕が大学教師になりたての第一年目のときにぶつかった運動なのですが、決して全共闘の学生と同じ場に僕が身を置くつもりはないんだけれども、そこでぶち当たった問題というのは、やはり「加害者」の問題だったと思うんですね。そのとき以後に少なからぬ人びとによって試みられたさまざまな社会的・政治的実践は、この問題から出発している点で、それまでのものと本質的に違っていた、と僕は思うものですから、この問題にこだわりつづけたい、というのが基本にあるわけです。

だから、二〇世紀の問題をいま捉え直すときに、もちろん膨大な死者たちの側から歴史を掘り起こすことはとても大事なことで、これは誰かがやらなければいけないんですけれども、一方では膨大な死者を生み出す、生産する側にいた人間のことを、もう一度きちんとやらなければいけないというのが、いつ頃からか僕が思うようになったことです。もうすぐ刊行される**『火野葦平論――「海外進出文学」論・第一部』**（インパクト出版会）の基本的モティーフもこれですし、スターリン主義もまた、僕はそういう問題だと思っているんです。

僕はスターリンという人に共感したことはないんですけれども、たとえば、スターリン時代に非常に重要な役割をはたしてしまったジェルジ・ルカーチであるとか、あるいはエルンスト・ブロッホですね。このブロッホはスターリン主義の批判者であった側面が強調されがちですけれども、結局、彼は共産主義から離れなかったわけですから、そういう意味で言うと、彼だってある意味で加害者であり、少なくとも加害者への加担者ですね。特に、モスクワ裁判を正当化する論文を同時代的に書いているわけです。だから、僕はそういう人たちのことをきちんとやらなければならないと思ってきました。

ある一時期そういう人は、スターリニストとか、あるいはスターリン時代を生き延びたというそれだけのことゆえに、マイナスの評価をされたんだけれども、そういう否定的な評価を下し、否定的なレッテルを貼るだけで問題は解決しない。そうではなくて、そこをもう一度もとに戻ってみるということ、まず現場に立ち戻ってみるということを、なんとかしてやってみたいと思ってきました。

個人編集・翻訳として近く刊行が開始されることになっている**《ドイツ・ナチズム文学集成》全一三巻**（柏書房）も、やはりその現場に身を置くということを、自分なりに追体験するためにかねて取り組みたかった仕事なんです。

ありえた、そしてありうる別の現実

――アウシュヴィッツに象徴されるような第三帝国の犯罪行為や大虐殺も、「加害者」が仕方なく強制的にさせられたものだとしたならば、それは非常にわかりやすい話です。しかしそれが、池田さんが書かれるように「むしろ、すすんで、喜々として、誇りをもって」実行されたのだとしたならば、「反ファシズム」

を現代の視点からいくら呼号し押し付けようとしても、それはその時代の人間の感性や視線によってはね返されてしまうだけのことなのですね。そしてひいては、「この時代」の人間の感性や視線によっても跳ね返されることに直結するのですね。

池田さんは『「海外進出文学」論・序説』（インパクト出版会、一九九七年）のあとがきに、「過去の歴史のひとこまをふりかえろうとするとき、もっとも困難な作業のひとつは、その時代の現実を具体的に生きた人間たちを等身大で想い描くこと、その現場の感情と視線を具象的に追体験することである」と書かれています。そして『抵抗者たち——反ナチス運動の記録』（TBSブリタニカ、一九八〇年。新版＝軌跡社、一九九〇年、発売は社会評論社）において、輝かしく果敢な抵抗者の姿よりも敗北と抵抗の不可能性について書かれたように、また『ファシズムと文学——ヒトラーを支えた作家たち』（白水社、一九七八年）で、ナチスの《国民文学》によって《国民》の現実に迫り「われわれのファシズム」として捉えようとされてきたように、池田さんは一貫して歴史の現実を、「この時代」の現実との関わりで捉えようとされてきたと思うのです。

現代の時代状況では、おそらく三〇年代がそうだったように、自分がファシズムのなかにいないというような線引きをすることなど、ほとんど不可能なのではないか。そういう意味では、私には、いまこの現実のなかでの、みずからの「内なるファシズム」「内なるスターリニズム」というものへの認識がなさ過ぎるのではないかと感じるのです。二〇世紀は終わろうとしても、そうした問題は過ぎ去ってはいない、忘却されているだけであるという思いが、私は強くします。

池田さんは『闇の文化史——モンタージュ1920年代』（駸々堂出版、一九八〇年）のなかで、フランクフルト学派への関心が高まった六、七〇年代において、それは反権威主義的な解放運動や反合理主義、反近代主義の運動に大きなインパクトを与えたとはいえ、「ナチス体制下で生活し、スターリン治下で生きたあの当時の人びとにとっては、いわば存在しないも同然だったのだ」と書いておられます。それとともに、「三十年後、五十年後に古典となって蘇るようなアクチュアルな思考とは、いったい何であろうか」と書かれた池田さんの言葉は、現代と学問とのかかわりを考え、私たちが三〇年後、五〇年後のいま、その時代と向き合ううえで改めて問われねばならないものだと思うのですが、いかがですか。

池田　前提としてもう一度繰り返して言わなければならないのは、ラーゲリのなかでの人間の悲惨さや、アウシュヴィッツなどの強制収容所やユダヤ人絶滅政策のなかで人間が尊厳どころか生きることを奪われる、あるいはそういう生き方のなかに閉じこめられるという現実を告発したり、その事実に肉薄して事実を明らかにする作業の重要さ、そしてその作業と連帯することの重要さは、決して否定できない、ということです。それから半世紀以上過ぎたいま、そうしたことに真摯に取り組む、しかもそれを体験しなかった人たちがやるというのは、とても大事なことです。

それから、僕自身見落としてはいけないと思うのは、フランクフルト学派、あるいはベンヤミンや亡命者たちに対する視線の重要性です。彼らのほうが正しかった、などということには、ほとんど意味がないのは当然の前提です。そんなことではなくて——ナチズムの支配下にあったいわゆる第三帝国の現実だけが、二〇世紀のドイツが歩みうるただ一つの現実的なありかただったのではない。つまり、別の現実を選ぶことが可能性としてあったということに絶えず立ち戻るためには、僕はやっぱりフランクフルト学派の人たちの仕事を視野から失ってはならないと思うんですね。あるいは、フランクフルト学派に目を向けることや、さらには誤解を恐れずに言うなら、アウシュヴィッツやユダヤ人大虐殺にこだわることは、このような意味でのみ、重要なのかもしれない、と思うほどです。

そういう意味で、ナチズムの現実に立ち戻るということは、「現にそういう現実しかなかったではないか」という言い方でそれを既定の現実としていわば認知することでは決してない。問題は、「別の現実がありえたかもしれないのにどうしてああいう現実が現実になってしまったか」ということですね。それに、たとえばスターリンという政治家自身だって、はじめからずっと、ああいう現実を夢見ていたのではないかもしれないですね。にもかかわらず、ああいう現実が残念ながら現実になってしまった。

だから、ありえた、そしてありうる別の現実というものを、あってしまった現実と絶えず対置するという意味では、僕はフランクフルト学派やベンヤミンはとても大事な対抗軸だと思うんです。それは、しかし残念ながら、第三帝国の一二年半のあいだでは、ヒトラーを支えた人たちからは見えていなかったし、そういうものは「なかった」というしかないんですね。

それを、後史のなかで、いま、われわれが、その後を生き延びてしまったがゆえに、乃至あとから来たがゆえに、その両方を見渡せるようになったときに、その二つを、つまりありえた現実とあってしまった現実とを、どういうふ

われわれがあとから来たがゆえに、その二つを、つまりありえた現実とあってしまった現実とを、どういうふうに対抗させるのかが問われていると思うんですね。

うに対抗させるのかが問われていると思うんですね。

それと関連して、二〇世紀になって次第に、あるいは急速に勢いを得るようになった現実認識の方法として、たとえばミシェル・フーコーなどとは根本的に違う手法なのに、なんとなくフーコーの手法と同じように見られている一種の流行があることが、とても気になっています。つまりそれは、聞き取りや証言の蒐集という方法です。フーコーは決してなまの証言を聞き取り調査で得ているわけではない。そうではなくて、彼はドキュメントなどを丹念に掘り起こして、直接自分が証言者から聞けること以外の現実、体験者の実体験を相対化しうるような現実を発見していくんです。

二〇世紀の社会科学どころか人文科学、あげくの果ては文学研究までを席巻するに至った方法上の主流は、簡単に言えば、一種のフィールドワークの方法ですね。この方法は、たとえば一九世紀初頭のドイツ・ロマン派の自然研究や人文系諸学の研究で先駆的な役割を果たし、二〇世紀初頭にはロシア・フォルマリズムによってきわめて有効に用いられたのですが、僕は自分の方法としてはこれに疑問を持っているんです。「現場を追体験する」というのは、決して生きている人の話を聞くことではない。フィールドワークをする研究者はその「場」を乱してしまうわけだから、決して日常生活の現実に到達できないということについては、すでにこれまでにも批判されてきましたね。

同時に、体験者の記憶の掘り起こしを求める作業については、記憶はあとからつくられていくものだという当然の前提がある。本当にその時代、その社会を生きていた人にしかその時代の現実はわからないんだというのは、僕は絶対に嘘だと思うんですね。一所懸命生きていたからこそますます現実が見えなかったということは当然あるわけですし、その時代が終わったあとに、自分でフィクションを作り出すことだってあるわけでしょう。それなのに、生活の現場というものをとらえる方法として、ある意味で、体験の特権化を認める方法が二〇世紀に定着したと思うんです。

そういう意味では、歴史とかかわる研究で体験者に話を聞くという方法には、ちょうど民俗学的なフィールドワーク調査がその「場」を乱してしまうことによって生活の現実に到達しえないというのと同じことがいえるのではないか。そういうことを意識化することこそが重要なのに、「早く生き証人から直接話を聞いておかないと手遅れになる」といって調査するようなことが研究だという風潮が、いまの大学院生などを見ていてもあるんです。

もちろん、いまかろうじて生き証人が生きている時代に行われている聞き取り調査はとても大事なことなんだけれども、それが方法の主流のようになる二〇世紀の総括には、僕はかなり批判的にならざるをえないんです。

ルカーチにおける全体性の問題

——生きている人間に話を聞くということと直接かかわりはないかもしれないのですが、池田さんが書かれた『初期ルカーチ研究』（合同出版、一九七二年）に、一九七一年四月にルカーチの死を聞かれたとき、「思わず、ホッとした」と書いておられます。そこでその「ホッとした」理由を二つ挙げておられます。一つは「さまざまな暗い過去を背負っているにちがいないルカーチがもうこれ以上〈誤謬〉をおかさないですむ」ということ、そしてもう一つは「いつか直接ルカーチにむかって問いただきねばならないことがある、という重苦しい課題から自分が永遠に解放された」ということですね。

最初で最後に書かれたルカーチ宛の手紙で、ルカーチに直接問いたださねばならなかったこととは何だったのでしょうか。

池田　ルカーチが死んだとき京都大学新聞だったかに寄せた追悼文にも書いたことですが、僕にとってルカーチは、現に生きている人間というよりも、一貫して活字でしかない、という思いがずっとありました。ハンガリーへ会いに行こうとも思わなかったし、手紙を出す気もなかったのです。それが、一九七一年の春、最晩年の彼がアメリカの黒人解放運動に連帯したり、ヨーロッパの学生叛乱にくみする見解を表明したりしたことについて、自分なりの気持を伝えたくなって、思い切って初めて手紙を書きました。ところが、ルカーチはそれが届く直前に死んでしまっていて、返事は息子（二度目のつれあいの子）の経済学者、フェレンツ・ヤーノシから来ました。そういうわけで、幸か不幸か、僕はルカーチとの個人的な接点を獲得してそれを売り物にする、という恥ずべき道に足を踏み入れずにすんだわけです。

ところで、彼に問いただしたいと思っていたことというのは、とりたてていうほどのことでもないのです。よくいわれるように、ルカーチの出発点とたどった道すじは、カントからヘーゲル、それからマルクスです。そして彼が何回も言っていることなんですが、人間を全体性においてとらえる、あるいは社会を全体性においてとらえることが、彼の基本的モティーフでした。それは、いまとなっては限界もあるけれども、積極的な意味というのは僕はなくなっていないと思うんです。

文学の表現においても、野間宏がパロディ化してしまったような「全体小説」をルカーチは理想にしていましたね。たとえばマルクスは、自分は人間に関わることで自分の関心を引かないことはないという、人間のやること全て、過ちを含めて人間が行いうる全てが自分のテーマだと言い放ったわけですね。

おそらく、ルカーチもそういうふうに考えていたと思うんですけれども、ただそれを一人の思想家が行ないうるかということはさておくとしても、虚構に過ぎない理論のなかで、人間の全体というものをとらえる理論ができると本当に思っていたのか。そのことを、僕はルカーチに聞きたかったんです。

僕は文学者とか美学者といった限定をつけたルカーチのとらえ方をするつもりはないのですが、彼は、存在論があり、美学があり、最後に倫理学で全て終えるという体系を考えていたわけですね。たしかにマルクス主義においては、ドイツ社会民主党のカール・カウツキーが、倫理学をマルクス主義の体系のなかで構築しようとしていた。そしてスターリン批判以降に、ドイツ生まれのオーストラリアの哲学者、ユージン・カメンカなどがもう一度倫理学に戻っていくわけです。それは社会主義倫理学というようなものですが、つまり人間の倫理、自分の意欲と社会的な規範をどういうふうに合致させるかということです。そこに、一つの解放された社会としての共産主義社会のイメージがあるとすれば、これは究極的な問題になるわけですね。

その倫理学の一つ前に、ルカーチの場合はミメーシス、つまり自然を模倣するという模写論の領域を結局超えなかったんですが、いわば人間の自己表現、あるいは自然ではない第二の自然を人間はどうやってつくっていくかという、虚構・フィクションの問題がある。その後にルカーチが倫理学を置いたというのは、それなりに体系としてわかるんだけれども、それで人間が全体としてとらえられると彼は思っていたんだろうか。それが、僕の疑問だったんです。

だから、それをルカーチに聞いたときに、もしルカーチが、「もともとそんなことはありえない、解明されたときから問いが始まるんだ」といったことを言うのか、それともやはり、「マルクス主義哲学者というのは、そういうふうに人間を社会のなかに位置づけていく役割を担っているのだ」と言ったかどうかはわかりません。ただ、僕はやはり、ルカーチのプラスでありまた決定的な欠陥であったと思うのは、全体性の問題だったと思うんです。この全体性の問題については、僕はいまはもっと言いたいし、それの持つ意味をもっと考えたいと思っているんです。ただし、のいまここで言う全体性というのは、社会の現実が個々の人間人間のなかに体現されており、かつ個々の人間が社会の現実に働きかけ、社会の現実を現出していく、という意味で、人間と社会とを合わせてひとつの全体としてとらえる、ということです。いわばマルクスが『経済学・哲学手稿』のなかで着手しようとした、人間の他の人間との関係、人間の自己自身との関係、そして人間の自然との関係を全体としてとらえるということであって、何らかの全体的・包括的な体系のなかに人間のあらゆる営みを配列して、ひとつの理論体系を構築する、ということではまったくない。

逆の面から言えば、人間のさまざまな営み、とりわけ人間が行なう種々の表現活動をとらえるときに、はたしてある完成した体系に人間をあてはめるということができるのかどうか。たとえば、ルカーチはドストエフスキイがいちばんの文学的な原体験だったわけですけれども、ドストエフスキイの小説世界というのは、人間を理論のなかで定義しとらえるということがほとんどできない世界です。そして、二〇世紀の文化に、とりわけ日本やドイツでドストエフスキイが決定的な影響を及ぼしたというのは、そのことだったと思うんですね。ドストエフスキイは、彼なりに理解する社会主義社会を「水晶宮」になぞらえて否定したわけですが、この否定にきちんと答えないかぎり、ナチズムや日本天皇制のもつリアリティに対抗することはできない、と言わざるをえないのです。

「教養小説」とはなにか

――**『教養小説の崩壊』**（現代書館、一九七九年）で書かれている教養小説についてですが、二〇世紀において、近代市民社会の廃絶を実現するかにみえたロシア革命以降、人間の全体性における解放を目指した共産主義運動に直面しても教養小説は生き延び、それどころか、むしろ「転向」の形態で存在し続けることを、池田さんは示されていますね。二〇世紀において「自然との一体化」や「社会との調和」を目指す〈私〉は、この本の終章「革命とファシズムのはざまで」において書いておられるように、「ファシズムによって虐殺され、社会主義の収容所で人間の条件を剝奪され、査問によって自殺に追い込まれ、ガス銃や鉄棒で頭蓋をくだかれ、ずっと以前にはまた裏切りを拒否して厳冬の海にみずから没し、そしていま、このすべての〈私〉を殺した現実そのものと同一化し、〈私〉に転向を強いる現実そのものとして立ちあらわれている」、そのような困難さに直面し続けたわけですね。そうした「これでもか、これでもか」と襲いかかる否定的現実は、二〇世紀の末を生きる私たちに「結果」として圧倒的なかたちでつきつけられ、それを踏み超えて思考しようとする者に、さらなる「転向」を迫ります。

　とりわけ「現存社会主義」の瓦解過程で二〇代が始まり、九〇年代を過ごした私にとっては、ソ連崩壊という事象を、研究者はジャーナリストばりに説明してはくれても、そこから遡及してロシア革命で目指されたものはなんだったのか、そこで何が夢見られ、実現しようとされ、果てしなく変質しあるいはすでに初発の時点で躓きの石を抱え持っていたのか等々について、その渦中、その初源に立ち至って説き起こしくれるものはなかったように思います。はてしない「転向」の二〇世紀が終るなかで、それはただ、自分でたどりついて行かねばならない課題として残されたという気がします。

そのことはまた、池田さんがいま言われた、人間と社会とを合わせて全体性のもとでとらえられるのかという、ルカーチの全体性の問題と関わってくると思われるのですが、いかがですか。

池田　ルカーチが最後に、自分の人間に関わる思想体系を倫理学で完結させようとしたのも、そのことだったと思います。

「教養小説」という訳語は問題の多い訳語で、簡単に言うと「人間形成小説」なんですね。それが、主人公の側からいえば自己形成小説であり、社会的な側からいうと、社会人としての人間形成小説になるわけです。教養小説というのは、ドイツ語で **"Bildungsroman"**（ビルドゥングスロマーン）というのですが、それは一八世紀の後半に初めてドイツでひとつのジャンルとして認知され、意識的に書かれるようになった文学形式で、英語にはその訳語がないんです。日本では「教養小説」という訳語がつけられ、これはいろいろ問題があるけれども、ただしその訳語がつけられた時代に、教養という概念がどういうふうに考えられていたかということとは整合性があるわけです。

教養小説の典型とされるゲーテの『ヴィルヘルム・マイスター』では、マイスターという少年が演劇人として生きたいという望みを抱いていた。少年が生まれたのは新興ブルジョアジーの家庭だったために、父親は少年を自分の跡継ぎとして商社経営者にさせたかったわけです。しかし、彼は旅の芸人の一座に身を投じてしまうわけですね。旅の役者というのは、社会的には被差別・賤民であるわけですけれども、やがて恋愛をしたり子どもができたり、あるいは日本の江戸時代の歌舞伎役者と同じように、貴族や金持ちの慰みものになっている一座の仲間たちの有様を見るなかで、この生き方では自分の夢を本当に実現することはできないとやがて気付いていくんですね。

矛盾にぶつかりながら、主人公はいろいろな試行錯誤を繰り返す。そして結局、秘密結社的な仲間のなかで、簡単に言えば「自由・平等・友愛」を実現するにはどうすればいいか、自分はそのなかでどういう役割を果たせばいいかという問題にぶつかっていく。自分の生きたい生き方、つまり個人の欲求、夢と、社会が求める人間の社会的役割をどうやって合一していくか。それが教養小説のモチーフであるわけです。

教養小説は、ドイツでは一八世紀後半から一九世紀の全時期にわたって書きつづけられ、最もドイツ的な形式というお墨付きを文芸学者たちから与えられて、二〇世紀にもなお生産されつづけました。それが白樺派以後の日本で受け継がれることになります。そしてソ連でも同じようなものが出てくるということ、これはとても特徴的だと思うんですけれどね。

これは繰り返し言わないといけないんですけれども、現在にいたるまで教養小説の典型的なあり方だとされているゲーテの『ヴィルヘルム・マイスター』のなかに、じつは教養小説がはらむ問題性はすでに露呈されていたのです。この小説は岩波文庫で翻訳があるわけですが、第一部は「徒弟時代」ですね。これは修業時代と訳されることもあります。そして第二部が「遍歴時代」です。「徒弟時代」の徒弟というのは、中世の中部ヨーロッパで生きていた職人のギルドの構成に即していて、日本でいうと、「徒弟時代」は「丁稚奉公の時代」になりますね。それがやがて本職としての腕を身につける段階になると、次は職人ということになる。この職人は、優れた技を持った親方のところを遍歴して技を身につけていく。だから、第二部の「遍歴時代」というのは、職人の遍歴の旅の時代です。余談ですが、シューベルトの『冬の旅』の旅というのが、この職人の旅です。

それで、一通り技術を身につけると、親方のギルドの試験があって、それに合格すると親方という称号がもらえて、はじめて結婚ができて、職場を持ち弟子を取れるわけです。その親方というのが、ドイツ語でマイスター（Meister）で、だから『ヴィルヘルム・マイスター』には必ずMeister時代がなければいけない。つまり、徒弟時代があって遍歴時代があって、次に親方時代がくるわけです。それを前提として、ゲーテは主人公にヴィルヘルム・マイスターという名前を意図的につけたはずなのですね。

ところが、ゲーテが一八三二年に死んでしまったということもあって、結局第二部の「遍歴時代」までで未完に終わったわけです。ついにゲーテは「親方時代」を書けなかったわけです。と同時に、これは特徴的なんですが、『ヴィルヘルム・マイスター』第二部「遍歴時代」の結末がどうなっているかというと、ヴィルヘルム・マイスターはさしあたり外科医になることによって、社会人としての役割を果たそうとする。これが、その時代の社会のなかでゲーテが掲げた教養理念、すなわち自己形成のひとつの目標だったわけです。つまり、外科医というものが当時の社会のなかでどういうふうに見られていたかということを、ゲーテはやはり反映していると思うんですね。だから、当時の新しい先端技術を駆使することができる、しかも人間を癒す外科医がさしあたりの到達点だったわけです。

しかし、ヴィルヘルム・マイスターは、そういう技術を身につけてもなお、ヨーロッパでは自分がめざす生き方はできないと考えて、別天地アメリカに向かって船出をしていく。そこでゲーテは小説を終えたわけですね。つまり、もうヨーロッパの現実のなかでは、ヴィルヘルム・マイスターがさしあたり到達した専門技術者としての生き方もできない。だから、一八三〇年代においてただ一つの、地球上で彼が見ることのできた自由の天地を、北アメリカに設定しなければならなかった。やはりヨーロッパの現実では、社会のなかで人間が夢見る自分の生き方と、社会の要求とが合一された生き方は不可能だということが、小説そのものので描かれていているんです。

——池田さんは『教養小説の崩壊』で、二〇世紀のソ連においても、スターリン時代には、主人公があるべき真実に目覚め「共産主義的人間」へと自己実現していく物語が、教養小説のかたちを取ると書いておられますね。ソ連では、リアリズムと革命的ロマン主義の結合による「社会主義リアリズム」に基づいて、人間が求める生き方と社会の要求が一つになり実現される。「魂の技師」としての作家は、「社会主義建設」のために、その「祖国」防衛のためにそうした文学を生み出すことを要請されるわけですが、ナチズムのドイツでは、「血と土」の民族主義文学、《国民文学》がその役割を果たすことになるのですね。

池田　教養小説を読み直してみると、本当の意味で新しい生き方を見つけだした人物はほとんどいないんですよ。結末は、たいていの場合、一種の諦念や社会的現実からの隠遁でしかない。それが、ついに自分の生き方を見つけることができるのは、ナチズムの文学とソ連の文学、そして日本の翼賛文学なんですね。プロレタリア文学から出発した里村欣三が、自伝的小説『第二の人生』三部作で国策文学の旗手になったのは、その典型的な一例でしょう。ナチズムの場合には、いろいろな試行錯誤を繰り返した青年が、ついに突撃隊に入ったりナチ党に入党する。ソ連の場合なら、たとえば革命や「大祖国戦争」、つまり対独戦争のなかで主人公が命を捨てていくといったものになっていく。

日本の場合に、僕が重要だと思うのは、日本のマルクス主義者たちが転向したその転向のあり方というのは、たとえば島木健作がそうであるように、まるで中国で紅衛兵のときに出てきた下放運動を思わせるようなかたちで、人民のなかに入っていくという道すじです。作家自身にとっても、それが彼らの教養理念の達成になっていく。だから、これはいままでにもいわれていることですが、ほとんどがインテリであったマルクス主義者が獄中で悩み抜いたあげく、自分は人民を知らなかったと気付くわけです。そして、島木健作の場合には直接的に侵略戦争の担い手となるのではないが、農民たちとともに生きる道を選ぶことによって人民のなかに入っていく。いずれにせよ、こういう生き方の発見をひとつの到達目標として提示しうるような、そういう現実に支えられて、教養小説が成り立つんですね。

一九四五年になって、ナチズムの支配も崩壊し、日本のいわゆる戦前戦中の天皇制も、僕は本当は連続していると思っていますが、一応なくなる。それから、スターリン批判によって一九五六年以後、ソ連でも教養小説を支えた基盤はひとまずなくなり、それはある意味で過去のものになるわけですね。

でも、僕はやはり、教養小説ははたして過去のものなんだろうかと思うんです。いま、自民党だけでなく少なからぬ陣営から人間形成教育の重要性が唱えられている現実を考えるにつけても、それどころか、たとえば「ボランティア」という言葉にも、教養小説的な理念が生き続けているように思えるんですね。

ありうる現実を虚構として構築しえたか

——池田さんは『権力を笑う表現？——池田浩士虚構論集』（社会評論社、一九九三年）のなかで、「ボランティア」とは本来、義勇軍として戦いに行く兵士を指すものであったと書いておられます。それが、いま法制化されて本来はボランタリーな、自発的なものが「奉仕」と結びつけられる局面が出てきているわけですが、これはまた、ファシズムの参加と動員の問題とも関わってくると思うのです。

池田さんが『ファシズムと文学』に書いておられるのは、第三帝国の作家たちも、現実に対して批判的であったはずの教養小説の主人公が苦悩し求めた別の「もう一つの現実」が、「血と大地」に行き着き包摂されてしまったということなのですね。

池田　「ボランティア」活動を社会制度のなかに見事に組み込んだのは、周知のとおりナチス・ドイツでした。このこと自体、いくら話しても話したりないくらい興味深いテーマなのですが、ここでは少し迂回路をたどって「ボランティア的な参加」について話してみてもいいでしょうか？
"Bildungsroman"は、教養小説の崩壊としてしかとらえられないということとも関わると思うんですが、これはよく指摘されることですけれども、たとえばジュール・ベルヌがSF小説を一九世紀後半につくり始めます。『海底二万哩』と訳されている小説のなかで、長期間浮かび上がらず潜水したまま航行していられるノーチラス号が出て来るんですが、そのエネルギー源がなんであるかは、小説のなかでは明示されていなかったけれども、二〇世紀中葉になってアメリカ海軍が最初に完成させた原子力潜水艦に、ノーチラス号という名前がつけられました。

SFは現実を先取りしたんだということがいわれる一方で、たとえば月旅行にしても、ノーチラス号という潜行艇の設定にしても、それは、実は当時の科学の研究の到達点で全て説明できることであった。だから、SFというけれども、実は当時の科学の到達点を超えていなかったんだという指摘が一方であるんです。

僕は、この後者の指摘がすごく大事だと思うんですね。教養小説というのは、新しい規範をフィクションとして設定するというのがそもそもの教養小説の構造であるはずなんです。現在の社会の矛盾とぶつかりながら、主人公が単に現在の秩序に組み込まれるだけだったら、それは教養小説ではないわけですね。そこに、新しい人間関係、新しい社会関係を発見して、それを身をもって生きるというのが教養小説であるはずなんです。つまり、教養小説というジャンルがフィクション・虚構として自立しうるべきであるとすれば、現実にはまだないような個人と社会の統一、自己実現を想定すべきであるはずですね。ところが、それができなかったということだと思うんです。

ナチズムの支配下で生まれた文学や、日本のいわゆる一五年戦争期乃至はそれに先だった時代の文学作品を読んでいて、本当に残念というか、暗澹たる思いを僕がいだかざるをえないのは、ありうるもう一つの現実を、本当に虚構として描いた小説がどれだけあったか、ということなんです。これは、反ファシズムや反天皇制の文学でも基本的には変わりがない。そのことが、二〇世紀のフィクションが問われる、一つの大きな問題、大きな限界だと僕は思うんですね。つまり、もう一つの現実を虚構として構築するような、本当の意味で虚構といえるものをつくれたかどうかということが、僕は非常に重要だと思うんです。

さっき言われた参加と動員の問題でも、参加していくというときには、当然のことながら主体的参加ということがありうるわけです。場が誰かによって設定されているということを前提とするとしても、その場に関わる関わりかたが問題なのであって、設定された場の意味をひっくり返していく参加だって当然ありうるわけであり、それをこそ追求しなければならないはずですね。

もちろん動員された人々が、たとえばロシア革命やドイツ革命を担っていった兵士たちのように、動員体制を逆手にとって粉砕していくということがありうるわけです。けれども、一応参加と動員を分別すれば、僕は参加していくときのイメージが、その参加の場を設定した側の意図を超えなかったということがあまりにも大きいと思うんです。

このことは、じつはさきほど述べたフィクションの可能性、というより不可能性という問題とかかわっているのではないか。ゲッベルスならゲッベルスが設定した壮大なフィクションを凌駕する虚構をつくり出すことができなかったということ、われわれ自身が虚構というものを自分でつくり出すことができなくなっているということ。たぶん、これはいつの時代でもそうだったと思うんですが、いまはとりわけ、そのことをあまり意識しなくなっているのではないか、という気がするんです。「ボランティア」についても、はたして政府や自治体が意図し期待している以上のことを、ボランティアの「自発性」が構想しえているのか、その構想によって支配的な既成の秩序を食い破っていく萌芽がそこにあるのか。ナチス・ドイツでのように、あるいは日本の戦時中の「国民勤労報国隊」のように、本来なら行政の責任と負担でなされるべきことを、《国民》が無料でさせられているだけではないか。それどころか、この無料奉仕で《国民》としての団結感や一体感を感得させられているのではないか――と、憎まれ口を叩きたくなるんです。

「参加と動員」の二〇世紀

——私たちはこの二〇世紀、スターリン主義のソ連のなかで、そしてナチズムのドイツにおいて圧倒的にネガティヴな、その大きすぎる経験を前にしています。それはあまりにも暗い。そのなかで池田さんは、『ルカーチとこの時代』（平凡社、一九七五年）に書かれたように、「〈われらの時代〉と言うにしてはあまりに暗く、〈やつらの時代〉と突きはなすにしてはあまりに深くわれわれをとらえているこの時代」のなかで、「われわれ」の自己形成の可能性を共考しつつ問い返す作業を続けてこられたように思います。

世紀末日本に跋扈する「現実主義」という名の現状肯定主義は、池田さんがいま言われた、すでにある到達点を超え出ていかない、また虚構をつくり出し、ありうる一つの現実を創造していくことができなくなっているなかで支配的になっている私たちのありようなのだと思います。それに抗して、圧倒的な既成の現実を超えていく試みを、池田さんはルカーチと格闘されるなかで、また三〇年代の表現主義論争に迫るなかで、未成のまだない、あるいは別のありえた現実を、ナチズムとスターリニズムの外にではなく、そのなかにこそ追求されていったのではないでしょうか。

『初期ルカーチ研究』のなかで、池田さんは「〈過去〉はつねに未解決である」と書かれています。つまり、徹底的な負の遺産であるような過去や抑圧を、未来のための爆発的なエネルギーに転化しうるか否かは、「もっぱら〈いま〉に生きるわれわれ自身にかかっている」と。そうならば、過去と向き合うことは、それが「この時代」の現実としてあると捉えることに他ならないと思うのです。

その意味でも、別のありえたかもしれない現実、しかしながらナチズムに至りまたスターリニズムへと解消してしまった現実を徹底して読み考えるなかで、ありうる一つの現実を見据えることの意味が、いま問われなければならないと思うのですが。

池田　いま米田さんがおっしゃったような大それた課題に立ち向かう力など、僕にはもちろんありませんが、ひとつの例をおはなししたいと思います。ナチズムの文化のなかで、僕がとてもこだわっているものがあって、それは芝居なんです。大衆野外劇、ティングシュピール（Thingspiel）というのがそれなんですね。

ヒトラーの時代の記録フィルムを見ると、よく党大会でさまざまな分列行進をするシーンがあります。それは単に党大会のイヴェントとして行われたものではなくて、ナチズムの言葉で「闘争時代」（Kampfzeit）といいますが、一九三三年のヒトラー首相任命に至るまでの街頭政治闘争の時代ですね。そのときの街頭行進、デモンストレーションの記憶を、しっかりと刻みつけるためにやっているわけですね。

ヴァイマル共和国時代、社会民主党と共産党、それから二〇年代後半からはナチ党が三つ巴になって街頭闘争をやるわけですが、ナチ党はSA（突撃隊）、共産党は赤色戦線、それから社会民主党は国旗団というように、それぞれ武装闘争組織を持っていました。そのなかで、文字通りゲバルト闘争を展開しながら、ナチズムが街頭を制圧していく歴史があるわけです。

ティングシュピールは、その街頭闘争を寸劇のかたちで演ずる形式としてSAが開発していくんです。共産党もヴァイマル時代には街頭や工場の中庭でさかんに寸劇を上演したのですが、ナチはこれを部分的に盗みながら、きわめて独自の表現形式を開発しました。二〇人なり三〇人なりの隊列をひとつのグループとして、ある隊列はナチで、ある隊列は共産党、また別の隊列はユダヤ人であるというように、それらが野外で分列行進とシュプレヒコールによって自分たちの旗幟を鮮明にしながら戦っていくわけですね。

ナチ党が権力を取った後に、古代ゲルマンの時代にあったというゲルマン共同体の史跡を、ナチはいろいろなところに指定する。そこに、野外劇場を造って、そこで大規模な大衆野外劇を行なうわけです。ティングシュピールのThingは、英語のthingと同じですが、それは日本語の「こと」、つまり「一朝事あらば」とか「一大事」の「こと」です。つまり、古代ゲルマン社会での重要な会議を表わす言葉です。ナチの歴史観によれば、その社会には古代ゲルマンの民族共同体があって、そこはいわば原始共産主義なんですね。それで、あらゆる重要なことを決めるその会議がThingであり、そのための会場がThingplatz（ティングプラッツ）、つまりティングの広場なんです。

そうした広場を、全国に数十ヶ所「復元」して、ナチは文化政策のなかでティングシュピールの場にしていきます。そこで特徴的なのは、もともと演技者は全員素人だし、見物人は最初は共産党の隊列にツバをかけたりしていたのが、やがて興奮するとナチの隊列に加わって、本当に共産党の隊列を叩きつぶしていくようになる。要するに、見物人が列の進行につれて自発的に参加していく劇だということなんですね。

それがやがて一つのスタイルになっていって、いちばん大きな場合では、演技者が二五〇〇人から三〇〇〇人、観客が二万五〇〇〇人から三万人というような、とてつもない大がかりなものになります。そして、どの列でも実際に観客は、劇の進行とともに演じ手になっていく。

二〇世紀において追求された根底的な理念のひとつは、いまの言葉で言う送り手と受け手との関係をどうやって流動化させていくかということでした。受け手が単なる受け手に止まらないような、主体的な演技者になっていくこと二〇世紀において追求された根底的な理念のひとつとしてあった、受け手が単なる受け手に止まらず、主体的な演技者になっていくこと。それがナチズムによって実現された。

をどうやって実現するか。この二〇世紀の文化表現がみずからに課した最大のテーマが、ある意味でナチのティングシュピールによって実現されてしまうわけですね。ナチの文化政策は、こうして受け手が主体的に参加する場をつくっていく。ところが、一九三三年に政権を取った翌年、早くも三四年の九月には、ティングシュピールという名前についての認可制ができ、そして三五年にはこの名称を冠した大衆野外劇はとうとう禁止されてしまうんですよ。

どうしてそうなったかというと、ティングシュピールに歯止めが効かなくなっていく危険があったからです。つまり、いかにティングシュピールの場を設定したり、登録商標の許可制にしたりしても、民衆が自発的に関わっていったときに、もはや歯止めの効かないことが起こりうるということが、いろんな体験でわかってくるわけですね。

だから、そもそも参加していくことを一つの構成原理とするような場の設定は、必ず参加者がそれを踏み越えていくということが起こってくるという危険を内包する。ナチズムがそれに足を踏み入れてしまったことはとても面白いですね。

ナチが、ついに大統領がヒトラー以外に首相に任命する

人がいないぐらい大きな力になっていくのは、そういう参加者の自発性なんです。だから、ファシズムにとっては、自発的な参加というものがものすごく大きな意味を持っているわけです。そしてもちろん、ティングシュピールで観衆が演技者へと変貌していくのは、共産党やユダヤ人やヴァイマル保守派を演じる隊列への攻撃としてであって、いわば排外主義的な暴力としてその自発性は噴出するわけです。しかし、この自発性といえども、放置すれば体制の秩序そのものを解体させかねないことを、ナチ当局者は危惧したのですね。大量虐殺をさえも整然たる合理的システムのなかに組み込んだあの体制の構築が、このことのナチなりの総括と関連があったのかどうかはわかりませんが、ナチが手に負えなくなる前にティングシュピールを規制したということで、体制化したナチズムの支配が一二年間も続くことになったという一面は否定できないでしょう。「長いナイフの夜」と呼ばれる一九三四年の党内テロで粛清されたエルンスト・レームが考えていたように、ナチ党幹部の一部はもともと第二次第三次の永久革命論を志向していたわけですけれども、トロツキイの唱えた永続革命のソ連における敗北と、ナチにおけるティングシュピールの

解体は、大きなメルクマールとしてあったと思いますね。

だから、もう一つのありえた現実というものを考える上で、参加と動員がひとつの大きなキイワードとしてあらためて浮かびあがってこざるをえないでしょうね。だからこそ、日本の場合でもそうですけれども、動員されて行った人たちが、その場を食い破ることができなかったという現実を、その現場の感性で問い直さなければいけないだろうと僕は思うんです。

ありうる現実がどうして現実とならなかったのか

——ナチズムにおいても、またソ連のスターリニズムにおいても、動員はしつらえられた場のなかでの、自発性に基づいた参加をそのうちに取り込み誘発させたという意味で、ある種の「解放」の一面を、部分的なりとも確実に持っていたといえるのでしょうか。そのなかで動員され参加した一人ひとりが「気散じ」をしあるいはそこで充足を得て、いま言われたその場を食い破ることができなかったということなのでしょうか。

『ルカーチとこの時代』のなかで、池田さんは「全体性と共同体への志向が潜在的にもせよ強烈であればあるほど、それはファシズムの培養土としてもまた働きうる」と書かれています。そうした全体性や共同体への参加を考える場合、池田さんが編訳された『**表現主義論争**』（れんが書房新社、一九八八年）で展開されている、政治と芸術の交点においてその場の感性をめぐって争われたともいえるこの一大論争が、依然として大きな問題を投げかけ続けていると思えます。池田さんは『**ふぁっしょファッション**』（社会評論社、一九八三年）所収の一文で、「予見と約束を唯一の旗印とする科学的社会主義が、いかにファシストたちの非合理主義と根底において共通しているか」ということを論じておられましたが、やはり全体性や共同体への志向が、ファシズムの温床としてもまた準備され、簒奪されてしまったという大きな問題が、二〇世紀が去ろうとするいまもなお、私たちの前に立ちはだかり続けているように思うのですが。

池田　ナチズムのことを追求していくなかで、誰もがぶつかるひとつの名前にアルトゥアー・メラー＝ヴァン＝デン＝ブルックという人がいますね。この人はナチスの「第三帝国」という名前のもとになった著書を一九二三年に刊行した人ですが、一九二五年にピストル自殺するんですね。彼はドストエフスキイ主義者だったんです。第一次大戦に先立つ一九〇六年から大戦二年目の一九一五年にかけて、彼は自分の名をロシア人に仮託して、はじめてヨーロッパ語の全集として、全二二巻のドイツ語版ドストエフスキイ全集を訳したんです。

メラーが「第三帝国」というテーゼを立てたのは、ヨーロッパ民主主義でもなく社会主義でもない、第三の選択肢として新しい共同体国家を「第三帝国」として想定したということなんですね。ロシア革命が起こり、次いでドイツにも革命が起ったとき、彼はドイツ・ナショナリズムをはっきり標榜していた。ナチが利用したのはその部分なんですけれども、ドイツ・ナショナリストであった彼はまた、ロシアに大きなシンパシーを持っていたんです。

ナショナリズムの正反対であるインターナショナリズムを標榜する社会主義がロシアで政権を取り、やがてボリシェヴィキ政権になっていったことに対しては、もちろん批判的だったんですが、彼には信念があって、ロシアにおける社会主義は、必ずスラヴ民族主義によって乗り越えられていくだろうと信じていたんですね。

メラーは絶えず、論説や評論のなかでロシアのナロード、つまり民衆に立ち返るんです。彼のいうナロードは、ドストエフスキイが描き思いを寄せたナロードなんですね。ドストエフスキイも『作家の日記』その他で書いているんですが、メラーがいうには、ロシアのナロードは何世紀にもわたって苦しみを味わい、それに耐えてきた民衆のみが持つ能力、他人の苦悩を自分のものとして感じる能力があるというんですね。つまり、他人の運命を自分の運命と同じように切実に感じ取る能力があるというのが、メラーのロシア民衆像なんです。

ドストエフスキイもそう考えたために、ロシアの民衆のそうした能力を破壊するような西欧近代文明を憎悪するわけです。そして、メラーにとってもまた、他人の苦しみや喜びというものを、自分のものとして感じ取る能力はロシアの前近代性の特質であり、そういう能力を近代的発展は回復不可能なまでに喪失させたのです。だから、それをもう一度再生させることができるのは後進国であるロシアとドイツのナショナリズムしかないというのが、残念ながら彼の考え方だったんです。

ただしメラーは、ロシアでは社会主義をくぐり抜けて初めて新しいナショナリズムが生まれてくるというんですね。だから、ボリシェヴィキ政権を全面的に否定しない。そして、はじめて農民が自覚するきっかけを与えたのがボリシェヴィキ政権なのだから、それはそれで一つの役割を持っている、その後に必ず新しい民族主義が生まれてくると彼は信じるわけです。

ナチズムのなかにそういう民衆像、他者の苦しみを自分のものとして感じとり、その苦しみをともに生きる能力をもつ人間、という民衆の像があったかというと、それは全くない。言葉としての **"Kameradschaft"**（戦友愛）をナチは非常に強調したんですけれども、**"Kamerad"** というのはいわゆる「同志」ではないんですね。ナチズムには最初から、共産主義のいう同志というような考えは眼中になかったんですね。ナチズムの「カメラート」というのは「戦友」

であって、敵に対して戦うもの同士の排外主義的なアイデンティティの確認の符号でしかない。僕は、天皇制用語の「思いやり」や、あるいは「ボランティア」の"voluntary"につながっていくようなものを肯定するつもりは全くないんですけれども、ナチズムと、ナチの教祖のように位置づけられてきたメラー＝ヴァン＝デン＝ブルックとの本質的な違いはそこにあったと思います。メラーは、隣人なり他人なりの心を自分の心のように感じることができるような人間の心性、感性のあり方に最後の望みを賭けたわけです。

僕は、表現主義者たちのいう"Menschheit"（人類）という理念が、メラーのこのナロードの理念に拮抗しうるものだったかを、問い直さざるをえないのです。ルカーチは表現主義者の「メンシュハイト」を抽象概念だとして懸命に否定したのですけれども、人間の抽象的な集合体である人類あるいは人間性という意味の"Menschheit"を、表現主義は非常に重要視するわけですね。この理念が、はたしてメラーの言う意味でのロシアのナロードの理念に対抗しうるのか。そしてもうひとつ、ナロードの資質に依拠したメラーのナショナリズムに、はたして社会主義・共産主義のインターナショナリズムは拮抗しうるのだろうか、と問い直さざるをえない。

ナチス女子青年団の歌には、「個人というのは全体のなかで死ぬのだ」とはっきり歌った歌があるんですよ。民族という鎖は延々と続いているのであって、一つの環である個人は民族という鎖のなかに解消する。全体主義はまさにそうですね。日本の場合は、それが「天皇のために死ぬ」ということになっていくわけで、ナチでは「ヒトラーのために死ぬ」というのはあまりなくて「民族のために死ぬ」というんです。こういう理念を、全体主義イデオロギーとして批判し否定することは困難ではないかもしれない。しかし、メラーのように、民衆が他人の運命を自分の運命として感じる能力を人間の自己解放にとって決定的に重要である、と考えるのと、この全体主義の人間観とは、じつに紙一重なのではないのか。この紙一重のところに、なんとしてでも分け入らなければならないと思うのです。

メラー＝ヴァン＝デン＝ブルックがロシアの民衆に未来の人間関係のあるべき姿を見て、しかも、ロシアの革命はやがて必ず民衆のナショナリズムとしての新しい人間関係のあり方につながっていく一段階であると考えていたときに、表現主義者たちも決して個人を無化することによって人類を設定するのではなくて、文字通り呼びかけの対象としての他者との共生を念頭に置きながら他者との関係を考えていたんですね。もちろん、インターナショナリズムという理念が原理的に他者との連帯と共生をめざしていることは、言うまでもなかったはずなんです。

メラー＝ヴァン＝デン＝ブルックが一九一〇年代終わりのロシア革命を見て描いた、ロシアの民衆の特性としてあったもの、そして表現主義者たちが依拠しようとしたものも、僕は他者とのそうした関係であったと思うんですね。

二〇世紀は、ある意味でそういう夢で始まったわけです。そして、メラー゠ヴァン゠デン゠ブルックは死んでしまったから見えなかったけれども、ロシアの貧しい農民たちがはじめて自立した人間として自覚して、いままで無意識のうちに抱いていた、隣人たちの苦しみを自分の苦しみとして、喜びを自分の喜びとして受けとめる感性、心性が社会主義をくぐることによって意識化され、一つの新しい共同体をつくっていくというその夢は、結局その後に来たスターリニズムによって潰え去ってしまうわけです。そしてさらに、いまや、メラーが思い描いたような、後進性ゆえに生きていたナロードの可能性は、その後の歴史の展開によって、かつて「第三世界」と呼ばれた諸地域をも含めて、事実上ほとんど抹殺されつくしている。インターナショナリズムが崩壊したのと同じように、ナショナリズムの、メラーが構想したようなナショナリズムの夢もまた、現実性をもはや持たない。

そういう現実にいまわれわれは生きているということと、にもかかわらずこの現実だけがありうる唯一の現実ではないのだということとは、しかし矛盾するものではないのではないか。少なくとも、そういう夢から始まった二〇世紀というものを、もう一度ナチズムや天皇制の側からも、ソ連の革命の側からも見つめなおし、いまの現実の出発点として思い起こす必要があるのではないか。そして、もう一つの、ありうる現実がどうして現実とならなかったのかということを、改めて何回でも問い直さなければならないんではないか。それが、雪崩れを打って、しかも無意識と無感覚のままに進行していくこの日々のなかで、これとは別の現実をせめてフィクションとしてなりとも構想するための、小さなよりどころではないか。それがじつに困難だということを絶えず嚙みしめるという意味で、僕はそう思っています。


（未発表、二〇〇〇年九月三〇日）

「敗北と抵抗の不可能性」から

「勝利の報告と正しい道の案内図よりも、むしろ敗北の総括と踏み迷った道すじの再構成から、われわれはしばしばいっそう多くを学ぶ。エルンスト・ブロッホが『この時代の遺産』で試みているのも、こうした総括と再構成の作業のひとつである」。

　エルンスト・ブロッホ**『この時代の遺産』**（三一書房、一九八二年。のち、ちくま学芸文庫に収録）の解説で、池田浩士氏はそう書き記していた。読み返してみて、私はこの言葉が『この時代の遺産』で展開したブロッホの作業をいうのみならず、一貫して池田氏の仕事をも指し示す言葉であることを、改めて思った。

　二〇世紀を考えるとき、ひとつの大きな困難は、天皇を頂点と戴く体制に抑圧され強制されたはずの「国民」が、天皇の意を体現し、その名のもとに朝鮮半島や中国大陸、アジア太平洋地域に侵略し植民地化するのみならず、暴虐と大量殺戮を行なったということであった。そして、さらにいま私たちが格闘すべき大きな困難がある。**『文化の顔をした天皇制』**（社会評論社、一九八六年）で池田氏が問うのは、戦後になって「進出」を「侵略」と名義変更しても、あるいはそれゆえに根底から断ち切られず摺り抜け生き延びた、日本人の真の侵略、すなわち「進出」を支えたその感性であった。

　なぜ池田氏は**『「海外進出文学」論・序説』**（インパクト出版会、一九九七年）その他の著書で、徹底して「進出」したその時代の日本人の感性に肉薄しようとするのか。それは、「進出」の時代と人間のリアリティに迫ることが、日本の侵略戦争を根底から捉え返すことに他ならないからであろう。ふたたび侵略が「進出」の名のもとに行われつつある現代を省みれば、そのテーマはいっそうアクチュアリティを帯びてきている。侵略戦争は「正義」の名のもとに

しか戦われ得ない。そして「祖国」は、「国民」によってしか守られ得ない。このことは、単純なようであって解き難いこの世紀の難問となった。その意味で「進出」を、その時代のさなか、自分たちの感性において「侵略」と捉え拮抗し得なかった「国民」は、果てしない敗北の経験を背負ったことになる。そして、現在にもその感性が息づいているとするならば、私たちは果てしなく敗北し続けていることになるのだ。なぜ、あってしまった現実を超え出ることができなかったか。そこであり得た別の現実とは何か。池田氏の数々の書は、私たちにその問いを突きずにはいないのである。

　私たちの生きた「昭和」は、侵略戦争や処刑、そして死刑によって塗り込められている。「昭和」を死刑によって透視した『死刑の「昭和」史』（インパクト出版会、一九九二年）で、池田氏は「死刑制度とは、わたし（たち）自身の生命にかかわることそのものを権力によって代行してもらう、もっとも極限的な制度にほかならない」と書き記している。この時代は、「国民」のなかで共産主義者をはじめ反体制派を死刑にすると同時に、「国民」の手で、植民地支配や侵略戦争のさなかで、罪なき者を処刑し、大量殺戮を行なうという歴史で始まりを告げたのだった。「国家が行なう戦争のなかではいわば死刑が日常化することは、一貫して平和という名の戦争の時代でもあった〈昭和〉の歴史が明らかにしている」。そう書く池田氏は、戦争と死刑との不即不離の関係を指摘する。この時代、「国民」は国家に身をゆだね、国家の行なう戦争に動員されみずから参加し、そして死刑をもまた国家の手にゆだねた。『死刑の「昭和」史』に描かれた光景、すなわち「反革命者」や「非国民」への激しい憎悪、見せしめ裁判や公開処刑において見物する「国民」の歓声とどよめきに、池田氏は悪を憎む感性と「凶悪犯」抹殺を望む感性との、深い断絶を見るのだ。そこには、「正義」が国家の手によって戦争として行われ、死刑として執行されることに身をゆだねあるいは充足する

「国民」すなわち、ほかならぬ私たちの敗北の姿があった。
「ある現実のまっただなかでその現実を生きている人間にとって、現時点はつねに『闇』でしかありえないのだ」。池田氏は『この時代の遺産』解説にそう書いていた。この時代、このいまが、ブロッホのいうように「生きられている瞬間の闇」でしかないならば、そのなかにこそ継承すべき「遺産」を探り当て、それを未来の、別の現実形成へと転化していこうとする試みは、私たちの生きる「この時代」のなかで、きわめてアクチュアルな課題とならざるをえない。そして池田氏は、ファシズムをも招来してしまった現実、その「遺産」のなかに、ありえた、あるいは未成の現実を読みとり探り当ててゆく作業を、ほかならぬファシズムの時代のさなかに、そして同時にスターリニズムの時代のさなかに生きる者たちの、勝利ではなく敗北と抵抗の不可能性を徹底して問うことで行なってきたのだった。

　池田氏の姿勢は、表現主義論争の膨大なドキュメントである編訳**『表現主義論争』**（れんが書房新社、一九八七年）においても、また、ジェルジ・ルカーチの『歴史と階級意識』に端を発し、ソ連を含めたヨーロッパのみならず日本の共産主義運動での議論をも網羅した編訳**『論争・歴史と階級意識』**（河出書房新社、一九七七年）においても貫かれている。論争そのものを再現し、そこに内包される未決の可能性を「この時代の遺産」としてゆこうとする池田氏の視点が、そこにははっきりと刻まれている。

　歴史のなかの、そこに生きた人間の感性に迫り把捉される現実は、フィクション＝虚構によってその可能性を拓き、ありうるもうひとつの現実を開示させるといえる。池田氏が**『似而非物語——池田浩士評論集』**（序章社、一九七二年）で展開させた〈ルカーチ裁判・記録〉（抄）は、虚構によって現実に迫ろうとする池田氏の「作品」であった。そうした氏の試みは、**『ふぁっしょファッション』**（社会評論社、一九八三年）所収の「プロレタリア文化運動はなぜファシズムに敗北したのか？——〈リアリズム〉と〈現実〉のあいだ」という「座談会」においても発揮される。そして、現実以上に現実的な虚構によって現出される「この時代」のリアリティは、池田氏の**『隣接市町村音頭』**（青弓社、一九八四年）において極まったといえるのである。

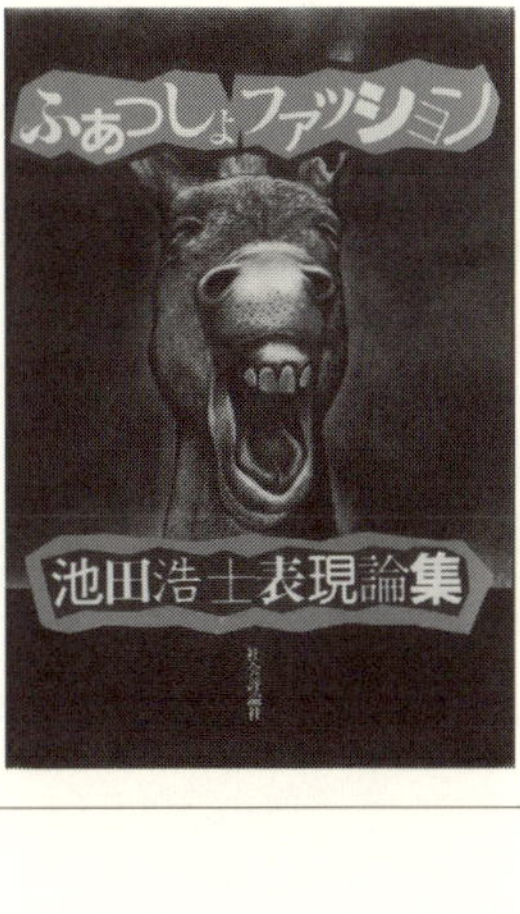

〈記憶〉の出会う場所

遺された〈投瓶通信〉

細見和之
Hosomi Kazuyuki

カツェネルソン、『ショアー』との重なり

――このたび、イツハク・カツェネルソンの詩集**『滅ぼされたユダヤの民の歌』**（飛鳥井雅友・細見和之訳、みすず書房、一九九九年）が邦訳刊行されました。イディッシュ語からのまとまった作品の翻訳という点でも画期的なことだと思います。そこで訳者の一人である細見さんに、カツェネルソンおよびこの本の生まれた歴史的、思想的背景などを中心にお話をうかがいたいと思います。その後細見さんの**『アイデンティティ／他者性』**（岩波書店、一九九九年）という新著も刊行されましたので、こちらの話もおいおいうかがいたいと思います。まずはカツェネルソンの作品からお話しいただけますか。

「訳者あとがき」で細見さんが書かれているように、この訳詩集は細見さんが取り組んでこられたクロード・ランズマン監督の映画『ショアー』の上映活動とつながる問題意識から生まれたともいえるのではないかと思うのですが、刊行にいたる経緯はどのようなものだったのでしょうか。

細見　一九九四年の年末に、『ショアー』の日本語字幕の監修の依頼があって、僕はドイツ文学者の小岸昭さんたちと一緒に、あわただしく字幕の監修というかチェックをしました。そして翌九五年の一月から日本でも上映が始まるわけです。そのとき以来、僕は日本の戦後五〇年をどう考えるかという問題にいろんな形で取り組んできました。そしてその延長上で、ホロコーストのただなかに書かれたこ

細見和之（ほそみ・かずゆき）　一九六二年生まれ。現在、大阪府立大学教員。ドイツ思想専攻、詩人。主な著訳書に『アドルノ』、『バイエルの博物誌』、ベンヤミン『パサージュ論Ⅰ、Ⅱ』など。

のカツェネルソンの作品を紹介する仕事につながっていったところがあります。

実はそれ以前にも、カツェネルソンに関してはニアミスを繰り返していました。『アドルノ――非同一性の哲学』（講談社、一九九六年）にも書いたのですが、大学に入って、「ドナドナ」（仔牛の歌）がユダヤ人の歌だということを初めて知って、僕はショックを受けるんです。そしてその後、大学院の時に友人がドイツで買ってきてくれたイディッシュリートのレコードの中に、やはり「ドナドナ」が入っていたんですね。そのイディッシュリートにはライナーノートが付いていて、「ドナドナ」の作者がカツェネルソンだと書いてあったのです。その時点では、僕はそれを信じていて、「ドナドナ」はカツェネルソンが作ったんだ、と思っていました。

さらにその後、小岸昭さんがドイツでたまたま手に取った（列車のコンパートメントに捨てられていたらしいです）ドイツの代表的な新聞「フランクフルター・アルゲマイネ・ツァイトゥング」にヴォルフ・ビーアマンのカツェネルソン論が載っていたんです。じつは、それがこの『滅ぼされたユダヤの民の歌』に収めているビーアマンの論考「イツハク・カツェネルソンの偉大なる歌」なんですが、僕は小岸さんからそれを紹介されて、大学院時代のイディッシュリートのレコードの記憶もあって再び強い衝撃を受け、「みすず」九五年一月号に訳してみたんです。

その時にようやく、カツェネルソンがどういう人物だったか、僕は改めて知ったというわけです。この『滅ぼされたユダヤの民の歌』が書かれた事情や、どうして彼が生き延びることができたのか。具体的にはワルシャワ・ゲットー蜂起に参加しながらも、当時ユダヤ人戦闘組織の若い代表だったイツハク・ツケルマンがカツェネルソンを生き延びさせた、ということなども知りました――それは結局束の間の平安で、カツェネルソンはこの作品を仕上げたのち、アウシュヴィッツで殺されるわけですが。

それと前後して『ショアー』の仕事をしたわけですが、観ていると、ビーアマンが書いたこととさまざまに重なることが出てくるうえに、映画の最後にはイツハク・ツケルマン本人が登場するんですね。彼は八二年に亡くなっているので、その晩年の姿に当たるわけですが、スクリーンのなかで、カツェネルソンを生き延びさせたツケルマン本人が証言している。

ですから、大きな時間の流れで言うと大学に入って改めて「ドナドナ」と出会い、その作者として（実際は違うようなのですが）カツェネルソンを知って、ビーアマンの文章でその生涯に触れ、さらには『ショアー』でツケルマンと出会うというような、不思議な流れがそこにあったんです。

『ショアー』の仕事をしているとき、まだ僕はイディッシュ語ができなかった。そして、『ショアー』を通じて知り合った西成彦さんにイディッシュ語の勉強会をしませんか、と誘っていただいて、それがきっかけとなって実際にカツェネルソンのこの作品を読むという作業が始まった。それがこの本の翻訳に直接つながるわけです。短く考えると『ショアー』以来五年ほどですが、長く考えると大学入学以来(あるいは「ドナドナ」を小学校か中学校で聴いた時以来)自分が引きずってきていたことをワンサイクル閉じるような、とても不思議な体験をした感じがします。

——「訳者あとがき」で細見さんは、この詩を読むと、まさにその内容は『ショアー』と重なっていると書かれていますね。

細見　ええ、そうなんです。たとえば『ショアー』のなかで、特に印象的な証言者にトレブリンカの収容所にいた元SS伍長のズーホメル氏がいます。映画では、彼がトレブリンカ収容所の歌を歌う場面までありますが、彼がトレブリンカに赴任した時期は、ちょうどカツェネルソンの奥さんと下の二人の息子が、ワルシャワ・ゲットーからトレブリンカに「移送」された時期と重なります。

それから、ユダヤ人の大量移送に際してはユダヤ人評議会という組織が問題となります。ハンナ・アーレントも評議会幹部を無能呼ばわりして随分たたかれたりしましたが、ワルシャワ・ゲットーの評議会の代表をしていたチェルニヤーコフの自殺に至る日記が『ショアー』のなかで読み上げられています。映画の中ではランズマンもラウル・ヒルバーグも彼に対して同情的で、自殺に至る痛苦の思いに目を向けています。しかし、同時にチェルニャーコフはやはり両義的な位置にいます。この『滅ぼされたユダヤの民の歌』では直接、アダム・チェルニャーコフに「アダムよ、アダムよ」と呼びかけて、カツェネルソンは「お前の死は神に背くよりもさらに重たい」と手厳しく批判しています。自殺にいたるチェルニャーコフをカツェネルソンは間近に見ていた。しかも、その時に書かれていた日記を僕らはスクリーンで見ることができるという不思議な体験——。

さらに先ほど言いましたように『ショアー』には、カツェネルソンを生き延びさせたツケルマンが最後の場面に出てくるわけですが、ツケルマンの若いときの姿がどうであったかも、カツェネルソンのこのテクストに書き込まれているわけです。そういうふうにして、とても貴重な時間や記憶が、さまざまな形で、スクリーンや日記や作品という違う場所、違う形態で保存されている。そして、それらにさまざまな仕方で接してゆく場所に自分が身を置いてゆくことになる。それは、とてもスリリングな体験でした。

——細見さんがカツェネルソンの『滅ぼされたユダヤの民の歌』を読まれてから、いま日本にこの詩を紹介しなければいけないと思われた動機はどのようなものだったのでしょうか。

細見　僕自身は、個人的には「ドナドナ」の旋律に引かれるようにしてここにまで辿り着いたんですが、イディッシュ語を学んだとき、まず最初に何を訳したいかと考えると、カツェネルソンのこの『滅ぼされたユダヤの民の歌』をおいて他に考えられなかった。それには、カツェネルソンのテクストが文字通り封印されて地中に埋められていた作品で、それが偶然的な経過によって僕らに、僕に届いてしまったということがあると思うんですね。その封印を何とか日本語で開かなければ、という気持ちですね、とりわけ敗戦後五十数年を経たいま。

届いた〈投瓶通信〉

——ビーアマンが『滅ぼされたユダヤの民の歌』に収録されている「イツハク・カツェネルソンの偉大なる歌」で言うように、投瓶通信というのは比喩ではなく、まさにカツェネルソンにおいてはそれ以外にありえないような通信のありようだったわけなんですね。

細見　そうですね。それに彼はもちろん、この作品をイディッシュ語の話者に対して残したかったと思うんです。だけど皮肉なことに、イディッシュ語の話者自体はナチによって一〇〇万人単位で殺されてしまったわけです。カツェネルソンも、自分の民族が絶滅させられたということを前提にして書いているところがある。そうすると、彼の作品あるいは通信、証言は誰に宛てて書かれているんだろう、ということになります。

おそらく僕は、必ずしもその通信の正しい宛先人ではなかったかもしれない。イディッシュ語も元来できなかった人間なわけですし。そうした、本来イディッシュ語ができなかったはずの人間のところに、でも何らかの偶然的な経過を通じてそれが届いてしまった。そういう、届いてしまった証言や通信を僕らはどうしたらいいんだろうか。

やはり好奇心があるから、その投瓶通信のコルク栓を開いてしまうわけです。そうすると、そのなかにまったく判別不可能な、何語で書いてあるのかも分からないような文字やかろうじて片言で読めるような文字が書き込んである。それを見たときに僕らはどうするのか。もちろん、それを破り捨てたりすることもできるし、見なかったことにすることもできる。だけど、できればそれを改めて宛先に届けないといけないんじゃないか。非常に偶然的な経緯で、自分に宛てられたものではないメッセージや通信が届いてしまった。それを読んでしまった者には、宛先に届ける責任

非常に偶然的な経緯で、自分に宛てられたものではないメッセージや通信が届いてしまった。それを読んでしまった者には、宛先に届ける責任が出てくるのではないか。

が出てくるのではないか。そういう意味で、カツェネルソンの詩を日本語に訳すことで別の宛先に届ける。そうすることで、カツェネルソンが想定していた宛先に、ひょっとしたら届けることができるかもしれない。そういう思いで翻訳したところもあります。

——昨年翻訳の出た二〇世紀ロシアの詩人マンデリシュタームの詩集『石』（早川眞理訳、群像社、一九九八年）に収録されたエッセイ「対話者について」でやはりマンデリシュタームは、難破船の遭難者が海中に投じる投瓶通信に詩を喩えています。それはやがて岸に打ち上げられ、海辺を散歩する人がその投瓶通信を見つけ、封印を解いて中の手紙を読んで遭難者のメッセージを受け取る。つまり投瓶通信を見つけた者が、その名宛人になるのだとマンデリシュタームは書いています。

　パウル・ツェランもそれを受けて講演で詩を投瓶通信に喩えていますが、そういう意味でも、いま日本に、まさに投瓶通信として遺されたカツェネルソンの『滅ぼされたユダヤの民の歌』が訳されたことは、月並みな言い方ですが奇跡に近いような出来事なのだと思います。二〇世紀を象徴するようなユダヤ人大量殺戮と戦争の最中で、一人のユダヤ詩人が遺した投瓶通信が、この世紀がまさに終わろうとするいま、私たちのもとに届いたわけです。しかしそれは現代日本という、言葉があまりにも蔑《ないがし》ろにされ対話が閉ざされがちな、ツェランの言い方を借りれば言葉の「不可能性」の最中に届けられたといえるのではないでしょうか。

　現在の日本にカツェネルソンの詩が届けられたことの意味を、訳者の細見さんはどう考えておられますか。

細見　マンデリシュタームの言うように、拾った以上、まずは自分が宛先となったんだ、という理解がやはり基本なんでしょうね。カツェネルソンの詩もそうですが、書かれてから、あるいは直接的な出来事が起こってから五〇年以上たって、しかもずっと封印されていた声や言葉が届くということが、実際にいまいろんな局面で起こっています。僕らには奇跡的にしか届かないような投瓶通信が、しかも僕らに直接宛てられたような投瓶通信が、僕らのまわりにいろんな形で届いています。僕らはそれに対して、ツェランの詩やカツェネルソンの作品に向き合うのと同じようなセンスで受け止めることができているだろうか。むしろ、その瓶を踏みつけにしたり、通信を破り捨てたり、消却したり、自分には読めないと強弁したり、を繰り返しているのではないか。

　たとえば、その典型的なケースに、元日本軍「慰安婦」だった人たちの訴えがあります。彼女たちの声は、まさしく彼女たちの肉体のなかに封印されていた記憶や証言なのであって、彼女たちは五〇年の波間を漂い続けて、いまその肉体に記憶とメッセージを一杯に詰め込んで、僕らの前に来て語っているわけです。つまり、ツェランやカツェネルソンやマンデリシュタームの投瓶通信がそのまま生身の姿になって、生きて、生きながらえて、ほとんど奇跡的に僕らの前に現れているということなんです。その時に、僕らはどうしてツェランやカツェネルソンの投瓶通信を受け取るような気持ちでそれを受け止められないのか、接することができないのかと強く思います。

カツェネルソン、ツェラーン、尹東柱が出会う場所

――先ほどカツェネルソンの作品を翻訳をつうじて「正しい宛先」に届けるというお話がありましたが、たとえば具体的にどのような宛先を細見さんは考えていらっしゃるのでしょう。今度「思考のフロンティア」という岩波書店の新しいシリーズの一冊として出た『アイデンティティ／他者性』でもやはり語られているツェランとも再び関連させてお聞かせ下さい。

細見　ツェランの作品が、「死のフーガ」を唯一の例外としてどうして難解なのかというと、僕はツェランの作品が、やはりある種の投瓶通信であって封印されているからだと思っています。誰にでも読まれるものでありながら、それはいわば内的に封印されたものでなければならない。だから、誰でも読めますよ、というのではなくて、本当にあなたに届いてますかということを、絶えず確認するような文体・書法で書いてあるわけですね。

そんな具合に内的に封印された作品を、ツェランはドイツ語で書いているわけで、その読者の圧倒的多数は「ドイツ人」です。場合によればナチの残党もいるだろうし、多くはいまもって反ユダヤ主義的な感覚を身につけてしまっているかもしれない。そういう人々に自分のかけがえのない「詩」を差し出しているわけですから、そのことに対する大きな不安と恐怖があると思うんです。だから、投瓶通信の場合とても丁寧に封をして、しっかりと栓をしてでないと放てないのと同じように、彼は自分の作品自体に固い封印を施している。そしていつも、本当にこれを受け取ってくれるのは誰だろうという気持ちで差し出している。

しかも、そうやって作品を差し出したツェランとカツェネルソンですが、彼らは生きている時には相互に全く出会えない人ですね。カツェネルソンはもちろんツェランのことを知らなかったと思います。ツェランはカツェネルソンの作品を読んだかどうか分からない。でも、僕らはカツェネルソンもツェランも読めるんです。そうすると、理想的には僕らが彼らの作品を読むということを介して、カツェネルソンがツェランの作品を「読み」、ツェランがカツェネルソンの作品を「読む」。こういうことが僕らのなかで起こりうるわけです。それこそが、後の時代に生きている者がしなければいけない責任ではないか。『アイデンティティ／他者性』ではツェランと金時鐘《キム・シジョン》さんの比較なんかも

しているのですが、僕はカツェネルソンの作品を、具体的に金さんなんかに読んでほしかったですね。実際本をお送りして、金さんからは心のこもったお返事をいただきました。

それから、これは去年『思想』に書いたことですが、尹《ユン・》東柱《ドンジュ》という、朝鮮人で日本に渡ってハングルで詩を書いて、最後は福岡の刑務所で獄死させられた詩人がいます。尹東柱の作品もある種の投瓶通信であって、植民地支配下では文字どおり封印されねばならない作品でした。彼がハングルで書いた作品はカメの底にしまわれていて、戦後にならないと出版されることはなかった。しかも、彼が逮捕される直前までいた京都のアパートは、いま僕らのいるこの場所からすぐ近くにあるわけですが、そこで彼は日本の官憲に逮捕されて、そのときおそらくは最後の作品も没収されている。その作品はいまにいたるまで出てこない。つまり、まさしく作品自体が焼却されるような事態に尹東柱は直面するんですね。

カツェネルソンはホロコーストで殺されるわけですけれども、膨大な作品をイディッシュ語で残すことができた。しかし、その作品の直接の宛先であるユダヤ人は、ナチによって一〇〇万単位で殺されてしまった。ツェランは膨大な作品を戦後書くわけですが、その作品が本当に自分の宛先に届くかということを絶えず不安に思わないではいられなかった。そして尹東柱は戦後、韓国や北朝鮮でも代表的な国民詩人として有名になるわけで、その意味では、彼はその没後にハングルでの正しい宛先を見出した。でも、まるでその代償でもあるかのように、その死に際して、最後の、もしかするといちばん大事であったかもしれない作品を日本の官憲に奪われて焼却されてしまった。

カツェネルソン、ツェラン、尹東柱の作品の残され方、そして宛先について考えた場合、少なくとも僕たちはそれらをいま読むことができるわけですね。この三人は生前には出会えなかった。お互いどういう作品を書いたのかももちろん伝え合えなかった。ところが僕らは、彼らの作品を読める場所にいる。だから、僕が思っているのは、カツェネルソンとツェランが出会う場所、ツェランと尹東柱が出会う場所、尹東柱とカツェネルソンが出会う場所を作り出すこと、それが、僕らが彼らの作品を「読む」行為ではないか、ということなんです。自分がツェランを読むことによって彼の作品をカツェネルソンに送る、それからカツェ

僕が思っているのは、カツェネルソン、ツェラン、尹東柱が出会う場所を作り出すこと、それが、僕らが彼らの作品を「読む」行為ではないか、ということなんです。

ネルソンの作品を読むことによって、今度はそれを尹東柱に送る、尹東柱の作品を読むことによって、それをカツェネルソンに送るというような回路を作るということです。

僕自身が歴史ということをイメージしたときに、そういう彼らが出会う場所に身を置く、あるいは僕自身がそういう場所に身を置いているということに、とても大事なものがあると思っています。

――「歴史」というと、この間、南京大虐殺の跡地などに行かれたともうかがっていますが。

細見　ええ、『ショアー』の上映を一応終えてカツェネルソンを訳している間に、一九九七年の夏ですが、南京に行くという出来事がありました。直接的には『ラーベ日記』との出会いが大きかったのですが。南京大虐殺の六〇ヵ年ということでシンポジウムにも参加してきました。南京大虐殺については、何人殺されたかという数字の問題ばかりが議論されがちですね。僕は、被害者側の訴える数字をまずはスタンダードとして認めて、その上で細かな議論をしたらいいと思っているんですけれども、いまなお、日本と中国で殺された人の数字に関して開きがあるということばかりが取り沙汰される。でも、僕はそうじゃないだろうと言いたいんです。

僕は、参加したシンポジウムで『ショアー』について話しました。それは、ある意味で挑発的なことだったかもしれませんが、やっぱり南京大虐殺と『ショアー』が出会う場所ということを考えたかったんです。南京大虐殺と〈ショアー〉が同じような大量虐殺だということを言いたいのではなくて、質的に違うなら違う大量虐殺を、やっぱり僕らが出会わせるという手続きが必要だと思うんです。その意味では、ちょうど『ショアー』を上映したあとに南京に行ったのも、僕にとってはそうした場所を求めることだったと言えると思います。

カツェネルソンの作品が、たとえば在日中国人の人々に読まれていくという方向を、僕としては考えたいし、カツェネルソンの作品を僕らが読むということが、僕らが南京大虐殺を受け止め、考えるときに、とても大事な手がかりになるのではないかとも思います。つまり、カツェネルソンに見られるようなホロコーストの記憶と、南京大虐殺の記憶が出会う場所を積極的に作っていけるんじゃないかということです。

自分のうちなる記憶との対話

――『滅ぼされたユダヤの民の歌』に収められた西成彦さんの「声の宛先、あるいは二人称の廃墟」にも書かれていますが、カツェネルソンのこの詩は叫びというか、ほとんど絶叫に近い言葉ですね。

細見　そうですね。この詩集は二年ぐらいかけて、共訳者の飛鳥井雅友君と、交互にひとつの歌ずつ訳していったんですが、そのときには、一つ一つの詩の正しい訳をつくるので精一杯でした。本にする過程で改めて全体を読み通したときに、何か途方もなくしんどい作品だと思った。そのしんどさとは何なのかと考えたときに、やはりその作品に自分が入っていって、いわばとりつかれるような状態になるんですね。そこからくる「しんどさ」。

カツェネルソンにとっては、その詩に書き込まれたことがすべて現実にあって、しかもそれをフランスのヴィッテルの収容所で書いている。そこで彼は、ワルシャワ・ゲットーの記憶などを思い起こしながら書いているわけですね。とくにワルシャワのミーワ通りでのユダヤ人の大選別のときの話など、まわりに自分の同胞が具体的にいる感覚で書かれています。カツェネルソンの家族ももう殺されているんだけれど、たとえば奥さんを呼び出して対話したりしながら書く。そういう生々しさを絶えず感じました。

西成彦さんが書かれているように、二人称でいろんな事物や人を呼びだして、ある意味では一方的に語る。そして僕らはその語りの外にはじき出されているような感じがあるわけですけれども、訳していると、そのなかに自分が入り込んでしまって、ある重たいものが自分のなかに沈み込んでいくような、そしてそこから抜け出るのにずいぶん手続きがいるような、そんな感じになりました。

――ツェランはマンデリシュタームのエッセイ「対話者について」を受けて、詩とは「対話」であると語りました。しかしそれは、非常に近しいはずの君に向けられながらも、果てしなく遠きものとの「望みなき対話」なのだという言い方を講演でしています。たしかにマンデリシュタームの投瓶通信も、いま細見さんがカツェネルソンとツェラン、尹東柱について話されたように、死に逝く者が後の世の名宛人に宛てて放つものなんですね。それはこの二〇世紀という、とりわけユダヤ人の大量虐殺に象徴される時代における対話の困難さ、不可能性を表しているように思います。

ナチによって収容所でガス殺されたカツェネルソンが地中に埋めた投瓶通信が、二〇世紀末のいま日本に届けられたわけですけれども、この日本の現在というのは、先ほど話されたように、元「日本軍慰安婦」の方々の証言や声を封殺し無化しようとする力が常に働く、対話を閉ざそうとする社会なのではないかとすら思えます。そのあたりのことを、『アイデンティティ／他者性』の方にそくしてお話しいただけますか。

細見　「対話」ということで言えば、『アイデンティティ／他者性』での金時鐘論は、まさしく自分のうちなる記憶との対話でもあったと思います。金さんの詩や『**クレメンタインの歌**』（文和書房、一九八〇年。のち『「在日」のはざまで』立風書房、一九八六年に所収）を僕は十数年まえに読んでいて、僕自身金さんの比較的身近にいた時期もあったのですが、きちんと言葉を交したのは実はこの春になってからです。また、金さんの『クレメンタインの歌』は僕のなかでは高史明さんの『**生きることの意味**』（筑摩書房、一九七四年。現在ちくま文庫）を読んだ読書体験とも重なっています。この二冊から僕はかなり決定的な影響を受けていると思います。高さんの息子さんで、十二歳で自殺してしまった岡真史は、僕の同年の生まれだったと思います。彼の遺稿詩集『**ぼくは12歳**』（筑摩書房、一九七六年。現在ちくま文庫）を読んで、僕らの世代のいちばん感受性の豊かな者たちは、これくらいの年齢でもう死んでしまっているのではないか、と暗澹たる思いにとらわれたりしたこともあります。『アイデンティティ／他者性』の金時鐘論では、もっぱら金さんにそくして書いていますが、そんな自分の記憶も今度の本の背景にはあります。そんな具合に「他者」の記憶は僕らのうちにすでに深く食い入っている。その一つひとつを解き放ってゆくところから、さらなる「対話」が広がるのではないか、と思っています。

言葉がもつ可能性と不可能性

——最後に、細見さん御自身が詩人であって、いまの日本において言葉を届けていくということを最も先鋭に意識しておられると思います。その点についてお聞かせねがえませんか。

細見　僕にとっては、言葉がもつ可能性と不可能性をいちばん考えさせられるツェランであり、そしてカツェネルソンであり、さらには金時鐘であったわけです。そういうときに、自分自身が詩を書いている、書こうとしている場合に、どこで彼らと本当に接触できるかと考えると、とてもつらい。アドルノの有名な言葉に「アウシュヴィッツのあとで詩を書くことは野蛮である」がありますが、僕自身が詩を書くときにそのアドルノのテーゼを自分に引き寄せて、そこから書いているかというと、必ずしもそうではありません。かといって、まったく素知らぬ振りをして、自分は詩を書き続けているわけでもない。だから、そのへんのしんどさというのもやはりあります。

僕は自分の書く詩にどうしようもなくスタティックなものを感じていて、どうやったらもっと壊れるんだろうとは思っています。言葉の厳しさをとことん踏まえたうえで、どうやったらもっと突き抜けた詩が書けるんだろう、翻訳にしろ批評にしろ、こういう仕事を続けていると、ひょっとしたらもう自分では書けないようなところに行ってしまうかもしれない。そこは非常にしんどいところです。

ツェランはドイツ語で書いた、カツェネルソンは最後はイディッシュ語で書いた、尹東柱はハングルで最後まで書いたということを考えたときに、自分にとっての日本語とは何だろう、ということも思います。できれば、日本語で書いていること自体を自明のこととはしないような書き方を探していきたいですね。どうしても「現代詩」としていまに向けて書いていると、時間的にも地理的にもとても狭いところで書いてしまうんですけれども、もう少し時間の幅も空間の幅も広く取って書いてゆきたい。そういう意味では、非常に古くさいと思われる詩であってもいいし、日本語として壊れていてもいい。カツェネルソンは一八八六年生まれで、日本の詩人でいうと萩原朔太郎と同年の生まれなんですが、それくらいまでは等距離という感覚を大事にしたい。何かとてつもなく大それたことを言うようですが、できれば百十数年くらいの幅というかスケールで、自分の作品や詩も考えたいと思っています。

(一九九九年一一月二〇日号)

二〇世紀東方ユダヤ人の運命

「カツェネルソンとツェランが出会う場所、ツェランと尹東柱が出会う場所、尹東柱とカツェネルソンが出会う場所を作り出すこと、それが、僕らが彼らの作品を『読む』行為ではないか」。インタビューのなかで、細見和之氏はこう語った。尹東柱《ユン・ドンジュ》の詩は、すでに『**尹東柱全詩集　空と風と星と詩**』（伊吹郷訳、影書房、一九八四年）によって私たちのもとに届けられている。そしていま、イツハク・カツェネルソンの詩が届いたのだ。二〇世紀の時代経験を振り返るとき、とりわけ私たちの生きる世紀末日本の「対話」のありようを考えるとき、私は何度も繰り返し、細見氏のこの言葉を思うのだった。

二〇世紀東方ユダヤ人の歴史は、ナチズムによる絶滅と故郷崩壊の影に縁取られている。この世紀を特徴づけたナチズムとユダヤ人虐殺のドイツ、そして革命からスターリニズムのラーゲリにいたるソ連の軌跡はまた、東方ユダヤ人の運命を規定した歴史に他ならなかった。そして詩は、そうした時代のただなかにあった。

インタビューで細見氏が語るように、東方ユダヤ人の一人であったカツェネルソンの詩もまた、戦争と虐殺、そして強制収容所の記憶とともも

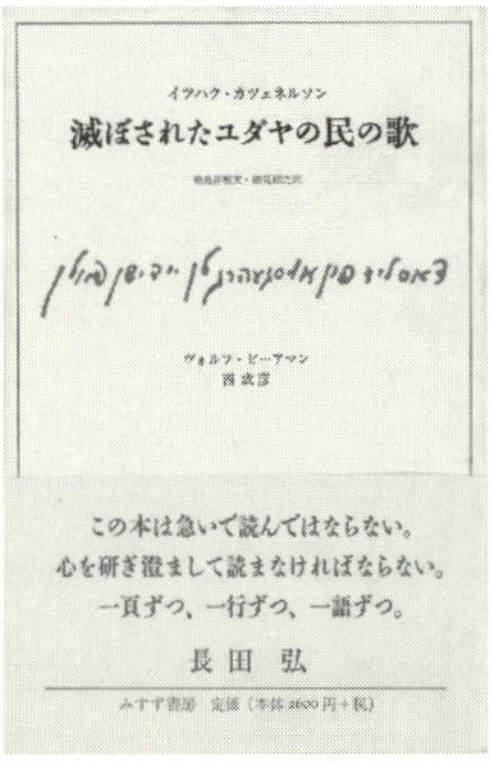

にあった。彼の詩は〈投瓶通信〉として地中に埋められ、見出される時、その可能性にゆだねられ遺されたのだった。**『滅ぼされたユダヤの民の歌』**（飛鳥井雅友・細見和之訳、みすず書房、一九九九年）が細見氏らによって訳され、私たちのもとに届いたこと、それがどれほどの奇跡と有り難さに満ちているか。そのことを思うとき、先に引いた細見氏の言葉が、私のなかで意味を増すのだった。

「わたしは東方ユダヤ人です。そしてわたしたちの故人がいるところは、いずこもみな私どもの故郷です」。邦訳されたハイコ・ハウマン**『東方ユダヤ人の歴史』**（平田達治・荒島浩雅訳、鳥影社、一九九九年）には、作家ヨーゼフ・ロートの小説『サヴォイ・ホテル』の言葉が引かれている。みずからも東方ユダヤ人の一人であったロートは、まるで後に彼らを襲う運命を予言したかのように、この言葉を小説の登場人物に語らせていたのだった。

ハウマンの『東方ユダヤ人の歴史』は、東方ユダヤ人の出現から、非ユダヤ人との確執、ユダヤ人解放や反ユダヤ主義、アイデンティティの危機などをとおして、東欧圏からロシアにまたがるユダヤ人の足跡をたどった通史である。その記述は、二〇世紀に入り東方ユダヤ人を襲った絶滅の危機を貫いて、戦後ポーランドにおけるユダヤ人にまでおよんでいる。この世紀末に訳出された本書は、東方ユダヤ人の歩みをとおして、改めて二〇世紀の支配的特徴とは何であったのかを問い直す手がかりを提供している。

先に触れた『サヴォイ・ホテル』も収録した**『ヨーゼフ・ロート小説集』全四巻**（平田達治・佐藤康彦訳、鳥影社、一九九三〜九九年）完結を受けて、二〇〇〇年二月一二日付「図書新聞」に訳者平田達治氏のインタビューを掲載した。ナチズムの脅威によって絶望感が深まれば深まるほど、過去の失われた世界に対する愛惜の思いを強めていくロートの姿を、平田氏の語りは浮き彫りにしていた。時代に対する危機感の強まりとともに、ハプスブルク帝国、フランツ・ヨーゼフの治世がユダヤ人にとっては最高の宥和的な時代であったということを、鋭い感性と哀愁漂う筆致で描いたヨーゼフ・ロート。彼の生涯からも、東方ユダヤ人がたどった一つの軌跡がうかがい知れる。

そしてウィーンのユダヤ人、そのアイデンティティの分裂と時代との相剋をめぐって、二〇〇〇年四月一五日付「図書新聞」紙上で、**『ウィーンのユダヤ人――一九世紀末からホロコースト前夜まで』**（御茶の水書房、一九九九年）の著者であり、メンデル・ノイグレッシェル**『イディッシュのウィーン』**（松籟社、一九九七年）の訳者でもある野村真理氏にインタビューした。野村氏は、ウィーンのユダヤ人が直面した歴史的経験をふまえて、多重的なアイデンティティや共生関係がいかに脆く壊れるものであるか、そして、最後に残るのは歯切れのよいものなのだと述べた。異なる民族の共生をめぐっては、「あれか、これか」ではなく「これでもない、あれでもない」という道を探っていかねばならないことを、野村氏はウィーンのユダヤ人社会の歴史研究をもとに語った。

「人間と書物が住んでいた地域。そこは、いまでは歴史をうしなった、かつてのハプスブルク帝国の一地方……」。詩人パウル・ツェランは、ナチス・ドイツによるユダヤ人絶滅政策と破壊ののち、もはや消え去った故郷、ブコヴィナについてこう語っていた。数限りないユダヤ人が死に追いやられ、そのなかを生きたツェランにとって、シベリアの果て、ソ連のラーゲリに死したオシップ・マンデリシュタームの存在はかけがえないものとしてあった。彼は「兄弟オシップよ、ロシアのユダヤ人／ユダヤ系ロシア人」と呼びかけた。そして彼は、みずからをロシアの詩人に擬し、こう語った。「パーヴェル・ルヴォーヴィッチ・ツェラン／ドイツの不信心者のなかにいるロシア詩人／それはただの一ユダヤ人」。

マンデリシュターム『石』（早川眞理訳、群像社、一九九八年）に収められた詩を、ツェランは「対話」なのだといった。この訳詩集に収められたエッセイ「対話者について」（一九一三年）を受けとめながら、ツェランは〈投瓶通信〉としての詩について何度か語っている。死者が後の世の名宛人に遺し海中に放つ〈投瓶通信〉、それはまさに、嵐のような二〇世紀に放たれたマンデリシュタームの詩に他ならなかった。そしてまた、彼が遺した言葉の名宛人となったツェランも、まるで時代の遭難者のように、詩と数多くの訳詩を遺しセーヌ川に身を沈めたのだった。

　マンデリシュタームの詩を忘却と隠滅から守ったのは、彼の妻ナジェージダであった。私はその詩が時を経てツェランのもとに届いたことに、二〇世紀が強い続けた不可能性を漂い名宛人に着いた「対話」のかけがえなさを思う。そうして、ナジェージダ・マンデリシュタームの守りぬいた記憶は、**『流刑の詩人マンデリシュターム』**（木村浩・川崎隆司訳、新潮社、一九八〇年）によって私たちに届けられている。この書もまた、まぎれもなく、二〇世紀に遺された〈投瓶通信〉であった。

〈敵〉はわが裡にあり

「日本ナショナリズム」を解体する

太田昌国
Ohta Masakuni

明確でない「正邪」「善悪」の区別

——太田さんはこのたび『**日本ナショナリズム解体新書**』と『**「ゲバラを脱神話化する」**』（ともに現代企画室、二〇〇〇年）を相次いで刊行されました。また宮台真司・網野善彦他共著『**リアル国家論**』（教育史料出版会、二〇〇〇年）にも「**『はじめに戦争ありき』とする時代錯誤**」と題する文章を寄稿されています。これらの本を手がかりにして、またここに至るまでに太田さんが取り組んでこられたお仕事をとおして、世紀末日本に噴出し跋扈する「日本ナショナリズム」をめぐってお話をおうかがいしたいと思います。

太田さんは、「自由主義史観」の言説についてここ数年批判を続けておられます。『日本ナショナリズム解体新書』にはそうした発言が収められていますが、この本のなかで、最近では「自由主義史観的言説」はどうでもいい、それ自体を批判するより、それを迎え撃つべき対抗言説の力不足を感じられることが多い、と書いておられます。そのことは、私も編集の場にあって最近感じていることでもあるのですが、まずその問題についてお話しいただけませんか。

太田　「自由主義史観」派がどうでもいいと言っても誤解を生むので、すこし言葉を補います。彼らが主張を展開している書籍や雑誌・新聞が非常に多くの読者を持っていることは事実ですし、集会を開いても多くの人びとが詰めかけているようです。そうした社会的な影響力を及ぼして、いわば社会的な実力になっていること自体は決して軽視し

太田昌国（おおた・まさくに）　一九四三年生まれ。南北問題・民族問題研究、編集者。出版社勤務。主な著書に『鏡としての異境』『鏡のなかの帝国』『千の日と夜の記憶』『〈異世界・同時代〉乱反射』『日本ナショナリズム解体新書』ほか。

てはいけないと考えています。このことをどう捉えるか、どう批判していくか、という課題の大切さは当然われわれの前にある。その前提を崩すわけにはいきません。

そのうえで、僕自身もっと深く追求するのはこれからの課題だと思っているのですが、今度の本のなかでは端緒的なことを述べました。たとえば、僕らが学生のころに非常に熱心に読んで影響を受けた場合もあった、一見「自由主義史観」派とは対極にいると思われる著述家の言動を思い浮かべるのです。マルクス主義の立場の人としては、江口朴郎、遠山茂樹、石母田正、井上清などを挙げてみます。リベラルな立場の人として上原専禄、竹内好などの歴史家や評論家の言動を思い出してみる。その歴史観・主張というのは、われわれがいま目の敵のように敵対しようとしている「自由主義史観」派の人々の考え方と、そう遠くないことに気がついたのです。問題のありかは人によって異なりますが、日本国家形成過程論、日本民族論、国民教育論、日清戦争論、日露戦争論、侵略戦争論などにおいて、です。

それは、例えば竹内好の場合に、一九四一年一二月八日の出来事をうけて書かれた「大東亜戦争と吾等の決意（宣言）」まで遡って考えようとするのではありません。そこまで遡ることが必要な場合もありますが、基本的には一九五〇年代から六〇年代にかけての「戦後民主主義」の時代の発言でよいのです。われわれが影響を受け、また自由主義史観派が攻撃の的にしているのも「戦後民主主義」的なるものなのですから。当時を思い返すと、残念ながら僕自身もそうだったのですが、ぼんやりとして受け入れたり、「そんなものか」と思ってたいした反応もなく読んでしまっていたのです。自分の力によってこのような歴史観を批判することができなかったという苦い思いが、僕にはあります。

ですから「自由主義史観」派の人々に対しては、それがきっぱりと僕たちの外部にあるもので、真っ向から敵対して批判すれば済むという場に自分自身を置くことは出来ないと、最初から思っていました。たとえば、藤岡信勝に個人的には何のシンパシーも感じませんが、彼がこのような主張を始める前に位置していた場所は「左翼」でした。ずいぶんと貧相な「左翼」だったと思いますが、イデオロギーの中身さえ変えればそのままの「姿」（あり方）で右翼に変身できるという事実が物語ること自体は、滑稽にして深刻です。マルクス主義講座派から、南方の植民地行政に参画して「大東亜共栄体」の熱烈な賛美者になった段階の平野義太郎の再現です。それでも、藤岡は曲がりなりにも「論理」で持説を展開するので、われわれは論理的に反駁できる。小林よしのりの問題は違う形ででてきます。

ひとつには、小林は、差別論や薬害エイズ論を経て、「従軍慰安婦」問題をテーマとする時から急速な変貌を遂げるのですが、それは時期的に左翼・進歩派の自己崩壊→逃走過程と重なっています。自らが掲げた理想主義が「崩壊」したことに対する責任からの「逃走」です。そこにできた空白に、小林は支持基盤をおいています。僕の『「ゲバラを脱神話化する」』では、きわめて限定的な領域の問題に絞ってささやかな形でしかできていませんが、今後も逃走しないで敗北の根拠を探らなければならないと考えています。

小林が投げかける問題はもうひとつあって、マンガという表現方法に関わっています。ロゴスに基づいて展開されてきた理想主義の惨めな潰走を見届けた若い人びとは、容易に感性と心情にのみこころを委ねています。ゴーマニズム・マンガの内容的なでたらめさを批判することはさほど難しくはないが、イメージやデザイン、つまり図像の問題として、熱心な読者に向かって説得力あるものとして批判し尽くすことは、それほど簡単なことではない。読まず嫌い、食わず嫌いの小林批判者は、そのことがわかっていないので、最低の鞍部を越えるような形での、安易な批判・罵倒が目立つように思います。その点で、**「小林マンガの図像分析と受容の理由」**（上杉聡編著**『脱戦争論』**、東方出版、二〇〇〇年所収）などで、図像分析に基づく小林批判を試みてきた若桑みどりの仕事は大事だと思います。

こうして考えてみれば、「正邪」や「善悪」、「正しさとまちがい」の区別はそれほど明確にはついていないのです。少なくとも、そう自分自身に言い聞かせていかないと、彼らと闘い続けることは出来ないと思っています。

先行する仕事がなかったわけではありません。**『朝鮮人強制連行の記録』**（未來社、一九六五年）に始まる朴慶植《パク・キョンシク》の一連の仕事は、「帝国主義と民族の問題」をめぐる日本人一般、就中研究者の問題意識のなさ、あるいは希薄さに対する一貫した批判でした。竹内好の「侵略を手段とするアジア諸国との連帯」論については、夙に姜在彦《カン・ジェオン》の批判があります（**「朝鮮問題における内田良平の思想と行動」**、姜在彦著**『朝鮮近代史研究』**、日本評論社、一九七〇年所収）。尹健次《ユン・コンチャ》にも、日本の「戦後歴史学における他者認識」をめぐる厳しい考察がいくつもあります（たとえば、**『孤絶の歴史意識』**、岩波書店、一九九〇年。**「戦後日本のアジア観」**『岩波講座　日本通史』別巻1、岩波書店、一九九五年所収。**『日本国民論』**、筑摩書房、一九九七年など）。日本＝単一民族国家論を主張し、日本は「世界で一流の文明国である」ことを誇る日本民族優秀論を臆面もなく展開した井上清の『日本の歴史』上・中・下（岩波新書、一九六三～六六年）に対しては、金静美《キム・チョンミ》の**『故郷の世界史』**（現代企画室、一九九六年）が徹底的な批判を行なっています。僕はこの本に編集者として関わりましたが、原稿を最初に読んだ時に、目が眩む思いがしました。学生時代に井上のこの本を読んでいた僕が、そのような批判意識をもった記憶がないからです。先駆的な批判の提起者がいずれも在日朝鮮人の研究者であることが、問題の本質を明かしているようです。

こうして、戦後左翼および進歩派が抱えてきた問題と、現在の右翼的な表現が持っているナショナリズムの質というものは、そんなに変わらないところにあって、われわれに多かれ少なかれ影響を与えてきたのではないかという問題意識が、自由主義史観派を批判しようとする僕の出発点にはあるのです。もちろん、先行者の誤謬を「あげつらう」などというレベルの卑小な問題ではない。われわれ自身の、内省的なふりかえりのための問題の設定です。

右翼ナショナリズムの跋扈と通底する
戦後左翼・進歩派の理論装置や歴史観

――一九九一年に書かれた『鏡のなかの帝国』（現代企画室）のあとがきで、太田さんはすでに、一冊の本の書かれ方、映画の見方、マスコミにおける事件報道などに、日本へと内向する方向性をみておられます。ここで書いておられる「『日本イデオロギー』は何気なくさりげない日常性のなかにあって、不断にわたしたち自身を蝕んでいる」という太田さんの問題意識は、九〇年代の時代状況の推移のなかでますますアクチュアリティを増してきたと思います。『鏡のなかの帝国』から『日本ナショナリズム解体新書』に至る二〇世紀最後の一〇年間を考える上で、「〈敵〉はわが裡にある」という認識がいっそう大きな意味を持ってきていると思うのですが、いかがですが。

太田　僕が「諸君！」や「正論」などの右派イデオロギーの雑誌を定期的に読み出したのは、一九八〇年代の後半でした。『鏡のなかの帝国』のあとがきを書いたのは、ちょうどその頃から数年たった時期に当たります。

それまでなら、とんでもない雑誌でとんでもない連中が好き勝手なことを言っている、という程度の認識で、あんまり関係ないと無視できるような位相にあったと思います。ところが、八〇年代後半から、自分もそこに属していると考えている戦後日本のいわゆる進歩的・左翼的な運動総体が、非常にはっきりと座標軸をなくして後退局面に追いつめられてきた。そうした段階で、右翼系の雑誌の元気さが気になりだしたんです。社会全体の雰囲気の問題としては、かつて突出したウルトラ右派イデオロギーのように見えたそれらの誌面が、単純にそう片づけられるものではなくて、ある意味で社会の雰囲気を反映し始めているということに気づき出した。それで、そうした雑誌に登場する人びとは何を主張しているのかと思って、読み始めたのです。

戦後左翼が抱えてきた問題と、現在の右翼的な表現が持っているナショナリズムの質というものは、そんなに変わらないところにあって、われわれに影響を与えてきたのではないか。

それから数年間経った時期だったと思うのですが、それらの雑誌で、左翼的・進歩主義的な思想と運動の後退局面を捉えて、非常に居丈高な、それ見たことかと揶揄するような右派言論が台頭してきた。ソ連の崩壊を見届けた後のことです。たとえば、大きく言えばマルクス、レーニンから、戦後日本でいえば丸山眞男などを恰好の標的にした、新しいタイプのイデオロギー批判が載るわけですね。それらを読みながら、僕としては、自分自身の半身か全身かが浸かってきている左翼・進歩派のイデオロギーの駄目だった部分に対して右派イデオローグが行なっている批判の意味を考えざるを得なかった。それは、批判者である右派イデオロギーそれ自体が全面的に正しいというのでは全くないが、これこれの批判は認めざるを得ないというケースが、ままあったのです。たとえば、稲垣武が「諸君!」に連載後にまとめた『「悪魔祓い」の戦後史』(文藝春秋、一九九四年)などのように、戦後の左派・進歩派の言論をその時々のテーマに即して取り上げながら、お前たちが言っていたことは失敗した、見通しが甘かっただろう、という形で底意地悪く揶揄する。それに対して、果たしてどういうふうにいまの段階で言うことができるのか。そうした現実に、本当に一つ一つ突き当たらざるをえなかったのです。そこで気づいたのは、これは、こんな右派の立場の奴らが言っていることだから、うっちゃっとけばいいということじゃなくて、やはりわれわれ自身が自己点検するべく提出されたのだという、そうした問題の捉え方でした。

たしかに、最初に言った問題との関連で言えば、戦後左翼・進歩派の、いままで当たり前のように僕ら自身が読み過ごしてきた言論のなかに、明らかに現在の右翼ナショナリズムの跋扈と通底する、同じ理論装置や歴史観が孕まれていたんだということ、そのことの具体的な突きつけだったと思えたのです。

それと、われわれ自身が、歴史的な発展の方向性ということに対してやはり楽観主義的であったということも、自分の問題としては感じざるをえなかった。一九五〇年代末までに自己形成した世代とは違って、共産党体験を経なくて済んだわれわれの場合には、ソ連批判もスターリニズム批判も当たり前というところから出発して思想的・運動的経験が始まっているわけです。けれども、それすらまだまだ甘かったということを、現代史の具体的な展開のなかで突きつけられながら、再考せざるをえなかったということですね。「〈敵〉はわが裡にある」ということは、僕が忘れまいと考えている上野英信の言葉を借りて言えば、「みずからを刺さずに、わたしはだれを刺すことができるであろう……」と表現することもできます。

もっとも、基本的には、これらの雑誌・新聞には、「これは何だ!」という類いの発言が数多く載っていることはあまりに明らかなことです。一九九一年、金学順《キム・ハクスン》ら三人の韓国の元「従軍慰安婦」が日本政府の謝罪と補償を求める提訴を行なった時に、「諸君！」一九九二年四月号に掲載された松本健一と岸田秀の対談「謝罪する国民と謝罪しない国民」は、その典型でした。あるテーマについてなら、立論への賛否はともかく基本を踏まえた仕事をする人が、「大衆雑誌」上ではどれほど排外主義的な悪煽動を意図的に行なうものであるか、ご本人たちの気持ちをあえて忖度して言うなら、あまりの低劣なレベルの物言いに後日赤面するときもあろうと思われる言動の端緒的なものでした。しかし、これはもはや一般的で、日常的な思想風景に成り果てていることが、深刻な問題だと思います。

――いま太田さんが言われた、戦後左翼・進歩派イデオローグと右翼ナショナリズムの言動に通底する歴史観を考えるとき、『鏡としての異境』を読んでいて思ったのですが、第三世界、そして第三世界革命に接した戦後左翼・進歩派には、スターリン批判以後、社会主義を志向するうえで、ソ連があまりにネガティヴなものとしてあったがゆえに、そこから目を背け第三世界にある種の「期待」をつないで、太田さんが書かれている、ただ「かの地の光栄と停滞に一喜一憂する態度」があったといえるのでしょうか。そのことが、結局のところみずからの歴史観なり理論装置を根本的に問わないまま、温存させてきたということにもつながるのですか。

太田　僕が第三世界の台頭に思想的な衝撃を受けて関心を深めるのは、一九六〇年のブラック・アフリカ諸国の独立と、その前年のキューバ革命、その二年後のアルジェリアの独立といった、一九六〇年を前後とする動きが契機でした。それから、ベトナム戦争や米国内でのインディアンや黒人の復権運動を含めて、六〇年代というのは非常に大きな、いわゆる第三世界の台頭と復権の運動が見られると思います。もちろん、エリック・ウィリアムズ、フランツ・ファノン、マルコムX、チェ・ゲバラなどに見られる理論的な模索が、実践運動に先行したり、それを理論的に跡付けたりして、歴史像・世界像に関わる刺激的な問題提起を行ないました。

　ただ、その影響力が実際にどうだったかをふりかえると、当時の日本社会において、その思想的な衝撃を自分たちの歴史観なり運動論のなかに組み込んでいくという意識は非常に希薄だった。運動圏にいる人のなかでも、「先進国革命」がなければ第三世界は変わるはずがないという考えが圧倒的に強かったと思います。むしろ、一九六〇年代の問題としては、一五世紀末に始まるヨーロッパ世界の拡大と第三世界の植民地化に象徴される「近代の始まり」をどう捉えるか、ヨーロッパ中心主義の歴史観をどう捉え克服するかという問題が孕む重大さを思えば、第三世界の台頭を意識し、自分の世界認識と歴史認識の中に方法的に取り込むという努力はまだまだ少なかったと思います。

　第三世界の台頭に衝撃を受けた個人的な場所から言えば、

一九六〇年代という時代はもちろん前の時代から切り離すことはできないのですが、その一〇年だけを取り出して世界を振り返ってみたときに、あの時代のリアリティのなかで、この力がこれからの世界を変えていくんだろうというような――そこには、もちろん僕自身の若さと思い込みがあったといまにして思うのですが――そうしたものとして実感できる力強さを感じました。

当時の冷静な見方からすれば、第三世界の独立というのは、遅れてきた近代国家になることである、つまり新たな国家をつくるだけで、要するにナショナリズムに収斂していく運動だという覚めた捉え方をする立場の人もいました。僕は、いままでのヨーロッパ中心主義の世界観と歴史観を変えていくプロセスとして、第三世界の台頭に圧倒的な実在感を感じたわけです。そのことに重きを置いて、このプロセスを生き抜けばいい、考え抜けばいいという立場に賭けたと言えます。

しかし、当時われわれが第三世界に賭けた思いは過大であったということが、当然いまの自分の捉え返しとしてはあります。第三世界が革命なり独立を遂げたものの、そのあとの旧宗主国や世界資本主義の包囲システムがそれを孤立化させ、自立させまいとする抑止する力の強さがありました。それから、数世紀ものあいだ自律的な経済発展の可能性を断ち切られた植民地化の過程を生きざるをえなかった。それで突然独立したからといって、つまりいまから見たってせいぜい三、四〇年前の独立や革命ですから、近代世界の数世紀に及ぶ負債を一身に背負ったままなのです。

問題は主体の側にもあります。一九九〇年代に入ってからのメキシコのサパティスタや東チモールの民族革命評議会のあり方が過去に学んで明確に提起する問題ですが、独立主体あるいは革命主体の内部でも、革命闘争や独立闘争の「必然性」と「正しさ」に依拠するあまり、新しい社会を築いていくに際しての独善性・自己絶対化・特権性への無自覚などの問題が生まれ、「解放」の理念の基盤を掘り崩し、民衆との乖離を拡大したと言えます。こうして、大まかな言い方だけども、現在ある第三世界の現状に見られるように、非常に苦しい現実に至ったと思うんですね。しかし、いま挙げた例のように、眼前に展開しているいくつかの事態からすれば、現実を否定的にばかり捉えることはなく、歴史過程に学んだ新しい思想と実践の形が志向されていることは明らかです。だが、全体状況としては、振り返ってみるためにはマイナス面をこそきちんと見ていかないといけないと思うのです。

この命題を考えるときに思い出すのは、第三世界革命と先進国の人間／知識人の関係ですね。これについては、清水幾太郎の有名な皮肉を込めた口調があります。一九六六年に刊行された『現代思想』上・下（岩波書店）の一節です。六〇年安保闘争で理念的に全学連に同伴し、敗北後は左翼反対派としてのローザやトロツキーへの関心を深め翻訳なども行なっていた清水は、過去の社会革命の思想と実践の総括に関してはやがて出口なきペシミズムに陥り、その代償行為のように、来るべき社会像としては「未来論」の明るいイメージに賭けました。自分の過去を払拭したいという清水の願望は、次の言葉に表現されています。「今は、先進諸国のプロレタリアの間から空しく消えた革命的エネルギーが、かつて端役に過ぎなかった黒いプロレタリアのうちに期待されている。アフリカには、観念の有力な同伴者である飢餓が、従って、エネルギーが燃えているのであろう。サルトルは、満足したプロレタリアしかいないフランスに『老衰』という言葉を投げつけた。サルトルは中国やキューバを訪れ、アルジェリアの独立運動を応援した。これらの国々にとってサルトルが何であったかは、あまり明らかではないけれども、これらの国々がサルトルにとって救いであったことは明らかなように思う」。

時流に合わせて巧みな「変身」を繰り返す清水には、自己批評も自己懐疑もない点が不満です。この発言も、清水の主体に即して考えると批判すべき点があると思うのですが、しかし翻って自分を顧みたときに、これは非常に有効な箴言めいたものではあるな、とも思うのです。六六年に『現代思想』が刊行されてすぐに読んだ時もそう思いましたし、いまでも自分を振り返るためによく思い出す言葉です。第三世界に関わる先進諸国の人間の発言と行動が、「自己欺瞞」すれすれの地点でしかなされ得ないものであることを、清水のこの発言は衝いているように思えます。

にもかかわらず、第三世界の現状なり世界の経済社会の現状がいまのようになっているからといって、六〇年代以降台頭してわれわれにメッセージを発し続けてきた第三世界の問題というのは雲散霧消したとは言えない。それは、グローバリズムが席捲している現在の世界状況の中にも、くっきりと刻印されている現実です。僕はむしろ、この問題をしっかりと受けとめて、今後のわれわれの世界イメージを歴史像のなかにしっかりと繰り込んでゆく作業の大事さは、全然変わっていないと思います。この三〇年、四〇年生きてきたわれわれ自身の問題として、今後どう考えるべきかということが残っているわけです。

「ペルー事件」で明らかになった日本人の「国際感覚」

――六〇年代の第三世界が発信した新たな歴史観、ひとつはコロンブス以降規定された西欧中心主義が解体してゆく可能性について、太田さんは『〈異世界・同時代〉乱反射』(現代企画室、一九九六年)で考察されています。そうした新しい歴史観や世界観が放つ可能性が、九七年に起こった「ペルー人質事件」のときには考慮されるどころか、マスメディアを中心として、日本ではむしろ逆方向の、自閉的な、非常にナショナリスティックな言説が飛び交いました。

一九九七年に出された太田さんの**『「ペルー人質事件」解読のための21章』**（現代企画室）で明らかにされたことですが、日本ではその「ペルー事件」の背景がよく報道されないまま、「人質報道」に終始するマスメディアのあり方の問題、それを受けとめる礼賛調の日本のいわゆる言論人・知識人たち、さらには「テロ」に対する「危機管理」の甘さをここぞとばかりにまくし立てる「危機管理論者」が、ここぞとばかり現われ勢いづきました。そのなかには、噴出しそれ以後いっそう強まってきた「日本ナショナリズム」の問題がありますね。「ペルー事件」と「日本ナショナリズム」との関わりについて、お話しいただけませんか。

太田　「ペルー人質事件」で、一二七日間「人質」として日本大使公邸で過ごした元外務省の小倉英敬が今年出した**『封殺された対話――ペルー日本大使公邸占拠事件再考』**（平凡社、二〇〇〇年）を読みながら、あらためて考えたことがあります。僕は、事態が進行している四ヶ月間のあいだ、いろいろな小さなメディアで発言を続けてきて、いちばん異和感を感じたのは次の点です。ペルーという外国において、日本大使公邸という場所で／天皇誕生日の祝賀パーティの席で／グローバリズムの経済状況をも起因として／日本・ペルー間の経済関係をも問うものとして起こったこの「事件」は、他者存在が全くないかのようにして、日本の問題としてのみ考えられたということです。

あの時、にわか仕立てのペルー論者やフジモリ論者といったいろいろな人が現れて、熱心に人質やペルーやフジモリ政権のことを語りました。しかし、彼らに多くの場合共通していたのは、基本的にペルーの現実に対しては本当に冷たい無関心しか持っていないということでした。もしいま、世界のなかであのような「事件」が起こった時に、いったいこれが世界的にどういう意味を持つのだというそのなかでしか、問題は考えようがないはずです。それが当たり前の「国際感覚」だろうと思います。

ですから、あの問題は日本人・日系人の人質の問題だけではもちろんなく、いったいどうしてあのような事件が起こるのか、そして、事件が起こっているペルーという国はどういう国なのか、また日本との関係はいったい何なのか、フジモリという日系人が大統領になっていく背景は何なのか。それらのことを疑問に思うことによって、さまざまな方向に関心が伸びていって、少なくともいままでわれわれが持っていなかった歴史的な、あるいは現状に関わる知識が得られていくはずなのです。だから、政治的・経済的・社会的な問題が起きたときには、問題の捉え方によっては、それを機に社会全体の認識が深まっていくことが起こり得る。確かに、「ペルー人質事件」は「不幸な事態」であるかもしれないけれども、それを通してすら、未来に向けてのさまざまな可能性が出てくる。それこそ、社会的な出来事が孕む本質だと思うのです。しかし、現実に日本で行なわれた事態の捉え方や報道のあり方を考える限り、その方向性がすべて断ち切られてしまった。そのことに、僕は非常にいらだちを覚えました。

僕が外部にいて遠くから行なっていた分析は、口幅ったい言い方ですが、小倉英敬が人質として内部から行なっていた分析とそれほど違うものではなかった。そのことに、少しほっとしたものを感じました。僕は『封殺された対話』の書評でも触れたのですが、あの当時、「フジモリ万々歳」といってみたり、「武力突入しか方法はなかった」というふうに居丈高に主張した人々が、「そうではない、平和的解決の可能性はあった」とする著者の主張にどう反応するかということを是非知りたいのです。いまからでも、変わってもいいのです。この冷静な分析を読んで、いったい四年前、自分が主張していたことがどういう根拠に基づいていたのかを、ふりかえるべきだと思うのです。このような地道な捉え返しの作業のなかで、もちろん僕も含めてですが、人はいったん間違った判断を下し誤った行動をしたとしても、なお変わってゆく可能性が生じると思います。

あれだけ四ヶ月間連続報道されて、いろいろな形でわれわれの精神のなかに刻印されている事件ですから、そういう作業があらためて行なわれる意味は大きいと思います。今回の本に収めた小さな文章のなかでも触れたのですが、少しでも意味のある形であの事件に反応している二つの例を取り上げておきたいと思います。メジャーな表現としては、中島みゆきの「4・2・3・」の歌（ポニーキャニオン PCCA-01191、『わたしの子供になりなさい』所収）であろうし、また、人知れずの表現としては、自分の著作の印税をペルーの路上の子どもたちに送ってほしいという死刑囚・永山則夫の遺言でした。前者は、日本にいる自分を取り囲む事件報道の現実と、ペルーに進行する事態の落差を敏感に捉えたすぐれた表現だと思います。後者は、獄中という情報封鎖空間にいた人が、氾濫したペルー報道の中から、働きながら自立の道を求めるペルーの幼い子どもたちに関するニュースに目を留めたことに始まる出来事です。彼は、「犯罪」を犯す以前の自分の生い立ちにペルーのストリート・チルドレンたちの姿を重ね合わせ、この言葉を遺しました。印税を送るという遺志は、その後実現しています。ペルーには、「永山則夫基金」と名づけられた仕事場や学校で、働き学ぶ子どもたちがいます。つまり、非常に限られた、閉ざされた情報空間のなかで、あの事件からそれだけの意味を読みとり、「現在」に繋げるだけの行為を選択した人が実在した。その遺言からまもなく彼は、日本にいまなお存続する死刑制度ゆえに処刑された。その対極には、情報化時代を生きるこの社会全体があの事件から摑み取った、日本ナショナリズムへの純化という貧しい結果がある。歴然たる差です。まだまだわれわれは、考え直し、捉え直す条件というものをたくさん持っているはずだと僕は考えています。

日本に「壁」はないのか

――太田さんは『鏡のなかの帝国』で、ベルリンの壁の崩壊のことに触れていらっしゃいます。壁が壊れるというまさに象徴的な光景を、私も映像を通してですが見て、衝撃を受けました。この出来事とソ連崩壊に接して、私は東独やソ連内部の文化や精神史を、逆に遡及し初発へとたどりなおさねばならないと考えて九〇年代を生きたのですが、太田さんはその本のなかで、自分の足下の壁を壊す必要性について書いておられます。このことに私はとても触発されたのですが、東ドイツの人たちにとっては日本が理想になっており、大量消費社会が東独の人々からすれば羨ましくみえたという現実がある。それに対して、そうした願望を抱かれる日本にいる人間として、太田さんは東ドイツの人々が壊した壁とともに、自分たちの内なる壁を壊していかねばならない、と書いておられます。

『日本ナショナリズム解体新書』のなかには、「おまえの敵はおまえだ」という言葉が見られます。それは、内なる壁をどうやって壊すか、という九〇年代初頭の太田さんの問題意識から出てきたものだとも考えられるのですが、そのことについてもお聞かせ願えませんか。

太田　ベルリンの壁が崩壊したのは一九八九年末ですが、あの壁は倒れるべくして倒れたという意味で、必然的な出来事だったと思います。しかし、このことに対しても、先ほども述べたように、第三世界革命に対する六〇年代以来の僕のスタンスの問題と絡んでくると思うのですが、ある地域で起こっていることに関して一方的に思い入れる、結構なことだ、すばらしいことだ、良かった、というふうに言ってしまうだけではだめなのだ、ということを常に考えるのです。

ベルリンの壁の場合には目に見える形で倒れたけれども、日本に「壁」はないのか。問題の質としては、おそらく同じような構造の「壁」がここにもあるのではないかと自分に引きつけてくることだと思うのです。世界に同時代的に起こっている出来事をどう捉えるか、解釈するかということは、僕にとってはとても大きな問題で、同時代の出来事を親しい感覚でどう捉えるかということを、いままでも意

日本に「壁」はないのか。おそらく同じような構造の「壁」がここにもあるのではないかと自分に引きつける。往還の回路を持ちたいというのが基本的なスタンスだった。

識的にやってきました。そのときに、では自分の問題としてどういうふうに引きつけるか。そのようにフィードバックする、往き、そして戻ってくる往還の回路を持ちたいというのが、僕の基本的なスタンスだったと思います。ですから、ベルリンの壁の倒壊にしても、それが必然であり良かったと思うのであれば、じゃあ、そのことによって、自分が日常的に住んで、ほとんどの時間を費やしているこの地で、果たしてどういうことを想定できるのか。それを自分の問題として立てなければならない。

ベルリンの壁が倒壊した八九年末から九〇年代初めの時期というのは、八九年一月に前天皇の死があり、「大喪」があり、私たちはあの異様な風景を何ヶ月間も経験したばかりなわけですね。いったいこの、時間が止まったかのような社会のあり方とは何か。天皇のいわゆる「下血騒動」から「自粛」に至る過程とほぼ同時期に起きた東欧・ソ連圏の崩壊は、そういう問題を語りかけてくる。僕らにとっての日本の「壁」である、天皇の死を象徴とする出来事とそれに付随するさまざまなことがあって、それとどう闘うのかという問題としてしか、ベルリンの壁の問題は跳ね返ってこない。ベルリンの壁の倒壊について文章を書いた時の意識は、そういうものでした。第三世界にせよフランスにせよ、外の出来事や思想に対する関心というのは、この往還運動がないと、なんら意味がないであろうというふうに思っていて、自分の場所に戻ってくる回路を求めたいということなのです。

――その回路の有無は、私もその片隅にいる現在のジャーナリズムや、学問研究をめぐる問題にもあるように思います。やはり、そこに巣くう自閉性が、実は日本ナショナリズムの跋扈という問題とも繋がっているのではないでしょうか。「ペルー事件」においても露呈された、画面の向こうの「像」としてしかリアリティのない、あくまでも他人事でしかないというその自閉性と、太田さんが書いておられる、日本と第三世界との間の「関係の絶対性」、その固定化が一貫して存在しているように思います。

資本や情報は国境を越えてグローバルなかたちで移動している。そして「ペルー事件」の背景では、日本は「一回限り」の当事者どころか、ペルー経済が日本のそれと構造的に結びついているのですね。しかし、そこで私たちは往還する回路を働かせることができずに、関係が絶対化したまま、そのことに無自覚に事象だけを論う構図もまた明らかになったと思います。その問題について、太田さんはどうお考えですか。

太田　日本社会のなかで、日本以外の地域の歴史や文化に通暁しているジャーナリストや歴史学者、さまざまな分野の研究者はたくさんおられるわけですね。そういうことができる人というのは、世界に開かれているはずだ、精神的・感性的に世界に開かれているからこそ、そういうことができるのだろうとふつうには考えられるのですが、現実にはものすごく詳しい地域研究者であったり、外国研究者であるその裏側では、偏狭な日本ナショナリズムの主張者であるということが、さまざまな個人のなかで見られます。

これは一見不思議なことに見えるけれども、しかしいみじくも竹内好が言ったように、相手（対象）への関心というのは、常に連帯や友愛の精神で向かうものではないという厳然たる事実を思い起せば、あり得ることです。一九六三年に彼は言いましたね。「侵略はよくないことだが、しかし侵略には、連帯感のゆがめられた表現という側面もある。無関心で他人まかせでいるよりは、ある意味で健全でさえある」と（「日本人のアジア観」、竹内好評論集『日本とアジア』所収、筑摩書房、一九六六年。現在ちくま学芸文庫）。僕は、竹内好のこの解釈には反対です。国家レベルで行なわれる軍事的・経済的な侵略という現実を「連帯感のゆがめられた表現という側面もある」というふうに、民衆の心情レベルで解釈するのは、論議のスリカエだと考えるからです。

とにかく、世界と関わる問題を、国策論・国益論の範疇でしか取り上げないというのがごく当たり前の思考態度になっているのが現状ですから、ある個人のなかで、異なる世界・異なる文化に関する該博な知識は、自閉的で排他的な日本ナショナリズムと共存するのですね。

制度化にまで行きついた「専門性」とその空洞化

——それから、最近人口に膾炙するITについて思うのですが、「IT革命は反革命」という気さえ私はするのです。というのは、たしかにいま、世界の情報にリアルタイムでアクセスできるし、海外の文献や最新の研究動向もすぐキャッチできる。しかしそのこと と、日本ナショナリズムが違和感なく同居している現実がある。そこに現在の日本の問題が深く根ざしているように思うのですが。

太田　グローバリゼーションの圧倒的な趨勢があって、グローバリゼーションというのは、有り体にいえば北アメリカ基準ということですから、経済を中心にして、文化、軍事、技術など、人間社会に関わるあらゆる分野が単一的な基準によって律せられていくというのは、非常に間違った方向だと思います。これは、経済原理としては弱肉強食でしかないので、前提として非常に困った傾向だと思うんですね。ただ、それがあまりにも圧倒的な力なので、世界中で基準の作り変えが行なわれている。日本でもそれに合わせるようにして、行政機構や経済的仕組みの変更を行なっているわけですね。

これは、外から強いられた世界基準への合致の方向性で、為政者からすれば、止むを得ずという側面がある。そのときに起こってくる危機感が、伝統的な為政者には根深くあると思います。モノ、カネ、人、情報が、ここまで容易に国境を超えて飛び交う。巨大な多国籍企業がそれを操る。こんな時代に、「国家」は果たして何の役割を担いうるのか。日本国家としての溶解をどこでくい止めるかを考えた場合の、彼らなりの必死の揺り戻しが行なわれているのだと思います。「三国人」や「神の国」といったとんでもない発言もあるけれども、自由主義史観のような、かつてであればウルトラ右派が言っていたような歴史観がある。それらの非常に突出した右派的言論というのは、社会全体の基軸のなさというか、それらを許容した上で漂い始めている社会全体の雰囲気のなかに溶け込んでいるという側面があると思います。

そういう雰囲気に依拠しながら、「国民国家」としての日本をどこかで支えようとする意識的な装置作りが、新たな法律づくりとして、またさまざまな仕組みとして実質化しつつある。そういう時代だろうと僕は思います。米田さんが言われた「海外の文献や研究動向もすぐキャッチできる。そのことと、日本ナショナリズムが違和感なく同居している」というのは、研究者なり知識人のレベルの問題ですが、研究の本質を規定するのは「方法」の問題ですから、先ほども触れたことですが、情報へのアクセスが無限に開かれてきたという現状が、人のこころを世界に開くことには直結しない。「方法」なくして情報の洪水に溺れているだけです。「国家」なるものに対する距離感と警戒心を失って久しい現代日本のインテリのかなりの部分が、自閉空間に立ちすくむのは、ある意味では当然の結果だと思えます。

——『日本ナショナリズム解体新書』のなかに書いておられますが、『教科書が教えない歴史』や『国民の歴史』を、いわゆる歴史の専門家でない人間が書くことに対して、大江健三郎が「専門性」という観点から批判しています。専門性の立場から、そうした「歴史書」の欠陥を衝くというかたちでの批判は数多くなされてきましたが、いま「専門性」をめぐる問題、その有効性の如何が、日本ナショナリズムの跋扈という現実のなかで改めて問われているように思います。その点について、太田さんはどうお考えですか。

太田　六〇年代後半の全共闘運動が持った一つの破壊的な効果は、専門的な学者や知識人の「専門性」なるものが、どれほどまやかしであったかということを白日の下に晒したということだったし、その点で、全共闘運動は意味のあることを残したと思います。

大江健三郎が小林よしのりや西尾幹二を批判した言い方は、次のようなものでした。自国の歴史を単純化せずに、多様に、リアルに見て、どんな自己中心の夢も押しのけることこそ、二一世紀の国際社会によく生きるための、新しい「仁」と「義」の教育だ、と。ここまではいい。後に続くのは「しかし、実際に盛んになりそうなのは、『日の丸』『君が代』の法制化に力をえた、歴史家でも教育者でもない人々が歴史教科書を作りかえるという、他者の痛苦をくみとる『仁』とも、フェアの精確さの『義』とも無縁な動き」だとする文章です（「朝日新聞」一九九九年一〇月五日付）。歴史の専門家でもない者がこんなものを書いているというこの物言いは、古典的な戦後進歩派の反論で、僕の考えではそういうことに対する信仰は、一九六〇年代後半に壊されていたということができます。僕はそれは良いことであったと思っているし、自分においても、他人に対しても、専門性がある発言だから、あるいは専門性のある著書であるから権威があるという時代はとっくに終わったところで、新しい時代は始まっています。

ましてや、いまの若い世代は本になっているものに対して幻想はないし、権威を端から認めていない。専門性などというものがどの程度のものかを、経験としてわかってしまっている。おそらく、大江的な反応とは違った地点で、いまの文化や表現にかかわる事態は進んでいる。そういう意味では、専門家でもない場から、いったいどこまで本質的な発言ができるかということを、それぞれの人間が考えればいい。内容への批判や疑義は、専門性云々とは別な次元から生まれてくるのでなければおかしい。マルクス主義の専門家や戦後の代表的な進歩的な歴史学者の「末路」を見てしまった時代状況からすれば、そう思えます。にもかかわらず、専門性のなかに囲ってしまうことは退嬰的だと思うんです。それに、専門性に依拠した言い方は、小林よしのりなどのマンガを熱意を持って受け入れている世代には、いちばん通じないと思います。

――そういう意味で、専門性の問題は、社会全体のいわば専門化、官僚制化と関わっているように思います。そうした専門性の隙間が非常に大きくあって、そこに満ちる日本ナショナリズムのもたらす閉塞性とが、自閉した専門性と接点を持っているように思うのです。つまり、日本ナショナリズムに対する批判が有効性を持ち得ないことのなかに、専門性の問題と、専門性と専門性の間の大きな隙間を埋める日本ナショナリズムがあって、そうしたところから現れる文化や表現に対して、専門性に拠らず自由なところから発言できる人が少なすぎるという問題があるように思うのですが。

太田　僕は、専門的な研究の怖さを知っているつもりです。人文科学の分野でも専門的な研究が占めるべき場所は当然にもあるし、それは結構なことだと思ってはいます。しかし、全共闘の闘争によって一度破壊されたのとは違うレベルで、アカデミズムの専門性が息を吹き返しているように思えます。歴史学の分野でも、あまりに瑣末なテーマに関わって、対象テーマの時代と場所と、研究者自身が位置している時代と場所の関係のとり方に自覚的ではないと感じられる論文が目立つ。たとえて言えば、古代社会の研究が、現代を生きるためにどうしても必要なのだという気迫を感じさせるものが少ない。考古学的な発見は、最近は常に「歴史を塗り替える」ようなものが多く、国民国家形成以前の「自国」や、自民族や、自地域の古代史を、より大きなもの、より古いものとして、他地域を凌駕していたことを強調することに重点がおかれているような感じを受ける。またしても、自己中心主義の「罷通り」です。そんな「気迫」なら、研究者にも、どこそこの考古学研究所にも、遺跡産業にも漲っている。制度化にまで行き着いた専門性が抱え込んだ大きな問題を、そこに感じます。小林よしのりは巧みですね。知識人の専門性が空洞化していることを見抜いている。「正しい歴史観と世界観」を語ってきた左翼・進歩派の知識人や専門家の見通しの甘さとあやまちを衝き、こけにする。自分は専門家でもなければ学者でもない、知識人でもないという「気楽な」場所に自らをおいて、それをやる。「たかがマンガ家ふぜい」。間違ったことを言ったら、「わしはミスをする天才じゃい」と言って、自らを茶化して訂正する。この立場は、「正しいことばかり」を言って、失敗したら黙って逃亡した左翼知識人とはちがうことが、読者にはわかる仕掛けになっている。現在の攻防における専門性の問題は、そんな現われ方もしているように思います。

マスメディアと象徴天皇制の問題

――太田さんは『日本ナショナリズム解体新書』のなかで、「文学好きの少女M子、十七歳の秋」を書いておられます。これを読んで思ったのですが、気分や違和感、あるいは私たちが日常的に感じる好きだ、嫌いだといったものに、日本ナショナリズムの本質に関わる問題が潜んでいる。私たちの日常にあって、そこに根付く排外性は、あえて言えば「近しい」ものになってしまっているのですね。最初におうかがいした「内なる敵」につながりますが、太田さんは日本ナショナリズムの問題を、もっと内在的なものとして捉えておられるのですね。

太田　清水幾太郎の『**わが人生の断片**』**上・下**（文春文庫、一九七五年）に面白いエピソードが出てきますね。**these means of mass communication** という用語が初めて登場して面食らった一九五〇年代初頭の実話です。中野好夫はまだしも「これらの大量的通信手段」と訳した。加藤周一は **mass media** を「中間大衆」と訳した。マスコミ、マスメディアという存在は、それほど近年のものなのですね。しかし、いまやそれは、圧倒的な宣伝力を発揮して、人々の日常意識に働きかける。それはひそかに行なわれるから、まがまがしい形をとらない。それは、気づかれずに忍び寄ってくる。そして、しっかりと人々の心のなかに住み着いてしまう。ペルー人質事件報道しかり、「不審船」報道しかり、外国人犯罪報道しかり、オリンピック報道しかり。だから、その一つ一つの積み重ねがもってゆく作用が問題なのだと思います。

二〇〇〇年九月三日に石原がやった東京のレスキュー演習にしても、自衛隊がだんだん当たり前の表情をして出てくる。軍隊として編成されている自衛隊は、人命救助の訓練を専門的にやるわけではないから、本来救援活動などには向いていないものとして日常的な活動が成り立っているわけだけれども、あのように救難現場に出てくると、そういう日常的な佇まいに対して、われわれの心が慣れていくわけですね。軍隊にして、火急の時には救助の仕事も果たし得る存在。その慣らし訓練が、硬軟さまざまな形で行なわれているということだと思います。

それらを束ねたところに、森発言や石原発言に象徴されるような、排外主義の発言がある。一つ一つの発言をめぐっては、たとえば森の「神の国」発言にしても、森がその後の弁明で逃れようとしているように、あるいは坂本多加雄が逃げ道を作ってやろうとしているように（加地伸行編著『日本は「神の国」ではないのですか』、小学館文庫、二〇〇〇年）、象徴天皇制、憲法一条の規定を拠り所としようとしているわけですから、明らかに天皇条項の問題と関わってくるわけです。

マスメディアはそこまではいかない。アナクロニズムの面は批判するけれども、彼らが逃げ込んでいる象徴天皇制の問題についてはついに批判できない。そういうことになるわけですね。アナクロニズムを批判するのはとても簡単なことで、これは自由主義史観を批判するのと同じです。その側面において批判するのは誰だってできる。しかし、いざそれが自分に関わってくる部分を、どう批判するかということです。

「神の国」の問題は象徴天皇制と関わってくる。そして、自由主義史観派の場合でいえば、先ほどから言っている、実は戦後の進歩派や左翼の歴史・思想のなかに同じ根があるということです。その問題に気づいて、そこを自分の問題としてえぐり出す。つまり、まったくの他人事にはしてしまわない。「敵」は外部にしかいない、というふうにはしてしまわない。相手を極端なものにして批判するのは、とても楽なことではないですか。それは、結局自分とは交わらないから、常に外部の、関係ないものとして批判してしまえばいいわけですけれども、極端なものが社会のあり方をつくりかえていく基本要素ではない。実は、われわれ自身や身近な人が持っている考え方が、日常的な変貌の果てに、大きな変容を大規模なかたちで用意してしまうわけですから、たたかうべき相手は決して彼岸にばかりあるはずはないですね。（文中敬称略）

（二〇〇〇年一一月一八日号）

〈軍事〉神話を超える視点

太田昌国氏には、「図書新聞」一九九九年四月一七日付で『**ゲバラ　コンゴ戦記1965**』（現代企画室、一九九九年）を手がかりに、エルネスト・チェ・ゲバラをめぐってインタビューしている。『ゲバラ　コンゴ戦記1965』の刊行によって、一九六五年、キューバからアフリカのコンゴに向かったゲバラと、いままで謎に包まれていた彼のコンゴでの動向が、日本の読者にも明らかになってきた。インタビューでうかがったのは、当時の世界状況とゲバラの国際主義、そして第三世界革命と軍についてであった。

一九九七年は、ゲバラの死から三〇年に当たる。この年、現代企画室からエルネスト・チェ・ゲバラ『**チェ・ゲバラ　モーターサイクル南米旅行日記**』（棚橋加奈江訳、一九九七年）が刊行され、翌九八年にはコルダ写真集『**エルネスト・チェ・ゲバラとその時代**』が刊行されている。そして、『ゲバラ　コンゴ戦記1965』の刊行に続いて、二〇〇〇年には太田氏の『**「ゲバラを脱神話化する」**』が出版された。

このように、同時代のなかでゲバラを受けとめ、そして三〇年後のゲバラをめぐって思考する太田氏が語ったのは、資本や政治、軍事や文化にいたるまで、さまざまかたちで第三世界に影響力と圧力を行使したアメリカの帝国主義、その「国境を越える」支配構造に抗し、それと対極的に、帝国主義的支配や抑圧を解体し民衆の連帯を模索する、ゲバラの「国境を越える」革命の実践、その道のりについてであった。

とりわけキューバ革命のあと、キューバに大きな権益を有していた米国との激しいせめぎ合いのなかで、ゲバラは、そして革命の担い手たちは社会悪や経済的不平等、政治的な無権利状態の根本的な変革を目指した。それと同時に、激しい米ソ対立のなかで、ソ連に近しいながらも、新しい社会建設を目指し、ソ連社会主義の支配構造へと変質化した「インターナショナリズム」のあり方を越える、ゲバラの国際主義の理論と実践があった。それは、米国を中心とした帝国主義の、小国への政治、経済的あるいは軍事的介入と支配に抗するために、国際的な連帯と連携を形成しようとしたゲバラの採った路線であったのだ。

『ゲバラ　コンゴ戦記1965』の刊行によって、ゲバラの一元的な「神話」ははっきり壊されていくだろう、と太田氏は語った。英雄的なゲリラの戦士として、ゲバラは「神話」化され、いままで私たちにも多く、そのイメージで捉えられている。日本においても、太田氏がインタビューで挙げているように、**『ゲバラ選集』全四巻**（青木書店、一九六八〜六九年）をはじめ、ボリビアにおける悲劇的な最期の直前まで綴られた**『ゲバラ日記』**（みすず書房、一九六八年）、またキューバ解放戦争の回想である**『革命の回想』**（筑摩書房、一九六七年ほか。のちに改名され集英社文庫に収録）、**『ゲリラ戦争』**（三一書房、一九六七年）など、多くの著作が翻訳されている。それに対して、太田氏がインタビューで語ったのは、「英雄的なゲリラ」像では捉えられないゲバラの実践であり、その現実と問題性をも含めた、彼の国際主義を全体性のもとで捉える視点だった。

　ゲバラ死後三〇年後の太田氏の視点は、ソ連社会主義の行き詰まりと制度化に対して新しい価値観を生み出そうとした第三世界革命のあり方を踏まえ、その後の現状を厳しく見据える。そして、その革命の挫折と失敗をあげつらう、とりわけ冷戦構造の崩壊後、社会主義の実験と実践を「評価」するおりに抜け出られることのなかった、勝利・敗北史観を越える地平をも見据えている。太田氏が続けるのは、ほかならぬ現代の問題としてゲバラの実践を批判的に分析し、そこから、いまを問う作業なのである。

「人間が、経済的・社会的な在り方、あるいは価値観の問題としてさまざまに疎外されていく、その要因が取り除かれたときに、いったいどれほどの可能性が開花しうるものであるかということを、過去の残滓との激しい葛藤の中で模索していた」。国際主義にもとづく革命の目標である「新しい人間」、その実現に賭けたゲバラについて、太田氏はこう語った。そして、同時に氏は、国際主義による連携、連帯を求めてコンゴやボリビアに赴いたゲバラが直面したように、言語や文化の全く異なる地域に介入してゲリラ戦争を戦うことが、ゲバラの初志としてあった闘争支援にどういう意味をもったのかを、冷静に見据える。太田氏の翻訳した『ゲバラ　コンゴ戦記1965』は、そ

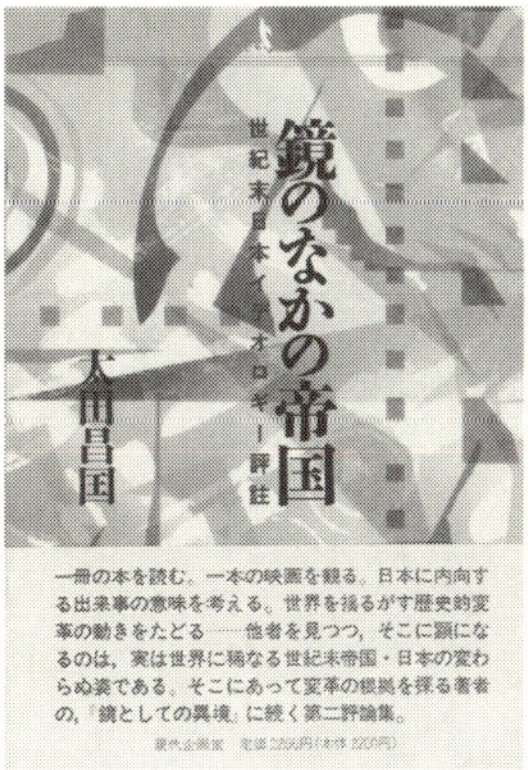

のことを問い直す材料として提示されたのであった。

フォーラム90ｓ研究委員会編**『20世紀の政治思想と社会運動』**（社会評論社、一九九八年）に収録された論文**「第三世界は死んだ、第三世界主義万歳！」**に触れて、太田氏はそれ

を「架空の物語」だと言った。二〇世紀における帝国主義支配と植民地搾取の構造のなかで、抑圧のもとに置かれた民衆は、どのようにみずからを解放すべく戦ったか。一九六〇年代に自己形成している世代の一人として、太田氏は、キューバ、アルジェリア、ヴェトナム、パレスチナなどでゲリラや民衆が発動した「暴力」（＝武装闘争）によって世界が変革されていく現実を目の当たりにしたという。そうであるがゆえに、太田氏はゲリラや人民軍・解放軍が後にどう制度化し、そして「革命後」の社会や体制においてどのような役割を果たし演じてしまったかを、厳しく問うのだ。太田氏の視点は、その時代の世界状況を視野に、その制約をも見据えながら、しかしゲバラたちの実践と行動を過去のものとするのではなく、限界と可能性をともに「架空の物語」に肉づけ、現実のものとしていこうとするのだ。

「解放軍」や「革命軍」が戦った武装蜂起や抵抗運動が実現しようとした変革を、それが特権化し抑圧の機能を果たし、武器なき者をも殺戮する「軍隊」の視点と突き合わせながら問う太田氏の仕事は、同時代のゲバラを見る視点と三〇年後にゲバラを見据える視点を往還し思考する作業とともに、いま私たちの直面している現実を衝く。「平和維持」等の名による軍事化のなかを生きる私たちにとって、「架空の物語」を現実のものとすること、そこに実践の課題があることを、なにより太田氏は提起しているのである。

断ち切られた対話

「ペルー日本大使公邸占拠事件」を問う

小倉英敬
Ogura Hidetaka

MRTAとの対話を求めて

——小倉さんはこのたび『**封殺された対話——ペルー日本大使公邸占拠事件再考**』(平凡社、二〇〇〇年)を刊行されました。小倉さん御自身、一九九六年一二月七日に起きたMRTA(トゥパク・アマル革命運動)によるペルー日本大使公邸占拠事件当時、大使館一等書記官として一二七日間「人質」となられたわけですが、九七年四月二二日のペルー軍特殊部隊による武力突入より、MRTA一四人全員が射殺され、ペルー軍兵士二人と人質一人の計一七人が死亡しました。人質となった日本人は、全員が解放されたということで事件は「決着」したとされています。

この「決着」から早くも三年が経過しました。本書『封殺された対話』で小倉さんは、敢えて言えば「人質」、外交官、研究者という三つの視点から、この事件を現象面のみならず、歴史的社会的背景にまで遡って探り、スペインによる植民地化まで遡って見たペルーの「五〇〇年史」、さらにはグローバル化のなかに事件を位置づけようとしておられます。この視点で公邸占拠事件を語れる人は小倉さんを措いてはいらっしゃらないと思いますが、本書に込められたものについて、まずお話しいただけませんか。

小倉　まず、この『封殺された対話』を書き残したいと思ったのは、いわゆるペルー日本大使公邸占拠事件が武力決着した直後に、日本のメディアを中心に、主に危機管理論から、フジモリ政権が行った武力封殺を弁護しあるいは賞

小倉英敬（おぐら・ひでたか）　一九五一年生まれ。八六年外務省入省。中南米局、在キューバ大使館等を経て、九六年一二月の在ペルー日本大使公邸占拠事件発生時に、同大使館一等書記官（政務担当）。その後、在メキシコ大使館勤務を経て、九八年退職。現在、国際基督教大学、杏林大学非常勤講師。『変動するラテンアメリカ社会』（共著）など。

賛する傾向が強かったからです。しかし、私にとってみればが小手先の技術論に過ぎない危機管理理論に、問題が矮小化されていいのかという憤りがありました。そこから、まずあの事件を本質論から捉え直して、その歴史的位置づけをしたいという思いがあったんです。

それから、そうした歴史的位置づけから考えれば、あの事件は近代の始まりとともに確立された「近代世界システム」のなかで捉えなければいけない。この視点から考えると、MRTAのグループ、死んでしまった彼ら一四人は、近代世界システムという枠組みに規定された存在であると考えられます。

武力突入によって彼ら一四人と人質一人、それに軍のコマンド二人が死んでしまったわけですが、『封殺された対話』の中に書きましたが、私が実際に目撃したように、MRTAのメンバーのうち生きて捕まったにもかかわらず殺されてしまった人間も少なくとも三名いたわけです。つまり、司法手続きも経ないで抹殺されてしまったことによって、彼ら一四人の声は残されなかった。そうであれば、やはり彼らと最も多く語り合った人間として、彼らの訴えなり考えなりを、たとえ批判的であるにせよ伝えていかねばならないのではないか、そうした義務が私にはあると考えたんです。それは、さきほど言われた人質としての視点から語ることだと思います。

外務省職員の視点からは、あの事件が武力突入によって「決着」されたという、その形式に関連する問題があると思います。もちろん、現在グローバリゼーションが進んでトランス・ナショナルな方向へ進み、国民国家の役割が減少している、あるいは国民国家が希薄化しているのは事実ですが、他方現在の国連システムは主権国家である国民国家という枠組みを前提とした国際システムですから、日本政府になんら事前通告なしに日本大使公邸へ武力突入したという「主権侵害」について、日本政府は明確な抗議をしなかったということ、そしてそのことが、国際法上の問題として日本において真剣に論じられなかったということに対する疑問が私にはあります。

――この本の第2章「公邸占拠事件再考」に詳しく書かれていますが、小倉さんは公邸占拠事件の一二七日間に、MRTAのメンバーとできるだけ機会を摑んで意識的に対話してこられたのですね。そうすることで、彼らの出自や背負っている社会的背景を探っておられます。そこから見えてくるこの事件の問題というのは、私たちがこの日本という国で、マスメディアの情報にまみれて生きているなかからはほとんど顧みられず、知られることもなかったし、現在もその状況が続いているということは、この事件は個別具体的な現象としては「決着」されても、依然日本において、今なお続いていると考えられます。

さきほど、殺されてしまい断ち切られたMRTAメンバーの声を伝えていくと言われましたが、彼らとの対話によって聞かれたメッセージはどのようなものでしたか。

小倉　MRTAのメンバーと意識的に話をしたかったというのは、私が日本大使館の政務担当だったこともありますけれども、もともと研究者であったということもあり、私にとっては非常に「良い機会」だったんですね。だから、できるだけ彼らと対話するよう努めたわけです。そして、単に彼らと対話するだけではなくて、現在の世界情勢や時代背景のなかで、現在の不公正きわまる世界システムに対する変革運動はどのようになっていけるのかということを、私なりに考えたかったんです。そのために、むしろ彼らを反面教師としながら、彼らの意見を聞き出そうとしたわけですね。

彼らの話を通して、彼らの今後の展望が浮かび上がればなあと思ったんですけれども、彼らには悪いんですが、魅力あるメッセージはあまり聞けませんでした。それは、メキシコのサパティスタ民族解放軍（EZLN）などと比べれば、かなり見劣りするものでした。どの面でそうかというと、やはりソ連東欧の社会主義圏が崩壊した後、マルクス－レーニン主義が見直されなければならないし、ポスト・インダストリアリズムのなかで経済活動の主軸が第二次産業から第三次産業に移行することによって、「資本＝労働」の関係は変わらないにしても、労働者の社会的位置づけは変化してくるわけですね。そういう変化を踏まえた理論の再構築ということが、残念ながら彼らの主張の中には窺えませんでした。いわば時代認識という面での問題意識が刷新されていないという印象を受けましたが、その点は彼らにも指摘していました。

こういう問題提起は冷戦後いろいろな場で行われてきていますけれども、それはまだ模索中というか、種々の提案はあるけれども、共通認識となるような理論形成となるには至っていない。MRTAの考えには、現代資本主義の認識や変革主体の問題などにおいて、旧来のマルクス－レーニン主義がある種の遅れたかたちで残ってしまっているということが強く感じられました。

グローバル化とネイション形成の双方向

――MRTAのメンバーの出身を社会層から見ると、小倉さんが本のなかで書いておられますが、彼らは「チョロ」といわれる層に属する人たちなのですね。ペルー社会が「チョロ化」し、この新しい大衆層が主体を形成しつつある状況があるということですが、一九九〇年に誕生したフジモリ政権は、こうした社会層を背景に成立したのち、しかし実際には、既存の経済的エスタブリッシュメントおよび軍へと政権基盤を移していく経緯があることが、『封殺された対話』から読みとれます。

　その前提で公邸占拠事件を見れば、たしかに武装占拠と人質という手段が批判の俎上に乗せられねばならないとはいえ、これは現在から見た事後的な論断になるのを承知の上で、もちろん人命を至上とする姿勢は手放さずに言うわけですが、決して対話の回路を閉ざさず、フジモリ政権と渡り合い交渉しようとしたMRTAのメンバー全員が射殺されたということは、武力的手段をもってしか対話の回路を開けなかったという事態を踏まえれば、つまりペルーの主役となりつつあるチョロ層の声を封殺したともいうことができるのでしょうか。

　先ほど言われたように、もちろん彼らの主張や変革の展望にどのような可能性があったかという問題は残るにしても、しかしMRTAのメンバー全員を消し去り肉声を封殺したことは、彼らが背負ってきた社会的背景や歴史的存在をも封殺したということに他ならないわけですね。この点は、事件当時の日本の「人質」報道からは全く浮かび上がってこないものでしたし、「人質解放」をもって「事件解決」として終止符を打ったことは、逆に、日本の思想状況と日本人のメンタリティのありようを逆照射してあまりあることだと思うのですが、この点についてはどうお考えですか。

小倉　MRTAのメッセージにそれほど魅力的なものが感じられなかったと言いましたが、他方で彼らの存在そのものが、やはり近代以来、つまりスペインによる植民地化から見た五〇〇年の歴史の中で刻み込まれてきたものだし、そういう位置づけをしなければならないということを、私はこの本で書いたわけです。

　つまり、彼らが生まれ育った環境を考えること自体が非常に重要なのだということなんです。その点でいえば、アジアやアフリカについてもいえることだと思いますが、独立はしたけれども本来の意味でネイションなのか、あるいは国民国家になったのかという疑問があります。つまりポストコロニアルの問題があります。そういう視点からペルーの問題を考えれば、やはりそれは本来の国民国家ではない。もちろん「本来の」とはいったい何かという問題もあります。ペルーにおいては先住民はアンデスの歴史の中では重要な役割を果たしてきましたが、ペルーという「国家」の公式の歴史の中で主役になったことは一度もない。つまりペルーは、そもそもネイションというものが存在しない「国家」に過ぎなかったということがいえると思うんですね。

　実際には、ペルーに本来あるべき国民国家の担い手の人たちが存在するわけですが、しかし実際には、国民とされる人たちは非常に限定された存在に過ぎなかったんですね。少なくとも一九六〇年代までは、国民と考えられる層というのは、寡頭支配層と特権層、中間層、プラスせいぜい組織労働者までです。そこに、五〇年代から本格化したアンデス先住民の都市部への人口移動によって、新しい大衆層、新しい文化的アイデンティティを獲得した「チョロ」層が出てきたわけです。それをペルーの人類学者は「トロイの木馬」と表現しました。

その人たちは、都市という空間の中で生活しながらも、インフォーマル社会の経済セクターに属し、かつ政治的にはまったく疎外され周縁化されてきた存在で、政治社会的参加のアクセスを閉ざされてきました。しかし、そうした人たちは人口的にも多いし、先住民の子孫であるということから、ペルー本来の国民の担い手にならなければいけないわけですね。

そういう意味では、こうした、グラムシのいう「サバルタン」的な社会層の人たちが基盤になるような性格を合わせ持った国民国家が形成されることが必要になっています。「チョロ」という概念がかなり開放的な概念になりつつあるということを考えれば、「チョロ」を重層化した複合的な集団と見ることもできるわけで、その意味では「サバルタン諸階層」とも言える集団です。ただ、現在の国際情勢におけるグローバル化のなかでトランス・ナショナルな状況になっていますし、国民国家という概念が西欧を起源とするということをも含めて、国民国家を形成する意味合いが本当に存在するのかどうかを考えねばならないということはあります。従って、もしかしたら「チョロ」層というのは、国民国家の再編の基盤になるのではなくて、国民国家解体へ向けたコンフリクティブな存在である可能性もあると思います。

ですが、ペルーの人々と話したり、ペルー大使館勤務の後赴任したメキシコで人々と話してみると、自分たちはネイション形成が先決だと言うんですね。だから、グローバル化とともにネイション形成の双方向を考えなければならないわけですが、グローバル化を重視する見方というのは、もしかすると「中枢」からの見方に過ぎないのかもしれないという思いもあります。

貧困問題のみでゲリラ運動や武装蜂起は生まれない

——現在、日本においては「国民国家のゆらぎ」や「ポスト国民国家」といった理論的潮流が盛んに取り沙汰されていますが、ペルーの状況をみた場合、小倉さんが『封殺された対話』で書いておられるように、ペルーの五〇〇年史のなかでは、先住民の人々が公的には主人公になったことが一度もないわけですね。植民地化とスペイン支配のなかで、インカ皇統の血筋を引く、MRTAの名前の由来ともなった一七八〇〜八二年のトゥパク・アマル二世の叛乱のように、戦いは鎮圧され封殺されてきたわけなんですね。

トゥパク・アマル革命運動もまた、公邸占拠の一四人全員が射殺され封殺されたわけですが、この事件をペルーの五〇〇年史に位置づける必要性を、小倉さんは本のなかで繰り返し強調しておられますね。このことと、先ほど言われたペルーの国民国家形成との結びつきは、単に日本で取り沙汰されるような理論的枠組みではとても捉えきれない問題を内包しているように思います。その点についてはいかがですか。

小倉　チョロ層やまた先住民系の人たちは、ペルー史のなかで重要な役割を演じてきたにもかかわらず、主体的な存在として見られることなく疎外されてきたわけです。それから、ではたして彼らが本当に主体的なものを担えるかというと、それはかなり難しい面があることも事実です。

たとえば、具体的な例でいえば、現在「チョロ」層はペルー全体の人口の七〇パーセント以上を占めていますが、彼らが政治的なアイデンティティを明確にもっているかというと、必ずしもそうではなく、「チョロ」層自体も非常に複数の異種なグループが重層化して形成された集団です。そのなかで共通の文化的アイデンティティは客観的に存在するけれども、政治的アイデンティティは確立されていない、これが実情です。

ですから、その人たちが総体としてどういう主体性を獲得していくのかということを今後見ていかなければならないんですけれども、MRTAの人たちは「チョロ」層に属する人たちではあれ、必ずしも「チョロ」層を代表してはいない、突出的なグループであると言えると思います。このことは、「チョロ」層が全体としての政治的アイデンティティを獲得し得ていないことの裏返しでもあると思います。

そういう意味では、武力決着が「チョロ」層の声を封殺したかどうかという問いに答えるなら、MRTAが「チョロ」層を必ずしも代表していないという意味では、直接的には「チョロ」層の声を封殺したとは言えないかもしれません。しかし、武力行使、しかも生きて拘束したメンバーを虐殺したという、抵抗する者を物理的に殲滅してゆくという統治姿勢は、「チョロ」層のみならず国民の声を圧殺するという姿勢を表したものに他なりません。ましてや、植民地以来、疎外、排除、周縁化されてきた先住民系や「チョロ」層の存在を無化しようとする行為にほかならないと思います。それは、突入部隊が将校からのみなっていたという事実が如実に表現しました。突入部隊の中には先住民系や「チョロ」層に属する兵士は一人もいませんでした。

貧困問題はペルーやラテンアメリカのみならず、多くの開発途上国と言われる諸国に共通に存在しています。しかし、貧困のみではゲリラ運動や武装蜂起は生まれません。貧困問題に加え、さらになんらかの要素が武力抵抗を生じさせるのだと思いますが、私はペルーにおいては、反対する者の圧殺に象徴されるような救いがたい社会的不正の存

貧困のみではゲリラ運動や武装蜂起は生まれません。ペルーにおいては、反対する者の圧殺に象徴されるような救いがたい社会的不正の問題があると思います。

在があると思います。それは獄中にある既決囚であるMRTA幹部に対する非人道的な扱いにも現れています。もし収監者として不当な扱いを受けていなければ、公邸占拠グループがあれほど獄中にある同士の奪還に固執することはなかったと思います。

「彼らの死を残念に思う」

――小倉さんはMRTAのメンバーと対話を重ねることを通して、チョロ層の主張やメッセージを感じられましたですか。そして、MRTAの公邸占拠は、チョロ層の支持を得ていたと考えることはできるのでしょうか。

小倉　占拠事件が発生した直後に現地の新聞に載った調査では、MRTA支持は一三パーセントほどでした。ただ、支持をしたのが全てチョロ層だったとは限りませんし、そこには中間層の人々が含まれているかもしれません。

そして、MRTAのメッセージのなかに、彼らの出身層であるチョロを代表するような主張をもっていたかというと、私は意識的にはもっていなかったと思うんですね。ただ彼らは、五〇〇年の歴史のなかで形成されてきた運動を継続しているということを、一種のイデオロギーとしてもっていたと思います。しかし前面にはやはり、消化しきれていないマルクス－レーニン主義が出ていました。

私が彼らに五〇〇年の歴史の申し子だと感じたのは、彼らの存在そのものにおいてでした。つまり、彼らの存在そのものがメッセージになっているということです。

彼らについては、たとえば一人のメンバーが、人質になっていた国会議員に金をもらってきたと内話したという話もありますし、他のメンバーは、自分は海軍に入りたいといろいろ夢を語ったという話もあります。また、外からカップラーメンの差し入れがあった時に、メンバーの数人が手榴弾を入れていたナップサックを空にして、帰ったら家族に食べさせるんだと言って、手榴弾を出してカップラーメンを詰めていました。

そうした意味では、彼らはふつうの青年たちで、当然ながら夢ももっていたし希望ももっていたわけですね。しかし、いまのペルーは彼らが夢や希望も叶えられない社会だし、そういう環境のなかで彼らは生まれ育ってきたわけです。MRTAのメンバーのなかで、若い人たち一〇人のうち、ほとんどが小学校を出ていない。そういう状況で、勉強したいという人も当然ながらいました。

　彼らの出身はチョロですが、リマ出身は三人で、山岳部のクスコ県出身が一名、残りは、同じチョロでもリマに住んでいる先住民系の人たちではなく、アマゾン川の上流地域であるセルバの出身でしたから、コーヒー栽培で季節労働者としてしか収入を得ることができないような環境のなかで育ってきたわけです。極端にいえば兄弟が十数人いる家庭で、生き残るのは三分の一で、両親も出稼ぎに行っていて、家族がまとまって住むような状況にはない。そうした、日本においても少し前にはあったような環境のなかで、彼らの多くは育ってきたんです。武力決着直後にペルーで行われた世論調査では、半数以上の人々が彼らが犯した行為には賛同できないとしながらも、彼らの死を残念に思うと答えています。彼らの死を残念に思うという趣旨の投書などを「魔女狩り」のように圧殺した日本でのメディアの扱いとは対照的です。

　彼らの両親は、おそらく一九四〇、五〇年代にアンデス山岳部から下りてセルバに入ったのでしょうが、同じ時期に山岳部から下りた人たちの大半はリマに出てきました。アンデスの人たちが山を下りたという時期、同じ一国のなかで、アンデスという国と、それ以外のスペイン人や白人の国があたかも存在していて、そこに、この山を下りてきたアンデスの人たちのディアスポラ的な状況が生じた。離散せざるをえない社会的・政治的・経済的な状況が存在したという事実。私はそのことを起点として考えなければいけないと思います。そして、都市部に下りてきた人々は、故郷に残った人々との間に「生き残り」のためのネットワークを形成しました。これは、離散集団のネットワークという意味では、極めて今日的な側面ですが、他方アンデス世界では植民地時代にも、共同体を出た人々と共同体に残った人々との間にネットワークが確立され、先住民は「生き残り」のためのしたたかさを示してきました。そういう歴史的伝統の上に一九四〇年代末から新たなディアスポラが発生したわけです。

武力突入によって封殺された対話

――この本に書かれていることで象徴的だと思ったことなのですが、人質となった日本企業の人たちは、会計年度の変わり目が近づくと、自らの昇進や社内的立場を気にしていたということですね。それは信じがたいんだけれども、日本社会においては極めて「現実的」で、その「内部」の現実が、公邸占拠事件のなかでもやはり現実になっている姿をそこに見た思いがしています。そうしたなかで、日本人とＭＲＴＡメンバーとの「対話」は可能だったのでしょうか。世界資本主義のグローバル化のなかにペルーが組み込まれ、フジモリ政権によるネオリベラリズムの経済路線は、国内の貧富の格差をいっそう拡大させたわけですが、日本は公邸占拠事件その一点の当事者であるのみならず、世界経済の視野から見れば、やはり、そうしたペルーの経済状況のなかの「当事者」でもあるわけですね。

小倉　公邸占拠事件において、日本人は最終的には二四人いたわけですが、大使館員が一二人、民間の方々が一二人でした。MRTAメンバーが日本人の民間企業の人たちと話したときのことですが、ある民間企業の商社ではペルーにおいてコーヒーを買ったりしているわけです。ところが日本企業の人たちは、自分たちはペルー側の企業から国際価格でコーヒーを買っているわけであるから、ペルーの貧しい人たちを直接搾取しているわけではないと言うんですね。本当にそうなんだろうか。私は疑問を感じています。それは単に、コーヒーの買付価格の問題ではなく、総体としての社会構造の問題なんですから。

我々日本人がペルーにおいて置かれた、あるいは加担している総体的な社会的関係、その位置づけを明確に意識してMRTAメンバーと接していた人は、私以外にいなかったという言い方はしたくないのですが、多くはなかったと思います。ただ、そうであったとしても、民間企業の人々が彼らとの対話を重ねていくことによって、何らかの変化を求めることは期待できた。そういう意味で、この対話を何とか継続させたかった。そういう対話のなかで感じていくことというのが、当然あったと思うんですね。その対話が武力突入によって封殺されてしまったことが残念です。

ただ、人質になっていた日本人が、日本社会のなかでも非常に特権的なエリート層の人々だし、ペルー側の人質四八人にしても、そのほとんどがペルーのエリート層の人たちですから、そうした人たちの立場からすると、MRTAのメンバーとの対話はたしかに難しいかもしれません。しかし、難しいけれども、せっかくの機会であるから、そうした対話のチャンネルというのはできる限りなくなって欲しくはなかった。まあ、人質になっていたそれぞれの方が、今後どういう発言をされていくのか、それを待ちたいと思います。

――外務省の職員として、小倉さんはペルー大使館に、いわば日本政府代表の一員としておられたことになると思うのですが、占拠事件のなかで、意識的にMRTAのメンバーと対話を重ね、研究者の観点から彼

民間企業の人々が彼らとの対話を重ねていくことで、何らかの変化を求めることは期待できた。それが、武力突入によって封殺されてしまったことが残念です。

らの置かれた社会的歴史的背景を探ろうとされたという視点は、やはりいまのお話をうかがって、なかなか獲得できないものだと改めて考えます。そしてまた、不謹慎な言い方を承知で敢えて言えば、「人質」であるはずの小倉さんがMRTAのメンバーと対話を図り、そこからペルー社会や歴史を分析する一方で、リアルタイムでの報道を、日本にいて画面や紙面の向こうで眺める私たちが、「日本大使館が襲撃された」「日本人が人質に取られた」といった「被害者」的発想に終始するこの構図を、改めて思わずにはいられません。

小倉　MRTAのメンバーが私をどこまで信用して話してくれるかというと、やはり彼らにしても、当初は私を大使館員としてのみ見ていたわけですから、単に情報を引き出すためだけと考えていたでしょうし、いろいろ警戒したでしょうから、腹を割って話してくれるまでにはかなり時間がかかりました。

この本にも書きましたが、私はペルーでの留学時代から、ペルーの左翼組織についてはかなり情報を集め、いろんなところにコンタクトを持っていました。そして、自分自身の考え方を彼らに話して、特にマルクス-レーニン主義に対する現在の自分の考え方を話していくなかで、彼らの方法論や考え方とは異なるにしても、追求しているものに大きな相違はないはずだという問題意識をもった上で、彼らと話し込みました。彼らが武器を持っているかどうかということは私には大きな問題ではありませんでした。そもそも武器は人間を殺害する道具ですが、これを人間を活かすのに転用することは可能なはずだという気持もありました。そういう意味では、外務省の外交官という枠を外したかたちで、彼らも私を見てくれたんだと思います。私としては、仕事としてよりは自分自身の問題意識をとぎすますためという目的をもって彼らと対話を求めていったといえます。こういった言い方は誤解を与えるでしょうが、私にとって彼らとの対話は、「良い体験」ではありました。

グローバルなものとナショナルなものの拮抗

——この事件が起こったとき、日本では「危機管理」をめぐる議論が噴出し、日本政府の弱腰がやり玉に挙がりましたけれども、それ以降現在までの日本の言論の大勢は、この危機管理論と「被害者」的観点からする防衛強化の論点へとますます囲い込まれているように思われます。それはまた、グローバル化と同時に逆に「国家」的なものの強化として現象面のみならず思想的に見ても顕著だと思いますが、その意味でもこの事件は、一つの転機であったといえるのではないでしょうか。

またこの事件は、経済的なグローバル化のなかで、ペルーの日本大使公邸が占拠されるという「国際的」

なものであったわけですが、報道や日本におけるリアクションをみれば、「国民国家のゆらぎ」どころか、極めて「一国内」的発想が実際には支配した状況をもまた、はからずも浮き彫りにした事件であったと考えられます。その点に関してはどうお考えですか。

小倉 現在の日本の政治面における保守化と、国家が前面に出てくるといった状況がいつ頃から始まったかは正確に押さえてはいないですけれども、ごく最近の流れをみると、この事件の「決着」した時点から、あるいはもしかしたら発生した時点あたりから、そうした動きが始まったのではないかという意識は、非常に強くもっています。やはり、この事件を利用しようとした人たちが明確に存在したと思います。その人々が、自衛隊の派遣の問題や、かなり歪曲したかたちでの危機管理理論を浮上させたと思います。それが現在では、国内的には自衛隊の治安出動問題、有事立法の問題に連動してきています。

それはグローバル化の中で国民国家が希薄化し、それに伴ってナショナル・アイデンティティさえもが希薄化しているという現実に危機感を抱いた新保守層の対応であったと思います。そして、その後の「日の丸・君が代」問題、「ガイドライン法案」、「昭和の日」制定問題などの立法化プロセス、他方で『戦争論』や『国民の歴史』という形で民間知識人からも極めて強力に生じました。私は、これらの動きは決して「復古」調のものではなく、グローバル化の中での新保守層の台頭を表すものであるという意味で、真剣に考えなければならない問題であると思います。新しい政治スタイルの問題として考えるべきだと思います。単に「復古」傾向として捉えてこれを批判するというのみでは、この新しい動きに対抗できない。批判する側が新たな批判のための理論的基盤をまず構築しなければ対抗できないのではないか。ある意味で、日本の進歩派の人々には、従来の理論に対する「刷新」努力がたりないように思えます。戦後民主主義論では対抗できなくなっているような気がします。

他方、グローバルなものとナショナルなものとの拮抗という事態のなかで見ると、私はグローバリゼーションは近代とともに始まった不可逆な歴史の流れであり、いずれは近代そのものとぶつかり、ポスト・モダンへという流れになっていくと思いますが、その流れの中でナショナルなものが表面に出てくるということは、何段階かに分かれてあったと考えます。主権国家から発展して国民国家が成立した一八世紀後半から一九世紀にしろその一つの波であったと思うし、先進資本主義列強の帝国主義化を経て支配地域の争奪戦として発生した第一次世界大戦から第二次世界大戦にかけて、ナチス、イタリア・ファシズム、日本の軍国主義が出てきたというのももう一つの波だったと思いますが、さらに新しい波として、冷戦崩壊後、エスニックな紛争が増加し、ナショナルなものを強化しようとする傾向が強まっています。この最新の段階には、その背景として冷戦後の米国の独り勝ちという状況があると思います。そして、米国主導の金融自由化の強制的な拡大を主導力として、グローバルな経済的な活動が活発化するなかで、それと絡み合って、日本の国内のみならず、外国人労働者の排斥問題やナショナル・アイデンティティの強化など、先進国においてもナショナルな動きが見られます。しかし、そうした動きと、アジアやラテンアメリカ地域におけるグローバルなものとナショナルな問題との絡み合いは、やはり同一視することが困難なものがあると思います。

先ほどの話の繰り返しになりますが、ペルーも含めてラテンアメリカにおいては、グローバル化を必然的な流れとして認識しつつも、真の国民国家形成を図るというか、既存の国民国家をより現実に即した国民国家に改編してゆこうとする方向が強く見られると思います。それが、むしろ改革勢力のなかから出てきている。逆に支配層の方は、グローバルな動きに連動して支配の再編あるいは強化を図ろうとしているわけです。

そういう点では、日本での図式を低開発国や開発途上国に当てはめること自体が間違いだと思いますし、むしろ、やはり低開発国では、国民国家とグローバル化の絡み合いが日本とは違うかたちで出てくるということの原因、つまりそれはいったい何故なのかを考えなければ、近代世界システムの問題というのは理解できないのではないかと考えます。グローバル化の影響は、ローカルなコンテクストの中ではネジレやズレを伴いながら複合的に現れるということではないかと思います。

フジモリ政権の帰趨

——小倉さんは本のなかで、八〇年代以降にペルーにおいて先住民を主人公として歴史を再構成する動きと、文化的な継承という「アンデス・ユートピア」といわれる動きに言及しておられますが、この事件以降、現在のペルーにおけるこうした動きはどのように展開しているのでしょうか。また事件がペルーの社会や思想に与えた影響は、垣間見ることができるのでしょうか。

小倉　「アンデス・ユートピア」論自体は一九八〇年代後半における知的流行であった側面もありましたし、現在は低調になっています。しかし、「アンデス的なもの」にペルーの方向性を求めていこうとする動きは残っています。ですが、MRTAの起こした事件を契機に、このような側面に関して考察が深まっているかというと、私はそのことを期待していたのですが、必ずしもそうはなっていないのが実状です。

ペルーのなかで一部に、武力決着というやり方を批判し、フジモリ政権と軍情報局が一体化した警察国家的な側面に批判を向けようとする動きが見られましたけれども、その事件の背景にまで遡って考えようとする動きというのは、個別にはいろいろな人々によって議論されはしましたが、強力な論調として論壇に現れるということは出てこなかったと思います。あの事件以降の三年間というのは、二〇〇〇年の大統領選挙に向けて、反フジモリということを焦点として、軍や情報局との癒着を批判材料とする動きが中心になりました。

――フジモリ大統領は先の大統領選で三選を果たしたわけですけれども、この事件以降の反フジモリの動きをいっそう強固に封殺していく方向性を今後続けていくと考えられるのでしょうか。

小倉　フジモリ政権が誕生した一九九〇年にまで遡って考えれば、フジモリは民選の選挙で選ばれた初めての非白人の大統領となったわけですが、当時は選挙戦でもかなりの変革意思が感じられましたし、左右を問わず、当初はかなりの人々がフジモリを支持していました。しかしその後フジモリ政権がエスタブリッシュメントと癒着し始めたことで、変革を目指した人が、日系人も含めて離れていった。しかし現在も、ペルーの変革を目指す人々は、フジモリ政権の近くにも、反フジモリ勢力のなかにも、また政治に関わりたくないという人たちのなかにも存在しています。

私は、そうして散在していたペルーの改革を真剣に考える人たちを、大使館の仕事から離れて、個人として統合させたいと思って主要な変革グループのメンバーを糾合して、戦前の「昭和研究会」のようなグループを設立するよう策動したこともありました。現在はその統合が、フジモリと反フジモリというかたちで分裂してしまったために実現できない。ペルーの変革を志向する有為の人たちの結節点となるべき勢力や人物がおらず、フジモリは言わずもがな、トレドもその役割を果たさなかったというのが実情です。

フジモリ政権は最後までゆくと一五年間続くことになるわけですが、一五年以上はない。二〇〇五年でフジモリ政権は終わります。であるならフジモリ大統領としても、現在のような軍・情報局と癒着した「警察国家」的なイメージを最後まで引きずるのではなく、ある時点で清算をはかる時が来ると思います。具体的に言えば、モンテシノス国家情報局特別顧問のステータスの問題です。私は、これは予想に過ぎないですが、フジモリ大統領は何らかの形で、モンテシノス問題に片をつけると考えています。現在の選挙をめぐる米国との摩擦にしても、米国はいずれは矛先をモンテシノスの存在に向けてきます。そのあたりが転換点になる可能性はあります。そして、問題は肥大化している国家情報局の人員、情報員として特別な権限を与えられて活動してきた人たちをどのように処分するのか、それが大きな政治的問題になると思います。

グローバリズムとネオリベラリズムの影響

――フジモリ政権が推進しているネオリベラリズムは、ペルーの人々の経済的格差を一層広げているわけですね。MRTAの事件の背景には、こうした問題や、またネオリベラリズムを推進するペルーへの、日本の経済的結びつきの深さが背景にあると思うのですが、このネオリベラリズムについてはどうお考えですか。

小倉　今回の大統領選挙とも絡めて考えてみたいと思うんですが、ペルーの底辺層、すなわちABCDEに分けた場合のCDEに相当する階層に属する人々のうち六三パーセントがフジモリ支持だったといわれています。では、そのことは、フジモリ政権が採ったネオリベラリズム路線が引き起こしている社会的格差の拡大という現実と反対ではないかと聞こえるかもしれません。しかし、必ずしもそうではなくて、六三パーセントがフジモリ支持だったことは、いわゆる「ばらまき」政策の結果であって、それは現在ネオポピュリズムといわれているものです。ネオリベラリズムの下で切り捨てられた底辺層の人々を「ばらまき」というネオポピュリズム的な手法でつなぎ止めるという新しい戦術が今回の選挙でフジモリ大統領を勝たせたと言えます。それはフジモリ政権だけではなくて、現在のメキシコのセディージョ政権等でもそうなのですが、きわめて極端なネオリベラルな経済政策によって社会的格差が拡大しているけれども、個別の特定の地域に対して「ばらまき」政策を社会政策という名で実施し、そうやって支持を繋いでいく。そうしたことが、現在新しい政治スタイルとして出てきています。

他方で、社会的格差の拡大は確実にいえることですが、昨年出た国連のラテンアメリカ・カリブ経済委員会の報告のなかにはペルーの数字は出てきていない。出てないということは出せないということだと思うんですが。公的統計資料が本当に実情を示すデータを示すかどうかは極めて疑わしい。寧ろ、市民が定点観測的なことを持続的に行っていかなければならないし、事実、ラテンアメリカ各地でそうした市民運動の動きも出てきています。そして、拡大しているのは経済的格差だけでなく、全般的な社会的格差も拡大しています。特に、先端技術へのアクセスの問題があります。また先端技術の問題は、周辺諸国の世界資本主義中枢に対する従属を悪化させるという問題をも伴っています。

さらに、もう一つ言えることは、社会的格差が広がれば広がるほど、インフォーマル・セクターの層がだんだん厚くなってきて生活ネットワークが拡大する。そのなかでは、底辺層の人たちというのは、一段階生活レベルを落としても、ある意味では快適にそれ相当の価格で我慢して生活している。そういう点では底辺層の人々はしたたかなのですが、ではいちばん困っているのは誰かというと、やはり給与生活者です。つまり中間層のなかでも、給与生活者の没落が顕著になってきていて、今回の選挙でも、そうした人々が最大の反フジモリ勢力として登場してきました。

つまりインフォーマル・セクターが厚くなることによって、底辺層においては社会的不安定が緩和されるという状況が起きている。そこに極めて選別的な直接支援を投入することで、フジモリ政権がつけ込んでいるわけです。ですから、グローバリズムのもとで、それに連動し採用されてきたネオリベラリズムの影響というのは、経済だけではなく社会や政治にも非常に大きいと思います。しかしこのことは、民主主義の基盤ともなる中間層の先細りをもたらすということから考えれば、究極的には政治の不安定化に繋がっていくし、周縁化は維持され支配は逆に強化されていく。そこのところを、我々は考えなければいけないと思います。弱肉強食の経済路線の下で、しかも強権や「ばらまき」の政治によっては決して真の社会的安定は達成されない、やはり人間の生命と尊厳を軽視した方法は究極的には成功しないと思います。

最後に、最近「グローバリズムに対抗する戦略」という表現を聞きますが、私自身はグローバリゼーションやグローバル化と表現される現象は近代の開始に起源を有する歴史的に不可逆な現象であると考えていますので、主張されている論点には誤りはないにせよ、「グローバリズムに対抗する」という表現は適切ではないと思います。対抗すべきなのは、米国主導による金融自由化の世界的な強要によって生じている諸側面、特にこのような路線を背景として採用されるネオリベラリズムであって、グローバリゼーションなりグローバリズムというのはもっと歴史的に考えるべき問題だと思います。そして、その中で最も問題視すべきなのは、グローバル化がその開始から、ヨーロッパ的価値観に基づいたヨーロッパ的世界史像の強制拡大という形でプロセスが進んできて、現在われわれを取り巻くグローバル化も欧米中心的な価値観を基盤としているということではないでしょうか。もし本当に「グローバリズムに対抗する戦略」を考えるのであれば、欧米的な価値観をも対象として視野に入れるべきです。金融グローバル化やＩＴ革命が現代において最も重要な問題であることは否定しませんが、これらの側面だけを切り離して論じても、グローバル化の本質を論じることにはならないように思います。

（二〇〇〇年六月二四日号）

「五〇〇年」の歴史が刻み込んだもの

一九九九年一〇月二三日付「図書新聞」に掲載された「読者の書評」が、小倉英敬氏の名前を脳裏に刻む契機となった。それは、ホセ・カルロス・マリアテギ**『インディアスと西洋の狭間で――マリアテギ政治・文化論集』**（辻豊治・小林致広訳、現代企画室、一九九九年）に寄せた小倉氏の寄稿であった。私は太田昌国氏から、小倉氏が「ペルー大使公邸占拠事件」の「人質」であったことを聞いた。そして翌年、小倉氏の**『封殺された対話――ペルー日本大使公邸占拠事件再考』**（平凡社、二〇〇〇年）が刊行されるとすぐ、本を手がかりとして、小倉氏に「ペルー事件」をめぐって話を聞こうと思ったのだ。

　ラテンアメリカを代表するマルクス主義思想家であるマリアテギについて、小倉氏は『封殺された対話』のなかで「マリアテギと『ネイション』形成の問題」という一節を設け論じている。マリアテギは、先住民叛乱を擁護し、先住民のなかから農民蜂起や農民運動の指導者が登場してきたことを受けて、先住民の問題をペルーにおける国民形成のなかに位置づけた。彼は**『ペルーの現実解釈のための七試論』**（柘植書房、一九八八年）において、ペルーにおける

最大の問題は先住民問題であり、それはすなわち土地問題であると位置づけた。それゆえ彼は、封建制の打倒によって土地問題を解決し、ペルーの人口の三分の二を占める先住民が基盤となって、ネイションの形成がなされねばならないと主張した。そして、先住民共同体のなかに社会主義精神を有する先住民農民が、都市部の労働者階級の闘いに合流し、社会主義のもとでペルーの民族性を形成すると考えたのであった。

小倉氏は書評のなかで、そうしたマリアテギの思想を〈共生〉の思想と呼んだ。それは、ポリエスニック・ネイションをなすペルーにおいて、先住民を基盤としつつも、スペインによる征服以来ペルーに入った、他の人種的要素の存在や価値観をも尊重する思想だという。そしてもうひとつ挙げられるマリアテギの〈全体性〉の思想は、政治制度や経済制度のみならず、社会的文化的状況とそれに規定された個人の日常生活や意識をもトータルに捉え変革してゆこうとする思想であった。同時代の西欧マルクス主義者ルカーチやグラムシとも通じ合うマリアテギのそうした思想の真髄は、『インディアスと西洋の狭間で』所収の諸論文にうかがい知ることができる。

小倉氏はインタビューで、グローバル化を歴史的に捉える必要性を語ったが、それはグローバル化がその開始から、ヨーロッパ的価値観に基づいたヨーロッパ的世界史像の強制拡大というプロセスであったことを意味するがゆえにである。グローバル化は、小倉氏も『封殺された対話』で言及する石原保徳『世界史への道**後編**——**ヨーロッパ的世界史像再考**』前編(丸善、一九九九年)で示された、非西洋世界にとっての「コンキスタ」の歴史であったのだ。それゆえ小倉氏は、MRTAの存在そのものを、スペインによる植民地化から見た五〇〇年の歴史のなかに刻み込まれてきたものと位置づけるのである。

「ペルー事件」を考えるとき、太田昌国氏は『**「ペルー人質事件」解読のための21章**』(現代企画室、一九九八年)所収の「メキシコとペルーと日本を繋ぐための断章」のなかで、MRTAと、インタビューで小倉氏も言及したメキシコのサパティスタ民族解放軍との「違い」について考える必要性を述べている。サパティスタ民族解放軍については、サパティスタ民族解放軍/太田昌国・小林致広編訳『**もう、たくさんだ!——メキシコ先住民蜂起の記録1**』(現代企画室、一九九五年)がそのメッセージを伝えているが、太田氏がいうのは、フジモリ政権が印象づけようとし、また日本のマスメディアが補強した「テロリスト」MRTAとサパティスタの違いではない。それは為政者やナショナルな日本マスメディアの報道とは逆のベクトルにおいて、彼

らの運動が先住民共同体に根ざしているか否か、その違いを革命の理念や方法、武装に対する認識などを突き合わせつつ問う視点であった。

「日本大使公邸を占拠し人質を取る」というその一点に収斂した「凶悪テロ」観と「人質」報道を通じて、この国の私たちは何を見失ったか。マスメディアの報道姿勢に体現された世紀末日本ナショナリズムの本性を、私は太田氏の『「ペルー人質事件」解読のための21章』の言葉に教えられた。この言葉は、小倉氏が『封殺された対話』に記録したMRTAメンバーの考えや訴えとともに読み、私たちの問題として記憶せねばならない。少し長いが本書に刻み込むため引用する。

「ペルーの中央森林地帯に生をうけ、幼い頃からさまざまな労働に従事せずには、自らがその一員である家族が食べることもできなかった生活体験を持つ一少女なり一少年が、この作戦に参加することで『報酬』が得られるかもしれないと期待していたところで、生活のためのその切実な思いを、いったい誰が論難できるというのだろうか？　『大義』に比してそれは『卑小だ』と嗤いたいのだろうか？　わざわざペルーまで飛んで、問題の本質に届かぬつまらぬ記事やコメントを送り続け、日本ナショナリズムを強化する人質報道に純化した仕事の『成功報酬』として、ペルーの少女には想像もつかない巨額の賃金を手にすることができた特派員あるいはその種の報道姿勢を指示・煽動した本社デスクに、ゲリラたちの『ささやか』すぎる夢を嗤ったり揶揄したりすることが、いったいできるのだろうか？」

日本ナショナリズムは、欧米の思考の枠組みを輸入することで成り立ってきた、日本における知が抱える問題としても捉えられる。そのことを、私は「ヴェトナム戦後25年」を機にインタビューした（一九九九年九月一八日付掲載）坪井善明氏の話において学んだ。『ヴェトナム「豊かさ」への夜明け』（岩波書店、一九九四年）などを手がかりに話をうかがうなかで、坪井氏は、現在の日本の知が日本という枠を突破できず、世界や人類についても、具体的なイメージなく空虚であるがゆえに、結局のところ自分のことしか考えられていないという問題を指摘した。開かれた知は、その問題を超え出てゆくことでしか存在し得ないのだ。そのことを、なにより坪井氏の語りは示している。

記憶せよ、和合せよ
済州島四・三事件と私

金時鐘
Kim Sijong

金時鐘氏のこの語りは、二〇〇〇年四月一五日、東京都千代田区のスペースY文化センターで行われた済州島四・三事件52周年記念講演会の講演「済州島四・三事件と在日朝鮮人」を収録したものです。（編者）

五〇年以上も語らずにきた四・三事件

少なくなく酷な役目を、私は今日この場で担っています。私のこれからしようと思う話は、何とも気の重い、映えない記憶の語りです。私の演題は「四・三事件と在日朝鮮人」となっていますが、それはそのまま、四・三事件と私との関わり、言い換えれば私の来歴の披瀝ともなる話だからです。

これまで日本に来て五〇年余り、四・三事件との関わりについて、私は表だって発言したことがありません。ただ、一九六〇年に書き終えた『新潟』という長編詩集のなかで、済州島の四・三事件に触れたくらいです。ゲリラ側に仕立てられた民衆を針金で括って五、六人単位で海に投げ込んで虐殺をした、その死体が数日たつと浜に打ち上げられてくる。私の育った済州島の城内の浜は砂利浜ですが、海が荒れると砂利がグォーっと鳴って響くんです。そこに針金で手首を括られた水死体が打ち上げられてくる。何体も何体も。海に浸かっていたために、その体は豆腐のおからのようになっていて、波が寄せるたびに向きを変え、皮膚がずるずるとずり落ちるんです。明け方から遺族たちが三々五々集まってきて、死体を確認する。そのことをうたった詩が、一章分ほどあります。

私は何故、五〇年以上も四・三事件について語らずにき

金時鐘（キム・シジョン）　一九二九年生まれ。詩人。集成詩集『原野の詩』、『「在日」のはざまで』、詩集『化石の夏』ほか。

たのか。生理感覚的に、済州島の四・三事件にからんだ記憶が、私の胸の奥底ですっかりぎざぎざのまま凝固してしまって、まずは済州島を思い返したくないという思いが、どうしても働いてしまうんです。

四・三事件のことはこのまま抱えてあの世へ行きたい、そう思い続けた私の来歴です。これからお話しするのは、その来歴の披瀝というよりは四・三事件にからんだ私の、思いの吐露、吐情とでもいいましょうか。

突然「これがお前の国だ」と

四・三事件の起点となった一九四七年三月一日の三・一事件、つまり観徳亭《コアンドクチョン》広場まえの殖産銀行の石段に四、五名の射殺体が倒れたという、その現場に私はおりました。どのことを思い返そうにも、その場に居ったことからして胸の晴れるようないい思い出がない。人に語れる誇らしいことが何もないんです。三・一事件の翌日、私は当時朝鮮人民委員会青年部の文化関係の仕事をしていましたが、その後党員拡張運動もあって、南朝鮮労働党の党員候補として入党します。

この時期のことを思い返すと、日本が戦争に負けて私たちは解放されたということになるのですが、私個人としては、自分の国が奪われたときも、祖国が帰ってくるときも、自分の力のなんら関与することなしに、突然「これがお前の国だ」という国を与えられたのが、四五年の八月一五日でした。私はそのとき一七歳で、ハングル文字の一つも書けない、赫々たる皇国臣民の少年でした。それだけに、私は欲したわけでも関わったわけでもない解放に、いやおうなく出会います。

私はその暑い日のことをよく覚えていますけれども、九月八日にアメリカ軍占領軍が上陸してくると、民衆はこぞって解放軍として心から歓迎したんです。ですが、ホッジ中将を長とする米軍政府庁がまず発令するのは、朝鮮人民共和国の否認でした。それは、九月六日、呂運亨《ヨ・ウンヒョン》先生を首班とする朝鮮人民共和国が世界へ向けて建国の宣布をした直後のことでした。朝鮮の各地方から選ばれた朝鮮人民委員会代表らが集まって政府構成がなされた朝鮮人民共和国だったのですが、その否認、解体が、アメリカ占領軍の第一指令だったんです。

それに続いて、アメリカ占領軍は、朝鮮人民共和国の建

四・三事件にからんだ記憶が、私の胸の奥底ですっかりぎざぎざのまま凝固してしまって、このまま抱えてあの世へ行きたい、そう思い続けた私の来歴です。

国を発布させるまでの下地をなした運動体であり、民衆の結合体である朝鮮人民委員会の解散令を出します。それまで民族反逆者のリストが各町村の辻々に張り出され、朝鮮植民統治下、同族を食い物にした連中らは雲を霞と逃げを打ち、そのほとんどは日本に逃げていたのですが、あろうことかアメリカ占領軍は、朝鮮総督府吏員復職令まで発布するのです。植民地下統治機関だった朝鮮総督府に勤めていた者たち、判事検事から末端の警官にいたるまで、それまで逃げていた人たちが大手を振って帰ってきます。

人民委員会が解散させられたことで、民衆たちは、四五年の九月末から年末にかけて各地でデモを起こし、アメリカ軍との軋轢を直接的に生じさせます。占領軍は、民衆の反発を直接受ける立場を回避するために、朝鮮総督府吏員復職令を発布させます。そして、一九四六年一〇月の大邱事件が契機となって、韓国臨時政府はアメリカ支援のもとで、人民勢力に向かう勢力をつくるために、大々的に警官投与をします。

その警官が問題なのです。それが、私の抱えている植民地と全く符合するのです。四・三事件の起点となる四七年、そして四・三事件が始まる四八年というのは、このように、解放されたはずの自分の国で、同族を食い物にした者たちが大手を振って、かつての植民地統治下と全く同じ機構体が急速に復活していく時節でもあるわけです。それは、政財界も法曹界もそうです。芸術やひいては文学教育にいたるまで、皇道派文学を押し立て、皇民化と戦争を聖戦として礼賛した連中が復活する。そうした人たちが皆、あらゆる要職に就いてしまいます。

一九四七、八年には、今の韓国、当時の臨時政府はただ反共の名分だけで完全に旧態に復しました。つまり、日本が戦争に敗れたということから、ただ主人が入れ替わっただけという状態になったんです。

これが私の植民地だった

私は植民地時代に、小学校を終え、教員になるための学校に進みました。そして四年生の夏、夏休みで帰省していたときに八・一五に出遭います。植民地時代、そこそこ日本語の勉強ができた皇国少年だったとはいえ、教員になる学校に行けるというのはそれこそ何百人、いや何千人に一人の恵まれた条件でありました。

小学校の卒業年度になると、教師はきまって将来の夢を書かせたものです。ほとんどの少年は「面書記になりたい」と、その憧れのほどを書いたものでした。つまり、町村役場の公務員になるというのが、少年たちの最たる夢だったのです。

これがまさに私の植民地だった。私は物理的な災厄の植民地を経はしませんでしたが、人間について語るとなると、植民地とはまさにこういうかたちであろうと思うのです。

そもそも、子どもの夢というのは、箒で宇宙旅行ができるぐらいとてつもないものです。その夢が、たかだか町村役場の吏員、今でいう公務員になることだというんですから。私が育った時代は、すでに植民地が整備され尽くした状況でしたが、それほどちまちましい夢が、子どもたち全体の夢であった。そのなかででも、もしや当時、警官にでも登用されようものなら、これは一族一門の栄誉であったのです。なにしろ、当時普通学校と呼ばれていた小学校課程ですら、「国民学校」になったのは私が三年生のときからでしたが、その「小学校」にも、朝鮮総督府の統計で就学適齢児童の八人に一人しかいけなかったんです。農村の青少年たちは、終戦で解放になっても、自分の名前を書くのがやっとという状態でした。この若者たちを警察官に登用する。面事務所の書記になるのが夢だった少年たちが、青年になって警察官に登用されるということ、この喜びと、その職についての忠誠度というのは、とてもじゃないが想像すらできないでしょう。「おまえたちに刃向かう者は、おまえの職を奪う赤《パルゲンイ》たちなんだ、だからおまえの職を全うするためにはあいつらを容赦するな」と教えられると、彼らはそのままを地で行きます、そのままを。

こうした若者たちから選ばれた者たちが特攻警備隊になる。四・三事件では、赤の嫌疑で特攻警備隊に捕まった人は、銃で殺されるってものじゃないです。手足をへし折り、銃床か石塊で頭を叩き割るんです。……。本当にうちの同胞は、はたして優しい人間なんだろうか。どうして同じ人間が、これほどまでに……。腕なんてもぎ取るんですから、もう皮が一枚ついているだけです。

地獄を目の当たりにして

私が話をするのに気後れてならないのは、四・三事件で地獄を、これほど惨いものを、みるべき地獄をほとんど見てしまったからです。いまもってその思いは疼きますが、はたしてわが同胞とは優しい民族なのかと、本当に私は考えるんです。

銃で撃たれて死ぬというのは瞬時のことですから、残酷さという点ではそんなに目立ちません。ですが、あの五月という済州島南端の暑い日差しのなかで、澄んだ空のもとで、谷間で、仰向いて撃たれて死んだ人たちというのは、本当に顔がトマトのように熟れていました。ピンでも立てようものなら、ずるずるっと血が出るぐらいに、火照っていました。それが二日もすれば、とたんに眼から鼻から蛆を放って真っ黒くなっていきます。

そういう地獄を目の当たりにして、日本に来てからもずっと、悪夢からは覚めやらない年月が続きました。夢をみると、いつもそのような夢です。いつでも、逃げを打ったりする夢、寝汗をかく夢です。もう夜となく昼となく、酒を飲む。飲まないと過ごせない日々でした。

私は一人息子で幼少時虚弱体質でした。私が日本に来るときには、父も母も六〇歳を過ぎていました。私が逃げを打つと、赤色逃亡者の家族ですから、当時の韓国は社会保障などなんにもないですし、父母の生活がいかほどのものであったかは想像して余りあります。それを思い出すたびに、思い出すまいとして酒をくらいます。なんとかして帰らねばならないんですが、だからといって父母は金の一〇〇円も送れとか、薬の一袋でも送れなどとは一切言ってきませんでした。年いった者が先に死ぬのは世の道理だ、おまえはそこで生きろというのが、死ぬまでの父と母の、私への人づての伝言でした。

私の母方の叔父は、会うたびに「おまえは人でなしだ」と言いました。おまえさえその気があればいつでも親元に帰れるじゃないか、おまえの親父とおふくろはしなびている、あれはもうミイラだと言うんです。父が先に死に、母がその二年後に死にますが、その頃ずっと、ＫＣＩＡが私に、大目に見るから転向声明を出せという誘いをしてきました。絶えることなく、私の目の前にはいつも転向の問題がぶら下がっていました。

ここまで人でなしと言われながら、日本で私が朝鮮籍にこだわって生きる何があるんだろうか。何があろうか、ないわけではない、あるんです。ですが、そのために、父母をミイラにし、一切の人間の道理から顔を背け、押し黙ってすごしてきたことは悔い以上のしこりです。押し黙ったことのなかには、もちろん私の意地がなかったわけではありません。しかしまずあるのは、済州島四・三事件をして、民衆の側から、あれは民衆蜂起事件だといわれていることです。

その四・三事件を圧殺した政権側は、共産党の奴らがしでかした共産暴動だといっています。共産党がしでかしたことですから、あれは法律に照らして圧殺されて、除去されてしかるべきだというんですね。だが、実際に私は、末端の連絡員ではありましたが、南労党の党員としてその現場におったのです。私が口を開けば、民衆蜂起という正当さが損なわれるようで、いままで口を開くことができませんでした。

立ったまま地の底へめり込むような失落感

旧制中学校四年の夏休み、済州島に帰省中に日本が戦争に負けて、私は全く途方に暮れたものです。決して誇張でなくて、立ったまま地の底へめり込むような失落感に陥りました。それまで営々と培った一切が無に帰したんです。自分の国の言葉を、文字を知らない。歴史を知らない。私はすでに親父が持っていた世界文学全集を読み通していましたし、詩や小説のようなものも書き始めてはいましたが、それら一切がもうだめになってしまった。まるで印画紙が陽にさらされ、真っ黒になってしまったように。

学校に戻ったところで、朝鮮語の授業にはついていけない。学校の処置としては、卒業までの残り半年間は、祖国の勉強を促成で受ける、そして教員免状をもらうということになっていました。しかし、皇国臣民になることが最高の美徳だとして勉強を受けた私は、八月一五日を境に、急に愛国心を培う教員になるという入れ替わりができませんでした。ですがそのことは、後の私の生き方には幸いだったと思います。

私は崔賢《チェ・ヒョン》という、たぶんペンネームであったと思いますが、当時学生たちから慕われていた先生と出会いました。この方は当時刑務所から出られたばかりで、まだ二七、八歳であったと思います。この方は朝鮮戦争で虐殺されますが、この崔賢先生を中心に、学生たちがチェゴジャンチャッキ運動（自分の在所探し運動）、平たく言えば農村工作文化運動を始めました。つまり、自分たちは何にも知らないで旧制中学校まで来て、とたんに朝鮮人になれというんだけれども、朝鮮人になるとはどういうことかを、身をもって、体を動かし、農村の小作農を訪ねて歩いたりして、歌を歌ったり働いたりする。そんななかで、私は崔先生直々にハングル文字を習い、朝鮮文学についてたくさん話を聞き、自分の国がどういう国であり、どうして農村が疲弊し、どうして教育水準が低いのかということを聞かされました。それらは全部、自分の血が逆流するような話ばかりでした。

私は一九四五年の一二月まで、全羅南道一円のチェゴジャンチャッキ運動に加わっていました。そうしてようやく自覚ができてきて、崔先生以下学友たちから済州島に戻れといわれて、一二月に済州島に帰ってきます。その一二月というのは、済州島でも信託統治反対決起大会が開かれたときでした。この信託統治反対か賛成かというのは大変な軋轢を来す問題なのですが、同じ組織で活動しながらも、賛成か反対かで殺し合いをするようなことが何度もありました。

私は信託統治賛成派に属していましたが、本当に、私の同胞は優しいのか激しいのかわかりません。教室に火炎瓶を投げ込むことだってざらだったんです。信託統治賛成派というのは、同じ人民委員会文化青年部の活動に関わっていながらも絶対的少数派でしたが、それが主になっていがみ合うわけにもいきませんでした。

明けて四六年五月、洋煙草《ヤンタンベ》・洋菓子《ヤンゴアジャ》反対運動という一大デモを私も加わって組織しました。それは、米軍から流れてくる煙草と洋菓子が蔓延させられて、子どもたちがものもらいのようにたかり、ヤミ市でそれを売っていることで、お菓子や食べ物を売る零細の人たちが干上がってしまう。それを防ごうとする実質的な反米救国の運動だったんですが、大衆から好感を受け、かなり実の上がった運動になりました。私はそういうデモを組織することに加わったり、各学校の主だった学生活動家たちと関わりましたが、それは振り返れば、多少は明るい兆しだったでしょうか。

終戦になって解放されると、それまで朝鮮の歌が歌えなかった反動でもあるのでしょうけれども、植民地下で歌われていた亡国の悲哀の流行歌が、朝鮮全土で湧き上がるように歌われるんですね。そういう植民地下で流行った歌を、私は精神を蝕む歌として反対運動したのですが、これはなかなか成功しませんでした。一杯飲むと、みんなそうした亡国の悲哀の歌を歌うんですよね。同じ思想を賭けていて世界観を同じくしていても、人間の感性に関わることには距離が如実にあることを、私はそのとき悟りました。

問題が熾烈化する四六年夏

この同じ四六年五月、済州島の人民委員会は非合法化されます。だからといって、組織の活動が終わったわけではありませんでした。私は、その非合法のもとでも人民委員会のシンパサイザーとして、主に歌唱運動に携わっていました。確かに、八・一五で解放は成ってみたものの、植民地下で歌っていた世界名曲に類するような歌にも、ハングル語の歌詞がないんですね。私の主な仕事は、そうした名曲といわれた歌に歌詞をつけることでした。そのほか、ビラの宣伝文句書きなども私の仕事でした。それから演劇活動にもかなり精を出しました。粗製濫造でしたが、脚本もずいぶんたくさん書きましたね。一晩で脚本を書いて、数日後にはそれを群集の前で上演するということをやっていたんです。

問題が熾烈化し明確に表れるのは、その年の夏です。名前を思い起こすたびに鳥肌が立ちますが、米軍政警務局長の趙炳玉《チョウ・ビョンオク》が済州島に来ることで、一挙に右翼反共団体がたくさんつくられていきます。そういう有力者を迎えて、ここぞと彼らの天下になっていくんです。その主力が北朝鮮から逃れてきた西北青年団《ソベクチョンニョンダン》でした。その青年団には少し因縁があって、私の父の本籍が今の北共和国の金剛山の北側にある元山出身なのですが、私も数え年七つまでそこのおじいさんのところにおりました。そして、西北青年団の結成をするために、私の父に顧問就任の要請があったんです。父は熱烈な北信奉者でしたから、それに応じず、結局そのことが父の命を縮める要因にもなったと思います。

四五年九月、金日成《キム・イルソン》将軍は、ソ連の貨物船で元山に上陸します。朝鮮半島の北半分で金日成がまずやったことは、親日派や民族反逆者の処罰でした。そして土地改革を施行します。加えて、北に進駐したソ連軍を撤退させます。それに引き替え、南はアメリカの軍政が布かれて、軍政に後押しされるような極右団体が乱立するのです。

そのなかでも、西北青年団は済州島民を赤の集団だと信じて疑いませんでした。島の人間は全部赤だと決めこんでいる連中です。彼らは、警察沙汰になり検察庁に送検される人らを手順のように貰い受け、自分たちの事務所に連れこんで半殺しにします。そして、送検される人の家族たちに金品を公然と要求するようなことをしました。

郵便局事件

私は学校に戻らずに、そのまま済州島でシンパとして、表向きは済州郵便局の文化サークル活動の指導員として日常的に郵便局に出入りしていました。私は組織の連絡事務の一端を担っていまして、そこには、小学校時代のクラスメイトたちも逓信通信学校を卒えて、トンツーを打ったり集配係になったりしていました。そのなかには、私と同じ党の細胞活動をしている人もいましたので、詳らかには今もって明かせませんが、集配の郵便物や電信文はもっとも重要な連絡手段でした。また郵便局の西裏側が小さい空地をはさんで済州警察署の留置場とつながっていましたから、四・三事件の契機となった三・一事件の拘留者たちと連絡を取り合うにも好都合の立地条件でした。当時の私を知る人の間では、私が郵便局に勤めていると思った人も多いと思います。

私が死者をもろに見たのは、この済州郵便局においてです。四・三事件が起きて、私が地下に潜る前のことですから五月末頃だったと思いますが、済州島には、特攻警備隊が本土から増員でやってきていました。済州郵便局の集配課には私と同じ予備党員であった、一人は私の小学校の一年先輩で、もう一人は私のクラスメイトがおりましたが、その二人が処刑されてしまいます。ある日突然引っぱり出されて、公道で撃ち殺されてしまうのです。

その復讐をするということが、私の所属した機関において決まりました。当時は特攻警備隊たちも、自分の家族に宛てた手紙や家族に送るお金などを郵便局から送っていました。そうした郵便物や為替は毎日集荷され、午後三時頃には山のように郵便局に集まるんですね。そんなに大きな郵便局ではありませんでしたが、階段を上がって三つのドアを開けて入ったら、窓口があって、その後ろに郵便物が積み上げられていました。

その郵便物を燃やすという直接行動の任務を、私は最初に受けたのです。それを実践する火炎瓶はただのものではなく、小さな段ボール箱にガソリンを詰めたものと、もうひとつの小さい瓶には塩素でしょうか、空気に触れると紙がぱっと燃えるものが入っている。それをぶつけたら、ガソリンに引火して爆発する仕掛けになっていました。

その前に、私の属していた細胞から党員名簿が特攻警備隊に渡ってしまうという事件がありました。そして、名簿の名前を明かしたと疑われている仲間に、この直接行動で火炎瓶を投げる役になるようにという決定が下ったんです。私は彼にその危険物を渡す役割だったのですが、郵便局には入口にも中にも警備官がおりますし、それを持って入ることなどふつうならできません。

私はその当時、師範学校に四年までいたという実績を買われて、四・三事件が起きる四八年の一月から、済州道学務課の嘱託になっていました。そこでの直接の仕事というのは、済州島測候所の下端にできていた教員養成所の実務係でした。

四・三事件が勃発した日は、解放後初の第一回学芸文化祭が、当時の済州農学校で開かれる前夜のことでした。私はそのとき展示の準備で農学校におり、その日の明け方に事件が勃発することはすでに知っていました。

私は教員養成所の実務担当でしたから、たくさんの郵便物を郵便局に持って行くわけです。各地方の教員に教材を送ってやらなければいけませんし、各学校に宛てて教材関係を出さなければなりません。私は進んで、そうした発送を引き受けて、毎日郵便局に出入りしていました。そして一抱えの郵便物に潜ませて、私は火炎瓶を通じ合っている窓口業務の細胞の同志に小包として受け付けさせる。その窓口係は外からでもすぐ手の届くところに受け付けた小包を置いたまま、次の用事をしている。

郵便局入口の階段は五段ぐらいあって、表のドアは奥へ観音開きに開くんです。真ん中のドアは押しても引いてもどちらにも開くようになっていました。いちばん内側のドアは、外に開くようになっているんですね。

私と入れ違いに、火炎瓶を投げる役目の仲間が切手を買うと言って入っていきます。そして、窓口のわきに置いたままの火炎瓶をぶつければいいんですが、ちょうど、窓口の奥に彼の従兄弟がおったんです。彼は火炎瓶を持ち上げたまま、わけもわからず絶叫したもんですから、警備員がカービン銃を発射しました。ぶつけたけれども、逃げようとしたのでさほど発火もせず、白い煙りと匂いだけが立ちこめました。

よく打ち合わせてはいたんですが、人間、恐怖に陥るとわからなくなるんです。彼は、いちばん奥のドアは押して出ました。警備員二人が迫ってきましたけれども、真ん中のドアを開けてそこまで出たのですが、いちばん表のドアは引かなければ出られないのに、必死に押すわけです。

それこそ、人間の目があれほど大きく見開くものだろうか。まざまざと、あのこぶしほどの真っ白い目が、私の脳裏に焼き付きました。瞬時にして、頭を外からも中からも撃たれましたから、脳味噌がガラス張りのドアに散りました。人間の脳味噌というのは大きいんです。豆腐を握りつ

人間の目があれほど大きく見開くものだろうか。まざまざと、あのこぶしほどの真っ白い目が、私の脳裏に焼き付きました。瞬時にして脳味噌がガラス張りのドアに散りました。

ぶしたようなものが滴って、そして彼は、そのドアにしがみついたまま絶命しました。

私はそれを見届け、逃げを打ちましたが、文化運動も教員養成所の嘱託もできなくなり、地下に潜りました。郵便局事件の後、私の級友のほとんどが惨殺されました。私は、たとえ殺されても親の目の届かないところで死なねば、との思いで、四九年六月、宝くじの幸運程度の確率で日本に来たのでした。

「赤どもが親父を殺したんだ」

私の母方のいとこの兄貴は、解放直後日本から引き揚げてきた帰国者でしたが、いささかの稼ぎを当てこんで磯でイカ釣りをしていたところを上がれといわれ、六人でしたが捕まり、虐殺されます。それは本当に惨い殺し方で、腕をもいで目玉をくり抜く。そして、万歳を叫んで特攻警備隊は引き揚げますが、遺体を引き取った息子はまだ小学生でした。彼はどんなことがあっても生き抜いて復讐すると言っていましたが、朝鮮戦争が始まって、私のところに人づてにきた手紙には、「おじさん、お父さんを殺した敵が誰であるかがはっきりしました。赤《パルゲンイ》どもが親父を殺したんだ」と書かれていたんです。もう歴然と、特攻警察が親父を殺したことがわかっているのに、人間の知識や教育というのは、こうだと教え込まれると、そのようになってしまうんですね。

私といちばん外戚の近いいとこの父は、母の実家がある道頭里砂水洞《サスドン》の区長をしておりました。特攻警備隊はその地域に捜索に来ても、区長の家には直々に踏み込まないんですね。区長は警備隊をその分心してもてなしもします。その、私の叔父にあたる彼が、私が日本に逃れてくる年の二月、ゲリラに襲われて竹槍で処刑されます。かなり大きな家でしたが、前庭で刺された彼が、板間をよぎって、裏の石垣を越え、落ちて絶命しておりました。人間の腸は長いものでしてね。脇腹からはみ出た腸が、ずっと板間を引きずって、石垣に掛けられたまま落ちていました。私は郵便局事件の後地下に潜り、あの叔父貴の家と庭つづきの奥の家の種芋の穴蔵に四ヶ月ほど匿われていたのですが、その匿った甥である私の味方たちによって、叔父は殺されたのです。竹槍ではすぐに絶命せず、七転八倒の悶絶の果ての死でした。

済州島の田舎の家の中庭には、たいてい稲むらに似た麦藁が塔のように積み上げられています。その藁束のいくつかを抜いて身を潜めるわけですけれども、そこを特攻警備隊がカービン銃で撃ちまくって引き揚げると、とろとろとろとろ、どす黒い血が麦藁から流れ出ます。もちろん、警備隊に見つかると一家全部が殺されますから、家族たちが慌てて、血の痕跡を消すために麦藁を燃やすんです。そういうことがふんだんに、もういたるところでありました。

四・三事件とは何だったのか

転向とかで人間の思想の強さというのは、計られない。その強さを計るには、私は慈悲が働くべきだと思います。ああいう極限状態に陥ってみると、自白をしない人って、いかに想像力をめぐらしても、思い浮かびません。死ぬのではなく、生きたままで拷問を受けるわけですから。本当なんですよ、爪の間に竹串を通していくのは普通です。あるいは、金槌で指を一本一本潰していくんですから。

組織活動をすると、決してたくさんの関係を知りません。自分とのつながりは四人から六人程度の範囲で、それもみんな表向きは別の名前を持っています。捕まってもその範囲で止まるように組織がなっているんです。

ああいう恐怖を押しつけて苦痛を与えられると、もう何を言われても認めないわけにはいかないんです。あっさり殺してくれればいいんですが、みんな頷かざるをえなくなっていく。そして一網打尽の例が出来上がっていくわけですね。だから、人間が強いものだとは決して思わない。直接的な暴圧にもし耐えうる人がいるとすれば、そういうことができる人間にどうすればなれるのか、そのことが私にはわからない。

数からすると圧倒的に、八割余りは、当時アメリカに支援された臨時政府側の非人間的な殺戮でした。ですが、やはり二割近くはそれに対抗した、蜂起した民衆側の残酷さもあるわけです。銃を持たせて、息子に自分の親父を殺しに行かせた場面を、私は二回も見ています。こういうことが、またあってはなりません。こういう混迷のなかで祖国が分かたれてもいったのです。

四・三事件とは何だったのか、本当に考えます。でも、もう思い出すまい、と自分に言いきかせて、ともあれ、そういうことを抱えて、私は五〇年以上も口をつぐんできました。

五〇年ぶりに済州島を訪れて

四・三事件に関連のあった人なら名前を知っているでしょうけれども、第十一連隊長だった朴珍景《パク・チョンギョン》中佐を、私たちは殺戮者と呼んでいました。この人間は、人を平気で本当にこともなげに撃ち殺す反共の権化です。この人間も、終戦になるまで大日本帝国の職業軍人でした。いみじくも、金石範《キム・ソクボム》さんが『火山島』で掲げている大きい意味、すなわち日本の植民地から解放はされても、なお植民地宗主国であった日本とは切れない関係の人間がたんといたんです。その関連の人間像が、『火山島』には布石として書きこまれています。

一九四五年八月一五日によって、私たちは確かに日本のくびきから放たれましたが、実際には何にも変わらなかった。日本との関連、因果はずっと続いたのです。朝鮮総督府吏員復職令からして、植民地下でいい目をした連中らの復権でありましたし、四・三事件を屠殺場に変えた連中もみんなといっていいほど、日本植民地下で大手を振っていた親日派の連中でした。

　また、韓国政権によってつくられた最初の法律が、反民族行為処罰法でした。挙族的な法案として国会を通過したんですけれども、その意志を執行すべき反民族行為特別調査委員会は、法案交付から半年もたたない四九年二月一五日をもって、たった一人の売国奴も、親日分子も処罰しないまま、この法案は親日勢力に抱えられた者たちによって潰されてしまいます。そして日本では、親韓ロビーとして、岸信介や賀屋興宣といった戦前の右翼の大立者たちが、自民党の重鎮になるわけです。

　つまり、構図的には何も変わらない。だから、四・三事件というのは、私には悔い多く、晴れやらない青春の敗残の記録であり、混乱期の家郷、親を冷酷に見捨てた、何一つ誇らしいものを持たないネガティーブな記憶そのものであります。

　ですが、四・三事件は祖国の分断を容認しないために起きたという名分は、私の後ろめたさとは裏腹に、私たちの祖国がいずれ統一するであろうそのバネとなって、生き続けることを信じますし、念じます。

　金大中《キム・デジュン》大統領の包容政策のおかげで、私は五〇年ぶりで一昨年済州島を訪れ、父と母の墓を探しあてることができました。草むした小さい土饅頭でした。そして、四・三事件の災いを鎮めるために立てられた、火山岩を積み上げて造られた妨邪塔《パンサタプ》に参りました。青く澄んだ空で、風が鳴っていました。その塔の積み石のすき間に小岩のいくつかを詰めながら、そのとき私ははっきりと聞きました。空耳ではありません。耳の底で私は聞いたのです。「記憶せよ、和合せよ」と。

（二〇〇〇年五月二七日号）

感性と言葉への厳しい問い

「私達ほど、――そうだ、私だけのことでは絶対にないんだ！――祈りに絡まって生きている存在も、そう多くいはしないだろう。隔たっている家郷がすでに祈りであり、彼岸の彼方に横たわっているのが、行き着けそうもない祖国だからだ。それでも雑多な暮らしに追われて、日々がまぎれる。まぎれていなくてはその日が過ごせないほど、祈りは雑多な暮らしにこびりついているうずきである。想い起こそうものなら、眠りなど蒼ざめるがおちだ。だからそーっとしておく。だからこそ祈りは、普段にまみれてひそんでいる」。

金時鐘氏の『「在日」のはざまで』（立風書房、一九八六年）に収められた「クレメンタインの歌」冒頭には、この言葉が刻まれている。二〇〇〇年四月一五日、金時鐘氏の語り「済州島四・三事件と在日朝鮮人」に触れたとき、私は「祈りに絡まって生きる存在」のなかに詩を聴いた。それは聴く私に迫り来た。無理にお願いして、どうしても紙面に収めさせてください、と念じた私の存在もまた、何かしらの祈りめいたものに突き動かされていたのである。しかし、それをもって、うずきと言われた記憶に、語り出された言葉に飛びつく「編集者」というものは、いったい誰か。そのことをもまた、思わざるをえない時であった。

「言葉には、抱えたままの伝達があること」。「クレメンタインの歌」に刻まれたこの言葉が、すでにして抱えたままの伝達を読む者に知らせるとしたなら、聴いた私は、その語り

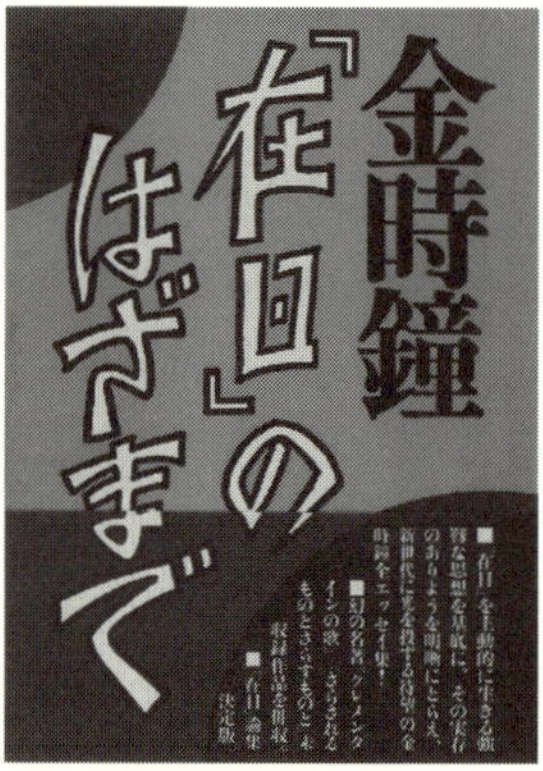

を一篇の叙事詩のようにと聞き流すことはできない。詩が、無知や無情や、そして就中強いられた離散や皆殺に染められた海中をゆくこの二〇世紀の詩が、やはりソ連のラーゲリに絶命させられたオシップ・マンデリシュタームのいうように〈投瓶通信〉であるとしたならば、それを受け取った者は何を思うか。しかもその、詩の言語が、届いたその詩を認める言葉が、命を裂き人を断ち苦を強いた支配の国日本、「因果」を刻印された日本語において私たちに向けられるとしたならば、裂かれた命に染まる海中を潜った〈投瓶通信〉を、その、抱えたままの伝達を受けとめる縁《よすが》を、はたして私たちは何処に求め得ようか。

　知らなかったといい、私は知らぬと弁じ、また学ぶといい、あるいは聞く耳を持つことすら忘却した意識の無意識を生きる若い世代の一人に、単語と知識としての「植民地支配」でなく、語られた「これがまさに私の植民地だった」を教え私に問うたのは、金時鐘氏の詩であった。「親を超えなければ『日本人』にはなれなかった小さい魂の喘ぎなど、植民地の歴史をどのように繰ったところで見えはしまい。背くことでしか真実に近づけなかったのは、努めることがそのまま背理でしかなかった私の、成長とも兼ね合っている『真実』である。しんそこ信じて努めたればこそ、私の〃植民地〃は根が深いのだ」。

「クレメンタインの歌」に金時鐘氏は、「私の植民地」を記した。そして聴いた語りのなかで、少年たちの夢を占め、感性を占める支配の価値に、「まさにこれが私の植民地であった」と語った。「人間の感性を差配し、思惟思考の波動にまで一定の好みを居座らせてくれる『抒情』の入植は、まだ明かされていない『日帝』の後遺症です。私のような世代の者は、このことによって、今なお自己の中の〃日本〃から切れることができないでいます」。金時鐘氏のこう記す意味が、この、「私の植民地」のなかにはあったのだ。

　思想の古い新しいとは、その人の感情を流れている抒情の質である、と金時鐘氏は言った。「抒情は批評だ」とは、『**金時鐘の詩——もう一つの日本語**』（もず工房、二〇〇〇年）に収められた講演「今、居る場所」のなかの言葉であった。「ともあれ抒情というのは、かくも盲目です」という言葉も、そこには語られている。批評は、往々にして盲目となる。

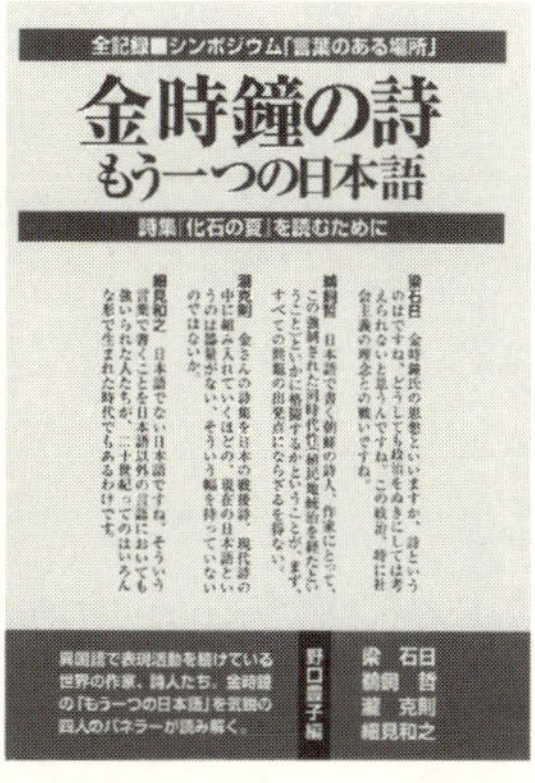

語に打たれたとき、私は、集成詩集『原野の詩』（立風書房、一九九一年）に寄せた池田浩士氏の解説「いま、金時鐘を読むということ」の言葉を、深部で自分のものとせねば立ちゆかぬと考えたのであった。「金時鐘との距りをわたしがあらためて思わずにいられないのは、この報復が、おこがましいどころか、金時鐘の詩と散文と語りによって、すでに十二分に達成されている、と考えるからである。しかも、それでいてその十二分の報復を、私も含めた日本人読者が、さらに激しく的確に打ち返すことが、まだできていないからである。金時鐘の場合とは別の拠って立って生きる場と、そこから押しつけられる感性と言葉と、さらにはそれらから切れる端緒が、わたしたちにも必ずあるはずなのにもかかわらず」。

感性と言葉とを私に内から問うた、それが金時鐘氏の「祈りに絡まった存在」、その語りであったのだ。

自分の国の言葉をイロハから覚えはじめたものでした。おかげで民族的自覚とか、自分の血くだの中に秘められていた意識されない国への思いとかが、ようやく呼び醒まされてはきたのですが、その自覚の努力をもってしても日本語という、原初的な民族意識を閉ざしてきた言葉は執拗にも馴れ合った知覚をそそのかして、物事の是非をいちいち自分の天秤に乗せたがるのです」。

『金時鐘の詩』の「私の中の日本と日本語」でそう語る氏の言葉に、私は『「在日」のはざまで』に収められた「私の出会った人々」の一文、「私の〝日本〟との対峙は、私を培ってきた私の日本語への、私の報復でもあるものです」を重ねた。日本語に、日本の領域にない、日本人のもたない日本語で日本人の意識に入り込むこと、それが金時鐘氏の、日本語への報復であったのだ。

その語りに接したとき、その日本語の抒情の御し難さがあると思える。そして思想は、古い抒情の質に満たされるとき、異を排し廃して、純化同化を迫るものとなるのだ。

「醜を抱え切れない純一性こそ、ファシズムではないかと思い当たるのです。日本の思想が恐ろしいとすれば、端正さを貴重がる美の思想のような気がしてなりません。これへの志向がピラミッド状をなして、その頂点に天皇があるように思えるのです」。『「在日」のはざまで』所収の「〝醜〟を生きる思想――金芝河の詩精神」で、金時鐘氏は美の思想、日本の抒情をこう示した。なつかしい、やさしい響きに私たちを包むその抒情、ほかならぬ私たちに息づいているその抒情を思うとき、ファシズムの在処をわが内へ問わねば私は立ちゆかない。それはいま現在にあり、切れぬ抒情は、いまの私たちのもとにある。

「それこそ壁に爪を立てる思いで、

図書新聞《インタビュー》

語りの記憶・書物の精神史

Ⅱ 掘り起こされる列島の記憶

北海道精神史

北から日本を

平澤是曠

Hirasawa Yoshihiro

岡田嘉子と杉本良吉の樺太越境事件

――このたび平澤さんは『越境――岡田嘉子・杉本良吉のダスヴィダーニャ（さようなら）』（北海道新聞社、二〇〇〇年）を刊行されました。この本は、生まれ育ち現在もお住まいである北海道、そしてこの地にまつわる日本現代史の掘り起こしを続けてこられた平澤さんの、六冊目の本に当たります。

私は平澤さんの『哲学者菅季治』（すずさわ書店、一九九八年）の編集作業に関わった経緯から、平澤さんに北海道の近現代史や北海道人たちの生きざまについて、折に触れお話をうかがってきました。今回、『越境』の刊行を機に札幌にお訪ねしたわけですが、この本を手がかりに、平澤さんが書き継いでこられたテーマと、平澤さん御自身が生きてこられた北海道の二〇世紀とをからめながら、お話をうかがえればと思います。

この『越境』を書かれるにいたった経緯とはどのようなものだったのでしょうか。

平澤　一九三八（昭和一三）年の年始早々に起きた岡田嘉子と杉本良吉の樺太越境事件は、当時の新聞などでも大々的に報じられました。当時少年だった私も、この事件はやはり衝撃だったですね。だから、かなり早い時期から、この越境に関心は持っていました。しかしごく最近まで、杉本良吉が札幌に関係があるということは知らなかったんです。それが、プロレタリア文学史を調べているうちに、杉本が北海道帝国大学予科に入学したということがわかって、

平澤是曠（ひらさわ・よしひろ）　一九二一年夕張市生まれ。帯広工業高校、室蘭工業高校、札幌工業専門学校の各校長、道立教育研究所副所長を歴任。主な著書に『汚名』『弾圧』『叛徒』『開戦』『哲学者　菅季治』など。

では杉本は札幌とどういう関係があったのかということに思い当たって、少しずつ調べ出したんです。
　岡田嘉子が小樽で青春時代を送ったということは、昔から聞いて知っていました。それに、岡田嘉子については、私たちの年代以上の人は、大抵知っていると思うんですね。たまたま、升本喜年さん（鎌倉市在住）の『女優　岡田嘉子』（文藝春秋、一九九三年）を読んだのですが、とても参考になったので電話をして話を聞いてみたんです。すると、岡田嘉子については何冊か本が出ているのに、杉本良吉について書いた人はいないという話だったんですね。じゃあ、杉本良吉について調べてみよう、そう思って調べたという次第なんです。
　まあ、私の取材できる範囲は北海道に限られているものですから、北海道に関わりがあったという接点に主眼を置くことで、杉本良吉の生涯について書いたわけです。

――札幌時代の杉本良吉はどのような生活を送っていたのでしょうか。

平澤　杉本は、七歳年長で北大予科に学んだことのある演劇人の先輩小野宮吉に寄せた追悼文のなかで、北海道を「有島武郎の詩の国」と呼んでいます。それは、札幌農学校で新渡戸稲造らに学んだ有島が、地主が小作人から小作料を搾取している現状に憤り、杉本の来道する二年前に、所有していた狩太（現ニセコ町）の農場を小作人に解放したことを指して言ったものです。やはり杉本も、トルストイアンであった有島武郎の思想と北の風土に惹かれ、北大を選んだのでしょう。しかし杉本は札幌時代、トルストイに飽きたらず、アンドレーエフやチェーホフに読み耽ったようですね。そして「有島武郎の詩の国」もまた、冷厳な資本主義の搾取や無慈悲な現実の前に、いかに脆いものであるかということを、杉本は知ることになったのでしょう。
　当時の杉本を知る人の話によれば、杉本は学生帽をロシア風に仕立て直しルバーシカを着て歩いていたため、異彩を放っていたといいますね。

札幌時代の杉本良吉――ロシア娘との出会い

――平澤さんは、札幌時代に杉本がロシア娘と出会ったことが、彼の運命を大きく変えることになったと言っておられますね。

平澤　ええ。当時、札幌には亡命ロシア人がかなりいましたが、皆一様に貧しく、ラシャ売りなどの行商でその日暮らしをしていたようですね。風呂敷包みのラシャ束を背負って前屈みに黙々と歩くロシア人を見つけると、町の子どもたちは「あれ見ろ、ロスケだ！」とはやし立てたものです。
　当時札幌には、亡命ロシア人が経営する喫茶店が二軒と、ロシア人娘を看板に売り出した日本人経営の喫茶店と三軒ありました。杉本は札幌でロシア娘ニーナと知り合い、彼女の経営する小さな喫茶店に足繁く通ったようですね。

私は、杉本が通った喫茶店を、札幌の南大通西六丁目にあった「シベリア」と推理しているのですが、その店は、帝政時代、モスクワ屈指の貴族だったというピョートル・ボロニョフの店でした。当時を知る人の話によれば、その店は表通りから少し中に入った小路の角の、小さなバラック建ての家だったそうです。

杉本は、たどたどしい日本語で愛想よく話しかけ、バラライカを奏でながらロシア民謡を口ずさむその店の娘ニーナに思いを寄せました。そして、彼はニーナの心を射止めようと必死にロシア語を覚えるんですね。杉本は大学でも、いつも机の上にロシア語の本を広げていたといいます。こうしてロシア語を学んだことが、彼の後の人生を決定づけることになるんですね。

やがて「有島の詩の国」北海道の夢破れた杉本は、北大予科を中退し、東京に戻って早稲田大学露文科に入り直すことになったんです。

——杉本良吉が演劇に目覚めるのはこの頃なんですね。

平澤　イプセンを初めて日本に紹介し、また数多くの戯曲を書いた有島武郎の影響もやはりあったでしょう。ですが、杉本より北大予科の二年先輩で、後に演劇、美術評論家として活躍する外山卯三郎の呼びかけで札幌に結成された「夢幻座」に加わったことが、演劇に惹かれる大きなきっかけだったでしょうね。彼は北大予科時代、築地小劇場の舞台にセリフのない役者として出演しますが、そのような経験をへて、大正の末から昭和の初めにかけて新劇運動の主流となったプロレタリア演劇運動に目覚めていくことになるんです。

——上京後杉本良吉は、一九二七（昭和二）年に、二〇歳の若さで早くも『文芸戦線』一一月号に「革命後のロシア演劇」という評論を発表し、そこでメイエルホリドらの「演劇の十月」、すなわちロシアにおける演劇の革命について論じていますね。

平澤　そうですね。それにしても、この頃の杉本は、札幌で覚えたロシア語を駆使して、評論に翻訳にと活発な文筆活動を行っていますね。そしてまた、メイエルホリドへの着眼は、杉本の演劇活動に大きな影響を及ぼすんです。

皮肉なことに、杉本はメイエルホリドにとっても、スターリンによる粛清の口実となるんですね。杉本と岡田嘉子

杉本良吉と岡田嘉子の越境は、まさにスターリンによる粛清の嵐が吹き荒れるなかへ飛び込んでいくような行為だったのです。

の越境は、まさに粛清の嵐が吹き荒れるなかへ飛び込んでいくような行為だったのです。

越境後の喜びもつかの間、杉本は連日厳しい取り調べを受け、自分は日本陸軍参謀本部のスパイであると自白させられます。さらには、劇場に観劇に来るスターリンを暗殺しようと企てており、メイエルホリドのもとで働く佐野碩もスパイだという調書を取られるんですね。やはり虚偽の自白をさせられた岡田嘉子は、「ハバロフスクのどこかの取調室で、杉本がニェートゥ（違う）ニェートゥ（違う）と叫んでいたような気がする」と後に語っています。それほど、革命を推し進める理想の国であると信じたソ連で、越境後に待ち構えていた尋問は、二人にとって過酷なものだったのでしょう。

そして、メイエルホリドと杉本という、演劇の革命を通じて近づいたロシアと日本の二人の演劇人は、皮肉にも、彼らが共に革命の未来を託した国ソ連で粛清されることになったんです。

――この『越境』には、五〇年ぶりに明らかになった「杉本銃殺」を報ずる「北海道新聞」が引かれていますね。

平澤　杉本の判決文には、「日本特務機関からモスクワにいるメイエルホリドと連絡するよう指令を受けていた」という文言が書かれていました。杉本銃殺の真相が日本人に明らかになったのは、一九八八年になってからです。私も、杉本と岡田嘉子が越境したときは旧制小樽中学の生徒でしたけれども、まさか杉本が銃殺されていたとは、当時は夢にも思いませんでした。

北緯五〇度の国境線

――平澤さんは、一九三八年の越境事件の報を聞かれたとき、どのようにお感じになられましたか。

平澤　あのころは、越境の真相についてはよくわからなかったですからね。新聞記事などによって事の真相をそれぞれ勝手に想像していたわけですが、ましてや「恋の逃避行」というのが新聞などの大きな見出しですし、やはりそうした印象で受け取っていたと思います。

たしかに、私も調べていくなかで、岡田嘉子には「恋の逃避行」という思いが強かったようです。杉本良吉の場合、それに加えて演劇の革命への志向があって、プロレタリア演劇弾圧の厳しさが増す日本に対する絶望も深かったと思います。

それと、この本の「ソ連密航の企てと多喜二の死」にも書きましたが、杉本良吉は越境の前に一度、一九三二（昭和七）年のことですが、宮本顕治の指示で、コミンテルンとの連絡回復の任務を負い、小樽からソ連への密航を試みようとして断念した経緯があります。だから、杉本についても「恋の逃避行」と見る人もいるし、また党の使命を果たそうとしたと見る人もいます。

いずれにしても、杉本は自分のことについてほとんど書き残してはいないんですね。だから、そこには多分に想像が入ってしまうことになります。

——杉本良吉が密航を試みようとした翌年の三三（昭和八）年には、小樽とも結びつきの強い小林多喜二が惨殺されます。

平澤　そうですね。小林多喜二は二月二〇日、杉本と一緒に小樽からソ連への密航を企て、中止して東京に帰ってきた今村恒夫と二人で赤坂福吉町のあたりを歩いていたのです。そして入った会合場所で、張り込んでいた特高刑事に見つかり、築地警察署に連行されました。そこで拷問されること三時間以上、悶絶の末に絶命しました。ともに捕らわれた今村もまた、この時の拷問が原因で左足が不自由になり、仮釈放後の三六（昭和一一）年に死亡するのです。

——北海道人の小林多喜二と杉本には、どのような結びつきがあったのでしょうか。

平澤　一九二九（昭和四）年は、多喜二と杉本の同志としての接近の年でした。当時多喜二は、小樽の北海道拓殖銀行小樽支店に勤めながら、三・一五事件をテーマにした『一九二八年三月十五日』を書き、三〇年には『蟹工船』を発表するなど、一躍プロレタリア作家として注目されます。この年、『蟹工船』は築地小劇場の分裂で生まれたばかりの新築地劇団が「北緯五十度以北」と改題して上演することになっていました。そのとき多喜二に宛てて、新築地劇団が上演の許可を得たのかどうかの問い合わせの手紙を書いたのが、他ならぬ杉本だったのです。そうした背景には、杉本や村山知義らプロット（日本プロレタリア劇場同盟）の幹部たちによる、新築地劇団を勢力下に収めようとする思惑がありました。

またこの二九（昭和四）年には、多喜二が四・一六事件で小樽警察署に拘引されています。釈放後、彼は銀行を解雇されるのですが、これを機に多喜二は上京することになるんですね。そして四月、築地小劇場で開かれたプロットの第二回全国大会で、多喜二と杉本は共に壇上の人となったのです。

けれども、官憲による弾圧の激化は、やがて二人を、ともに同じく地下活動へと追いやったんですね。

——『越境』を読むと、有島武郎や小林多喜二も含めて、さまざまな場面で北海道人が交錯していますね。

平澤　そうですね。先ほどお話ししました、杉本が通った亡命ロシア人の喫茶店のニーナに恋をした一人に、後に芥川賞作家となる八木義徳がいました。また、この「カフエ・シベリア」のすぐ裏手の三吉神社の近くには、作家船山馨の生家があったんですね。船山は子どものとき、ロシアパンの美味しいこの店に買い物に使い走りされたそうです。革命後に亡命を余儀なくされた白系ロシア人の悲哀を、彼は肌身に感じたんでしょう。一九四一（昭和一六）年に発表された船山のデビュー作『北国物語』は、そのころの思い出をまとめたものですね。それから、有島武郎らによってつくられた社会主義研究会には、後に作家となる島木健作もいました。もっとも、この研究会に札幌時代の杉本が関わっていたかどうかはわかりません。

——『越境』の冒頭、樺太の日ソ国境線へと急ぐ岡田嘉子と杉本良吉の逃避行の部分ですが、ここにお書きになっておられる樺太の迫真的な情景描写に驚きます。平澤さん御自身も、二人の樺太越境事件から四年後の一九四二（昭和一七）年に、兵役のため樺太に赴くことになるのですね。

平澤　そうですね。まあ、そうした私個人の樺太での生活もありましたから、樺太の情景は私にとって身近なものだったのです。

しかし、越境の後の杉本と岡田嘉子の消息はまったくわかりませんでした。そして、この越境事件に驚いた日本の軍部は、越境から半年後に起こったノモンハン事件のために当時ソ満国境近くのハンダヤに駐屯していた歩兵第二十五連隊（原隊は札幌）を急遽、樺太の上敷香に移駐させます。さらに樺太混成旅団を編成して、北緯五〇度の国境警備につかせるんです。そののち、私も一兵卒として、二人が越境へと北上した同じ旅路を通って、この部隊に入隊することになりました。

しかし私は軍隊が嫌いで、入隊していきなり整列ビンタをくらったものですから、ますます厭になりましたね。そして私は樺太に行って、陣地造りをさせられることになりました。

私は北緯五〇度の国境線までは行ったことがないんです。私が行ったのは、杉本と岡田嘉子が日本での最後の夜を過ごした国境近くの気屯という小さな集落までです。それでも、当時の兵隊たちは、ここが岡田嘉子の小便をした場所だ、といった立て札を立てていたなんていう噂話を聞いたことがありましたね。

最近になってわかってきたことなんですが、この越境事件の前にも、何人かの日本人が越境してソ連に入っているんですね。また、昭和の初め頃までは、国境線で郵便物の交換をしていたといいますね。

——当時国境線付近には、軍事的な緊張が走っていると感じられましたですか。

平澤　私が樺太に行った頃は、国境線付近は一般人が入れない地帯でしたけれども、日ソ中立条約がありましたから、まさかソ連が国境線を越えて攻めてくるなんて考えなかったですね。

ただ、私が留多加というところで陣地掘りをしていたときのことですが、夜は天幕を張って野営するんですね。すると、夜になると、私たちがその日掘り進めたところから、信号灯がボーンと打ち上げられるんです。そうしたら、沖合から、それに呼応するようにまた信号灯が打ち上げられる。つまり、私たちが造っている陣地が筒抜けだったわけです。この犯人を捕まえようと部隊は躍起になりましたけれども、結局だめでした。

一九四五年・それぞれの敗戦

——平澤さんは樺太で敗戦を迎えられたのですね。

平澤 そうです。でも、日本が無条件降伏の声明を出した一九四五（昭和二〇）年の八月一五日には、山にいて防禦陣地の穴掘りをしていた私たちは玉音放送は聞きませんでした。その日は最初、日本が負けたというデマ放送が飛んだという噂を聞きました。むしろ兵隊は、動揺する住民にそんなデマは信じるなと説いてまわっていたんです。そのうち次第に、日本が負けたのは本当らしいということがわかってきました。

樺太では、八月一五日に戦争が終わったわけではありませんでした。二〇日にソ連軍による真岡の艦砲射撃がありました。私たちの部隊は、最初迎撃に出ようとしたんですね。しかし、途中で引き返してきました。また、樺太では八月一五日以降も、北緯五〇度線を突破し進撃してくるソ連軍と日本軍との間で、小さな戦闘が続いていました。この戦闘で、敗戦の後も命を落とした戦友がいるんです。

——『哲学者菅季治』のなかで、敗戦後のこの戦闘がソ連による作戦計画を遅らせ、スターリンによる北海道北半分占領計画の野望を砕くことになったと書いておられますね。

平澤 それは、北海道北半分占領か、日本人捕虜のシベリア抑留かという、歴史の岐路となった出来事でした。ソ連は当初、ヤルタの秘密協定で得た千島と南樺太の占領以外に、北海道の留萌と釧路を結ぶ線以北をソ連領にする野望を抱いていました。その意向をもって、極東ソ連軍司令部はできるだけ南樺太の占領を早期に完了し、部隊を北海道に上陸させる作戦を計画していたんですね。

このときには、ソ連はポツダム宣言を守り、日本人捕虜のシベリア移送を禁じていました。ところが、敗戦後も続く日本軍の予想外の抵抗によって作戦は遅れ、ソ連軍は北海道上陸の時期を逸してしまうんです。こうしてソ連は当初の方針を大転換し、米ソ協調路線を崩して、日本人捕虜をシベリアに移送することになったんですね。

私は当初、敗戦後の戦闘で死んだ戦友は無駄死にだったんではないかと思っていました。しかし、この戦闘によって、北海道が分断されなかったと思うと、そしてその代償に六〇万人もの人々がシベリア抑留になったことを思うと、改めて歴史に対する判断の難しさに直面する思いがします。

——敗戦後の岐路となるこの時期、樺太でどうされていたんですか。

平澤 三年兵以上は現地で応召解除になりました。二年兵以下は、ソ連軍の進駐を迎える準備をするために残ったんです。私は三年兵以上でした。すぐソ連軍が侵攻してくると、逃げまどう避難民でごった返すなか、どうにでもなれ、というようなあきらめもあって、私は帯剣も階級章もない兵隊服のまま、避難民に紛れ込みました。そして、大泊の港近くの倉庫で寝ていたんです。そうしたら、船のポンポンというエンジン音が聞こえてきました。外に出てみると、ちょうど燃料を積み込んでいるところでした。それは白旗を掲げた民間船だったんです。私は積み込みを手伝うふりをして、その船にもぐり込みました。

当時樺太の大泊～稚内間は八時間といわれていましたが、ソ連の潜水艦が徘徊する宗谷海峡では、日本船が片っ端から撃沈されているという噂も飛び交っていました。潜水艦襲撃の恐怖はありましたけれども、そのとき私は船に乗り、ほうほうの体で稚内にたどり着いたんです。

ソ連軍の侵攻後、樺太に残った多くの兵隊はシベリアに抑留されることになりました。また、私たち兵隊は、真岡の防空監視の任についたときなど、まだ若かったものだから、夜になると電話交換手の若い娘さんたちを電話で呼び出して、他愛のない話をしたりして心をなごませていたんですが、その女性たちがソ連軍の侵攻の直前に、青酸カリを飲んで自決しました。それは既に敗戦を迎えた後に起きた、真岡の電話交換手たち九名の乙女たちの悲劇でした。私はそのことを知ったとき、顔は知らないけれど、電話であのとき話した娘さんたちが……と、戦争のむごさを思い知りました。彼女たちの碑はいま、宗谷岬の、海峡をはさんではるか樺太を望む場所に建っています。

菅季治の「ナデーエッツァ」

――平澤さんが樺太に従軍されていた頃、北千島の守備隊には『哲学者菅季治』の主人公、北海道北見に生まれた菅季治が配属されていたんですね。

平澤　菅季治は一九四四（昭和一九）年、南方戦線で日本の敗色が濃さを増してゆくこのときに、ソ連領カムチャッカ島と対峙する千島列島の最北端、シュムス島の南に位置するホロムシロ島に配属されました。しかし、菅はすぐ士官候補試験に合格したことを告げられ、帯広に呼び戻され、そこで教育を受けた後、見習士官として関東軍に配属されたんですね。

彼の部隊は敗戦の後、奉天で武装解除を受け、ソ連軍によって中央アジアのカラガンダに移送されます。そうしてソ連軍との接触によって通訳が必要となったとき、彼の部隊にはハルビン学院出などの通訳できる人間がいなかったものだから、彼は自分の時計と交換に手に入れたロシア語辞典をもとに、即席の通訳を引き受けるんですね。移送の有蓋列車のなかでも、彼は寸暇を惜しみ猛烈な勢いで辞書を覚え、ロシア語をものにしたといいます。

そして、その後引き揚げまでの四年間、彼は捕虜として、ラーゲリにおいて欠かせない通訳として働くことになったんですね。

――しかし、この通訳になったことが、彼のその後の人生を決定づけてしまう運命になるのですね。

平澤　そうですね。菅季治が帰還した翌年の一九五〇年、国会は、当時の日本共産党書記長徳田球一が、反動の抑留者は日本に帰すな、とソ連に「要請」したか否かで紛糾し、いわゆる「徳田要請問題」が巻き起こります。菅のいたラーゲリでソ連将校が抑留者に述べた訓辞のなかで、「同志トクダ」が、反動としてではなく、よく準備された民主主義者として帰国するように「ナデーエッツァ」、すなわち「期待する」と述べた、というのです。

冷戦の幕が開け、ソ連と占領軍であったアメリカの対立が深まるなかで、共産党の活発化を恐れる日本政府と占領軍は、この一件を口実に共産党の弱体化を図ろうとするんですね。ソ連将校が言ったロシア語の「ナデーエッツァ」は「期待する」ではなく「要請する」であって、徳田書記長はソ連にそう要請したのではないか。そう国会で徳田球一は追及されるんです。そして、ラーゲリでソ連将校の訓示を通訳したのが、他ならぬ菅季治だったんですね。

――彼は国会に証人喚問され、激しい追及にさらされますね。矛先が徳田書記長から、まるで菅季治に移ったかのようです。彼は政治の巨大な渦に飲み込まれるなかで、自らの真理を守り抜くために、鉄道に身を投じるのですね。

平澤　国家間や党派間のエゴが個人の運命を引き裂くなかで、菅季治は自死を遂げました。彼は参議院と衆議院の引揚委員会の証人台に立ったんですが、徳田要請があったという言質を何とか引き出そうと、尋問は熾烈を極めるんです。問題は、捕虜であった一通訳の菅には計り知れない、日本共産党とソ連政府との間での抑留者の処置をめぐるやりとりの有無であったにもかかわらず、ソ連将校が言った「ナデーエッツァ」は「期待」であったのか「要請」であったのかという、菅の訳語をめぐる問題へとすり替えられていったんですね。

――平澤さんは一九五〇年に起きた徳田要請問題と、菅季治の自死については、その当時どう感じられましたか。

平澤　徳田要請問題についてはかすかに記憶があるんですが、菅の自死については全く覚えがありませんでした。そのころ、私は道東の小さな炭鉱の労務課員として働きながら、落魄の日々を送っていました。敗戦後、何とか稚内にたどり着いて、夕張の実家に帰った私は、軍需工場で働いていました。そのとき思い出すのは、夕張で、炭鉱で労働させられていた朝鮮人が敗戦後、いままで自分たちを酷使した炭鉱の職員を弾劾しつるし上げた出来事です。私の父も炭鉱の職員だったものですから、一時期屋根裏に身を潜めたこともありました。やはり朝鮮人に対して、戦争中日本人は酷い仕打ちをしたという思いが、兵隊経験のある私にはあります。

けれども、勤めていた軍需工場が閉鎖になってしまい、私は生活の糧を失ってしまいました。老いた父と母を抱えていましたから、すぐにでも住む家にありつけるということで、私は炭鉱に入ったんです。

菅季治を自殺へと追いつめた、敗戦後の荒廃した世相のなかで、私たち一家は道東の山あいの、一棟四戸、六畳二間の長屋でひっそりと暮らしていました。満洲にいた私の兄は終戦間際、関東軍の根こそぎ動員でかり出され、敗戦の後にはシベリアに抑留されましたから、その当時は消息すらつかめませんでした。そして従兄弟たちもまた抑留に遭いました。敗戦後に引き揚げた者ばかりでなく、ソ連軍によってシベリアに抑留された日本人一人一人にも、そのとき悲劇が襲ったんです。

――では、菅季治の死を知られたのは、敗戦の後かなりたってからなんですね。

平澤　ええ。私は炭鉱の労務課員を勤めた後、高校の教師になりましたが、彼の死を知ったのは、その自殺から四〇年近く後のことです。それは、私の先輩教師であった田村重見氏が自費出版した、友である菅季治の生きざまを記録する膨大な資料集『友　その生と死の証し――哲学者菅季治の生涯』を手にしたときのことでした。

その田村さんも数年前に亡くなられましたが、彼は野付牛中学（現北見北斗高校）で菅季治と同級生だったんですね。田村さんは、同じく同級生で戦後ほとんど見せしめともいえるB級戦犯、絞首刑の判決を受けた平手嘉一についても、『友　その生と死の証し――B級戦犯平手嘉一大尉の生涯』を自費出版しておられます。私は戦争に運命を規定され、死に追いやられた二人の級友を思う田村さんの、決して二人の人生を歴史の谷間に埋もれさせてはならぬ、という情熱と執念に心を動かされました。

それがきっかけとなって、菅季治の生涯について調べることになったんです。それに、彼の生きた時代は、私の個人史とも重なってくるもので、自分の人生をたどり直すうえでも、どうしても書いておきたいテーマだったんですね。

読み進めていくうちに、私は三二年の短い生涯のなかで、哲学徒として学問に打ち込んだ学窓においても、また異質な軍隊生活においても、そしてシベリア抑留という俘虜生活においても終生変わることなく、菅季治の一貫して追い求めた「ただ生きることではなく、いかにしてよく生きるか」という理念に感動を覚えました。さらに、菅季治のように戦争と、敗戦の後も抑留と冷戦という、一人の人間の力では抗しようのない巨大な政治の歯車に人間が押しつぶされていく時代に対して、激しい怒りと、慟哭の思いに駆られました。

教師として――「北海道綴方教育連盟事件」

――平澤さんは炭鉱で働かれたあと、北海道で高校の教師を長く勤められました。札幌や室蘭のほか、釧路に一二年、帯広に五年おられたそうですね。そうした教師生活のなかで、平澤さんが太平洋戦争の勃発した一九四一（昭和一六）年、道内各地で五〇人を超える教師たちが一斉検挙された「北海道綴方教育連盟事件」を取材しまとめられた『**弾圧――北海道綴方教育連盟事件**』（北海道新聞社、一九九〇年）を書かれた動機にも、戦争へと駆け下りる時代、北海道の教師たちを襲ったいわれなき弾圧に対するこだわりがおありだったのではないでしょうか。

平澤　「北海道綴方教育事件」の概要を知ったのは、一九七四（昭和四九）年、私が北海道立教育研究所に勤めるようになってからのことです。最初はこの事件そのものよりも、むしろ一九三五（昭和一〇）年に北海道綴方教育連盟が結成されたとき連盟の同人が機関紙「綴方林」に発表した「北海道性」と、その前年に東北の教師たちが結成した北日本国語教育連盟の機関紙「教育・北日本」に発表された「北方性教育宣言」との違いに惹かれたんですね。

北海道と東北の教師たちはともに、毎日目の前にしている子どもたちの生きている生活条件を考察することを通じて、教育が目標とすべき人間像の基底を見いだそうとしたんです。それには、まず子どもたちが生きている地域に接していくことであると考えたんですね。ところが、東北の教師たちは、東北を封建的な要素をあらゆる分野に残存させ古い因習にとらわれている土地だと見ています。これに対して北海道の教師たちは、北海道を歴史の浅いニュー・フロンティアの土地だとロマン的にとらえているんですね。同じ北方にありながらも、こうした郷土に対する教師たちの捉え方にこれほど違いがあることに、私は一つの魅力を感じたんです。

ところが、調べていくうちに、綴り方教育を通じて現実の生活を認識させ、子どもたちの主体的な内面形成を図ろうとした綴り方教育の教師たちが、遮二無二「共産主義者」へと仕立て上げられ、いわれなき罪科を負わされて教壇を追われる「北海道綴方教育連盟事件」の真相に触れたんです。また、連盟結成の呼びかけ人でもあった坂本亮さんにもお会いし、さまざまな資料を提供していただきました。坂本さんは事件から四〇年を経たそのときでも、口惜しさと無念さを、憤りを交えて話して下さいましたね。

この事件に関わった教師たちは、私より六歳から一五、六歳上の年齢でした。つまり、私が教わった小学校の恩師たちとほぼ同年代なんですね。だから、事件に関わった教師たちに話を聞いたり、書き残したものを読んでいるうちに、彼らの顔が私の恩師たちの顔と重なってきました。それに、公訴事実として挙げられている紙芝居や本は、私が恩師たちから話を聞いたものでもあったんですね。また、同じ文題の綴り方を私も書かされたことがあったりと、他人事ではなくて、非常に身近な問題であることに気づいたんです。

――「北海道綴方教育連盟事件」は、思想・言論弾圧が激しさを増す戦時体制のなかで起きた事件なんですね。

平澤　一九二五（大正一四）年に制定された治安維持法は、この時期、少しでも危険と思われる行動や思想を全て弾圧してかかりました。北海道でも、はやくも二七（昭和二）年に、名寄を中心に稚内、士別、旭川でマルクス・レーニン主義の秘密結社「集産党」の一五人が検挙されるという「北海道集産党事件」がありました。それは、翌二八（昭和三）年の三・一五事件へとつながり、日本共産党は大弾圧を受けることになります。

ですが、戦争の影が色濃くなると、もはや共産主義とは見なせない者までが共産主義の容疑をかぶせられ、検挙されました。綴方教育連盟の教師たちも、その犠牲になったんですね。

だから私は、検挙によって苦渋の人生を歩むことを強いられた北海道の教師たち、そして彼らの罪を晴らすべく懸命に努めた者たちの物語を『弾圧――北海道綴方教育連盟事件』にまとめてみたんです。

――この事件を調べることで、平澤さんは時代に打ちひしがれゆく教師たちの姿を浮き彫りにしておられますね。

平澤　私が中学時代、ベストセラーとして町の本屋の店頭を飾っていた島木健作の『生活の探究』や平野婦美子の『女教師の記録』などが、教師たちの左翼思想の証拠物件として取り上げられていたのには呆然としました。また、子どもたちの企画性や意欲性、協同性を育成しようとする教師たちの考えが、なぜ左翼的で法にとわれなければならないのか、にわかには理解しがたいものでした。

被告となった綴方教育連盟の教師たちは、毎月子どもたちをつれて郷土の神社に参拝し、戦地の兵隊たちには子どもの慰問文を送っています。そうした教師たちの姿は、私の恩師のそれとも重なってくるものでした。その教師たちが検挙され起訴されるとはどういうことなのか。私はそこに、戦争がいかに人間を拴き良心を麻痺させ、知性を曇らせるかということを、自分の戦争体験ともからませながら、改めて思わずにはいられなかったですね。

北海道人の歴史をたどり続けて

――平澤さんはこれらの本の他にも『汚名――ゾルゲ事件と北海道人』（一九八七年）、『開戦――大本営陸軍部・道産子幕僚たちの苦悩』（一九九三年）、『叛徒――

二・二六事件と北の青年将校たち』（一九九二年、いずれも北海道新聞社）といった、戦争や政治に翻弄され苦悩する、北海道人や北海道に関わった人々の現代史を調べ書きついでおられますね。

平澤　もうかなり前のことですが、高校教師をする傍ら、ゾルゲ事件に惹かれ、古い史料を読み漁っていた私は、事件関係者の判決文のなかにあった「本籍　網走町」という文字に釘付けになりました。このとき、ゾルゲ事件の被告のなかに、田口右源太という北海道出身者がいることに気がついたんですね。調べてみると、田口は北海中学時代に島木健作と同級生で、彼らの三級上には野呂栄太郎がいました。

私は、田口についてもっと知りたいと思い、関連書をむさぼり読みました。すると、ゾルゲ事件に関わった北海道出身者が他にもう一人いることを知ったんです。それが倶知安町出身の農民運動家、山名正美でした。

彼ら二人は三・一五事件で検挙され、ともに実刑判決を受けたんですが、同じくこの事件で検挙された日本女性解放運動の先駆者九津見房子は、田口、山名の二人と札幌で出会っていました。波乱に富んだ人生を送った彼女は、日本共産党の北海道オルグとして来道するんですが、三・一五事件の後、札幌刑務所に収監されることになるんですね。

ゾルゲ事件に関係した北海道人はそれだけではありません。三・一五事件が起きた一九二八（昭和三）年、庁立札幌高女を卒業した明峯美恵と柄沢とし子もまた、この事件によって拘禁されるんです。それに、ゾルゲ事件で処刑された尾崎秀実は一九二五（大正一四）年、一夏を札幌で過ごしているんですね。

私は事件に関わった北海道関係者のたどった道のりをたどり直したいと思ったんです。手探りで資料を集め、証言を探し求めて歩きました。そうしてまとめて書いた私の最初の本が『汚名』だったんです。

『叛徒』と『開戦』は、それぞれ二・二六事件と太平洋戦争の開戦という、日本の現代史の転換点となった大きな歴史的事件に関わった北海道人たちを主人公に、歴史とそのはざまで生きた人間について描こうとしたものです。

――平澤さんの書いてこられた数々の本は、いずれも北海道人と日本の現代史をテーマとして、自ら生きてこられた時代を検証しながら、時代と人間を描き出す御仕事ですね。平澤さんはいちばん最初に書かれた

北海道人のことを調べていくと、それぞれが生きた時代につきあたる。なにより、それを調べることは、私にとって自分の生きてきた時代をたどり直すという作業なんです。

『汚名』のあとがきで、「北海道で育ってきた私には、この北海道がたまらなく好きであり、出来ればこれからも、歴史に立会い、その中で名もなく消えていった郷土の人たちのことを、少しでも探し求めていきたい」と書かれています。私は、本当に身近な、自分の問題として歴史を語る平澤さんのお話に大きな刺激をいただいてきました。

平澤　いやあ、私は長年教師をしてきましたから、特に管理職になってからは本当に時間がなくて、本格的に調べたりものを書き始めたのは六〇歳を超えてからなんです。それに、私は北海道しか調べることができません。ただ、やはり北海道人のことを調べていくと、それぞれが生きた時代にどうしても突き当たるんですよ。そして、人間の生と死を考えることが、歴史を考えることにつながってくるんですね。

それになにより、北海道人の歴史を調べることは、私にとって自分の生きてきた時代をたどり直すという作業なんです。

（二〇〇〇年四月二二日号）

ロシア精神史への連なり

平澤是曠氏とお会いしたのは、一九九七年一一月のことだった。**『哲学者菅季治』**（すずさわ書店、一九九八年）の刊行について打ち合わせるため、私は初冬の札幌に平澤氏を訪ねることになった。

　菅季治について、私は学生時代、井出孫六氏の**『ルポルタージュ戦後史』上下**（岩波書店、一九九一年）上巻に収められた「通訳　菅季治の死」を夢中で読み、その名を深く脳裏に刻んでいた。潰れかけの出版社に飛び込み、長らく放置されたままの、平澤氏の原稿を掘り出して読んだときの驚きは計り知れない。それは、

三〇〇枚を超える菅季治の評伝であったのだ。

　そうした経緯もあって、私は平澤氏の本の解説を、ぜひ井出孫六氏にお願いしようと思った。インタビューのなかで平澤氏も触れる菅季治の生涯を、ぜひとも、その時代を問うための「道標」として残したかったのだ。そしてまた、井出氏の著作が結んだ平澤氏の原稿との出会いを、一書にまとめることで読者に届けたいという思いもあった。

　さらに私は、平澤氏の本ができあがったら、書評をぜひ内村剛介氏に書いていただきたいと考えていた。そのときは出版社の編集者として図書新聞に社主の井出彰氏を訪ね、ぜひ内村氏に書評を、とお願いした。こころよく引き受けてくださった。それが機縁か巡りめぐって、今度は私が図書新聞に行くことになろうとは、そのとき夢にも思わなかった。

　学生時代に出会った内村氏の**『定**

本　生き急ぐ——スターリン獄と日本人』（国文社、一九七七年）と**『失語と断念——石原吉郎論』**（思潮社、一九七九年）を読んで、私はソ連崩壊前後、浮かれ騒ぎの如きマスメディアの報道を超えて、二〇世紀ソ連のラーゲリ（強制収容所）と詩について、現在も依然として続く日本内部での自閉的理解に止まらず、ラーゲリに生き死したロシアの詩人たちとの交錯のなかに石原吉郎を見、ロシア文学を語る内村氏の著作に大きく刺激された。菅季治の人生は、現代日本においては内村氏を措いて書評できる人はいない、そのとき私はそう信じたのだった。

　内村氏の書評は、一九九八年三月二一日付「図書新聞」に掲載された。私は、大阪と京都の書店に並んだ掲載紙を買い占め、吸い込まれるようにして読んだ。そこで氏は、一九五〇年に「徳田要請問題」の渦中で自殺した菅季治の評伝をこう評した。「今日のこの日本人たちの前に実質上すでに時効を過ぎてしまった『ゾーナ』報告書が提示された。平澤是曠『哲学者菅季治』である」。ロシア語の「ゾーナ」はソ連を指しラーゲリをも指し示す、「収容所群島」の核心を意味する言葉だ。

シベリア抑留中にロシア語通訳だった菅季治の訳した「トクダ・ナデーエッツア」は、ときの日本共産党書記長徳田球一が「反動の日本人捕虜は帰還させるな」とソ連に「要請」したか否かの決め手とされ、菅季治は紛糾する国会に証人喚問される。ときは朝鮮戦争勃発前夜、米ソ対立と反共の嵐が吹き荒れるなか、菅季治は政争の好餌となり追いつめられ、自死を選ぶ。だが、半世紀を経て「時効を過ぎてしまった」いま、平澤氏の『哲学者菅季治』から現れるのは、哲学者として訳語の「真実」を守った菅季治一人の死であった。

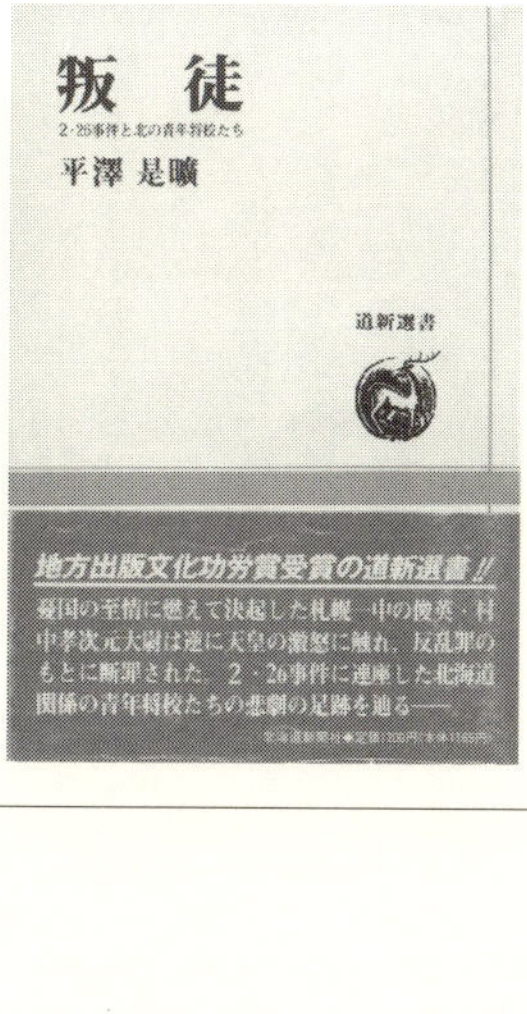

それは、**石原吉郎『望郷と海』**（筑摩書房、一九七二年）に刻み込まれたラーゲリの体験とも響き合う。もはやスターリニズムもラーゲリも消滅したかにみえる二〇世紀末のいま立ち現れるのは、「告発が告発であることの不毛性から究極的に脱出」（「ペシミストの勇気について」）した記述が問い得る、「ゾーナ」の正体でありその核心であった。

「『トクダ・ナデーエッツァ』は菅をめぐる時代の、そしてこの時代を共有する同時代人たちを幾重にも捲き込んでゆく呪文と化している」。続けて内村氏は、書評でこう吐露していた。「この本の重さに耐える日本人を、いま探し出すことはもはや絶望的だ」。

のちの時代を生きる私は、その絶望のなかから始めなければならないのか。その精神を継承するとは、どういうことなのか。私の出発点は、そうした問いのさなかにあった。そして、ソ連崩壊の意味に遡及してゆくため、学生時代に独り始めた拙いロシア語が、「トクダ・ナデーエッツァ」に出会うことではじめて、すこし自分に近づいた気がした。

北海道には、ロシアへの精神史が存在する。内村氏も、かつていた北海道大学でその精神を紡いだ一人であろう。そしていま、その流れをロシア文学者で詩人の工藤正廣氏が継いでいる。二〇〇〇年夏、工藤氏訳のパステルナーク詩集**『我が妹人生――一九一七年夏』**（未知谷、二〇〇〇年）を手に氏を訪ねた折り、話を聞きながら、私はそのことを思った。遡れば、平澤氏のインタビューで言及された杉本良吉も、また旭川でセルゲイ・エセーニンの自殺を同時代を生きる詩人の感性で受けとめた小熊秀雄も、その精神史を織りなした人々であったのかもしれない。

はじめてお会いした平澤氏は私に、北海道の近現代史とその渦中を生きた北海道人について滔々と語った。そして札幌の街を、「かつてここには何々があり、誰々がいて」と、歴史と人物を縦横に絡ませながら案内してくださった。みずからの内なる歴史として北海道を語る平澤氏との出会いによって、かの地は一気に身近なものとなった。

時代に翻弄された北海道人の生きざまについて、これまで六冊の本を書き次いできた平澤氏にインタビューでうかがったのは、この三年足らずの間に、折りに触れ聞いた北海道の同時代史と、この地に生きた人々の織りなす一本の精神史の糸についてであった。その脈流は、インタビューのなかに浮き彫りにされている。北海道生まれでない私も、北海道精神史、そして何より北海道に脈打つロシアへの精神史に連なりたいと、平澤氏の話に聞き入り、歴史と現代について思いめぐらしながら考えていた。

能代から世界へ

歴史を彫る・聞き書きに生きる

野添憲治
Nozoe Kenji

花岡事件の聞き書きに生きて

――今年（一九九九年）、野添さんは『**秋田の朝鮮人強制連行――歴史の闇を歩く**』（編著、彩流社）、『**山村からの発信――中山間地域の明日を見据えて**』（楽游書房）、『**幻の木造船――松下造船能代工場**』（能代文化出版社）の三冊を相次いで刊行されました。そこで、こうした本も含めて、野添さんが取り組んでこられた御仕事について、お話しいただければと思います。

野添さんは、太平洋戦争末期に秋田の花岡鉱山に強制連行され強制労働させられた中国人の蜂起を掘り起こす、先駆的な御仕事を続けて来られました。「花岡事件」と呼ばれるこの蜂起は、不足する労働力を補うべく中国大陸から強制連行された中国人たちが、圧制と酷使のあまり殺され、また傷つけられるなかで、彼らを使役した鹿島組（現鹿島）に対して立ち上がったものです。事件について関係者や当時を知る者たちが固く口を閉ざしていた時代に、野添さんは丹念に聞き書きを重ね、花岡事件を記録してこられました。そうした御仕事は『**花岡事件の人たち**』（評論社、一九七五年。現在社会思想社・現代教養文庫、一九九五年）や『**聞き書き・花岡事件**』（無明舎出版一九八三年。増補版、御茶の水書房、一九九二年）などにまとめられています。

このたび刊行された『秋田の朝鮮人強制連行』もまた、戦時中の強制連行の実態を掘り起こす作業の結果だと思うのですが、こうした御仕事に取り組まれた背景をお話しいただけませんか。

野添憲治（のぞえ・けんじ）　一九三五年生まれ。山林や土木の出稼ぎを七年、国有林の作業員を八年勤めたのち、木材業界紙記者、秋田放送ラジオキャスター、秋田経済法科大学非常勤講師を経て著述生活に入る。主な著書に『ドキュメント出稼ぎ』『花岡事件の人たち』『開拓農民の記録』『花岡一九四五年・夏』ほか多数。

野添　私が、どうして花岡事件や中国人の強制連行に興味を持ったのか、そのことからお話ししたいと思います。

私は一九三五（昭和一〇）年生まれなんですが、一九四一（昭和一六）年、ちょうど小学校から国民学校に変わった年に学校に入っているんです。私の入ったのは秋田県藤里町の山奥にあった分校で、それも複式の小さな学校だったんですけれど、一年生になったとたんに少国民になったわけですね。入学と同時に、徹底した軍国教育を受けましたよ。

一九四五（昭和二〇）年の七月に、私の住んでいた村にも花岡事件の中国人が二人逃げてきたんですが、村を挙げて捜索した結果捕まえられ、本校の庭に連れてこられたのです。花岡事件の中国人だというのは、ずうっと後になって知ったんですけどね。私たち分校にいる生徒たちも集められて、みんなで捕まえられた中国人のまわりを回って「チャンコロのばかやろう」と叫んでは、唾や砂をひっかけたりしたんです。やっぱり、一年生から五年生くらいまで軍国教育をみっちり受けたので、完全に軍国少年になっていたんですね。

それから、私の村にも同じ年位の朝鮮の子どもが何人もいましてね。でも、「なんだ、この朝鮮」なんて、非常に蔑んだ対応をしたもんです。皆で苛めたりしたな。そうしたことが、私の村にもごくふつうにあったんです。

私は昔話が好きだったものだから、出稼ぎをやめて村内の国有林で働くようになると、日曜が休みになったので、いちばん最初は昔話の採集に歩き始めたんです。それから、次に興味を持ったのが小作争議でした。そういうこともあって、花岡鉱山に行ったのは二六、七歳だから、一九六一、二年の頃です。そこで初めて花岡事件のことを知りましてね。同じ秋田県内にいても、その時まで全然知らなかったの。花岡鉱山は山越えれば、隣なんですよ。私は多少本の好きな少年だったから、覚えてて不思議はないのに知らなかったんです。そして、花岡鉱山に行って初めて事件のことを教えられて、それではっと思ったのは、私が国民学校の五年生の時、砂かけたり「ばかやろう」って罵った中国人の二人も、じゃあ花岡事件の時の人なのかな、ということでした。それで調べてみたら、やっぱりそうなんですね。

私なんかは戦争をしたんじゃない、戦争をしたのはもっと年上の者たちで、私たちは戦争の被害を受けた「戦争直後派」みたいな、そういう感じでいたんですね。でも、実はそうじゃなくて、私自身加害者だって初めて気がついたのです。だって、私たちが砂かけたりした中国人二人にとって、それはとっても大きなことなんですから。

最初はそんなに加害者っていう意識じゃなかったんですけれども、花岡事件を知って、俺も酷いことをしたんだなと思いました。やっぱりショックでしたね。それは許されることじゃない、と。じゃあ、いったい何をしたらいいんだろう。ただ、そのころは、花岡事件に関する本なんかなんにもなかったんです。それで、三年ぐらいして、結局自分の力で花岡事件を調べてみよう、そう考えて花岡鉱山に通い出したんです。

そしたらもう、行く先々では誰も相手にしてくれないし、警察はつくし花岡鉱山の用心棒はつくしで、それに労働組合に行っても全然相手にしてくれなくてね。

そうして歩いて、六回か七回同じ人を訪ねているうちに、「また来たか」ということで話を少しずつしてくれるわけです。だって、私の後ろに警察がいたり暴力団がいたりするわけだから、それはしゃべりたくないのは当然なんですよね。

そこから花岡事件の聞き書きを一〇年ぐらいかかってようやくまとめたんだけども、ほんとに資料も何もなくてね。ちょうど私が本をまとめることになった頃から、ようやくいくらか花岡事件の本が出てきたんですね。

私は思想の科学研究会に入っていたので、知り合いの編集者に頼んで「思想の科学」に連載させてもらい、それで私の『花岡事件の人たち』が世に出たわけなんです。

そういうかたちで、私は聞き書きしたのを、資料がほとんどなかったものだからそれで構成していくしかなかったのです。後で、いろいろ「聞き書きには資料的価値がない」と言われたけど、そう言う人たちは、大学に入って歴史の勉強をしてきている人たちなんですね。文字に書かれ残っているものを第一級資料だと考えて、それだけが我々の信じられる資料なんだと。生きている人間のしゃべる言葉を記録して、それを書いて雑誌に発表したって、そんなの資料にならないんだ、ということなんですね。

私はその時、「そうか、そんなもんかなあ」と思ったけど、聞き書きしかできなかったし、大学に入って歴史の勉強をしたわけではないですからね。でも、後で気が付いたんだけど、日本の歴史をおかしくしてきたのは、こういうことなんだな、と。つまり、残されてきた第一級資料だけで日本の歴史は書かれてきたわけですね。だから、その史料の裏で生きている民衆とか、その裏にしか登場しないたくさんの名前の残らない人がいるのに、その人たちのことは書かれてない。歴史が権力者の交替制で貫かれているんですね。

だけど、残っている資料というのは、こういう言葉は嫌いなんだけど「権力者」が自分たちの力を誇示して、後の世に伝えていくために残したわけで、自分たちの不利になるようなものはみんな捨ててしまいますよね。今だってそういうことはいっぱいある。だから、結局その人たちに都合のいい歴史が書かれていて、ああ、それが日本の歴史になってきたのかと、聞き書きをしたり、地べたを這うように調べたりしているうちに、私なりに理解してきたんです。

いちばん大切なのは、やっぱり歴史の裏で「生きていた人間が何をしたのか、そして彼たちはどんなことを、その後に生きる私たちに伝えたかったのか」ということで、それがないと、どんな立派な資料や歴史書であろうと、それは生きてこないと思うんです。そういう立派な資料や歴史書であればあるほど、今生きている人にいったん戻して、それからまたそれを研究者たちが持ち帰ってみて、その人たちがどう判断したのかを考える。そのくり返しをしないとだめでしょう。

でも、実際はそういうことが行われていないですね。学者たちは研究室という牙城に籠もったままです。今だって、それはあんまり変わっていません。私のいる秋田県能代市でも『能代市史』の編纂室があって、大学の歴史家とか、定年退職した教師などが市の嘱託として編纂作業をやっているわけだけど、彼らは「私たちは専門的にやっているのだから」と言うし、私たちは歴史の素人だからということで入れないんです。

それは、ひとつは大学で歴史の勉強をしていないということ、それと、私の花岡事件に関する聞き書きの本は七冊ほどあるんですが、こうした聞き書きというのは歴史じゃないという考え方が強いこと、そしてもうひとつは、やっぱり郷土の歴史家といわれる人も、残っている資料などだけを頼りに歴史を書いているわけですね。

話はそれるかも知れないけど、能代で八月五日に「能代七夕」というお祭りがあるんです。

——能代駅にそのお祭の飾りが置いてありましたね。

野添　そう、あれです。木と紙で大きなお城を作って、それに昔は蠟燭を入れたんですが、今は電灯できれいに飾って、それで町中を練り歩いた後、川に流すんです。その祭の由来は、むかし阿部比羅夫が越の国から日本海を制覇してくるわけですけれども、反抗する賊たちを征伐するためにきれいな城を作って夜に火をつけ、それを見に来た賊たちを後ろから矢で撃って殺して征服した。それがこのお祭の始まりということになっているんですが、この阿部比羅夫に殺された賊というのは、考えてみるとここに住んでいる私たちの先祖なんですよ。阿部比羅夫は先祖を征服に来たんだ、ということを私はしょっちゅう言うんだけど、「それはおまえ、詭弁だ。歴史にはそういうことはない。阿部比羅夫が越の国から能代に上陸したっていう記述が、ちゃんと日本書紀にも載ってるじゃないか」って言われるんですね。市の観光案内書にはいまもそう書いてますよ。

私たちが尊重してちゃんと見ていかなければならないのは、阿部比羅夫の方なのか、征服された私たちの先祖なのか、どっちなんだということなのです。日本書紀は阿部比羅夫の側から、華やかな城郭を見に来た者たちの馬鹿さ加減を書いているわけですね。実はそれが私たちの先祖なんで、「そこを見ていかないと歴史ってちゃんと出てこないんじゃないの」というと、それで対話は切れちゃうんですよ。お前の考えはおかしいということでね。今の歴史は、ずっとそんなことの続きなんです。大半の郷土史家たちは、自分の先祖を殺した征服者を褒めたたえた歴史をいまも書いているんです。
花岡事件の場合でも、私は歴史をちゃんと勉強したわけじゃないし、新制中学校もほとんど行かないで終わってるし、だから聞き書きを続けたんです。

「民衆の側にいる」

――最近は、花岡事件に関する歴史的研究も盛んになってきたようですね。

野添　ここ一〇年くらいで、アメリカの公文書館から花岡事件に関する資料がうわーっと出てきて、それは大変すばらしいことなんですけれど、それでもやっぱり、中国人の強制連行があって、花岡事件があって、それに日本人がどう対応したのか、秋田の人たちがどうかかわったのかというように、資料と人間を対話させせないと、本当のものというのは見えてこないと私は思うんです。資料が出てきたのはありがたいことなんですが、分析ばかりやってないで、人間とがっぷり組み合わせないといけないのじゃないかな。
私はそうやって花岡事件を知っている人たちの聞き書きをずっとしてきたわけですけれど、結局、人の記憶力ですし、私だってそうだけど、少しでも自分をよく見せたい、いやなところを消して、いいことだけをしゃべりたいというのは誰でもあることで、そのいやなこともちゃんとしゃべってもらうには、やっぱりこっちを信頼してもらうしかないんですね。だから、私は話を聞きたい人のところに何回も通うんです。まあ、それくらい時間があったということなんだろうけども、行ってもすぐには聞かないんですよ。私も、いまは訪ねていった初日からテープを回すようになってしまって、私もダメになったもんだなと思うようになったけれども、その当時は、向こうから話してくれるまで聞いたりしなかったですね。
そういうかたちで聞き書きをやって、最後には中国に渡って、花岡事件で生存している方たちに、案内と通訳の方についてもらって聞き書きをして歩いたんです。いまになってやっと、花岡事件や「従軍慰安婦」の問題が教科書で取り上げられるようになったけれども、ある教科書に聞き書きが採用されて載ったら、「聞き書きだから信用できない」という反論がやっぱり出ました。

――その反論というのは、教科書からそういう歴史記述を削除しようとする運動から起こったんですか。

野添　いや、それだけじゃなくて、実は私たちと一緒に花岡事件の掘り起こしの仕事をしている人たちのなかからも起きるんですね。つまり、聞き書きは確かな資料ではないから信用できないという、さっき言った話ですね。
私は、聞き書きというのは絶対的な仕事だとは思わないけれども、資料だけじゃなくて、資料の裏で生きた人間たちを大切にしない歴史は呼吸してないんですよ。ちゃんと呼吸して、悲しいときは泣いて嬉しいときは笑って怒ると

呼吸して、悲しいときは泣いて嬉しいときは笑って怒るときは怒っている、そういう人間を見ることのできない資料の読み方じゃあいけないんじゃないか。

きは怒っている、そういう人間を見ることのできない資料の読み方じゃあいけないんじゃないか。私はたまにそう食ってかかるんだけど、力がないんで、そのあたりで私の抗議はストップしちゃうんだけど。

でもね、それが私の花岡事件の本の欠陥でもあるんです。だから、私のやった聞き書きと、資料的にちゃんと研究されたものとを対比していければ、非常にいい花岡事件の大成したものが出てくるんじゃないかと思うんだけど、資料的に研究するのは、私にはできないし。私は学問的にこういう問題を追うことができなかったので、私のやれる聞き書きという方法で追っかけてるわけで、何もこれが最良の方法だなんて思ってないんです。

ただひとつ、「民衆の側にいる」といったら語弊があるけれど、そういう歴史や読み物ができないかなあ、それが私の夢なんです。

――歴史学においては、「文書中心主義」とでもいうか、書かれたものをもとにして歴史を記述するというのが、現代史においても支配的ですね。多くの人たちが見たり聞いたりしていて、その人たちが現に存在していたとしても、やはり資料がないと歴史学は成り立たないといわれます。しかし、それは逆に言ってしまえば、極端な言い方ですがいまだ生きている人たちを無視しても資料さえあれば歴史は書けるということでもあるのですね。

しかし、先ほど野添さんもおっしゃいましたが、資料というのは庇護されてきたものというか、往々にして文字を書けたり力を持っている者が残してきたもので、その一方で、野添さんが掘り起こしてこられた花岡事件の場合は、資料が徹底的に消されてきた歴史ですね。

野添 そう。日本が敗戦になったとき、占領軍が来る前に三日三晩にわたって書類を焼き続けたという話をどこでも聞きますからね。

――そこで「資料がないから」と隠蔽するか、あるいは強制連行や酷使、虐待についての証拠がないという、もはや常套の弁明や封じ込めが果てしなく繰り返されてきました。花岡事件においても、野添さんは調べられる過程でそうした場面に幾度となく直面してこられたと思うのですが、そのなかから紡ぎだしてこられた花岡事件の聞き書きについて、もう少しお話しいただけませんか。

野添　やっぱり、たとえ花岡事件についてある人から話を聞いても、そのまんま世に出すということはあり得ない。聞き書きが私から離れて一人立ちしていくことを考えると、多少こちらで作業して、一人歩きできるように整理しなければならないわけですね。それに、いくら話をする立場になって聞いても、非常に冷静な目で見ないといけないし、また、たとえ資料があっても、それを詩人的な直感力で捉えていかなければだめだと思うんですね。

歴史家であっても、冷静であると同時に優れた創造性と詩人的直感力が欠けているのは、やっぱりおかしいんじゃないかなあ。それが、日本の歴史を書く人には欠けてきたんではないでしょうか。だから、民衆と歴史とが、非常にかけ離れた存在になっているというようなことが起こるんだと思います。それに、いまの問題にいまの人間が直接対決して、いまをよく見ながら構築していくっていうのかな、それがなくて、いまの本当に切実な問題とぶつかれないというのは、一種の逃避なんですね。

私は花岡事件を調べながら、小作争議についても調べたんですけども、江戸時代、秋田藩は百姓一揆が非常に多い所だったんです。明治以降も、秋田県は小作争議が非常に多い所で、私は県内で起きた小作争議の現場はほとんど歩き回って調べています。私が歩いた頃は、争議のことを知る人は大分少なくなってましたけども、まだ実際に戦った人たちが生きてましてね。

日本の三大争議といわれている一つに、いまの秋田県北秋田郡森吉町の阿仁前田で起こった小作争議があるんです。大正末期に起こって、解決したのは一九二九（昭和四）年です。これは、天皇の耳にも届いたといわれてるほど有名なんだけど、実際に戦って牢に入れられたり、自分の田んぼに植えた稲を地主側で雇った用心棒に抜かれ、コメが一粒も収穫がなくて苦しんだ人たちを訪ねて歩いたんです。

そうしたら、彼らは喜んで話をしてくれるわけです。いやあ、面白い話ばかりだったけど「誰も話聞きに来ねえよ。あんた初めてだ、よく来てくれた」というわけ。だって、阿仁前田の小作争議は東京の方でだって有名で、いろんな人が書いてるんだよ。いやあ、それで、話し終わらないうちによく来たと酒を持ってくるので一緒に茶碗で飲み、酔い潰れて座敷に寝てしまったりということが何度もあったが、ほんとにそれくらい喜んでくれたんです。

中央の学者たちっていうのは、だいたい県庁か役場あたりまでは来ているわけですね。それから、後で調べてみると地主あたりまでは行って、資料を貸してくれなくて帰ってるようなんです。でも、最も生々しく事件を語れる、争議をやった小作人のところには行ってないんですよ。なんでこんな宝物をほっとくのか。これはほんとに宝物なんですから。何度も言うようだけど、どうして生きてる人間を大切にしないのか。そう思いますね。

出稼ぎを生きて

――生きている人間をどうして大切にしないのか、という思いは、**『ドキュメント出稼ぎ――農業棄民の現場から』**（三省堂、一九六八年。現在社会思想社・現代教養文庫）でもお書きになっていますが、野添さんご自身が出稼ぎ労働者として働きに出られて、北海道や長野、奈良などの山林に入ってさまざまな人々と働き、生きてこられたということのなかから、生きる人間の姿を書き記してこられたことにつながっているように思います。そのあたりのお話を聞かせていただけませんか。

野添　私が国民学校の二年生の時、父が兵隊に取られたんですが、私の家には寝たきりのおじいさんが一人いて、あとは私を頭に三人の兄弟と母しかいなかったんで、もう学校には行かないで山仕事に歩いたり、子どもの世話をしたり、御飯焚きやったりしてきたんです。でも、やっぱり貧乏なんで、蔑まれるわけですね。だから、力のある人が力のない人をいじめるというのを、ほんとにたくさん子どもの時から見てきているのでね、いまでも、権力に対してはだめなんだ、もう。カーッとなって、燃えちゃうんだなあ、すごく。権力を笠に着てしゃべったり振る舞ったりしてるのを日常で見ても、すぐ喧嘩を始めちゃうんだなあ。いま私は六四歳にもなって、年甲斐ねえなあ、と思うんだけど、ついやっちゃうんだなあ。やった後で、俺は修行が足りないなと思って反省はするんだけどねえ。またやってしまうんだな。

　私は中学校を卒業した年の冬から出稼ぎに出て、北海道の飯場に入ったんだけど、北海道の飯場は一一月の末から三月頃まで、里と行き来が途絶えるんですね。飯場には楽しみが何にもないから結局酒を飲むわけだけれど、酒を飲まないと御飯も口に入らないし眠れないんだよね。冬の暗いうちに起きて現場に行ってたき火をして、明るくなると働き出すわけだけども、帰ってくるのが夜の七、八時で、腹減って死にそうになっているんだね。よたよた歩いて飯場に辿り着いて、ガーっと焼酎を飲んで初めて元気になる、そんな感じだったですね。

　ただ、私はなぜか子供の頃から本を読むのが好きだった。

――堀辰雄の『風立ちぬ』を持って行かれたんですね。

野添　そう。いちばん最初に出稼ぎに行く途中、青森駅のそばの本屋でそれを買って持っていったんです。暗いランプの下で、二回三回と読んで、今度は飯場の事務所に行って汚い薄っぺらなザラ紙をもらって来て、布団のなかにもぐって、その紙に『風立ちぬ』を書き写しました。それから日記もつけてたの。それがあったから『ドキュメント出稼ぎ』が書けたんだね。

小学校や中学校には行ったが、何にも勉強しなかったんです。でも「お前は中学校出てるから、手紙書いてけれ」と言われて、手紙の代筆をよくやりました。私が出稼ぎに歩いた頃は、字が書けない人がまだたくさんいましたからね。小学校にも入っていない人がうんといた。奥さんに書いたり、恋人に書いたり。

――『ドキュメント出稼ぎ』のなかにも、恋人への手紙の代筆をする場面が書かれていますね。

野添　そうなの。「なんて書けばいいの」って聞いたら、「適当に俺の思い書いてけれ」って言われて、適当にって言われても、そのころ俺は一〇代で恋をしたこともないし、恋の心なんて分からないもんなあ。でも、一升瓶持ってきてボンと置かれると、なんとか書かなきゃいけないと思って、あれこれと考えて、苦労して書いたんだよなあ。それで返事が来ると読んであげる。すると喜んでねえ。それでまた「お礼だ」って一升瓶持ってきて。

そういうとんでもない人たちなんだけど、最後は人間を裏切らない。人間の良さも悪さも見てきたけど、ほんとに最後は裏切らない人たちを見て育ってきたもんだから、やっぱりそんなことから、「どうして生きてる人間を大切にしないんだ」という気持ちが出てくるんでしょうね。

秋田の朝鮮人強制連行を掘り起こす

――野添さんは秋田への中国人の強制連行だけでなく、こんど編著で『秋田の朝鮮人強制連行』を刊行されましたね。

野添　ええ、そうです。私は花岡事件のほかに、出稼ぎや開拓農民の足跡をずっと追ってきたんだけれど、もう一つは、やっぱり花岡事件の先にあった朝鮮人の強制連行ですね。ちょうど一九三八、九（昭和一三、四）年あたりから盛んになるんだけども、はっと気が付いた時点で、秋田県では全く調べられていなかったんです。これには私も驚いてね。

いまでは、花岡事件を調べている人はたくさんいるんだけど、花岡事件だけやってるんです。中国人の強制連行を調べていても、他のことはまったく調べていないの。だから、これは大変だということで、知り合いと調査団をつくり、協力して調べ始めて、まだ出発したばかりなんだけど、『秋田の朝鮮人強制連行』にまとめたんです。元気で歩けるうちは、朝鮮人の強制連行を調べていこうと思ってるんです。

強制連行で秋田県に連れてこられた朝鮮人は私たちの調査で一万四〇〇〇人くらいもいることがわかったけど、実際いまも生き残っている朝鮮人は二人しかいないんですよ。みんな、敗戦で働かされていた所から首切られて投げ出されたもんだから、少しでも自分の故郷へ近い所へ行こうと思って、都市部に集まっていくんですね。だから、秋田にはあまり残っていないんです。私はどんな小さなことでもいいから、朝鮮人の強制連行を知っている日本人から聞き書きして、かつて朝鮮人たちが働かされていた飯場があったところを実際歩いて、記録を積み重ねていく仕事をいまやっているんです。これもまた資料がないので、花岡事件の聞き書きをはじめた時のようなことを、またやっているんです。

——野添さんが続けてこられた花岡事件や秋田への中国人強制連行の掘り起こしの仕事と、いま話された朝鮮人強制連行の聞き書きのお話をうかがって思ったのですが、とりわけ九〇年代に入ってようやく取り沙汰されるようになった日本の戦争責任をめぐる議論や研究が、そうした地道な歴史の掘り起こしとかけ離れたところで行われているような感が否めません。学者は参考文献に野添さんの御本を加えるようになったかも知れませんが、非常に身近な、ご自身の体験と現に存在する生きた人間に対する視点から続けられた聞き書きの作業を、こう言っては語弊があるかもしれませんが、「研究対象」の参考文献として利用して能事終われりという側面が垣間見えます。

それは、先ほど野添さんが言われた「どうして生きた人間を大切にしないんだ」というお話ともつながるのですが、現に生きている人たちがいる以上、文献や資料を小器用に整理してたとえば花岡事件を「研究」するというだけでは、やはり決定的な何かが欠落しているように思います。

私やそれより下の世代が、どのように歴史を記録し語り継ぎ伝えていけばいいのか。もうあと一〇年たてば、戦争の時代を知る人たちはほとんどいなくなってしまいますね。

野添　もう五、六年くらいではないかなあ。もちろん、まだ生きている人に話を聞いて、テープに録って起こして整理し、文字にして発表していくというのもひとつの手段なんだけれども、そうして語り継いでいく人が、いま少なくなっているんだね。

とりあえず私にできるのは、まだ生き残っている人たちから話を聞いて、テープに残しておくということです。もう少しお金があれば、ビデオに撮っておければいいんですが、近々にやろうと思っているのは、そうした残しておくという作業なんです。

私は聞き書きをやっていて思うんだけども、当時を話してくれる人がいるのといないのとでは、かなり違うんですね。もういま私たちは瀬戸際に生きてるわけで、さっきも言いましたが強制連行されてきた朝鮮の人たちも秋田には二人しかいない。でも、それを見聞きしている日本人はいるんです。そういう話でもいいから聞いておいてほしいと、いろんな機会に呼びかけているんですが、だめなんですね。

この先五年か一〇年たてば確実に誰もいなくなりますか

ら、そうなった時テープが残っていると、花岡事件や朝鮮人の強制連行などの話が全然違ってきますよね。ですから、こういう聞き書きという作業は、もう遅いですけれども、多くの人が力を合わせてしなければいけない。だけれども、面白味がないものだから、それじゃやろうという人がいなくなってしまうんだね。

いまでも、こういう聞き書きのような仕事をやっているというと、やっぱり相当このあたりじゃ偏見の目で見られるし、私のところなんかにも県や住んでいる市の仕事というのはほとんど来ないですね。二年前に二〇分程の長さで花岡事件についてのビデオを仲間と作って、県の小中学校には全部配ったんだけども、利用率といったら本当に低いんだね。校長や教頭がだめだと言ったら見せられないし、本当はゆとりの時間や郷土を学ぶ時間は増えてるはずなんだけど、やっぱりだめなんだね。管理する人と闘ってでも、郷土の資料で教育をしようという信念と情熱を持った教師が、ほとんどいなくなっているな。教職という「職業」だけをやっているんだ。これはこわいよ。

開拓農民の足跡をたどる

――野添さんは『開拓農民の記録』(日本放送出版協会、一九七六年。現在社会思想社・現代教養文庫)をはじめ、開拓農民の足跡をたどる御仕事を続けてこられましたね。

野添　うちの母の兄が戦前、満蒙開拓者として当時の旧満洲に行ったんです。それで、敗戦で戻ってきて、今度は日本の緊急開拓に入ったが、やがてここでも食えなくなり、今度は一九六一(昭和三六)年に南米のパラグアイに移住していくんです。それから三年後にガンで死ぬんだけれども、いまはその子どもたち、つまり私のいとこたちが残ってるんで、私は南米にもよく行って、移住した一世たちの聞き書きをやったんです。

彼は、一生のうち三度開拓したことになるんですね。そういう人はなかなかいない。そのことを、私は『**塩っぱい河をわたる**』(福音館書店、一九九四年)に書いたんです。

――私たちは知識としては、戦後の経済成長による農村の過疎化や、農村人口の都市への流入といったことを学んでいますが、野添さんがお書きになった開拓農民の悪戦苦闘は、そのままそうした平板な知識を突き破るような、戦後日本を生きてきた人々の生活の記録です。いまでも、実際に出稼ぎがあるにもかかわらず、私たちは都市の便利さや消費文化の快適さ、経済的繁栄のまばゆさに身をおいて、実際には稀薄なリアリティしか持ち合わせていない。そのなかで、野添さんの御仕事は、戦後を生きた開拓農民や出稼ぎの人たちがどう生き、どう生活を切り拓いていったのか、その生きた人間の足跡を記録し私たちに教えるものであると思います。

野添さんが続けてこられた開拓農民の記録についてお話しいただけませんか。

野添　私の出発は、いま話した私の叔父が満蒙開拓に行って、敗戦で帰ってきて、私の暮らしていた村の近くの原野に、食糧増産のための緊急開拓として入っていくという足跡をたどることから始まったんだけど、開拓は江戸時代から始まっているんですね。そして明治になってからは、失業した武士たちの行く場所になるわけです。北海道への屯田兵開拓なんてその最たるもんでしょう。開拓だけでは失職した武士たちは行かないから、そこに兵士としての屯田兵という名誉を与えるわけでしょう。伊達藩などは、藩をあげて北海道開拓に行って、いまはそれが北海道の伊達市になったりしているわけですね。

私の住む秋田県からも集落ごとごそっと北海道へ渡っている所がけっこうあるんですね。『開拓農民の記録』にも書いたんですが、北海道北見市の近くに置戸町というところがあって、その町にある秋田という集落は、秋田から開拓に渡った人が作った村なんです。

そんなふうにして、明治になってから北海道開拓が始まったのですが、もう一方では、日本は大陸を手に入れるために満鉄を造るわけですね。でも、満鉄を延ばしていっても結局土地を奪われ生活を壊された人たちが押し寄せてくるもんですから、その沿線に日本人を張り付かせないといけなかった。そこから旧満洲への開拓移住が始まっていったんですけれども、いちばん悲惨だったのは、ソ連が攻めてくるということで、当時のソ満国境に多くの開拓農民を張り付かせたことです。行った人はみんなまだ若いでしょう。戦争が激しくなると男たちは兵隊に取られて、残ったのは奥さんと子供と年寄りだけでしょう。そこに、八月九日になってアムール河をひとつ渡ってソ連軍が攻め込んできたわけですから、たくさんの人が犠牲になったんですね。

調べてみると、いちばん教育熱が盛んだった長野県からもっともたくさん旧満洲への開拓者が出てるんですね。

――大日向村などは代表的な例ですね。

野添　そう。あれは分村して満蒙開拓に行ったわけですね。だから、私は教育というのは、反面すごく恐いものだと思うんです。「長野教育」というのは、非常に優れて有名なんだけど、結局開拓を調べてみると、その教育の高さゆえに、たくさんの人が当時の旧満洲に渡っていったんですね。

当時は、日本の開拓そのものが棄民政策だったんです。日本でいちばん最初に移民開拓に行った人たちは、ハワイに渡って甘藷栽培の作業員として働いたんですね。それからブラジルに行ったのが一九〇八（明治四一）年で、その時は日本が不景気で労働人口が余って大変で、それで結局は外に追い出してやるわけですよね。その典型が、敗戦後に沖縄からパラグアイやブラジルにたくさん行った開拓移民です。

結局、政府の政策が行き詰まって社会不安が起きそうになると、社会不安のもとになる人を国外に出してやるんですよ。それが、開拓行政の基本なんです。ところが、開拓に行く人たちを見ていると、ふつうの農民よりはるかに進取の気性というか、行き詰まった生活を自分の手で切り拓いていこうという考えのある人たちなんです。ふつうの農民だったら、開拓移民になんか行かないですよ。小さくなって、耐えて嵐が去るのを待っています。この人たちは、「私は外国に開拓に行って一旗揚げよう」という、その「一旗揚げる」というのが問題なんだけど、そういう非常に勇気のある人たちが、結局犠牲になるわけですね。ところが日本は敗戦後に、この犠牲から何も学んでいないんだな。

　だから、たとえばそういう開拓一つ調べてみれば、いまの農政がいかに酷いものかということが分かるはずなのに、教科書にもそういうことが載っていないから、勉強する機会もないわけですね。教師たちでも、そういうことを知ってる人が少ないから率先して教えない。わずか七、八〇年前の歴史なんですけどもねえ。だから、二一世紀に入るっていったって、教えていくべきものを全く教えないまま、そうした歴史を飛び越えて次の世紀に行ってしまうわけですね。私なんかから見ると、それはほんとに恐いね。

高度経済成長の裏で

――野添さんは、日本各地の開拓農村を歩かれて、そして外国にも足を延ばして聞き書きと調査を重ねて来られました。また、このたび出された『山村からの発信』でも、廃村や荒廃する中山間地域の抱える問題について書いておられます。そうした視点と、また敗戦後から戦後日本の経済成長のなかを開拓農民や出稼ぎ労働者として生きた人間の生きざまを見てこられた野添さんにとって、日本の戦後とはどのような時代だったとお考えですか。

野添　私がいくらか世の中の動きに注目するようになったのは、一九六〇（昭和三五）年から始まる高度経済成長の頃で、その翌年の一九六一年に農業基本法ができるんですね。それから、都市部では高度経済成長の波に少しずつ乗り始めていくし、農村部ではその成長を支えるための若者たちが出ていくわけですね。その一つが、中学の卒業生たちの集団就職で、秋田県でも一八年間、集団就職列車が走ったんです。私は、その集団就職列車が出始めるよりも前に出稼ぎに出ていたので、その頃はもう対象外だったんですけど、あの集団就職列車に乗り込む少年たちと、家族たちが見送る駅の風景というのは、ちょうど戦時中、自分の夫や兄弟が兵隊に行くときに駅で送る風景とまったく同じでしたね。

　私も戦時中に、兵隊に行く父親とか親戚の人を見送りに駅へ行ったんですけれど、夜中に家を出て、六里（二四キロ）を歩いて駅に着き、旗を振って送るわけですね。それは、行く方も送る方も、涙、涙だったですけれど、それと同じような光景が、集団就職で都市に行く子どもたちの見送りでも繰り返されました。

しかし、彼らは中学を卒業して行ったわけですから、一〇〇人くらいの従業員がいる会社の課長になればいい方ですね。私もだいぶ集団就職は調べたんだけど、だいたい半年か一年くらいで職を変わって、それで結局寿司屋さんとかラーメン屋さんになる人がすごく多いんですね。土建業だったら現場の下請けで、大工さんだったら大工の下請け、それからいちばん多かったのは新聞配達、ゴミ収集、豆腐配達です。身体を張って働ける仕事ですよ。

そうやって、彼らが日本の高度経済成長を底辺で支えたんですね。でも、一般の人たちが見ている高度経済成長からは、彼らの姿が見えないわけです。だから、その見えない彼たちに目を向けない限り、高度経済成長のもう一つの側面というのは見えてこないんですね。

——その集団就職のために、農村から若者が奪われていったわけですね。

野添　そうなんです。それに加えて、秋田の農家は高度経済成長の時に何を始めたかっていうと、私よりすこし年上の人たち、つまり戦争前に生まれて昭和恐慌期に子供時代を過ごし、太平洋戦争中に苦労して青春時代を送った人たちは、子供に苦労をさせたくないという思いから、精一杯働いて自分たちの子供を大学にやったんですね。秋田県は大学への進学率が低いところなんだけど、この頃の短大を含めた大学への進学率というのは、四〇パーセントを超えるほど高くなったんですね。高校への進学率も高まりましたからね。それを支えた親たちというのは、だから大変だったと思いますよ。

親たちはそうして大学にやった子供たちに、「お前たちは卒業してももう帰ってくるな」「東京でいい会社に入って出世してくれ」と言う。そうやって金をつぎ込んで子供を一人前にして、大学にやった子供にはもう帰ってくるなというわけです。自分たちは学歴がなく、苦労ばかり続く生活をしてきたから、息子や娘たちには同じことをさせたくないという思いが強かったんです。その気持ちはほんとによくわかるねえ。

だから、いまの農山村の衰退というのは、やっぱりそのあたりに原因があるんです。高度経済成長によって失われたものというのは、地方にとっては、次世代を担う人材だったわけですね。これがいちばん大きい。

それに、高度経済成長の豊かさで米価もどんどん上がっていって、今度は農家も豊かになったわけです。出稼ぎに行くとお金をたくさん稼げるようになってね。私なんかは田んぼを鍬で耕したりしましたから、その頃から比べれば、農業が機械化一貫農業になって農業はどんどん効率よくなっていくわけだけれども、機械を入れるために借金をしても、そこから増収は見込めないわけなんですね。じゃあ農民は何をしたかっていうと、出稼ぎに行ったわけです。家にいるのは、秋の収穫期と田植えの時期だけで、あとはほとんど出稼ぎに行くんです。

私が行った高度経済成長以前の頃の出稼ぎは、ほとんどが山とか海の仕事だったんですが、それが自動車工場や都市部の土建業の下請けなどに変わっていったんです。ちょうど六〇年代に東京オリンピックがあったり都市整備事業があったりして、都市での働き口がいくらでもあって農民はどんどん都市に出稼ぎに行き、お金を稼げるようになったんですね。

それに農協でもお金を貸すし、借金して農業の機械化を進めたり大きな家を建てたりするうちに、まだ借金がのこったまま高度経済成長が終わったんですね。そしたら、もう出稼ぎに行ったってそんなに金を取れないし、週休五日制でそんなに働けないしで、農家は借金だらけです。

いまの農業を支えている人たちというのは、だいたい会社や公務員を定年退職した人たちですから、一年に一五〇日以上働く専業農民といわれている人は平均すると六六歳くらいになっているわけです。もう重労働する限界を超えているんですね。

森林空洞化の現実

――この能代市は「木都」といわれたように、木材の町ですね。

野添　そうですね。かつてはそういわれてたんだけど、いまは不振なんだね。現在、日本で消費する木材の八〇パーセント以上は海外からの輸入ですから、ここ能代でも地盤沈下は著しいんですよ。

――『山村からの発信』にも書いておられますが、荒廃する森林とその破壊という問題についてお話しいただけませんか。

野添　今世紀の林政というのは、いかに森林から豊かに木材を得るかということに主眼が置かれていたんですね。まあそれくらい森林が豊かだったということもあるんだけど、国有林で作った施業計画に従ってやれば、伐採した木はその年に植えて成長させていくということでうまくきたわけです。

ところが日中戦争から太平洋戦争にかけて、軍用材の供給で施業計画が全く無視されてしまったんですね。そして敗戦後は、都市部が空襲で焼け野原になったものですから、復興材の供給のために施業計画など関係なく乱伐されていったわけです。そこで結局伐採と植樹のバランスが崩れてしまった。

それでも日本の林業は、山から木を伐っても、木材は植えれば成長するからということで、永久に転換のできる資源だといわれてきたんです。「森林は再生産の可能な資源だ」と唱えられてきたわけですが、ひとつ忘れていたのは、ただ植えただけではだめだということなんですね。そのつけがいま来ちゃったわけです。植えた、でも手入れしない。なぜしないかというと、海外から安い木材がどんどん入ってきて、間伐で伐った丸太はどんどん安くなるので、売ってもお金にならない。それに国の政策としても、赤字になるようなところに金はつぎ込めないということで、国有林では、山を守り育てるところからはカネと人を奪いとって、どんどん人を入れないようにしていったわけなんです。

いまは、農村よりも森林の方がおかしくなっているんです。森に少し入ってみればわかることなんですが、もうひどいもんです。というのは、木が太くなっていくためには隣にある木を伐って根元に日が当たるようにしてやらないとだめなんですよ。そうしないと木は太くならない。それに、日が当たらないとバクテリアも発生しないからキノコも生えないし草も生えない。だから、当然木は弱っていくわけですね。

それから、もう一つは金になる木を植えるということで、高度経済成長期に、ブナを伐ったところに杉を植えていったんです。ところが、その植えた杉もちゃんと手入れをしないもんだから、育ってないんですね。空から見ると、森林は多いし杉は豊富に生い茂っているように見えるけど、実際に中へ入ってみると、「線香林」といってやせた杉が多くて、これは永久に使える丸太にならない木なんです。ところが、国有林の蓄積からいうと、森林はどんどん増えていることになっている。そこが、本当に矛盾しているところでねえ。

秋田、能代から見える世界

——先頃出された『幻の木造船』は、「木都」であったがゆえの能代で太平洋戦争末期、行き詰まった戦況のなか、不足する輸送船を鉄がもうないために木材で造る目的で急遽造営された、松下造船能代工場をめぐって調べ書かれた本ですね。

野添　そうです。北の海辺にあった松下造船能代工場を調べることで、逆に太平洋戦争が見えてくるんですね。つまり、輸送船を木造で造り、南方から膨大な資源を積んで日本に運んでくるといういかにも無謀な、しかも輸送ということを何にも考えなかった海軍の作戦だったんですね。だから、これを調べていけば、輸送船の問題だけではなくて、太平洋戦争を指導した指導者層の考え方が見えて、彼らがいかに世界を見ていなかったのかが分かってくる。しかも、その指導者の指示に従って戦場に行ったり、軍需工場で働いた民衆の姿が見えてくるんですよ。

——『幻の木造船』の「あとがき」に書いておられますが、野添さんは松下造船能代工場のほかに、以前『資料・能代飛行場』（能代文化出版社、一九九七年）を

私は生きている人間を相手にした、聞き書きという方法で調べて書いてきたんです。この秋田、能代という小さな針の穴から、実は世界が見えてくるんです。

出しておられますね。

野添　この能代飛行場は、太平洋戦争末期に特攻兵の飛行訓練場になって、そして最後は、アメリカ軍の上陸に備えて温存飛行場になったんですね。ここに飛行機と爆弾を大量に隠して、上陸してきたアメリカ軍を攻撃するための飛行機が出撃する飛行場と位置づけられたんですね。いまでも、飛行機を隠していた掩体壕がたくさん残っていますが、これだって当時のアメリカの戦力からすると、竹ヤリと同じだったのです。

　でも、そういうことを書いた歴史というのが、いまの日本には欠落してるんだね。

　——野添さんの御仕事は一貫して、決して頭ごなしに抽象論を振りかざすのではなく、生まれ故郷の秋田を中心に、野添さんご自身が生きてこられた生活や経験をもとにして、中国人や朝鮮人の強制連行、花岡事件、出稼ぎや開拓農民の足跡、そして農業や林業などを、実際に歩いて聞き書きを重ねて調べてゆかれることで、日本や世界にわたる歴史と人間の二〇世紀史を描く御仕事なのだと思います。

野添　いや、それほどのことでもないんですけどね。さっきも言ったけど、私は生きている人間を相手にした、聞き書きという私にできる方法で調べて書いてきたんです。それに、この秋田、能代という小さな針の穴から、実は世界が見えてくるんです。これも、ひとつの地域の勉強だと思うんだね。大状況の勉強ばかりしてると面白くないんだよな。こういう視点で行けば、日本各地にまだ掘り起こされていないいろんな歴史があるんじゃないかなあ。そういうのが土に埋もれたまま、あるいは野ざらしになったまま二一世紀になるのだと思うと、やりきれない気持ちになりますね。

（一九九九年一一月一三日号）

「生きられた歴史」の掘りおこし

　野添憲治氏に寄稿していただいた「図書新聞」一九九九年八月二八日付掲載の原稿を読んだとき、私は野添氏へのインタビューを思い立った。その末尾に野添氏は、「日本の闇を生む土壌は、まだ暗く深い」と記していた。

「日の丸・君が代」が法制化されようとする日、秋田県で最も山奥の村に残る一軒家を訪ねた野添氏は、そこに二人だけとなった老夫婦が語る戦前・戦中そして敗戦直後の話に、時の経つのも忘れるほど聞き入ったという。夜も更け、最終バスを逸した野添氏のために、老夫婦は泊まっていけと勧め、奥座敷に布団を敷いた。しかしその鴨居には、昭和天皇と現天皇の写真が、家主の戦死した兄弟二人の写真と並んで掲げてあったという。奈良県南部の田舎で育った私にも、それは幼少期に見覚えのある光景であった。

　地元代議士後援会の募集で、夫婦そろって靖国神社参拝に行くのを楽しみにし、二年前には皇居清掃団に参加して「いいことをした」と話す彼らに、「日の丸・君が代」法制化の世紀末、野添氏は「日本の闇を生む土壌」の暗さ深さを垣間見ていた。

　四〇年にわたり聞き書きを重ね、「日本の闇」を見据え続けてきた野添氏の言葉に、私は生きてきた人間の存在が織りなすこの国の歴史、闇をも纏うその暗さ深さを見逃すまいと思った。忘却にかまける現代に抗し棹さすためにも、私は野添氏に、聞き書きによって掘り刻まれた、生きられた歴史をめぐって話をうかがおうとしたのだった。

　野添氏の語りは、「開拓・戦争・出稼ぎの二〇世紀」というにふさわしい内容であった。みずからが生きてきた現実を手放さず、遊離しない確かさが話には漲っていた。人々に聞き書きを重ね、歴史を調べて書きつづる氏の姿勢に、私は「歴史研究」

の冷たい感触からは受け取れぬ、そして硬直した書法からは学べぬ、人間の生の軌跡をたどる旅の魅力と「日本の闇」を見据える眼、なにより記録し伝えてゆくことの大切さを教わった思いがする。

「相手がどんなに豊かなものを持っていても、聞き書きするその人の持っているものより聞き出してこれない」。**『別冊東北学』vol.1**（発行・東北芸術工科大学東北文化研究センター、発売・作品社、二〇〇〇年）に再録された**「聞き書きと取材」**（一九七九年）のなかで、野添氏はそう記していた。聞き書きに方法があるとしたら、それは「己の生き方」だという意味がそこには刻み込まれていた。野添氏の聞き書きの歩みもまた、そのことを物語っている。人々を訪ね、話に耳を傾けるなかで、聞き書きは語る者のなかの無数の記憶に触れる。そして聞き手はみずからの人生において感応し、己の生き方を経ながら、生きられてあるその記憶を記録へと紡ぎ出すのである。

『別冊東北学』vol.1の「わが「聞き書き」四〇年」で、野添氏は赤坂憲雄氏と対談している。赤坂氏には、**『東北学へ』**1〜3（作品社、一九九六〜八年）の完結を機に、「図書新聞」一九九八年九月五日付紙面でインタビューしている。聞き書きに培われ育まれる東北学の船出が、そこでは語られていた。

　二〇〇〇年六月三〇日、私は秋田県大館市主催の「中国人殉難者慰霊式」に出席することになった。野添氏と訪ねた五六年目の花岡事件がそこにあった。そして、この日に建てる「書碑」の如く、野添憲治著・貝原浩画**『花岡一九四五年・夏――強制連行された耿諄の記録』**（パロル舎、二〇〇〇年）が刊行された。少年たちに事件のことを伝えたい、そう願う野添氏の文章に、貝原画伯が全頁にわたって絵を添え成った一書だ。仕上がったばかりの見本が、五六年目の花岡に届けられたのだった。

　野添氏の案内で、その日私は花岡事件の痕跡を訪ねてまわった。そして貝原画伯も『花岡一九四五年・夏』に描いている、高台に位置する沈殿ダムの堤に立った。水中には、かつて中国人たちが押し込められた中山寮跡と、掘り出されないままの遺骨が沈められている。「こうして痕跡が消されていくんだ」。野添氏は水面に語りかけるように言った。その言葉には、生きられてきた人間の歴史をくぐった強さがあった。
「私は大館の恥を掘り起こしてるこ

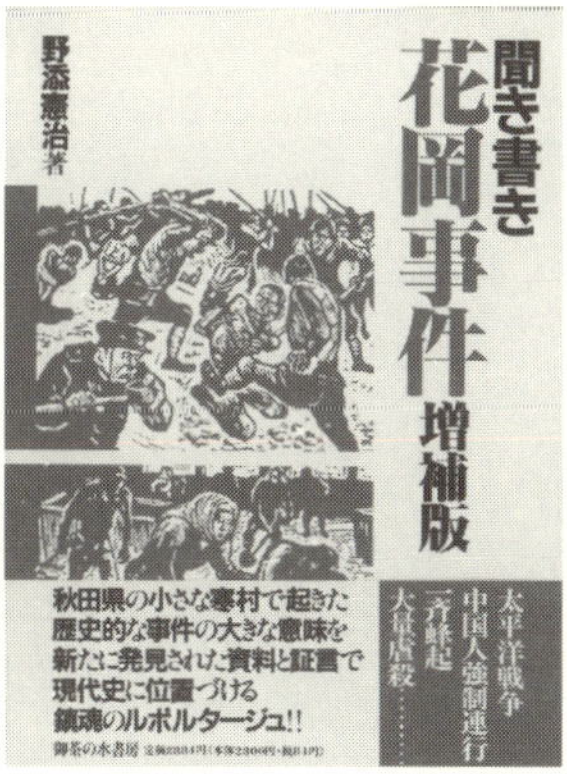

とになるんだな」。野添さんは笑いながら私に言った。その「恥」を掘り起こすため、手がかりとてなく証言者を訪ね歩く日々のなかで、花岡事件に迫るのにどれほどの労苦があったことか。貝のように口を閉ざすならまだしも、「日本の闇」に光を

当てようとする作業に、野添氏は言い知れぬ脅迫や中傷を浴びるほどに経験してきたに違いない。そこには、聞き書きを重ねて歩いた四〇年の道のりがあった。**『花岡事件の人たち——中国人強制連行の記録』**(評論社、一九七五年。現在社会思想社・現代教養文庫)、**『聞き書き・花岡事件』**(無明舎出版、一九八三年。増補版、御茶の水書房、一九九二年)など八冊におよぶ書物に結実したそれらの仕事は、「隠蔽」という名の岩盤を掘削する作業にも似て、次々と埋められる花岡事件の坑口を探り当てるように続けられたのだった。

　能代のお宅にインタビューに伺った翌日、私は鉄路をさらに北上し、弘前に美術家の村上善男氏を訪ねた。「おまえは東北(そこ)で闘え!」と岡本太郎に諭されたという村上氏の「そこ」を、私は訪ねようとしていたのだった。導きの書となったのは、氏の**『津軽〈明朝舎〉101発』**(北方新社、一九九二年)であった。「アートよりもむしろ、この地に生々しい〈民俗の現場〉に学ぶこと」と書き記す村上氏が制作の場とする津軽で、私は氏の言う「気圏」に触れ、氏みずからがデザインしたカフェーで話をうかがうことになった。

　津軽の「気圏」は、二〇〇〇年三月四日付「図書新聞」掲載の村上氏と菊畑茂久馬氏の対話「津軽にて逢う——南と北、二人の芸術家　四〇年後の邂逅」に現出している。触発する「北」をめぐって交わされた二人の言葉は、津軽という「気圏」、世界性へと超え出てゆく表現の前線を私に示した。そして氏の新著**『岡本太郎頌』**(創風社、二〇〇〇年)には、「東北は岡本太郎を受け継いでいるか」を問い続ける、村上善男その人の姿があった。「そこ」に私は、野添憲治氏とともに、東北から世界へと超え出る表現者の存在、その大きさを見るのだった。

大阪、猪飼野発

胸の中に「一粒の涙」を秘めながら

金蒼生
Kim Changsaeng

「生きるってなんやろう」

――金さんはこんど『イカイノ発　コリアン歌留多』（新幹社、一九九九年）という本を出されました。この本や、前に出さはった『わたしの猪飼野――在日二世にとっての祖国《くに》と異国《くに》』（風媒社、一九八二年）も含めて、金さんにお話をうかがいに大阪に来ました。訪ねてきて、営業中のお店（古本屋さん）のなかでいきなりテープを回すのは気が引けるんですけど、やっぱりテープ起こしをせんとあかんので……。

金　私も岡山県の長島愛生園でアジュモニ（おばさん）たちの聞き取りをやったことがあるんです。その聞き書きは『赤い実』（行路社、一九九五年）という私の本に「故国を遠く」という題で入ってますけれど、「アジュモニ悪いけど、テープに話入れさせてな」言うて、でかいテープレコーダー、アジュモニと私の間にデンと置きますね。それでいろんな話聞かせてもらいながら、もらい泣きしたり、ところどころ「ああ朝鮮語ちょっとよおわからんなあ、あとで調べなあかんなあ」とか思いながら、やっぱり二時間ぐらいいろんな話してもらいました。それで自分の部屋に帰って、「今日はええ話聞けたなあ」思って、テープを巻き戻したんですよ。そしたら……。

――入ってなかったんですか？　じつは、僕も二へんやったことあります。話聞いてる時は夢中で、気付いて顔面蒼白で。

金　……。それで、呆然としまして。明くる日、また「アジュモニごめん。もっぺん話して」言うて平謝りに謝って、

金蒼生（キム・チャンセン）　一九五一年、大阪猪飼野生まれ。日本の小中学校をへて大阪朝鮮高校に入学、卒業。著書に『わたしの猪飼野』『赤い実』、訳書に『花に埋もれた家』など。

もう一度話してもらいました。そのときは療養者棟の空部屋に泊まらしてもうてたんです。話を聞かせてもらったアジュモニには不自由者棟で、テープが入っていないことを知ったときは、すぐに聞きかえしに行こうと思ったけど、でも、夜遅かったもんですから、また行くの気が引けるでしょう。

——そこで、アジュモニたちの「身世打鈴《シンセタリョン》」を聞かれたんですか。

金 そう。あの身世打鈴は、朝鮮半島を植民地にしていた戦前の日本で、貧乏で苦労しただけではなくて、二〇歳半ばで癩を発病して夫や子どもたちとも引き離されて強制隔離され、瀬戸内海の小島のハンセン氏病療養所で今は七〇をこえたアジュモニの身の上話です。

——こんど出さはった『イカイノ発 コリアン歌留多』でも、聞き書きというのとはちょっと違うかもしれませんが、猪飼野のオモニやアボジ、ハルモニたちから聞かはった話や会話をちりばめたはりますね。金さんが、みなさんに話を聞きたいというか、どういう人生を歩いてきたのか知りたいと思わはったきっかけはどのようなものだったんですか。

金 『わたしの猪飼野』が出版されたのは一九八二年で私が三〇歳の時でした。その頃は再婚してまなしで、家族形態も変わり、暮らしのなかでいろんなことをもっと知りたい、勉強したいという時期だったですね。

女の三〇代から五〇代というのは実にさまざまなことが押しよせるでしょう。難関にぶちあたるたびに、身近な同胞の誰彼に助けてもらったという思いがありますねえ。それらが、今度書いた『イカイノ発 コリアン歌留多』に活かされているかもしれません。

初めから意図して、志があってこの本を作ろうと思ったんではないんです。新幹社の高二三《コ・イサム》さんに、雑誌『ほるもん文化』に原稿を書いてくれへんかといわれたので、テーマはなにかと聞いたら、「在日コリアン関西パワー」や言うんですね。

高さん曰く、在日同胞は「関西系コリアン」と「関東系コリアン」に区分される、と。そんな区分の仕方は初めて耳にするけど、そう言われたらそうかもしれんなあ、私はまったくの大阪産まれの大阪育ちなので、「在日コリアン関西パワー」で書くねんやったら、取り澄ましててもあかんし、なんか、元気も出てきて、ほとんど地のままで書いてみよかいうことになったんです。

——歌留多にしょうというのは、どういうところから考えはったんですか。

金 やっぱり大阪やから、まず笑える話を書こ、と。沈鬱な小説ではそぐわん、と。まわりを見わたしたら話の材料がいっぱいあるわけですね。言うてみたら小話ですね。その小話のひとつひとつに、ひとひねりした題をつけたらどうやろ、と。それで歌留多になったんです。

――この本のなかで、「バーゲンの期間はなんなと売りまくる」と金さんが書いたはるところで、「スリッパ片方ハンパもの一〇円、一〇〇ヶ（五〇足限り）」のチラシが出てきますね。実物のチラシの写真も添えて。こんなチラシと、スリッパ片方売るセンス、やっぱり東京やったら考えられへんと思うんです。それに、このチラシは、関西と東京の比較文化論になってると思いますね。

金　そう読んでくれはる？　このチラシ、取っといてよかったわ。これ、ほんまやで。見に行ったもん。ほんまに売ってた、かごに入れて。

そんなふうに楽しみながらこの本の原稿書いてたんですけど、私の姉が死んで、あのあとだめになった。書けなくなってしまったんです。

――この『イカイノ発　コリアン歌留多』の最後の文章は、急死されたお姉さんの話ですね。

金　そう。思春期の頃にとりつかれたように考えてた「生きるってなんやろう」いう思いがつのって、その後の原稿が進まなくなりました。

――「生きるってなんやろう」という問いは、『わたしの猪飼野』の冒頭、「日本の冬」に書かれてある、金さんが朝鮮高校に編入されて、半ば家出のようなかたちで函館、そして稚内に行かれたおりの気持ちに通ずるものがあるんと違うかなあ思うんですが、そのとき「生きるってなんやろう」と思わされる圧迫いうのは、どんなことが原因だったんですか。

金　そこに書いたのは、私が大阪朝鮮高校に入学してまなしやった時のことです。それまで、日本の小学校中学校でずっと生きてきたから、朝鮮高校に入ってみたら、いままでとはまるっきり違うわけですね。非常に心が解放されるんやけれども、やっぱり苦しかったですねえ。

――お兄さんやお姉さんは、大阪朝鮮高校に行ったはらへんのですね。

金　私だけです。

私は日本の中学を卒業して、工場で働いてたんです。父が中学の時に亡くなっていて、母は廃品回収業をしてました。私は、母が四五歳の時の子どもやから、私が中学校を卒業するとき、母は還暦なんですね。いまの六〇歳いうたらまだまだ若いですけど、昔の六〇歳いうたらもう老婆です。

それに、母は働き者やったけど、私はがさつで無知な母を軽蔑し切ってたんです。そやから、そんな母に学費を出してもらいたくないいうことで、工場で働きながら、一年ほど夜間高校に通ってました。

その頃、兄は朝鮮青年同盟の活動をしてて、その兄が願書を持ってきて「朝高に行け」言うから、「いややわ、そんなとこ」って猛反発したんやけど、平手打ちをくらいました。結局は兄の強引さに押されて、一年遅れで朝鮮高校に入学することになったんですけれども。

――『イカイノ発　コリアン歌留多』にも高校時代のことを書いたはりますけれども、大阪朝鮮高校は東大阪の花園にあるんですね。

金　そう。大阪、奈良、和歌山の在日同胞の子どもたちが通うてます。私が入ったころはクラスも多くて、それに編入生のクラスが二クラスもあった。でも、入って三年経つと、八〇人ぐらいいた編入生が、三〇人ぐらいしか残らないんです。

――やめてしまうんですか。

金　そうです。一年生のときは、朝鮮語を日本語でいう「あいうえお」から教えてもらうんですが、二年生になると、長年民族教育を受けてきた生徒たちのなかに混ぜられるんですね。授業も全部朝鮮語なわけです。それに、教科書になにが書いてあるか分からないから、いちいち辞書を引いて調べんとついていかれへんわけですね。

もちろん、残る人間は残るんですよ。頑張って朝鮮大学校に進む子もいるし、私もなんとか、かろうじて踏みとどまった数少ない二、三〇人のうちの一人ですけど。

大阪朝鮮学校は、いまは改築されて新しくなってますけど、私の行ってた頃はぼろ学校でした。中に購買部があったんですけど、牛乳を自動販売機に入れ替えに来はる、おじいさんいうていいような白髪で体がごつごつの人がいたんです。私は、その人に朝鮮語でしゃべりたいわけですよ。「今日はええ天気やね」とか言いたいんやけど、朝鮮学校に入ったばっかりやから言葉がしゃべれんわけです。だから、「アジョッシ」（おじさん）て呼びかけるだけ。

購買部の横に大きな木があって、私はその木にもたれながら、そのおじさんが牛乳を入れ替える作業を見てました。するとが鐘が鳴る、そうして私は教室に戻る。なんか毎日、私は「アジョッシ」と言いに、おじさんのところへ行ってましたね。そしてしゃべりたいけど、まだ言葉ができない。

そのことをこないだ思い出して、おじさんとこに毎日行ってたんはなんでかなあ、って思ったんです。もし、それが朝鮮高校でなくって日本社会やったら、ぱっと見て一目で朝鮮人やと分かるような、小汚い作業着着てるおじさんを、たぶん蔑んだやろうなと思うんです。私かって、もし道で会うたら、素知らぬ顔したかもしれへん。

私がおじさんとこに毎日「アジョッシ」て言いに行ってたのは、いままで日本社会で生きてた私がおじさんと、この場所で会えたねいう喜びやったんちゃうかなと思うんです。

――金さんは朝鮮高校に入らはって、ものすごい環境の変化やったですか。

金　そう、価値観を揺すぶられるわけでしょう。それがつらいから、さっき話に出たように、思い立って北海道くんだりまで行ったんちゃうんかな。だから、一年生のときは、退学すれすれまで出席日数が足りなくて、よーうさぼりましたねえ。

――『イカイノ発　コリアン歌留多』にも書いてはりますけど、通学電車やった近鉄奈良線とちごて近鉄大阪線に乗り換えて、山本駅から歩いて学校行かはったそうですね。

金　そうそう。

――山本駅から行ったら、すごいきれいに咲いてる桜見れるし、そのまま学校行かんと……。

金　よう、そのまま学校行かんと、戎橋で映画見てましたねえ、チョゴリ着て。

「精神的ジェノサイド」

――この本にも書いたはりますけど、金さんが中学生のときアボジが亡くなって、「チマチョゴリを着なあかん」て言われて、金さんが「セーラー服やったらあかんのん?」て泣きながら言うたと書いたはりましたね。

金　あー、それぐらいねえ、目にそのまま見える朝鮮人であることを怖がってたということです。でも、そのくせ「あんたは日本の子とちゃうやろ」言われたら、「そうや」みたいなことは言うてたんですよ。

徐京植さんが『**子どもの涙**』（柏書房、一九九五年。現在小学館文庫）のなかで、在日朝鮮人の子どもたちは「精神的ジェノサイド」を受けていると書いてはるけど、痛いとも、つらいとも声を上げることすら知らないというのは、いまもやっぱり続いてますね。だから、これは在日朝鮮人密集地の猪飼野だけでなく、全国的に見ても、在日朝鮮人のなんと九〇パーセントが日本名を今も使ってます。

――僕は高校、大学と九年間大阪におりましたけども、やっぱり、なにも知らんのです。その知らんところに、「出来上がった考え」を取り入れて、それでなんとなく分かった気になっていく。でも、「出来上がった考え」から見ると、知らない人に対しては「透明人間」と一緒なのかもしれない。それに、いまこの「出来上がった考え」の元は、ベストセラーになってる『国民の歴史』やとか、そういうものになってきてるように思います。いままで教科書で「『朝鮮併合』は一九一〇年」やとか、「植民地支配」「強制連行」と事項的に教えられてきたところに、「じつは良い日本人もいたんやで」とエピソードをふんだんに教えられたら、「そうやろ」というところになだれ込む。そのことが、さっき金さんが言わはった在日朝鮮人の子どもたちへの「精神的ジェノサイド」に直結していると思います。

金　朝日新聞に紙面の三分の一の大きさの〝一日一万部、売れている〟というキャッチ・コピーの『国民の歴史』の広告見たときにはのけぞりましたねえ。社風はどうでもええんかい、何でもありかい、と現在の日本の風潮そのものやなあとゾッとしましたわ。

　在日朝鮮人いうたら、たとえば「政治」問題であったり「行政の課題」であったりと、一つの単位として考えられてるわけでしょ。社会科学的には、管理の対象であって、蔑みと抑圧の中で暮らしているのは事実ですね。ところが、私らって考えてみると、ほんだら毎日それだけかっていう気がするんですね。外圧が強ければ強いほど、毎日の生活のなかでつくりあげるものというか、悲しい人間ほどよく笑うという言葉がありますけど、耐えるがために、もっと凝固されたものがあるんとちがうかなあ。

　その半分は笑いやと私は思うねんけど、そうやって、ケッ！とか言いながら、あほなこと言うて生きてるんちゃうかなあいう気がするんです。せやから、若い子たちが、在日朝鮮人って学校で習ったらつらいことばっかりやしね、植民地にされるのは朝鮮人が悪かったんちゃうかとかいわれて、そうかなあて悩んだり、もろもろのことを感じながら、しかしそのことを口に出せないままに、ほんまに生きていってますよねえ。

　でも、よーう考えてみいやと。一人の在日朝鮮人がおったら、その周りに家族がおって、親戚がおって、そして親戚に口うるさいおばあちゃんがおったりするわけでしょう。それを、素直な目で見れば「おもろない？」ということなんです。

『わたしの猪飼野』を読んでくれはったら分かると思うんですけど、おんなじもの見ててもやねえ、自分が変わらへんかったらうっとうしいだけなんですね。今やったら笑えることだって、周りの人がさつにしか映らなかったり、口うるさいだけやったり、なんかこう、身内やて知られるのがいややという存在でしかないわけですよ。

　それが、自分がある程度、それは年の功もあると思いますけど、解放されると、面白いというか、美しい言葉で言えば、ちょっと気恥ずかしゅうて使えん言葉ですけど……「いとおしい」と。つまり、そういう対象になるわけですね。そうなるかどうかは、それぞれのまなざしにかかってるんやと思います。

　この『イカイノ発　コリアン歌留多』には、あほなこともいっぱい書いてますけど、あほを書けるまでには、かなりの歳月が必要やったですね。

——娘さんを育てられて、本に書いてはるように娘

悲しい人間ほどよく笑うという言葉がありますけど、耐えるがために、もっと凝固されたものがあるんとちがうかなあ。その半分は笑いやと私は思うねんけど。

さんと猫を連れて再婚しはって、その嫁ぎ先にいはったおばあさんが、洗濯竿に吊るしてあった魚を食った猫に「殺してまえ！」と叫んだのを聞いて娘さんはびっくりして怯えて、わーわー泣いて……というとても引きつけられる話が出てきますね。

金　そのおばあちゃんが、こないだ九七歳で亡くなりました。んで、お通夜に行きますね。朝鮮人の親戚いうのは枝葉のように広がるんですわ。すると、誰が死んだか分からんけれども、誰かの身内やいうことでいっぱい来るんです。そのお通夜の席で、私の本を読んでくれてた人がおって、自分は面識ないけど、今日死んだおばあちゃんて、その本に出てくる、猫に「わーわーわー」言うたおばあちゃんかて聞かれたから、「そうです」言うたんです。「そうか、あらー」いう話をお通夜でやってたんです。

だから、どんなおばあちゃんかも分からないで、とりあえず九七歳で大往生やった、で終わるよりも、魚取った猫に「殺したる！」言うたおばあちゃんやったんや、っていうほうが記憶に残るでしょ。だから、この本も役に立ったなあ思ったりしましたね。(笑)

――そのおばあちゃんは在日一世だったんですか。

金　ええ、一世です。で、ある人に言われたんですけど、あのおばあちゃんにこそ話を聞いて、聞き書きでもしといたらよかったのにって。それはかくしゃくとした、がしっとして、歯なんかもばしっとした、当時としては珍しい大女でしたね。

――金さんは、朝鮮高校を卒業してどうしはったんですか。

金　一時期、民族団体の「午後夜間学校」の講師をしていました。そこで、日本の学校に通っている小中学生を週一回ほど放課後集めて、朝鮮語や民族の歴史を教えたり歌を教えたりしてました。場所は大阪の泉南だったんです。

ここ十数年の風潮なんかなあ、一月一五日の「成人の日」いうのがあるでしょ。朝鮮人は別にそういうことはやらへんのです。ところが、韓国サイドの民団とかでは、チマチョゴリで着飾ってお祝いしたり、日本では着物を着たりしてお祝いしますねえ。総連系サイドも、本国にはない習慣やけれども、成人を祝おうとお祝いをやるようになったんですわ。

私が泉南で働いてたとき聞いたんですけど、泉南地方のおばさんが、娘のチマチョゴリ作りたいけどお金がかかる。でも、お金が無かったからどうしたか。そのおばさんは、泉南の方は当時まだ田舎でしたから、土手なんかに生えている芹をどっさり積んで、朝一番に泉南から始発電車に乗って鶴橋まで来て、それを路上で売って、三回ほど通ってお金を作って娘の成人式のためのチマチョゴリを作ったっていう話をそのとき聞きました。

――そうですか……。チマチョゴリは、僕も学生時代に生野民族文化祭を訪ねたときに着たはった色とりどりのものとか、朝鮮学校の生徒さんが着たはる制服を思い浮かべるんですが、金さんの『わたしの猪飼野』に出てくる、お葬式のときに着るのは麻のものなんですか。

金　そうです。あのごわごわとした、クリーム色に近いような色です。なんで麻のもんを着るんかというと、スカートの部分も、布を切りっぱなしのままなんですね。それはなんでかというと、自分の大事な人が亡くなったんで、縫うてる暇ない、それどころやない、と。そういう意味なんです。

だから、私の父親が死んだときは、布をばさっと買ってきて、たとえば家に女が五人いるとしますねえ、そうしたら、長方形の布を五人分縫うんですね。縫い目も粗くていいんです。ほつれたようなものをわざと着るんです。

今は売ってますけど、昔は、夜中みんな泣きながら、お通夜をしながら縫うて着たんです。

「ラテン系かて、悲しみはあるしなあ」

――金さんは猪飼野で生まれ育って来はったんですけど、金さんが子どものときに感じはったことと、いまの子どもたちのそれとは、二世が三世になり、四世になってやっぱり大きく変わったと思わはりますか。

金　いいえ、世間は国際化言うてるし、昔なかった生野民族文化祭もやってるし、ワンコリアフェスティバルもやってるし、昔と違って情報がいっぱいあるはずやから、変わってるはずやと思うねんけど、深いところでは変わってないんです。むしろ、もっとしんどいんちゃうかなあ。

私の娘の友達に、民族学級の講師をしている子がいるんですけど、民族学級というのは、日本の公立小中学校に通う同胞の子どもに、民族の言葉や歴史を教えてるんですね。女性講師やったら、週に一度の民族学級の授業のときには、できるだけチョゴリ着るようにするそうです。子どもにしてみたら、チョゴリはきれいやし、なんかホッとする空間やし、みんなほんとの名前はこんなんやねんでってひとりひとりに教えたら、本名で学校に行きたいいう子どもがでてくるんですって。やっぱり親の同意を得んとあかんでしょ。講師は家庭訪問しますねえ。すると、子どもが本名で生きたい言うても、親はあかんて言うことあるんです。

それは、親も二世で、通名で生きてきたから、「差別社会にわざと身をさらしてなにすんねん。通名で生きてきてもしんどいのに」というような気持ちがあるんでしょうね。

ほんまに、今の子はもっとしんどいんちゃうかなあ。たとえば、私は二世でしたから、目の前に一所懸命働いてる両親の姿があったから、朝鮮人はいやや思てても、一所懸命に生きてる両親の姿見てたら、ぐれても親に反抗しても、どういうんかなあ、胸の中に「一粒の涙」を持ってたような気がするねんわ。私らは、おしなべて貧しくて、朝鮮人目の前に一所懸命働いている両親の姿があったから、ぐれても親に反抗しても、胸の中に「一粒の涙」を持ってたような気がするねんわ。

イコール貧乏という図式の中で育ったんですが、いまの三世、四世いうたら金持ち出てきてますしねえ。ええ家に住んでるし、高等教育も受けてますし。そしたら、「いまさらなんで」になるやろうし。

そやかて、それでプツッと振り切ってるかいうたら、そうではなくて、もっと屈折してると思うんです。だから、もっと生きにくいんちゃうかなあって私は思いますねえ。

それに、言葉にしても、日本人でも外国語を始めるときには、まずはその国に対するぼんやりした愛情みたいなものがあるでしょ。二世の場合は一世の親がすなわち、祖国やったわけですよね。

いまは、幸いに昔と比べたら民族学級の数も増えてきてるし、それは民族学級に携わってる個々人や日本の先生の協力があってのことですけど、なんていうたらええんかなあ、難しいと思うわ。だって、在日コリアンも今や三、四世が主流やし、それに日本の社会が、戦後五五年たってますけど、何にも変わってないですもん。

――変わってませんか。

金　変わってませんん。それは、非常に心優しい日本人やとか、個々の人の結びつきではそういうのはありますけど、日本全体というものが、私は変わってないと思う。

だってやで、この一九九九年に「君が代」やで、「国歌制定」やで。「なにこれー」もうそれに尽きるでしょう。「ええの、こんなんで、日本人、このままでええのん」って、朝鮮人が集まるとそう言うてます。

――僕も、他人事やなしに「もうあかんわ」と思てます。この「図書新聞」の年末号でインタビューした石堂清倫さんも、二〇世紀を終わるにあたって、これが日本人の「到達点」だと言ってはります。

この「到達点」とは別の言葉やメッセージを、編集の現場にいる人間は一人でも多くの読者に伝えねばならないわけですが、そういう意味でも、金さんのような本を世に送り出す出版社がなくなってはいけないんです。

少し脱線しましたが、金さんの本には、先ほどの「笑わないかん」ということも含めて、読む人たちへのメッセージが込められていると感じたんですが、文章を書いていこうと思われたのはどういうきっかけだったんですか。

金　そんな大層なもんとちゃうんですけど、小学校の先生が、私の作文だけはほめてくれたんです。だから、たった一点、ほめてもらえるそこを頑張ったんちゃうんかなあ。「お前には取り柄がある」って言ってくれはった先生も、どっかで朝鮮人の私を気遣こうてくれたはったんちゃうんかなあ。小学校を卒業するときに、そのころ私は通名で通ってましたから、先生は悩まはったらしいですねえ、卒業式は通名で呼ぶべきか、本名で呼ぶべきか。

　日本の学校で、一時、「本名宣言」いうのがありましたけど、自分の学校でそれがあったわけでもなく、みんなには日本名で知られてるわけやから、考えたあげく、通名で卒業証書を読んでくれはったんです。そのことを後で聞いて、私はゾーッとしましたね、「そのとき本名で呼ばれとったら……」て。一人一人壇上に行って卒業証書をもらうわけです。そのとき本名呼ばれとったらって、想像するだに震えましたね。

　――同級生の視線を一身に浴びるということを想像して……。

金　だってそのときは、ずっと通名で生きてるわけやから、「おまえのほんとの名前は金や」いわれても、そういう学習もしてないし、なんの心構えもないわけでしょ。そやのに突拍子もなく急に、と思うと……。その先生は、そういうことを気遣ってくれた方でした。

　――金さんは『わたしの猪飼野』のなかに「身世不打鈴」という文章を入れておられます。老いた母についての文章ですけれども、「身世打鈴」というのは、たんなる身の上話ではないんですね。

金　ええ。「うちが若い頃は、顔も見んと嫁いできて、夫は女遊びはするわ酒は飲むわ……」言うて、四、五〇年も昔のことから延々と針仕事なんかをしながら節をつけて語るんですよ。身の上話ではあるんやけど、そのなかにはかなわなかった願いや果せなかった夢なんかが織りこまれてますねえ。身世打鈴というのは、文字を与えられなかった女たちの歌やと思いますねえ。

　文字を持つというのは、自分を客観視できるということでしょ。外の世界と接点を持てるということでしょう。せやから、打開策を見つけられるということやと思うんです。

　――金さんは『イカイノ発　コリアン歌留多』の中で、朝鮮人は「アジアのラテン系」やと書いたはります。そして、明るさと笑いに満ちたこの本の最後に、金さんは亡くなったお姉さんのことを書いたはります。朝鮮高校卒業後に民族組織で働き始めた金さんに「お金やで、人生は。あんたは何を甘いこと言うてんのん。うちは貧乏は絶対厭や。あんな思いすんのん真っ平や」と言ったお姉さんを描かはったこの文章を読んで、女一人でこの日本社会を生き抜いて、さっき金さんが言わはった、「悲しい人間ほどよく笑う」ていう思いの奥の奥の深いところにいはるような気がしたんですけども。

金　私もかなりラテン系なんですよ、会うてみたら、分かるでしょ（笑）。せやけど、ラテン系かて、悲しみはあるしなあ、ラテン系かて死ぬしなあ、人は。姉はきっつい女でねえ、許されへんやつには啖呵切るしなあ、せやけど、ラテン系っちゃあラテン系やったなあ。私は、自分の両親が死んだときよりつらかったなあ。

徐京植さんがこう書いてはります。「子どものころに、いやおうなく刻印されてしまったなにものかを背負ったまま、人は多くの苦しみと、わずかな喜びとに彩られた長い人生の時間を堪え忍ぶのである。そして、人生を堪え忍ぶ源泉もまた、子どもの頃に埋め込まれたそのなにものかにひそんでいるのだ」。この言葉が、いま話したいろんなことにもあてはまるんとちゃうかなあ。メッセージ言うたらなんか大層やけど、私の『イカイノ発　コリアン歌留多』からそんな私の思いを読みとってくれはったら、嬉しいですねえ。

（二〇〇〇年二月五月号）

生活のなかに凝固された声

東大阪にある古書店、有栖書店に金蒼生さんを訪ねたのは、一九九九年の暮れも押しつまった一二月下旬のことだった。東京を脱出し、京都で下りてほっとしたのもつかのま、慌ただしく奈良の実家にたどり着いた私は、翌日、大和郡山の恩師を訪ねて、完結した「ヨーゼフ・ロート小説集」全四巻をめぐってインタビユーした。それを終えると、夕闇迫るなか近鉄電車に飛び乗った。

すでに約束の時間を過ぎようとしていた。慌てて西大寺で金蒼生さんに電話をし、近鉄奈良線に揺られて大阪へと向かった。車中、私は版元の風媒社から借りた、保存用の金蒼生著『**わたしの猪飼野**』（風媒社、一九八二年）を開いていた。新幹社の高二三氏より送られた金蒼生さんの新著『**イカイノ発コリアン歌留多**』（新幹社、一九九九年）とともに、その書には金さんの思いと感情が溢れ伝わった。

伺います、と先日電話で告げた私に、「ほんなら、ビール入れて待ってます」と言ってくださった金蒼生さんの言葉が導きとなった。僕はどうしようもない下戸で、すみません、と弁解すると、金さんは「そしたら、コーヒー入れて待つことにします」

赤い実
金 蒼生作品集
金蒼生さんは「在日」の語り部だ。
彼女の文章には「在日」のユーモアと哀歓が響き合っている。人間への愛と怒りがある。
李 恢成

と言ってくださった。その言葉を頼りに、金さんの営む有栖書店にお邪魔した。

「私の自我形成はまず、血のつながりを断つことからはじまった。なぜ、朝鮮人なのか。なぜ、貧乏なのか。なぜ、無学なのか、粗暴なのか。なぜ、すぐに怒鳴りあうのか。思春期の私が求めていたもの、それは母の手づくりの弁当だった。『お母さん』という言葉にひどく私は嫉妬していた」。

金蒼生さんは『わたしの猪飼野』にそう書いていた。母が生きてきた歴史、苦労がわからなかったわけではない、けれども本で読む朝鮮人と自分の母とが重なり合わず、「本を読んでほろほろ泣きはしても、母に対しては白い眼を向けていた」と金蒼生さんは書く。大阪朝鮮高校に編入し、朝鮮語を学びはじめて、やっと母に対する憎悪が消えたと、金さんはそこに綴っていた。

「私は二世でしたから、目の前に一所懸命に生きてる両親の姿があったから、朝鮮人はいやや思てても、一所懸命に生きてる両親の姿みてたら、ぐれても親に反抗しても、どういうんかなあ、胸のなかに『一粒の涙』を持ってたような気がするねんわ」。

インタビューのなかでそう語った金蒼生さんは、祖国とは一世の親であったとも話された。一九〇七年に生まれた金さんの母は、一八歳で玄界灘を渡り、日本で一一人の子どもを生んだという。「貧しさのなかで四人を死なせ、残った七人の息子娘にことごとく期待を裏切られ、目を見開いて死んでいった母の死にざまは決して、一個の『成鳳香』の死ではないはずだ。故郷を追われるようにして、日本に流れてきた数多くの一世の生と死が母の生きてきた日々とそのまま重なりあってはいないか」。祖国である母の人生を、金さんは『わたしの猪飼野』のなかでそう記していたのだ。

祖国の歴史を自らの運命として引き受け、「パルチャ（運命）が悪かった」と長嘆息をついた母であったという。「その癒えることのない恨を身近な対象にぶつけることで長年の怨を晴らそうとした」と記す金さんの母への思いの発露を、私は『わたしの猪飼野』におさめられた、一篇の詩ともいえる「身世不打鈴」に読んだのだった。

三〇歳間近になって金蒼生さんは、母の繰り返した愚痴のなかから、自分を生きようとして生ききれなかった人間の悲しさを感じ取れるような気がする、と書いている。そして何時までも、完結しない母の身世打鈴に耳を傾けることができる、と続けている。母が祖国であるのならば、それは祖国の身世打鈴に耳を傾けることになるのだろうか。私は金蒼生さんの語る言葉に、生活のなかで生きた歴史と思想、すなわちインタビューのなかでも語られている、毎日の生活のなかでつくりあげられる、凝固されたものの声を聴くような気がしていた。「外圧が強ければ強いほど、毎日の生活のなかでつくりあげるものというか、悲しい人間ほどよく笑うという言葉がありますけど、耐えるがために、もっと凝固されたものがあるんとちがうかなあ」。そう金さんは話された。

金蒼生さんはインタビューのなかで、徐京植氏の『子どもの涙』(柏書房、一九九五年。のち小学館文庫)の一節を引いている。徐京植氏には、刊行された『プリーモ・レーヴィへの旅』(朝日新聞社、一九九九年)と『新たなる普遍性へ——徐京植対話集』(影書房、一九九九年)を手がかりにインタビューした。徐氏はそこで、「歴史のなかで周縁においやられた者が負い体現する弁証法の、最も範例的な姿をプリーモ・レーヴィに見る」と語っていた。

植民地支配を受けた在日朝鮮人は、戦後日本での差別・排除と同時に、戦後民主主義から平等や人権など、人間としての普遍的価値を教えられたのだと徐京植氏は話した。それゆえに、その価値がひび割れ、断絶線が幾重に走ったとしても、普遍的価値を手放さず生きようとする以上、レーヴィの体現した弁証法はまた、在日朝鮮人が負うものとなる。断絶線はそれを生んだ日本人にではなく、在日朝鮮人が抱え込まされるという倒錯、そしてそれもまた、生き続ける植民地支配の現在形に他ならないことを、徐氏の語りは指摘したのだった。

金蒼生さんを大阪に訪ねた三ヶ月後、ふたたび私は大阪に向かい、刊行されたエリザベス・ヤング＝ブルーエル『ハンナ・アーレント伝』(荒川幾男他訳、晶文社、一九九九年)をめぐって寺島俊穂氏にインタビューした。そのとき寺島氏は、アーレントの『暗い時代の人々』(阿部斉訳、河出書房新社、一九七二年)に記された、「われわれは世界において、またわれわれ自身のなかにおいて進行しつつあるものを、それについて語ることによって人間的にするのであり、さらに語る過程でわれわれは人間であることを学ぶ」という一文を引いた。それを聞いたとき、私は金蒼生さんの話を思い、そこに重ねて受けとめていた。アーレントのこの言葉は、金さんのインタビューでの語りそれみずからが体現するものであった。

〈反復帰〉の思想を

「統合」強化に抗して

新川明
Arakawa Akira

守礼門が刷り込まれた二千円札問題の本質

——新川さんは先だって、『沖縄・統合と反逆』（筑摩書房、二〇〇〇年）を刊行されました。

この本を手がかりにお話をうかがおうと、私は初めて沖縄に来たのですが、いきなりいろいろな「現実」に直面した気がします。羽田空港から那覇空港に向かう飛行機のなかはもうリゾート一色で、はしゃぎまわる観光客に囲まれ、拍子抜けするような「現実」。他方、いたるところ警官が巡回し検問が張り巡らされる那覇の「現実」、そして次々と米軍機が離発着を繰り返す基地の「現実」。これでもか、これでもかというさまざまな現実のなかで、「世界という現実」を沖縄の人たちに見せつけ国内外に宣布せんとする、日本政府の仕掛けた「沖縄サミット」という現実が、いま目前に迫ってきています。

それから、参加各国の国旗がいたるところにはためく風景など、そうしたさまざまな「現実」を衝いて、新川さんは本書のタイトルともなっている、日本による沖縄の「統合」の歴史と「反逆」の思想を問う視点を打ち出しておられます。一方で、日米安保や基地などの「現実」を見据え、「絶対平和主義」といった「空論」を排し、それを前提としたところから「具体的」な方策を考えねばならぬというような、「現実主義」の名による議論も巻き起こっています。「沖縄サミット」奉祝ムードの演出の最中、それゆえにこそ新川さんに「反復帰」の思想をめぐってお話をうかがい

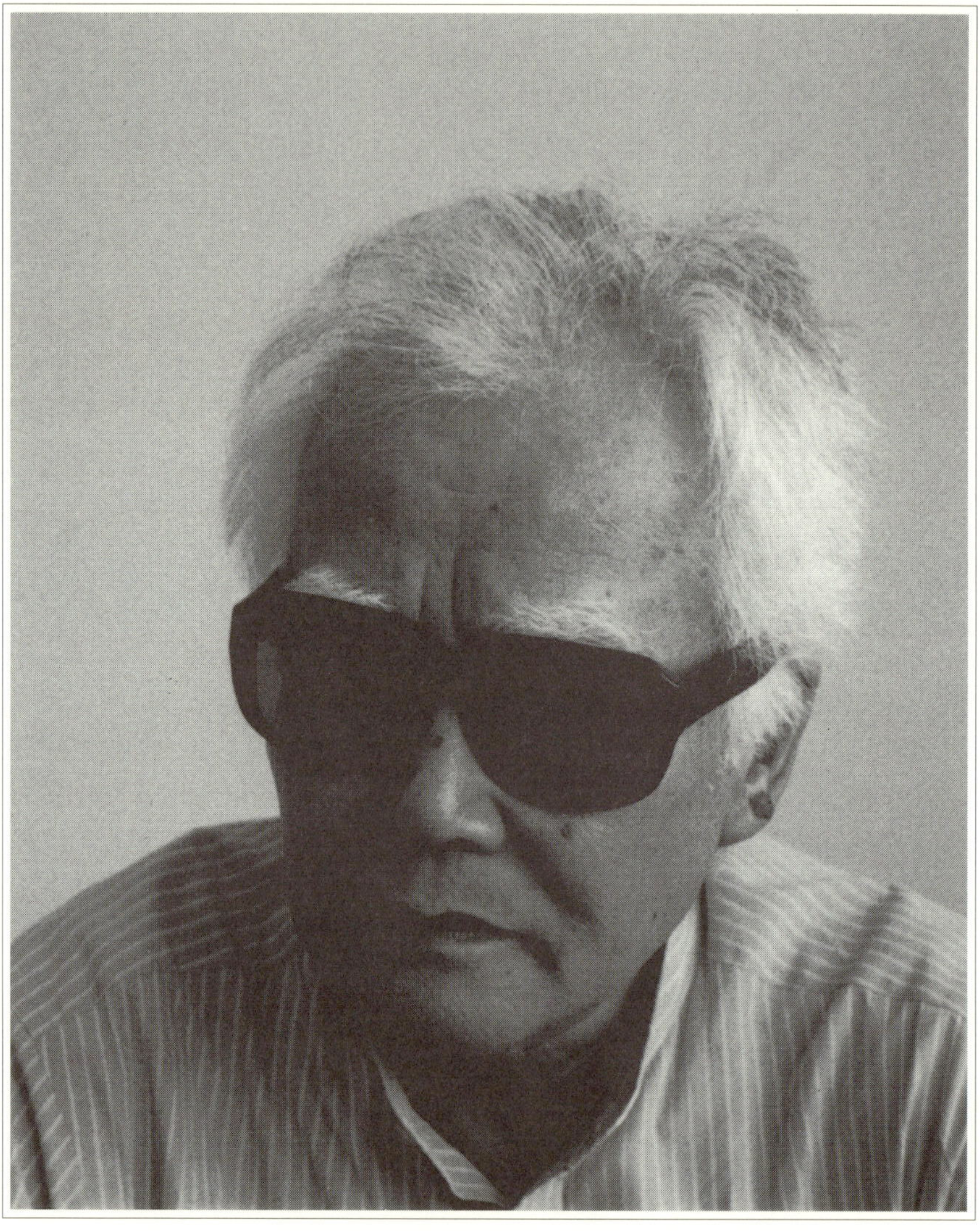

新川明（あらかわ・あきら）　一九三一年生まれ。沖縄タイムス入社。八重山支局長、「新沖縄文学」編集長、『沖縄大百科事典』編集長、編集局長、社長、会長を勤め、一九九五年退任。主な著書に『新南島風土記』『琉球処分以後』、詩画集『日本が見える』（共著）、『反国家の兇区』ほか。

たいと思うのです。

本紙の新年号（二〇〇〇年）に寄せていただいた「新世紀・沖縄の憂鬱と憤怒」でも触れておられますが、新川さんは、二千円札の表に沖縄の守礼門が刷り込まれる意味を問うて、それは「沖縄サミット」に焦点を合わせた、極めて政治的意味合いをもつものだと言っておられますね。

新川　二千円札の発行が発表されたときに、「おやっ」とまず思ったんですがね。なんでその表に守礼門が刷り込まれるのか。ちょうど、普天間基地の移設問題があり、サミットの沖縄開催という日本政府の決定があったりして、そのなかで二千円札の発行が発表されたわけですが、しかも守礼門を表の絵柄にすることが決まった。

いろいろ推理小説みたいに考えてみたら、「守礼」という記号の持つ意味、それが大変重要なキーワードであるということに気づいたんですよ。そして、この記号の持つ意味を明らかにしなければ、二千円札問題の本質はわからない。それだけじゃなくて、日本国の沖縄統合の意味も見えてこない。どうしてもそのように思えてならなかったんです。

いみじくも、かつて沖縄の統治者だった琉球列島米国高等弁務官府が発行する宣撫雑誌が「守礼」という記号を使った「守礼の光」であった。記号としての「守礼」はそのような使われ方をするんですよ。つまり日本もアメリカも、沖縄の人たちを統治し統合するにあたって、沖縄人が徳目とした「守礼」という記号を逆用することで従属を迫るということが、はからずも明らかになったわけですね。そしてこんどの二千円札問題は、そのような根源的な意味合いを内に秘めながら現象的には普天間基地県内移設をスムーズにやるために、沖縄人の人心を懐柔するものとして出てきた。

――新川さんは、こんど発行される二千円札に沖縄の守礼門が刷り込まれることに、明治政府による「琉球処分」以降、皇民化と沖縄戦、敗戦後のアメリカ統治をへて七二年に再併合されるといった、沖縄の日本への「統合」の歴史が、ついに「完成」したことを宣布する歴史的事件だと書いておられます。

新川　そのように考えないと今回の二千円札が唐突に出てきた疑問を読み解くことは出来ない。サミット開催やミレニアム記念ということでは、守礼門をメインの絵柄にする必然性は全くないからです。しかも、一地方の県指定文化財にすぎない建造物を採用するのは、日本国の紙幣発行の明治以来の慣例にも背反する異例中の異例のことです。そこに深い政治的意図を読み取らなければならない。

そういう本質のところをその都度絶えず押さえながら、日本の沖縄に対するやり方を見ていかないと、国家の論理に真に対抗し得る視点も運動論も生み出すことは出来ないと思うんですよ。これまでの沖縄の人たちの運動がそうだったんですが、起こってくる現象に対し、それに対応するレベルの運動にとどまってしまう。このままじゃあ、絶対に沖縄の運動や闘いは根源のところで本質を見、日本のやり方に対抗する闘いと、さらにはそれを支える理念を見つけることはできないし、創ることもできない。僕はもう頑固にそう思っているもんですからね。

「反国家」の概念としての「反復帰」

――沖縄の近現代史を考えた場合、そこには、「琉球処分」以後の天皇制国家日本による、沖縄の「同化と統合」という問題が立ちはだかります。この問題を掘り起こし掘り下げていくなかから、新川さんは『**反国家の兇区**』（現代評論社、一九七一年。増補版・社会評論社、一九九六年）における「反復帰」思想を紡ぎだしてこられたのだと思うのです。しかし、この春、琉球大学の三教授たちが提唱した「沖縄イニシアチブ」に見られるように、そうした「同化と統合」を問う根の思想を封殺するかの如き、「現実」を見ないがゆえに「現実」の力にはなり得ないのだとする「現実主義」の方向性が顕著に表れてきています。

　それは、本土を席巻して久しい「現実」に名を借りた現状肯定主義という、九〇年代の思想的潮流と連動して捉えられるのではないかと思いますが、「現実」に対して「政治的効果」がないことをもってして、政治的次元で思想の有効性如何を論《あげつら》う論調は、実は日本が抱えている根深い思想的頽廃を顕にしているのではないでしょうか。

新川　そういった問題の構造は、日本という国と沖縄との関係のなかには非常によく表れるんですね。

――それに対して、日本によるヤマト化というかたちでの沖縄「統合」の近現代史のなかで、新川さんの「反復帰」論はどのようなものとして位置づけることができるのでしょうか。

新川　「反復帰」論の「反復帰」とはもちろん、米国の占領統治下で起こった日本への復帰運動に対抗して言う「反復帰」であるわけですが、かつて『反国家の兇区』でも書きましたけれども、その場合の「復帰」というのは、一九七二年に行われた「復帰」という名の日本への再併合、それに対する単純な「反復帰」という意味ではないということが、なかなか分かってもらえないんですね。

　どうしても、復帰運動というものから考えて、「復帰」とは七二年の出来事を指す言葉、概念としてのみ理解されてしまうわけですが、僕にとっての「復帰」とはそういうもんじゃなくて、その地域の人々が、自らすすんで国家に組み込まれていく精神の営みと行動様式のことを言うわけなんですね。それを、僕は「復帰」という名で表現したかったわけです。

したがって、「反復帰」というと、国家の論理に組み込まれまいとする地域の人々の意志を表現するものとして僕は使うわけですね。

「反復帰」論は、七二年に沖縄が日本国に組み込まれてしまった後には、ほとんど衝撃力を持たなくなるといった論評もけっこうありました。しかし、そういうもんじゃなくて、国家が国家の論理に添って地域を組み込んでいく。しかも、地域の人々の精神世界まで含めて取り込んでいこうとするような動きがある間は、「反復帰」論は消滅しないと僕は考えています。

だから、「反復帰」とは、単なる独立論とも違いますし、「反復帰」とはほとんどイコールで「反国家」の概念として考えてもらわなければ意味がない。「反国家」ということになってくると、どれだけの時間と時代の流れが想定されるかは分からないけれども、究極的には国家の死滅を目指すという理念だけは持ち続ける。そうでないと、法体系も含めて、様々なかたちで人々を取り込んでいく国家権力の一方的な強制力に対して、「否」という意志を持ち続けることはできない。僕はそう思っているんですけどね。

しかし、いうところの「現実主義」からしてみれば、「反復帰」「反国家」は「現実」的ではないわけですから(笑)、なかなか理解がされにくいんじゃないですかねえ。

「現実」に寄り添う「知」

――新川さんが書かれた『沖縄タイムス』五月一六日号の「『沖縄イニシアティブ』を読む」に対して、その提唱者の一人である高良倉吉琉球大学教授が同紙五月二三日号に反批判を寄せています。そこで高良氏は、「二十一世紀の沖縄はどこに向かって歩いていくべきなのか。基地問題の解決を具体的にどう進めるべきなのか。この点についてあなたのような高度な思想・政治論をお持ちの方のみ分かる言葉においてではなく、たとえば私のような低劣な者にも分かるように説明してほしい」と述べています。

「高度な思想・政治論」を空論ととれば、「低劣な者にも分かる」現実主義こそが沖縄の未来と基地問題の解決を真に考えることができる、そう読むことができます。私のように半知半解のヤマトンチュウが口を差し挟めるかどうかは別として、やはり「高度な思想・政治論」は現実には役にも立ってこなかったし、役に立たないという含意がそこには見えます。

しかし、この一面にも、私は現代日本に極めて普遍的な「知」をめぐる問題が内包されているように思うのです。学問が「実用性・実効性」という尺度で計られるようになって久しいですけれども、「知」の専横が政治や経済効率と結びつくかたちで推進され「現実」に寄り添うと見せる現実主義が、基地問題や日米安保とどのような接点を持つかは、容易に想像がつきます。やはりそこで邪魔者として排除されるのは、歴史と思想に拠る人間の精神の問題ではないでしょうか。「知」という名のもとにそうしたものを封殺していくという、極めて皮肉な二〇世紀末の精神風景のなかに沖縄もあるということがそこからは感じられるのですが、新川さんはどのようにお考えですか。

新川　高良君の反論は、僕の指摘には何も答えずに逆に反問するという形のもので、これでは論争が成り立たないのでしゃないなあと思ったんだけど、一面では彼、あるいは彼らがいかに傲慢であるかということを強く感じましたですね。だから、自分は新川の「高度な思想・政治論」が分からないといった言い方は、謙虚な言葉じゃないんだよね。相手を見下した傲慢な言いぐさで、そういうふうにしてはぐらかしているわけなんですけどね。

たしかに、いま沖縄でもそうだけど、いったい何をもって「知」というのか、知的作業というのは何なのかということが、どうも突き詰められていないように思えます。高良君も自らの営みが知的なものであり知的作業であると繰り返し強調しながら、人間の生き方や豊かさを経済効率によって計量する現実肯定の現実主義を述べるわけだけれども、日本全体のご指摘のような流れのなかから、彼らの発言も出てきたのだとは思いますけどね。

——沖縄の学者の中からそうした発言が出てきたということは、新川さんが書いておられるように、沖縄が日本に統合されていく歴史的過程において、かつて無かったことなのですね。

新川　そうした主張や議論が出てきたということは、一種の必然性があってのことだとは思うんです。日本の沖縄に対する統合過程が最終的な段階に来たこの時点で、沖縄内部からそうした動きが出てくる。つまり、一九七二年の再併合から四半世紀を経てもなお不協和音を発しつづける沖縄にあって、その沈静化を図るには政治家や経済人ではなく学者グループの登場をおいてほかにない。いつの時代にも「現実」に寄り添い権力を志向する学者はいるわけで、登場のタイミングをうまく摑んだということでしょう。

——そのことは翻って言えば、さきほど新川さんがおっしゃいましたけれども、「反復帰」の思想が「反国家」であるとするならば、日本による沖縄の歴史的な統合過程を見ると、やはり「反国家」にしても、またいま話されたような国家へ統合に向けた沖縄の側からのイニシアティブ発揮にしても、やはり「国家」というものを強烈に意識せざるを得ない歴史的経験が、「国家」というものの剝き出しの暴力や専横も含めて沖縄近現代史には一貫してあったということができるのでしょうか。

新川　そうですね。

――そうしたなかから、新川さんは「反復帰」論を生み出されたわけですが、その動機についてもう少しお話しいただけないでしょうか。

新川　端的にいえば、一つは日本国、日本という国家を考えて、その国家が我々沖縄人にとって、所属すべき国家であるかどうかという問題がありますね。それははたして帰属するにふさわしい国家であるのか。そう考えると、どうしてもそれは違うんですね。

その理由として象徴的なことは、日本国憲法の第一条ですよ。国民統合の象徴として天皇があると規定しているわけですから、所属している自分の存在証明のようなものを、天皇によって象徴されるということは、沖縄人としては納得できない話です。だから、そういう国家に所属することはできない。それはイデオロギー的にどうのこうのという問題じゃなくて、やっぱり沖縄が古い歴史のなかで、独自に形成してきた神観念を含めた価値観、世界観によるし、近代以降の歴史体験から導き出された感懐と言えます。本来、天皇は沖縄人の精神世界のなかには入ってこない全然異質の存在であるということです。

ですから、そこに統合され、そして天皇を象徴とされるということは、非常に素朴な意味でも、沖縄人にとってはなかなか納得いかないことです。ただ、しかしそうでありながら何故、沖縄のなかでその点がはっきり出てこないのか。問題はそこに移っていきますね。それは、やはり復帰運動が日本国憲法なるものを唯一の拠り所としながら運動のエネルギーとしてきたことに由来していると僕は考えます。つまり「憲法復帰」ということで、日本国憲法が持つ、第一条によって規定されている問題がまったく見えないままに、自分の進むべき方向性を考えてきたわけですから、違和感や拒絶感が表面化して来なかったんですね。

だけど、政治的な動きや状況に対する考え方を措いておいて、じゃあ天皇をどう考えるのかを単純に問いかければ、それはやっぱり、多くの沖縄人にとって天皇はよその神様であって、自分たちの神様じゃない。そういう心情というのははっきりしてるんですね。

思想・文化の深層から政治を問う「反復帰」論

――「反復帰」論を新川さんが展開され始めたのは、一九六〇年代後半ですか。

新川　僕らの主張や議論を「反復帰」論というかたちで括ったのは、もっと後になってからのことなんです。その言葉自体が出てきたのは、雑誌「新沖縄文学」が一九七二年にこのタイトルで特集して、その言葉が生まれたわけですけれども、七〇年前後から復帰運動批判、復帰思想批判、天皇制批判、あるいは沖縄における共同体論といった議論を、私や川満信一君、岡本恵徳君などがやったんですね。

それは今日まで続いているけれども、そうした議論を一括りにして、後から「反復帰」論と名付けられたわけです。

——『沖縄・統合と反逆』に書かれた「自分史のなかの『反復帰』論」で言っておられますが、沖縄戦ののちアメリカによる沖縄占領、そして米国軍政下での基地建設のための土地収用と島ぐるみ闘争などを経る中で芽生えた沖縄人の復帰運動には、基地のない沖縄への希求があったわけですね。そうしたなかで、七二年の沖縄併合以前に、新川さんが「反復帰」とのちに名付けられる復帰運動批判をされたことは、やはり孤立を強いられることだったのでしょうか。

新川　孤立の状況にあったし、また少数者、異端の主張であったので、七二年の後、「反復帰」論は政治的には敗北したと言われました。たしかに、「反復帰」論を一種の政治運動論的な視点で見ると、量的に少数者の意見であったという意味で、そして復帰運動なるものの流れを変えることができなかったという意味で、政治的に敗北したと言われれば、まあそうかなあとは思いますが、僕は「反復帰」論は政治運動論ではないと思っているし、それは、思想運動というか、広い意味での一種の文化運動だと考えていますので全く敗北感はありません。むしろ「統合」がすすみ、国家の論理が押しつけられてくると、かえって「反復帰」論の生命力は強くなってくると考えています。

だから、「反復帰」論をあくまで政治運動の次元でしか捉えられない人たちの批判については、むしろ彼らの思想の浅さを感じてきましたね。

——「反復帰」の思想がリアリティを持ち、いまこそこの視点で「現実」に名を借りた思想の政治主義への転落に特徴づけられる現実主義が批判できると思うのは、「反復帰」の思想が文化の問題を問うところから発せられているからではないでしょうか。

新川さんの「反復帰」の思想には、現代日本の思想の貧困と果てしなき保守化、自閉化を撃つ普遍性が脈打っていると考えるのです。それは、先ほど言われたように、「反復帰」論が、すなわち「反国家」として国家に対峙する「個」の思想であるがゆえにだと思っています。

「自分史のなかの『反復帰』論」でも書いておられますが、新川さんは沖縄タイムスに入られて、ヤマトである鹿児島支局に赴任されたときは、「復帰」がアメリカ支配からの沖縄の解放であると信じておられたのですね。

新川　そうですね。私自身、鹿児島に赴任したときは、やっぱり占領下の沖縄の重たい状況からとりあえずは脱出できたわけですから、一種の充実感を感じましたですね。

たしかに、復帰運動は一面においては、米軍支配の重圧からの脱却を望むものとしての有効性があったわけで、これは否定できません。しかし、何故そのときの選択肢が日本復帰というその一点に限定されて、それが前提化されることが十分論議されずに、みんなざーっとなだれ込んでいったのか。そこには、アメリカ信託統治下に入るという議論から独立論に至る幾つもの議論が存在しました。つまり幾つもの選択を可能性として持っていながら日本に対する「祖国」幻想のみを肥大化させ、ついには絶対化してしまった。それを思想史または精神史の俎上で解剖して開示しない限り、思想的にも政治運動論の次元でも内容のある議論にはならない。

たとえば、「沖縄タイムス」二〇〇〇年五月二九日号に掲載された新崎盛暉君の「『沖縄イニシアティブ』を読む」を見ると、高良君らを批判するなかで、復帰とは米軍支配からの脱却という単なる手段であって目的ではなかったと言っています。でも、そういうかたちで批判したって、それは何の反論にもならないと僕は思うんですね。手段であったというより、日本復帰はそのとき目的化されていたわけですから、問題はそこにあるわけです。

復帰すなわち日本への帰属が目的化され、目的として選び取った選択肢が、しかもそれを絶対化して選び取った選択肢が、正しかったのか正しくなかったのかという検証作業は、いまに至るまでなされていない。もちろん高良君たちも、彼らを批判する人のなかにも、復帰とは多数の沖縄人の願いであり意志であったと、そのことを精神史的な分析もなく無媒介に肯定していくわけだけれども、そのような民衆の動きと、それが結果した復帰運動というものを、民衆多数がそう望んだのだからそれは正しいんだという議論に持っていったら、これはやはりおかしいと思うんですね。

じゃあ、復帰運動というかたちの民衆運動が、誰によって、どういうかたちで組織され、指導されていったのかを突き詰めて問わず、何故民衆をそこに向かわせたのか、何故民衆が進んでそこに向かったのかということを微細に切開しないで、民衆が望んだから正しいなんて言い方は、現実主義の政治論、まあ政治家の言う言葉であって、学問をしている人の言う言葉ではないでしょう。

――なぜ、いま学者の発言が、起こった出来事の意味やそこに内包される矛盾や問題を問うことなく、国民が支持しているからとか、民衆が望んだからということを後ろ盾にする現実主義に堕してしまっているのでしょうか。そこに、いまの知や思想を蝕む核心的な部分があるように思います。私には、それは現代を特徴づける、人間の想像力が囲い込まれたなかでの、口幅ったい言い方かも知れませんが、思想家が死滅し思想研究者ばかりになってしまった状況ではないかとすら思えるのですが。

新川　なるほど。僕は学者でも研究者でもないからね。その点極めて自由だから自分の直感によって感じたままものを見、選り分けて発言できる自由さがありますけれど、学者は相当窮屈な世界に住んどるんですな。

精神文化を支えている根っこの部分を見る視点

――新川さんが思想や文化の問題として「反復帰」論を考えられた背景には、作家島尾敏雄の影響がやはり大きかったのでしょうか。

新川 そうですね。たまたま個人的に親しくさせていただいただけでなく、そのヤポネシア論から受けた啓発は大きかった。でも、島尾さんのヤポネシア論だって、僕たちの言ってる「反復帰」論とは違うわけですね。ということは、ヤポネシア論も、今ある日本国家を相対化し客観視していく視点を提出したわけだけれども、そうかといって日本という国を否定するものではないですよね。つまりヤポネシア論は、単一化されてイメージされる硬直した日本ではなく、多様な顔つきを持つ柔らかい日本を考える方法論的な視点と思考法を提示するのですけれど、日本という国民国家の枠組までも否定する考えではありませんよね。そういう意味で、「反復帰」論とは相容れないところがけっこうあるんです。

しかしながら、島尾さんとは、そういったことは抜きにして、近しい交わりをずっと続けてきました。「反復帰」論についてはなにもおっしゃらなかった。ただ黙って、僕らのすることを見守っていたとでもいえましょうか。

僕らは島尾さんのヤポネシア論によって、実体やシステムとしてある国家を相対化する視点を教えられ、そこから僕たちは、僕たちの思想を創り出していく。そうしたところに島尾さんとの思想的な接点があったわけです。

島尾さんと知り合って、そして島尾さんのヤポネシア論に触れることによって、自分たちの進むべき方向性を摑み出すという点では、まさに島尾さんが、僕にとっては「反復帰」論の母体であったということが言えるんですね。そして、島尾さんが政治的な意味での自立性についてエッセイで書かれたこと、あるいは文学の自律性についてエッセイなどで書かれていることを通して、僕らは人間にとっての自立性ということを学ぶこともできたわけです。

――そうした島尾さんとの出会いが契機となって、新川さんが幼少期を過した八重山群島の文化の基層を探る視点を得られたわけですね。新川さんは新聞連載をもとに『**新南島風土記**』（大和書房、一九七八年）をまとめておられますが、こうして、日本の中央権力や文化を見る北向きの視点から一八〇度向きを変えて、さらに沖縄の根っこにある文化や思想を掘り起こす視点へと深めていかれたのですね。

「反復帰」論はそうした営みのなかで培われた思想だと思うのですが、どうしても「復帰」という言葉が持つ現実の政治的課題へと引きずられて、「反復帰」の思想的膨らみが見落とされる傾向に向かってしまう。

その地域に生きている人々の精神世界が拠り所としているのはいったい何なのか。僕にとってみれば、八重山経験というものによるところが大きかった。

このことがいま、「反復帰」の思想を問い直す上で留意されるべきですね。

新川　もっと、人間の生きていることの根っこにあるものとはいったい何なのか。「反復帰」とはそのことなんです。基本的には、じゃあ、その地域に生きている人々の精神世界が拠り所としているのはいったい何なのかということになってくると思うんです。それはむしろ、僕にとってみれば、八重山経験というものによるところが大きかった。もちろん、僕は小さい頃そこで育ったんだけれども、八重山支局へと流されて過ごした四年九ヶ月は僕にとって、島尾さんの著作などから影響を受けながら、島の思想とはいったい何か、あるいは島の人々の根源にあるものは何かということを考える時間であった。そしてそのなかで、やっぱり精神世界を支えている根っこの部分を見る視点へと向かったわけなんですね。

表層の現象としてのいろんな政治状況とは違う、強い岩盤みたいなものがその根っこの部分にはあるし、まずそこにしっかり足場を置いて、ふたたびまた国家を見る、政治状況を見る。そうして初めて、国家と自分との関係や政治状況をどのように捉えるかという、一種の方法論的な思考を少しずつ身につけていったんだと思いますね。そのことが、のちの「反復帰」論になっていくんです。

だから、現実主義を振りかざして、「情念から論理へ」とかあるいは「理念から現実へ」ということを言う主張に対しては、それは逆だと。むしろ情念の世界から、そこにちゃんと足をつけたところから論理を導き出し、その論理をもって現実を解析していく。そういった作業が大切であって、その逆じゃあり得ないと僕は言っているんですけどね。

しかし、いわゆる現実主義者たちは、理念的なものを先行させるのではなくて、やっぱり現実にどう切り込むかが大切であって、現実に沿ってそれにどう対応していくかといったことに力点を置くんですが、その考え方に、僕はどうしても納得できないんですね。それは、思想というものではないし、人間のあり方を考えるときの思考方法が逆になっているとしか思えないんです。

やっぱり、まず人間として立っているその根源のところは情念の世界だと思いますから、そこから理念を紡ぎだしていく。そして、その理念に基づいて、現実をどう見ていくのかというのが手順ではないでしょうか。

変わらない日本国の国体観念

――やはりいまのお話をうかがって、現実の政治に対して、どうするのかという方法論、戦術論を学者がやってのけることが知的作業であるという趨勢が強まるなかで、もちろん学者イコール知識人であると僕は思ってはいませんが、誰しもが政治家になる、あるいは政治に参画することでしか変化を構想できないといったことを前提とする知の問題が、そこには拭い難くあるように思います。はからずも、新川さんはエドワード・W・サイードの言葉を沖縄イニシアティブ批判においても、また『沖縄・統合と反逆』においても引いておられますが、真実を語ることが、民衆や国民の名のもとに権力を行使する者に対し批判的であり得るということが、何故にこれほど軽んじられるのか。そのことが、思想をめぐる頽廃を如実に表しているように考えます。

新川さんは本のなかで、何故、日本政府が用意する経済振興策と抱き合わせの基地固定化という方向性、その土俵に乗ろうとするのか、と問うておられます。しかし、こうした問いに対しては、何でも反対では生産的ではない、といった応酬が待ち構えていますね。

新川　それともう一つは、じゃあ反対するなら対案を出せと言いますね。

僕の沖縄イニシアティブ批判に対する高良君の問いかけでも、現実を容認し肯定して、日本の共同事業者として進むべきだと言っています。では、その共同事業者になる日本国はどういうものであるのかということについては、小渕前首相の二十一世紀の日本構想懇談会でまとめた文章において示してある云々と言っていますね。だから、おまえの帰属すべきものはいったい何なのかを示せと言っていますね。

それについては、八〇年代の初め頃に、僕たちが「新沖縄文学」という雑誌のなかで、「琉球共和国憲法」や「琉球共和社会憲法」というものを出したことがあります。それはもう二〇年も前のことですが、そのときすでに、僕たちのあるべき社会像は示してあるんです。

彼らが出してきた沖縄イニシアティブや二十一世紀構想有識者懇談会で出された日本国のイメージ、国家像なんてのは、僕にとっては実に曖昧であると思わざるを得ないですね。その曖昧であるということの意味は、どんな言葉で国家像、古い言葉で言えば国体について言おうとも、日本における天皇制の問題について、きちっとした考え方をはっきりさせない国家像なんてのはあまり意味がないということなんです。だから、日本が国民統合の象徴として天皇を戴く基本的な点を変えない限り、日本国の国体観念は変わらないと思うんですね。

精神世界のなかに占める天皇中心の価値観が変わらない限り、日本がそう変わるとは思えないし、まあ正直な政治家さんたちはすぐ「神の国」なんて発言したり、本音がポロポロ出てくるわけですから。それもちょうど選挙前だから、民主党をはじめ野党の皆さんは選挙の争点にしようと盛んに批判したけれども、選挙が終わった途端にけろっとしてね。

所詮は、そうした議論は選挙における権力争奪戦の政治的な駆け引きのレベルを超えない域に止まっている。だから、象徴天皇制についても、議論が深められないわけですね。そういう国ですから、あるいはそういう国民ですから、日本というのは。

――そこで「反復帰」論が、人間の自由や自立を常に除外し萎縮させ、あるいは安住し身をすり寄せていく国家というものの呪縛を断ち切って、個としての人間を中心に置く思想であることの意味が重要性を増してくるように思います。

このことを考えたときに、本土に生きる人間も「反復帰」の思想に拠らねば、おそらく日本国家による国民統合がさまざまなかたちで進み、「三国人」発言などに象徴される異質性の排除や排外、そして同化へと日本が進む中で、現在の思想の自立はあり得ないのではないか。私はそう考えるのですが、いかがでしょうか。

新川　この『沖縄・統合と反逆』にも書きましたが、小熊英二は『〈日本人〉の境界――沖縄・アイヌ・台湾・朝鮮植民地支配から復帰運動まで』（新曜社、一九九八年）において、「反復帰」論を日本という国民国家の論理そのものに「否」を唱え、「日本人」への包摂と排除を行い続けてきた国民国家のありようを問う思想と位置づけています。こうした受け止め方も出てきているわけです。さきほど、「反復帰」論は統合がすすむとさらに生命力を強める、と言いましたが、小熊論文の結論部分はその意味を考えるうえで示唆的であると思います。

――沖縄の「反復帰」論という場合、その字面から、じゃあ沖縄は日本なしでやっていけるのかとか、「現実」には、もうすでに「復帰」しているなかで沖縄は独立するのか、というような、政治レベルの問題に回収されがちです。私は新川さんの『沖縄・統合と反逆』を一読して、そこで扱われている事象は確かに政治の問題でありながら、それを通して問われている問題は極めて個々人の歴史的視点であり、そして思想の問題であると感じました。

国家と個人のあり方を考えた場合、いつも圧倒的な「現実」が思想より優先しているように見えます。そのことが、現実はこうなんだから、とか、あるいは大多数がそうなんだから、といった現状肯定的現実主義がいっそう幅を利かせることにもなっていると考える

日本国に風穴を開けるか開けないかということは、日本国の人たちがする作業であって、僕たちは日本国に風穴を開けようと思ってやっているわけじゃない。

のです。

「反復帰」の思想は本来、米軍の統治下で沖縄人の「復帰運動」という奔流に抗して培われてきた反復帰＝反国家＝反国民の思想だと新川さんは書いておれますが、それは国家への合一化、すなわち統合への、個の位相での拒否の志向に貫かれています。それゆえにこそ、現在の日本を覆い尽くす「現実ファシズム」ともいうべき現実主義を突き破る思想の躍動が、いまに問い返されるべきだと思うのです。

「沖縄サミット」を目前に、「反復帰」論の発信者である新川さんは、そのことについてどうお考えですか。

新川　私自身は、日本の人たちにほとんど何も言う言葉を持ってないんです、正直言ってね。だって、言ったってしゃないでしょう。僕にとっては、沖縄人自身が、自分の生き方というものを繰り返し原点に立ち戻って考えて欲しいという思いがあるだけです。

また、「反復帰」論の思想は、個の位相で国家への合一化を拒否するといっても、それは人間の共同性と自然界との共生関係を創り出してゆくうえで前提とすべき命題であって、そのこと自体を目的化してしまえば、私たちの近代が生み出した悪しき個人主義に転落してしまいます。その点は誤解のないように言い添えておきます。

幸いなことに、政治的なものでは全くない分野で、たとえば二十数年も営々と研究を続ける琉球の祭祀歌謡研究者が、その研究の道に入ったきっかけと、研究の持続を支える思念の核は「反復帰」論であったというんですね。これは僕にとっては非常に嬉しいことであるし、そうしたかたちで「反復帰」論は、いろんな分野で深められて、沖縄人としてのアイデンティティを絶えず確認しながら持続されていく。そして、それをすることが、結果として、日本という国民国家に風穴を開けていくことになるのかも分からない。けれど、日本国に風穴を開けるか開けないかということは、日本国の人たちがする作業であって、僕たちは別に日本国に風穴を開けようと思ってやってるわけじゃないんですよね。結果としてそうなればいいし、そうなればまた、日本国の人たちも、もう少しましな生き方ができるんじゃないかなあ。

そしてそのときは、もしかしたら〝良き隣人〟として手を取り合えるんじゃないですか（笑）。

（二〇〇〇年八月二一日号）

反国家に裏づけられた思想

二〇〇〇年七月、「沖縄サミット」直前の時期に、私ははじめて沖縄に行くことになった。前年の九九年以降顕著になってきた「新ガイドライン」＝軍事化の新局面、その延長線上にあるサミットの開催地が、こともあろうに沖縄になるという現実は、サミット奉祝ムードという「世紀末ニッポン」の精神風景を突き破り、その背後にある歴史の意味と思想にまで立ち至って問い返されねばならない、という焦りをもって私に迫り来た。あえて「反時代的」に、一過性の事象に流されずに沖縄から現代を問い、時代を見る眼に貫かれた人々の言葉を、一人でも多くの読者に伝えたかった。「図書新聞」紙上で二〇〇〇年七月から九月まで二ヶ月にわたり「特集・深層からの沖縄」を展開した動機には、そうした思いがあった。

　私は、沖縄を全く知らないまま行くことになった。わずかな手がかりの一つは、新川明氏が「図書新聞」二〇〇〇年一月一日号寄稿の「新世紀・沖縄の憂鬱と憤怒」で書かれた、サミットに照準を定めた日本国政府による「守礼門」新札発行の歴史的意味であった。「守礼」という、沖縄人の徳目を意味するこの記号の使われ方に、日本国による沖縄統合の歴史とその隠された意図が潜んでいることを、そこで新川氏は洞察していた。そして、サミットを目前に、新川氏の『沖縄・統合と反逆』（筑摩書房、二〇〇〇年）も刊行された。それらを縁に、私は沖縄に新川氏を訪ねることになった。

新川氏は事前に、インタビュー中にも言及されている「沖縄イニシアティブ」に関する「沖縄タイムス」「琉球新報」各紙の関連記事を、資料として送って下さった。この資料がなければ、インタビューの聞き手としての私のモティーフは稀薄なものとなってしまったに違いない。繰り広げられた「沖縄イニシアティヴ」をめぐる論争は、日米安保や基地問題のみならず、沖縄統合と反逆の歴史をも垣間見せるものであることを、私は新川氏から教わったのであった。

　インタビューで新川氏にうかがったのは、氏が『反国家の兇区』（現代評論社、一九七一年。増補版・社会評論社、一九九六年）で書き記した、「沖縄人がみずから進んで〈国家〉の方へと身をのめりこませてゆく、内発的な思想の営為」に抗して生み出されてきた〈反復帰〉論であった。そして、現代日本の精神的潮流、すなわちいま、全日本的に進行する「みずから進んで〈国家〉の方へと身をのめりこませてゆく、内発的な思想の営為」に、如何に抗していくかという問題であった。

　新川氏は、〈反復帰〉論が沖縄人それぞれのなかで、沖縄人としてのアイデンティティを確認する核として生命力を有すると話された。そして、沖縄人自身がみずからの生き方を、繰り返し原点に立ち戻って考えることを望むと言われた。このインタビューで語られている、「私自身は、日本国の人たちにほとんど何も言う言葉を持ってないんです。正直言ってね。だって、言ったってしゃないでしょう」という、何より本土の日本人の御都合主義と傲慢さを見透かしたかの如き氏の言葉は、翻って、沖縄人の自立の思想を問い続けてきた新川氏の姿勢を物語って余りあった。

　インタビューの中でも話されている、〈反復帰〉論を支える沖縄人の精神世界、その根の思想は、新川氏の『新南島風土記』（大和書房、一九七八年）に刻まれている。この思想から、新川氏の国家を見る眼差しが培われ、反国家、非国民に裏打ちされた〈反復帰〉論が紡ぎ出されたのであった。そして、新川氏の沖縄統合と反逆の歴史への視座は、『異族と天皇の国家――沖縄民衆史への試み』（二月社、一九七三年）、この増補改訂版である『琉球処分以後』上下（朝日新聞社、一九八一年）に示されている。私はこれらの著作が、新川氏みずからが勤めた「沖縄タイムス」

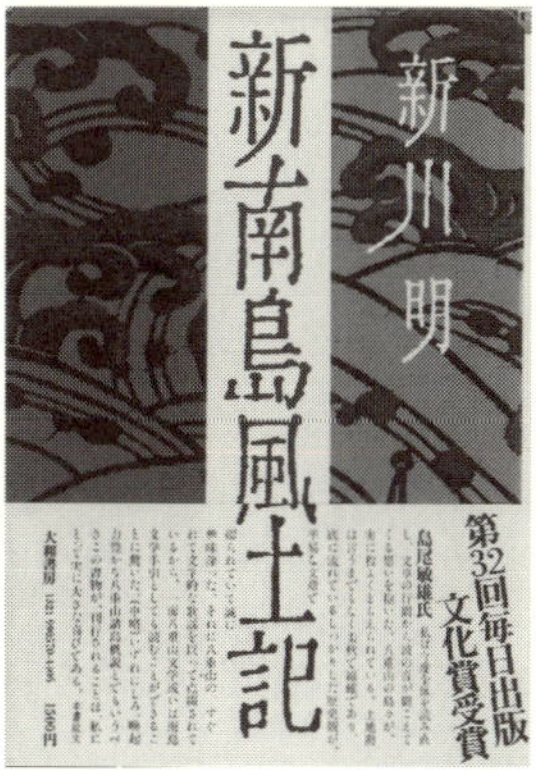

紙上に連載された記事をもとに編まれたものであることに驚嘆を禁じ得なかった。沖縄現代史のなかで、ジャーナリストが歴史家の眼を持ち、思想家になるというその具現体を、私は新川氏の姿に見た。

紹介すべき事柄や書物は数多い。

そのなかで、「特集・深層からの沖縄」の第一回目に収めた鹿野政直氏の講演録「なぜ沖縄を学ぶのか」は、学問を対象との不断の対話へと返還させていくことができないか、と問いかけた鹿野氏自身の、沖縄との絶えることなき対話の歩みともなっている。「自分がはたして何者であるかを考えるときに、こうして沖縄の人々は、絶えず揺さぶられる体験をして来ざるを得なかった」と語る鹿野氏は、伊波普猷の意識の変化をたどり、「にが世」と「あま世」への省察を通じて沖縄の人々の希求を読みとろうとする。氏の語りは、対象を切り刻み、知識と分析の精緻さを誇るかのような学問に匂う「不遜」とは程遠い。その姿勢は「なぜ沖縄を学ぶのか」を問い、その問いを掘り下げていくこと自体が学問なのだという、対象と対話する者が負う責任とセンシビリティに貫かれていた。私はそこで、学問のあり方を学ぶ思いがした。

鹿野氏の語りは、氏の著作への手がかりとなる。**『戦後沖縄の思想像』**（朝日新聞社、一九八七年）は、沖縄戦後史のなかの思想的営為を綴った大著である。そして、先に触れた伊波普猷について、氏は**『沖縄の淵――伊波普猷とその時代』**（岩波書店、一九九三年）をまとめている。

最後に、新川氏はインタビューの後、「沖縄との連帯」を振りかざして本土からやってくる日本人への嫌悪を語るなかで、私にこう言われた。「もし米田さんが『連帯』ということを考えるなら、あなたはあなたの持ち場、現場で闘うことだ。それが、ひいては本当の『連帯』ということになる」。

インタビューに伺った私は、新川氏に励まされて沖縄を辞することになった。時代に拮抗するジャーナリストの独り立つ姿を、私は沖縄で、新川明氏に見た。

世界を映す「島」

八重山から日本と世界を見据えて

三木健
Miki Takeshi

沖縄返還交渉と八重山近代史の双方を視野に

——三木さんは先頃、**『ドキュメント・沖縄返還交渉』**（日本経済評論社、二〇〇〇年）を刊行されました。この本は、沖縄返還交渉について、リアルタイムで書きつづられたドキュメントです。一九六八年から三年間にわたり、沖縄の新聞記者として、三木さんは東京で、日米間の交渉過程をつぶさに見てこられたわけですが、それとともに**『八重山近代民衆史』**（三一書房、一九八〇年）や**『聞書西表炭坑』**（同、一九八二年）**『沖縄・西表炭坑史』**（日本経済評論社、一九九六年）など、八重山群島の近代史研究や西表炭坑の聞き書きにも取り組んでこられました。

簾内敬司・松本昌次編『さまざまな戦後』第二集（日本経済評論社、一九九五年）に寄せられた**「〝辺境〟から見えるもの——沖縄の新聞記者として」**に、三木さんは「国家から最も遠いところから逆に中央を見すえることで国家の統合（沖縄返還）の本質が見えてくるのではないか」と書いておられますが、そうした視点をお持ちになった背景について、お聞かせ願えませんか。

三木　最初からそのことを意図していたわけではありませんでした。私は駆け出しの新聞記者の頃、東京で沖縄返還交渉の取材にかけずりまわっていたのですが、ちょうどそれは、アメリカと日本という国家と国家との大きな交渉のなかで、沖縄の置かれている状況が変わっていくという、「世変わり」ともいわれた時代なんです。そしてこの時、

三木健（みき・たけし）　一九四〇年生まれ。琉球新報社入社、取締役編集局長を経て、現在常務取締役。主な著書に『西表炭坑概史』『八重山近代民衆史』『聞書西表炭坑』『オキネシア文化論』『八重山研究の人々』『リゾート開発』『沖縄・西表炭坑史』『沖縄ひと紀行』『八重山を読む』ほか。

私の生まれた石垣島を含む八重山でもいろんなことが起きていました。特に、復帰の前年である一九七一年頃には、長期の干魃と台風があって、何百年と続いた村が崩壊し廃村になるということがありました。その頃、復帰を前に「復帰不安」ということがいわれたんですが、石垣島でのそうした出来事は、「世変わり」に対して出てきた「復帰不安」とも重なって感じられたんです。

一方では国レベルでの大きな動きがあって、他方では末端の小さな村々にまでいろんなことが起こっている。「船は舳先が最も揺れる」といいますか、やはり末端の現実の小さな動きを押さえておかないと、大きなことも見えてこないのではないか、そう思ったんです。つまり、一方が大きなものであればあるほど、なるだけ地域の問題から目を離さないようにすることが必要ではないか。そう考えて、国家レベルの取材を重ねながら、地域の歴史をもう一度見すえて掘り起こしてみようと、その双方を行ったり来たりしながらやってきたわけです。

たまたま私の生まれたのが石垣島でしたから、その地域の歴史を掘り起こすことを、沖縄返還交渉の取材とほぼ同時並行で始めました。そうしてまとめたのが『八重山近代民衆史』だったのですが、そのなかで、私は「明治政府と辺境政策」という論文を書きました。

明治二〇年代に、時の内務大臣であった山県有朋が八重山まで視察に来るんです。その時の復命書が出ているんですけれども、それを手がかりとして、琉球処分からまだ十数年しかたっていないこの時期、明治国家が辺境に対してどういう視点を持ち、どういうことをしようとしていたかを、その論文で考察しようとしたんです。

それから、中川虎之助という人が明治二〇年代の終わり頃、石垣島の名蔵という所に数百人もの移民を連れてきて、八重山のさとうきび製糖業を興すんです。結局それは、台風やマラリアで潰れていくんですが、この時期、一方では日本による台湾占領があります。それらを視野に入れて石垣島の製糖業のあり方をみると、原料を吸い上げていくという構図があった。どうも、石垣島への関わり方を見ると、それは内国植民地的だったのではないかと私は考えたわけです。そのことを書いたのが、前引の『八重山近代民衆史』に収めた「中川虎之助と八重山糖業――内国植民地名蔵の光と影」です。

そのようにして、私は八重山の近代史を掘り起こしていったのです。そして、その延長線上に西表炭坑があったのです。

西表炭坑の歴史を掘り起こす

――西表炭坑を調べられたきっかけはどのようなものだったのでしょうか。

三木　最初に西表炭坑のことを知ったのは高校時代で、クラブ活動で西表島に行ったときのことです。西表島の白浜という村には幽霊が出るらしいという話を聞いたんです。ここにはかつて炭坑があって、坑夫たちがリンチを受けたり殴り殺されたりした。その怨霊が死にきれずに、夜になるとさまよって出るというんですね。そのようにして、私は初めて西表炭坑のことを聞いたわけです。

後になって前に述べたような八重山の近代史について調べていくうちに、どうも高校生のころ聞いた幽霊の話が気になりだして、いったいそれはどういうことだったのか、そう思って調べ始めたんです。ところがどの歴史の本を見ても、西表島にかつて炭坑があったということが、ほんの数行で片づけられているだけだったんですね。はたして西表炭坑の歴史は数行で片づけて済むような歴史なのか。そう疑問に思って、それから炭坑の生き残りの人や坑夫の方々に聞き書きを始めました。

ところが、いろんな方々から話を聞けば聞くほど、もうびっくりする事実がどんどん出てきて、これは大変な歴史だと思ったんです。いったい何故この歴史が書き留められずに埋もれているのかが不思議で、これはいよいよただ事ではないと思い直して、誰かがきちっとこの歴史を書き残さなければいけないのではないか、と思うようになりました。かといって、誰かがやってくれるかといえば誰もやってくれないし、結局、自分ができる範囲でやるしかない、と考えて手掛けていったんです。

調査を始めた頃は、史料はほとんどないと思っていました。ただ当時の炭坑の生き残りの方もいらっしゃいましたし、まず話を聞こうと思って聞き書きを始めました。ちょうど炭坑の坑道に下りていってしばらく目を凝らしていると真っ暗なところがだんだん見えてくるような、そんな感じがあって、芋蔓式にいろんな人に会っていったんです。そうして二一人の関係者からの聞き書きを集めて書いたのが『聞書西表炭坑』でした。話を聞いたのは元坑夫だけでなく、炭坑の売店の人や医者、炭坑の会社が建てた私設学校の先生など多岐にわたっていますが、この方々は、いまではもう皆亡くなっています。私が聞き書きを手掛けた三〇年近く前も、もう生存者に話を聞くのは手遅れではないかと思っていたのですが、いまにして思えば、かろうじて間に合ったのか、という気がしています。

——三木さんは「〝辺境〟から見えるもの」において、記録作家上野英信氏の筑豊文庫が戦後復刻した、一九三六年に西表マラリア防遏班の出した小冊子『西表島の概況』が、西表炭坑の沿革史を知る上で一つの手がかりとなったと書かれています。筑豊の炭坑をはじめとする聞き書きを続けた上野英信氏との出会いは、三木さんにとって非常に大きなものだったのですね。

三木　そうですね、そのきっかけをつくったのは報道写真家の岡村昭彦さんだったんです。岡村さんはその頃、筑豊文庫に長逗留して当時評判となった『南ヴェトナム戦争従軍記』（岩波新書）を執筆していたといいます。私はちょうどその頃、琉球新報の東京支社報道部に勤務していたんですが、岡村さんは時々訪ねてこられました。その時代はヴェトナム戦争の真っ最中で、岡村さんは「沖縄の新聞こそ記者を派遣してヴェトナムを取材すべきだ」と言って、自分が取材の手はずをつけるから、ぜひ記者をヴェトナムに派遣するようにと働きかけてきました。そうして本社（那覇）の社会部の若い記者がヴェトナムに送られることになったんです。

その岡村さんが、私が八重山出身だということを知っていて、ある日「こんな史料があるよ」と見せてくれたのが、さっき言われた『西表島の概況』だったんですね。その冊子のなかに西表炭坑の沿革に関する記述が出てくるんです。ちょうど私は西表炭坑のことも調べ始めていたものですから、その記述も一つの手がかりになりました。

上野さんが筑豊文庫から『西表島の概況』をガリ版刷りで復刻したのも、やはりそこに炭坑の歴史に関する記述があって、それに上野英信さんが目を留められたんだと思います。それで、私は最初に書いた論文『**西表炭坑概史**』（ひるぎ社、一九八三年）の抜き刷りを送りました。そうしたことがきっかけとなって、以後、亡くなられるまで交流が続きました。私は、記録文学者としての上野さんの徹底した取材ぶりに、大きく触発されたんです。

――上野英信氏は、筑豊の地の底から日本近代の暗部を撃つ仕事を一貫して続けられましたが、三木さんは『**西表炭坑夫物語**』（ひるぎ社、一九九〇年）のまえがきで、筑豊の地底から遠く離れた西表炭坑においても、「地底はひとつの鉱脈によってつながっていた」と書かれています。日本近代、とりわけ国家と資本のありようを考えるときに、炭坑の聞き書きを通じて西表島の地底から見える日本近代の闇、そのことについてお話しいただけませんか。

三木　日本の近代化のなかで、その近代化を支えていたエネルギーの源であったのが炭坑です。それを地底で支えていた人たちが坑夫でした。しかし、近代化がどんどん進むなかで、その人たちが切り捨てられていったのです。上野さんは、筑豊から南米にまで追われていった元坑夫を訪ね、追跡調査をするなかで、近代日本とはいったい何であったか、ということを告発し続けてきた作家だと思います。

それは同時に、私が調べてきた西表島の炭坑においても、まさに日本の帝国主義が発展していくなかで、ジャングルにまで分け入って、何千人という坑夫を甘言を弄して雇い石炭を採掘していったのです。ところが、いったん不況になり戦争になると、その人たちを切り捨てていくという歴史があるわけです。ですから、筑豊と西表島は地底の坑道でつながっていたんじゃないかということを、私は痛感しました。

西表炭坑の歴史は、確かに日本の歴史のなかでは本当に

何千人という坑夫を甘言を弄して雇い、不況になり戦争になると、その人たちを切り捨てていく。筑豊と西表島は地底の坑道でつながっていたんじゃないか。

小さい、小ヤマの歴史かもしれないけれども、問題の本質においては筑豊とまったく同じで、私は私なりに、小さな歴史であるかもしれないが、ジャングルのなかに消えなんとしているその歴史を掘ることによって、「日本の近代とは何であったか」ということを、照らし出してみたいという意気込みだけはあったんです。それがどの程度のものになり得たかは自信がありませんけれども。

ただ、日本の近代化を問うために、どうやってほとんど史料のない歴史を残していくかを私なりに考えました。一つは、先ほど言ったように聞き書きでした。私が調べ始めた頃は、記録らしい記録はほとんどなくて、民衆の多くがそうであったように、西表炭坑は文字を残さなかった歴史であったわけですから、聞き書きを駆使してその歴史を残してみようと思ったんです。つまり、民衆史の一つの手法として聞き書きというやり方をとったのです。

もう一つは、調べていくと不思議なもので、史料というものはだんだん集まってくるんですね。それをまとめたのが『**西表炭坑史料集成**』(本邦書籍、一九八五年)でした。西表炭坑ができた最初の頃、三井が囚人労働者を使って採炭を始めるのですが、東京・中野の三井文庫に、明治時代の西表炭坑の史料があったのです。それから、八重山には戦前、八重山で出されていた新聞がいくつかありましたが、そこには西表炭坑に関する記事がたくさん載っていたんですね。それは主に事件関係が多いんですが、そうした関連史料を集めて一冊にまとめたわけです。

調べるうちに、写真も出てきてたまりました。それをまとめたのが『**写真集・西表炭坑**』(ひるぎ社、一九八六年)ですが、当時の写真を手がかりにして、そこに写っている現場はどこなんだろうと島の中を訪ね歩いたんです。写真による歴史の現場検証というわけです。

こうして私は、聞き書き、史料集、写真集という三つの方法を用いて、歴史を残すことにしたのです。

西表炭坑史から浮かび上がる内国植民地的な構図

――西表炭坑の聞き書きをされるなかで、元坑夫の方々が必ずと言っていいほど口にされるのは、圧制と暴力ですね。しかも西表島は絶海の孤島ですから、逃げるに逃げられない。海を泳いでわたろうとして溺れ死んだり、たまたまどこかにたどり着いたとしても発見され送還されるといったさまざまな凄まじいまでの事例が、三木さんの書かれた本には記されていますね。

三木　そうですね。沖縄には、こうした歴史は他にないんじゃないですか。しかも、つい手の届く近代史にそうしたことがあったわけですから、まったくもう驚くばかりです。私は「緑の牢獄」と言っているんですが、ジャングルのなかで、資本がしたい放題のことをやっていたということだと思います。西表炭坑にいったん送り込まれたが最後、逃げ出す手段そのものを持ち得ないわけですね。船はほとんど炭坑会社のものですから、逃げるには、せいぜい島の人たちが使うサバニという小舟ぐらいしかなく、それに頼るしかなかったわけです。

炭坑は西表島の西側にありますから、逃亡した坑夫たちは島の東側にジャングルを越えて逃げて行くんです。しかし、ジャングルは奥が深いですから、道に迷ってそのまま死ぬということもありました。またマラリアがありますし、時々、ジャングルのなかで行き倒れになった坑夫の白骨死体が見つかった、という報告も聞いています。

そうした絶望的な状況のなかで、坑夫たちが島を抜け出す一つの手段として考えられたのが、犯罪を犯すことだったんです。そうやって警察に捕まり、監獄に入る。やがて刑期を全うして娑婆に出ることで炭坑を脱出するわけですね。ですから、西表島では事件が非常に多かったんです。『西表炭坑史料集成』にも収録しましたが、当時の八重山の新聞にも、西表炭坑での数多くの犯罪や傷害事件が報じられています。その背景にはこうした坑夫たちの絶望的な状況が読みとれるし、読みとるべきだと思います。

――大正期に西表炭坑が全盛を迎えて、やがて昭和期に入って戦時下の石炭増産体制に西表炭坑が組み込まれていく過程は、『沖縄・西表炭坑史』によってうかがい知れますが、日米開戦によって坑夫たちは陣地構築などの軍事動員に駆り出されていきますね。しかし、西表炭坑と戦争との関わりを考えた場合に、皮肉にも、先ほど言われた圧制下の絶望的な状況から坑夫たちが解放されたのは、沖縄戦の後、日本の敗戦によってであったということになるのですね。そこにもまた、西表炭坑と戦争との関わりが照らし出す、日本近代の一断面があると思われます。

三木　ある一人の元坑夫であった方が、「戦争があってよかった。この戦争のおかげで自分たちは解放された。戦争がなかったら、自分たちは今でもずっと西表島に閉じこめられていたんだ」ということをおっしゃいました。その話を、私は非常に複雑な気持ちで聞いたんですけれども、戦争は解放であったという、日本によって植民地にされた国々の人たちの気持ちと何か似ているなあと思いました。つまり、戦争でもなければ、炭坑の人たちは西表島から解放されなかったという、それぐらい重い内国植民地的な状況があったんだなあと改めて感じましたね。

沖縄内部の「内なる差別」を問う視点

――いまのお話をうかがって、先ほど三木さんが言われた内国植民地、まさしくその一つの実態として西表島や八重山の島々を考えることもできるのですね。

三木　明治・大正時代の沖縄には、さとうきびなどの資源を狙って本土の人たちが入ってくるといったように、一種の内国植民地的な構図があったと思うんですが、炭坑の場合も、西表の資源を本土へと吸い上げていく。さらに資本と労働も外から来るというかたちで、島の人たちの内発的な開発とは関係ないところでそうしたことが行われていたわけですね。

ですから、島の開発とは何か、発展とは何かということを考えるときに、西表炭坑は一つの問題を投げかけていると思います。現に、戦後は炭坑もなにもなくなってしまって、今につながるものはなにもないわけですね。そういう意味でも、炭坑の歴史というのは、日本の近代化のなかで、内国植民地的な構図の一つと捉えることができるのではないか、そう私は考えています。

――島の人々と島外の人々とが接触する機会も、皮肉なことと言うべきか、結局本土の資本などによって駆り出されてきた坑夫たちが島に来ることによって可能になったという側面もあるのですね。

三木　西表島には、旧植民地であった台湾からもたくさんの坑夫が来ているんです。台湾人坑夫や、一部は朝鮮からも来ていたようですけれども、そうしたアジアの労働者と日本の労働者、そして島の人たちが接触するということになったわけです。

特に、台湾との関係は非常に密接で、台湾北部の基隆付近に炭田地帯があるんですが、そこから坑夫が集められ、西表に送られてきました。西表炭坑には大正時代から、納屋制度と呼ばれる日本本土の炭坑における制度が入ってきたんですが、西表炭坑の場合も、それがいくつかあって炭坑の労働組織が成り立っていました。納屋頭のなかには台湾人もいて、台湾人だけの坑夫を取り仕切っている小ヤマもあったという記録が残っています。

台湾人坑夫のことは私も非常に気になっていて、取材のなかで台湾の基隆にも渡り、元坑夫の方を訪ねて行ったことがあるんです。残念ながらその方は半身不随で片言しか話すことができず、十分話が聞き取れなかったのですが、おそらく西表炭坑に関わった台湾人坑夫は数多くいたと思います。

――いまおうかがいしたお話を通じても、西表炭坑をめぐる歴史の諸相が浮かび上がってきますが、日本近代史からは言うまでもなく、沖縄近代史のなかでも、やはり西表炭坑は空白の歴史であったわけですね。

三木　沖縄近代史のなかでも、「沖縄にも炭坑があったのか」というぐらいの認識しかなかったわけです。沖縄は、本土に対しては差別や疎外された歴史があって、日本全体の近代を撃つという立場での沖縄近代史研究がなされましたけれども、その沖縄の歴史のなかで、西表炭坑が無視され顧みられなかったという意味で、それは私たち内部の「内なる差別」のありようを逆に問う歴史でもあっただろうと思うのです。

こうした「負の歴史」をじっくり見つめることなしには、いくら沖縄が本土に向かって差別や疎外の歴史を言っても、それは説得力を持ち得ないし、真に強い論理構成ができないんじゃないかと思っているんです。やはり、沖縄のなかにおける様々な負い目の歴史、沖縄のなかにおける差別の問題を見据えていくことによってでないと、我々も外に向かって強く言うことができない、と私は考えています。

現在も変わらぬ基地の自由使用という枠組

——それから、『ドキュメント・沖縄返還交渉』を読むと、やはりいまに問われているのは、沖縄返還交渉を通して、それを原点として考えられる現在の米軍基地問題であると思うのですが、そのことについてお話しいただけませんか。

三木　私が沖縄返還交渉の取材をすることになったのは、琉球新報に入社して四、五年たった、まだ駆け出しの頃のことですけれども、沖縄返還交渉が具体化するなかで、その中心となる外務省にもアンテナを張らなければならないということになって、地元沖縄の新聞社としても記者クラブ加盟を申し出、それが認められ、東京支社に勤務していた私が外務省記者クラブ詰めとして行くことになったんです。

返還交渉はまさに霞を摑むような大きな話で、全体的な動きを把握するのが難しく、たとえば、大手の新聞社であればワシントンや政党などから情報が総合的に入ってくるんですが、私は一記者として孤軍奮闘してやるしかなかったわけです。ただ、沖縄にとって歴史の大きな転換期にあって、自分ができる範囲で記録を残しておく必要があるのではないか、もしかしてそれは、沖縄の記者としての自分の責務かもしれないと思って、日々の取材のあと、家に帰って取材メモをもとにしながら返還交渉のドキュメントを書きつづっていたんです。当時、琉球新報の東京支社には数人の記者がいましたけれども、数が少ないもので、一人が掛け持ちでいろいろなところを回って取材していました。私も外務省だけでなく、首相官邸や政党関係、あるいは大衆運動や民主団体などの取材も自由にできたので、かえってそれが、沖縄返還交渉を書く上ではよかったと思っています。

やはり外交というのは、日本のさまざまな動きが集約されたかたちで出てきますし、特に沖縄の大衆運動を中心とする動向が日米交渉にどういうふうに反映していくのかが非常に重要なキーになっていましたから、沖縄の新聞記者という私の立場はまた、そうした緊張関係をにらみながら取材するというその意味ではいい立場でもあったと思うんです。

取材の中で感じたのは、沖縄返還交渉が、失われた領土を取り返すといった、いわば領土交渉の様相を呈していたのではないかということです。国家間の交渉というのはそういうふうになるのかどうかわかりませんが、交渉されている土地には一〇〇万の人たちが住んでいるわけですから、その人たちのさまざまな問題をどうするかが先決だと思うんです。ところが、それよりもまず領土をどうするかという考えが、どうも当局者にはあったんじゃないか。私はそういう感じがしてならなかったですね。

一九六九年の日米返還交渉で、沖縄返還が決定されましたけれども、そこにいたる過程には、沖縄からもいろんな問題が提起されていました。特に、基地の対応をめぐる問題については、沖縄側からは無条件・即時全面返還を最大公約数とする要求になっていたんですけれども、日本政府側はそれを巧く逆手に取って、基地の自由使用を認めるかたちで、アメリカ側と核の問題で取り引きし、決着を図ったというのが結論ではないかと思います。

もちろん、あの頃、佐藤栄作首相とニクソン大統領との間で密約が取り交わされていたということは、私の立場からは知り得る状況ではありませんでした。しかし振り返ると、それはあってもおかしくはないだろうと、いまにして思えば言うことができます。

そして、当時の取り決めが、どうも私には、いまに尾を引いているのではないかという気がしてならないんです。やはりアメリカは、沖縄の基地を一坪たりとも手放さない。何か言えば日本側に見返りを求めてくるような、アメリカ側の基地に対する対応の仕方を見ると、どうもあの頃の日米政府間の取り交わしが、いまでも尾を引いていると考えざるを得ないんです。

――三木さんは『ドキュメント・沖縄返還交渉』で、沖縄返還交渉の過程に、現在の基地をめぐる諸問題が集約されてあると書いておられますが、いまのお話とのつながりで、それは具体的にどの点に顕著に見てとることができるのでしょうか。

三木　沖縄の基地は、米軍が占領期からずっと使用してきているし、米側からすれば自由に使える基地としてそれは非常に価値が高いということなんですね。だから、沖縄返還交渉はヴェトナム戦争の真っ直中にあったわけですから、基地に対する自由使用権にいささかなりとも制約が加えられるということに関して、アメリカ側は抵抗を示していたのです。

核の問題はもちろんありましたけれども、アメリカ側はご承知の通り核が沖縄にあるともないとも言わない。ですから、沖縄返還交渉の際事前協議条項を使ってうまく表現して逃げおおせたと思うんです。つまり、核の再持ち込みをする際には日本はノーとはいわないという密約を取り付けたのです。いちばんの核心は基地を自由に使えるというとこで、アメリカ側はそれに最後までこだわっていたと思うんです。日本政府はいろいろなかたちでコミットし、保証するようなことになったものですから、それならば、アメリカ側としては、施政権は手放してもいいだろうということになったんだと思います。

施政権返還というのは、基地の大枠を変えないということが前提になっていたんだと思います。ですから施政権にこだわっていると、沖縄側の大衆運動がどんどん盛り上がっていって、アメリカが求めている基地の自由使用が維持できなくなるという状況が出てきた。施政権を切り離してでも、もしその代償として基地の自由使用が保証されるのであれば、そのほうがいいということで、アメリカは施政権返還を選択したと考えることができます。

あれから三〇年が経過したわけですが、その枠組みというのは、いまでも変わっていないだろうと思います。現に沖縄が返還された後、湾岸戦争のときも、アメリカは沖縄の基地を自由に使っていたし、アメリカの政府高官は、基地が自由に使えてなんら支障はないと明言しているわけですから、そこは非常に大きな問題であり続けています。

基地の問題と経済振興策とは別

――自由に使える基地を担保しておくという状況が今でも続いているということは、九〇年代に入り冷戦構造が崩壊したなかで、沖縄には、冷戦構造といま言われた基地自由使用の枠組みが変わりなく確固として存在し続けていることになるのですね。全国紙等の報道を通して知る日本と沖縄の関係については、たとえば経済振興策やサミットの沖縄での開催、基地については普天間基地の県内移設といったことが目立って報じられていますけれども、生活のなかに基地がある沖縄で日々取材をされてこられた三木さんは、冷戦以後の沖縄と基地についてどのように見ておられますか。

三木　一九八九年にベルリンの壁が崩壊しましたけれども、沖縄の基地はまさに冷戦の産物であるから、冷戦が崩壊したいま、歴史の恩恵を沖縄が受けて当然ではないかと主張してきたんです。けれども、アメリカや政府は、それはヨーロッパでの話であって、アジアにおいては冷戦はまだ解決されていないということを理由に、今日まで来ているわけです。

アメリカ側は絶えず、沖縄基地の存在理由をその時々によって変えてきています。この先南北朝鮮が統一することになれば、いままでアメリカが言ってきたことからすれば、当然基地の存在理由はなくなるわけですが、また新たな理由をつけて基地の存在理由を主張してくることが予想されます。

現に、南北首脳会談のあとは、沖縄の米軍基地の存在理由を、朝鮮半島と結びつける発言は米政府からは聞かれなくなっています。世界中で起きるあらゆる事態への対応のためと言ってくるでしょう。そうなれば、これはもう沖縄の恒久基地化です。サミットで沖縄を訪れたクリントン大統領は、摩文仁で演説しましたが、抽象的にせよ基地の保有期限には触れていません。

いずれにしても、半世紀余も沖縄に広大な軍事基地が存在したことは、異常なことと言わねばなりません。そのうえ基地の沖縄県内移設となれば、この先五〇年はなくならないでしょう。現にアメリカ政府高官は、普天間代替基地の耐用年数をそのように言明しています。

アメリカの国際政治学者で「日本政策研究所」の所長をつとめているチャルマーズ・ジョンソンさんは、冷戦後のアメリカの世界戦略を批判した近著『アメリカ帝国への報復』という本のなかで、「沖縄はアジア最後の植民地だ」と批判しています。私もそうだと思います。そのようなアメリカの政策を変えさせていかなければなりません。サミットが沖縄で開かれたのを機会に、私たちが訴えたかったのも、この点だったのです。

ただ、いまの沖縄の経済問題ですけれども、沖縄のかなりな部分を半世紀余も米軍基地に取られて、いろんな生産活動や県民の生活が制約を受けてきたわけですから、それに対する国家的な経済振興策は当然あってしかるべきです。けれども、それは基地を維持するためではなくて、沖縄県民が被ってきたことに対する代償としては、当然それを要求していくべきだし、要求したからといって、それはなんら非難されることではないと考えています。ただそうは言っても、現実はそれほど単純ではなく、半世紀余の間に軍事基地と経済が複雑に絡みあった状況がつくりあげられています。それがまた状況を見にくくしてもいるのです。

最近の動きは、沖縄県民のそうした要望を逆手に取って、経済支援をあげるから基地を認めろという政府側の意図が見え見えです。それに対しては、基地の問題と経済振興策とは別だと主張していく必要があると考えます。

「島はインターナショナル」

――最後に、沖縄の文化的な側面についてうかがいたいのですが、三木さんは『**オキネシア文化論――精神の共和国を求めて**』(海風社、一九八八年)を書いておられます。先ほどお話しいただいた八重山民衆史研究や西表炭坑、また沖縄返還交渉についても、日本と沖縄との関係に止まらず、「中央と辺境」といった固定化した図式を超え、それを相対化してゆくような精神と文化的視点が一貫してあると感じられるのですが、「オキネシア文化論」についてお話しいただけませんか。

三木　地域というものは国家によってさまざまに翻弄されてきたわけですけれども、そうではない、地域が自立していくありようとはどういうものかを気にしてきましたし、それを私は希求してきたんです。そのことを一つの言葉として表したのが「オキネシア」なんです。

私は、奄美以南の琉球弧はどこか本質的に本土の文化と違うと考えています。「ヤポネシア」を言われた島尾敏雄さんも、本土の武家社会に対して、沖縄はそれ以前の軟らかい文化構造になっていると言っておられます。そしてこれらや東北などを含めたもう一つの日本を例の「ヤポネシア」として打ち出されました。これはとても刺激的な日本文化論でした。私も触発を受けた一人なんですが、ただ、私は島尾さんのお考えとは少し違って、本土文化と異なる琉球弧の島々を本土の文化圏から分離して「オキネシア」として捉えるべきだと書いたのです。つまり、ポリネシア、ミクロネシア、メラネシアとともに、オキネシアは太平洋のなかの四つの文化圏の一つであると位置づけた方がよいと主張したんです。たしかにエリアは小さいかもしれないけれども、オキネシア文化圏を設定して、そこから日本のありようを見てみたい。そうすることで、もっといろんなものが見えてくるのではないかということなんです。

また、沖縄も国家の枠組みから解放されたかたちで、「オキネシア」という一つの文化という視点で括ることによって、太平洋の他の地域とのつながりが見えてくると思うんですね。

私がこういう発想を持つきっかけになったのは、一九八五年にミクロネシア、メラネシアの島嶼を五〇日間にわたって取材旅行したときでした。これは「世界のウチナーンチュ（沖縄人）」という企画の取材だったのですが、島々に広がっているウチナーンチュを取材して、「ウチナーンチュとはいったい何ぞや」ということを、世界にいるウチナーンチュの生きざまを通してもう一度考えてみようというのがこの企画の趣旨だったんです。南米やハワイなど、世界中には三〇万人ほどの沖縄系の人々がいますけれども、手分けして取材したんです。

日本に復帰して一〇年を経た頃に企画された新聞連載ですけれども、その頃、ちょうど本土化の波がどっと沖縄に

奄美以南の琉球弧を、太平洋の文化圏としてもう一度見直して位置づけ、そこから考えた方がいい。西太平洋の沖の方にある島々、すなわち「オキネシア」です。

入ってきて、復帰はしたけれども、どうもそれは自分たちが望んでいた復帰ではなかったんじゃないかという、一つのアイデンティティ・クライシスに沖縄の人々が陥るという状況があったんですね。そこから、いかにして精神的に抜け出すかという模索がずっとあったと思うんです。そのときに、世界のウチナーンチュが沖縄の人々に見直されて、世界のウチナーンチュは元気がいいし、適応も含めて自分たちの本領を発揮して生活している。それはいったい何なのかを見ることによって、沖縄の将来のあり方を考えてみることが、この企画の目的だったんです。

そこで私はミクロネシア、メラネシアの島々を取材して回ったんですけれども、そこで私が見たものは、人々の生活ぶりといい、ちょっとした仕草といい、あるいはそれらを包む社会や自然環境といったものまで含めて、沖縄の延長線上か、あるいは沖縄がかつて失ったものがそこにはある、ということでした。母系性社会ということも、その根底にはあったと思います。そうすると逆に、沖縄はやはり太平洋のなかの島であり、太平洋の文化圏だったんだということを、改めて再確認し、あるいは発見したという思いに駆られました。ならば、奄美以南の琉球弧を、太平洋の文化圏としてもう一度見直して位置づけ、そこから考えた方がいいのではないかと思ったんですね。そうして私なりに名付けたのが、西太平洋の沖の方にあるネシア＝島々、すなわち「オキネシア」だったんです。

私はそのときの島々の取材旅行をもとに『原郷の島々――沖縄南洋移民紀行』（ひるぎ社、一九九一年）という紀行文にまとめました。島々をめぐりながら書きつづったものです。

その発想をもとに『オキネシア文化論』を書いたのですが、そのねらいは沖縄の島々やウチナーンチュのアイデンティティを、国家に翻弄されない、沖縄の人間は沖縄の人間としてのびのびと生きられる状況、島、地域を模索していきたいと思ったからなんです。それは天皇制といったものとはおよそ無縁なものです。ミクロネシアなどの歴史を見ても、およそ天皇制とは無縁なところに皇民化教育が日本の侵略とともに入ってきます。いまでもパラオやヤップ島のなかには鳥居の跡が残っていたりしますが、そうしたところを見ても、日本は異質の文化をアジア太平洋に押付けてきたことがわかります。そして大なり小なり、オキネシア文化圏に対してもそうだったと思います。

そこから文化的な軋轢が生まれてきていて、いまだにそのフラストレーションは克服されないでいると思うんです。ですから、国家によって地域が犯されることのない、地域は地域として尊重されるということでないと、本当の自立というのはありえないんじゃないか。私はそう思うんですね。

しかし、近代の日本は、異質の文化を排除してきた歴史です。単一民族国家観のもと、皇民化政策を押しつけ、国家統合を図ってきたのです。そうしたなかで、沖縄やアイヌの固有文化も否定され、植民地においてさえも自国の文化を有することが否定されたのでした。沖縄ではよく言われるように、方言さえも禁じられ、沖縄の言語をはじめとする文化は窒息させられたのです。言語は民族の呼吸だと言われるゆえんです。

皮肉なことに沖縄の文化が開花したのは、皇民化政策から解放された戦後の米国統治下においてでした。米国はこんどは沖縄の日本からの分離のために、沖縄の独自文化を奨励し、基地の維持政策に利用したのです。一方の植民地においても皇民化政策によってその国の文化を否定してきながら、戦後になっても在日朝鮮人・韓国人の独自文化を尊重することはなかったのです。私はオキネシア文化圏は、多民族社会が仲良く暮らしていけるような、お互いがその存在を認め合えるような社会であってほしいと、そう願っています。

それから、島について付け加えれば、島が抱えている問題には、世界共通の普遍性があるんです。世界中の島を見ると、そこには水や交通の問題をはじめ、環境の問題がありますし、それらも含めた経済的自立の問題があります。また小さな島と大きな島や大陸との関係も共通しています。だから、私は「島はインターナショナル」と言っているのです。つまり、島を見つめることによって、世界の共通の問題を話し合うことができるし、取り組んでいける。ですから、世界にある島々は、まさに地球の宝だと思って欲しいし、世界の島々が交流することで、その島はもとより、より大きな島がどうあらねばならないか、そのことを考えるヒントが出てくるのではないかと考えているのです。

私は一九九〇年に『リゾート開発・沖縄からの報告』(三一書房、一九九〇年)という本を出しましたが、これはリゾート開発を批判したものです。本土の全国基準で定められた開発認可の規模が、沖縄のような島嶼には合わず、逆に地域を破壊しかねないということを言いたかったのです。今後とも島にこだわり続け、小さな島から日本や世界を見続けていきたい、と思っています。

(二〇〇〇年八月一九日号)

「オキネシア」からのまなざし

一九九五年、「戦後五〇年」にちなんで幾多の書物が刊行されたが、そのなかで、私は特に簾内敬司・松本昌次編**『さまざまな戦後』**全三集（日本経済評論社、一九九五年）を大切にしたいと思う。二四人の人生、それぞれの歩みが、ここには記されている。巻頭、日本経済評論社の栗原哲也氏は「われわれに戦後は共有できるのか。……われわれの思索と行動は、どれほど共有できるものなのか」と問いかけていた。その問いをみずからに受けとめつつ、『さまざまな戦後』に収められた、三木健氏の**「〝辺境〟から見えるもの――沖縄の新聞記者として」**に出会った。

『沖縄・西表炭坑史』（日本経済評論社、一九九六年）を偶然手にしたのは、大阪・難波の古書店においてであった。その瞬間を、いまでも鮮烈に覚えている。書名に引き込まれ、西表炭鉱の聞き書きを続けてこられた三木氏の仕事にはじめて触れた。それからすぐ後に、東京・高円寺の球陽書房で、氏の**『西表炭坑夫物語』**（ひるぎ社・おきなわ文庫、一九九〇年）を手にしている。そして二〇〇〇年には、沖縄の新聞記者として日米政府間の沖縄返還交渉を取材した記録**『ドキュメント・沖縄返還交渉』**（日本

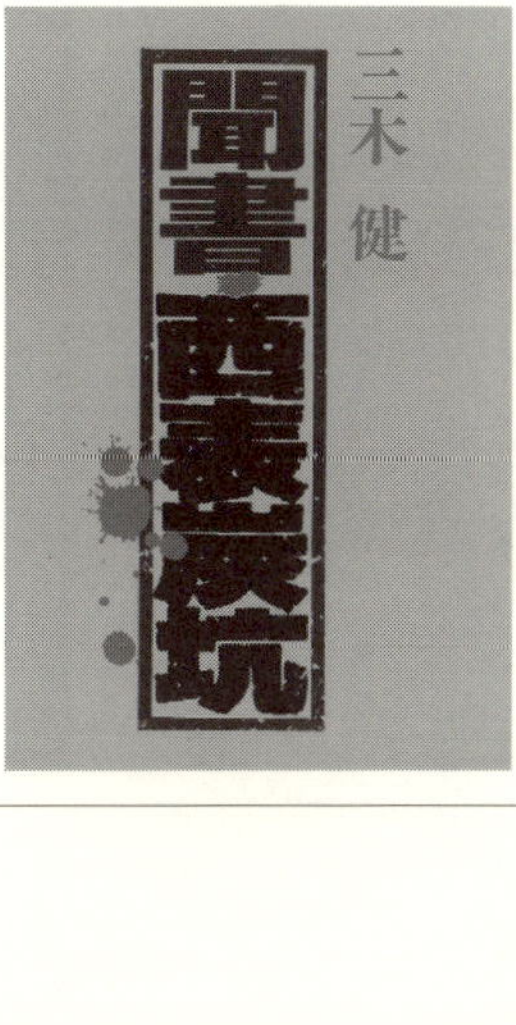

経済評論社、二〇〇〇年）も刊行された。私は、三木氏の続けてこられた仕事が、日本政府の仕掛けた二〇〇〇年の「沖縄サミット」を透視し、その背景に厳然と横たわる沖縄近現代史と基地問題を、歴史的に読み解いていく視点を示唆していると確信した。

いつか私は、三木氏を沖縄に訪ねたいと思っていた。それが実現したのは、「図書新聞」の「特集・深層からの沖縄」のインタビューにおいてであった。西表炭坑の聞き書きと沖縄返還交渉の記録を柱に、「〝辺境〟から見えるもの」を手がかりとして、琉球新報社で氏にお話をうかがうことになった。

沖縄に行く前、東京・神田神保町の書肆アクセスで、私は三木氏の**『沖縄ひと紀行』**（ニライ社、一九九八年）を求めていた。そのなかの章「上野英信・沖縄民衆史の道標」には、上野氏の次の言葉が書きとめられている。「私ごとき者に沖縄が書けないことは重々承知しているつもりである。しかし、もの書きの端くれとして、沖縄を避けて通れないこともまた承知しているつもりである」。私は物書きでもなく、上野氏に比すべくもないが、この言葉に沖縄行の縁を得た気がしたのだった。

それ以前に、私は三木氏の名前を、**上野英信『眉屋私記』**（潮出版社、一九八四年）のあとがきを読んだおり、脳裏に刻み込んでいた。南米に農業移民として渡った炭坑離職者を訪ね、**『出ニッポン記』**（潮出版社、一九七七年）として結実する仕事に続いて、上野氏はメキシコの地底に送り込まれた日本人坑夫の存在を知り、メキシコ行きを決意する。その陰には三木氏の支援があった。三木氏は給与袋をそのまま、餞別として上野氏に手向けた。「沖縄に足を向けては寝られない」と上野氏に言わしめたその人、三木健氏の存在がそこにはあった。

「沖縄は、本土に対しては差別や疎外された歴史があって、日本全体の近代を撃つという立場での沖縄近代史研究がなされましたけれども、その沖縄の歴史のなかで、西表炭坑が無視され顧みられなかったという意味で、それは私たち内部の『内なる差別』のありようを逆に問う歴史でもあった」。三木氏はインタビューのなかでこう言われた。その視点は、沖縄返還交渉を記録することは「沖縄の記者としての自分の責務かもしれない」と考えたという氏の姿勢にも脈打っていた。「誰に向けて、何のために記録するか」というジャーナリストの原点を、私は氏の言葉に聞きとった。

インタビューのなかで、三木氏は**『オキネシア文化論――精神の共和国を求めて』**（海風社、一九八八年）をめぐって、島から見た世界、世界を映す島についても話して下さった。精神の共和国としてのオキネシア文化圏は、世界に開かれて沖縄を包み込む。そこには、「島はインターナショナル」と三木氏の言う、世界性への広がりが秘められているのだ。島が抱える共通の問題をも含めて、世界の島々との話し合い、交流が始まる。そこに、「オキネシア」

を構想する三木氏の求める、精神の共和国が現出するのであった。

琉球新報社に三木氏を訪ねる前、私はヤマトンチュウとして沖縄と四〇年以上にわたり関わり、沖縄から日本を見続けてきたジャーナリストの森口豁氏にインタビューしていた。それは、二〇〇〇年九月二日付「図書新聞」に掲載されている。四〇年前から徹底して沖縄の島々を歩き続けてきたという森口氏は、そこで、離島に沖縄問題が集約されていると語った。島々に沖縄や日本の構造的な矛盾を見るという森口氏の一貫した視点は、変わらぬままに依然としてあり続ける現代日本の問題、その所在を明らかにしている。島々には、日本が抱えている普遍的問題が象徴的に表れる。このことを、森口氏は沖縄・鳩間島に通い続けるなかで綴った**『子乞い――沖縄　孤島の歳月』**（マルジュ社、一九八五年。増補新版、凱風社、二〇〇〇年）は物語っている。

森口氏の文・写真**『沖縄　近い昔の旅――非武の島の記憶』**（凱風社、一九九九年）は、私が沖縄に行く導きとなった一書であった。この本の書評を、一九九九年七月一〇日付「図書新聞」一面に、新崎盛暉氏が寄せている。そこには、戦争の記憶と基地問題をめぐる現代の問題、その構図が浮き彫りにされている。短い沖縄での時間の最後に、私はこの書評と、新崎氏が一九七三年から書き継いでいる**『沖縄同時代史』**既刊八巻（凱風社）を手がかりに、氏にインタビューしてお話をうかがった。二〇〇〇年九月一六日付掲載の新崎氏の語りは、「現状追認主義」に抗し、沖縄の豊かさと世界の将来を見据えた、「特集・深層からの沖縄」の掉尾を飾るにふさわしい内容となった。そして三木健氏は先ごろ**『八重山を読む――島々の本の事典』**（南山舎、二〇〇〇年）という大著を刊行された。

Ⅲ　身体からつむぎだされることば

水俣を抱き旅立つ

霧中をゆく巡礼者の姿

最首悟

Saishu Satoru

「肉声」としての『水俣巡礼』

――このたび、岩瀬政夫著『水俣巡礼――青春グラフィティ'70～'72』が現代書館（一九九九年）より刊行されました。この本は、現在伊豆大島で高校の教員をされている岩瀬政夫さんが、立教大学大学院に在学中、書き留められた日記をまとめたものです。

岩瀬さんは一九七〇年七月、水俣病を引き起こしたチッソの本社前に集合して東京を出発し、「水俣巡礼団」の一員として水俣に向かいます。そして、帰京して後、東北・北海道巡礼の一人旅に出ます。『水俣巡礼』は、この時期水俣病問題と出会い、それに関わるようになった岩瀬さんが、こうして旅立つところから始まっています。

最首さんは、この日記が書かれた頃に岩瀬さんと知り合われたんですか。

最首　いえ、実は全く接点がなくて、岩瀬さんと会ったのは、つい五、六年前のことなんです。

水俣を思う「不知火グループ」という集まりがあるのですが、カメラマンの宮本成美氏も入っていて、彼が岩瀬政夫さんと一緒に旅に出た「水俣巡礼」組なんですね。そして、宮本氏が岩瀬さんの日記を構成して、この『水俣巡礼』が刊行されたわけなんです。

――最首さんはこれまでも、水俣の方々の聞き書きを編纂するお仕事をしてこられましたね。

最首　ええ。私も不知火グループで、水俣に関する記録を出すことに関わってきたんですが、今まで最首悟編『出月

最首悟（さいしゅ・さとる）　一九三六年生まれ。東京大学教養学部助手を経て、現在、恵泉女子大学・予備校講師。主な著書に『生あるものは皆この海に染まり』『星子が居る』ほか。

私記――浜元二徳語り』（新曜社、一九八九年）、それから森千代喜著／最首悟・山之内萩子編『我は雨もいとわず段草を切る――水俣病を生きた不知火海一漁師の日記』（世織書房、一九九七年）が刊行されています。岩瀬さんの『水俣巡礼』はこれらに続いて三冊目です。

私は『水俣巡礼』の原稿を日記の取捨選択の段階で見ていたんですが、これはぜひ出版したいと思いました。というのは、政治的な発想の文章や、ある種完全に芸術化したような文章は残っているんだけども、もどかしい自分を一生懸命表現するふつうの人の文章というのはなくて、岩瀬さんの日記は非常に貴重であると思ったんです。

すぐに「この本の意義は」とか「残す価値は」といったことが言われますけれども、とにかく、この『水俣巡礼』は「肉声」なんです。むしろ、それが欲しいと思っていました。でも実際には、今までそうしたものがなかなか無かったんです。

――それはどうしてなのでしょうか。

最首　当時、岩瀬政夫さんは全共闘の周辺の人だったんだけれど、全共闘という学生運動の特徴は、個人ビラやグループビラがものすごく出たことです。それはとても収集できない。毎日山のように紙屑が出ていましたから。

それと、もう一つは落書きです。私の部屋なんか落書きだらけになりましたね、あれは不思議です。壁新聞もありましたが、落書き、個人ビラ、グループビラなどは、残す文章ではないんです。逆に言えば、それぞれが、残る内容のものじゃない、消えていってしまうものだと自分で思っているかも知れないですね。

岩瀬さんの『水俣巡礼』は日記ですから、公表しようとは思わなかっただろうけども、永久にこのまま自分一人の文章として書いているのかというと、どうもそうでないところもありますね。だから、日記というのはあまり自閉的とはいえないのかも知れない。逆に、一晩で露と化してしまうビラなんかは自閉的かも知れません。

今はホームページが百花繚乱ですが、私は、これはビラとけっこう似ているんじゃないかとも思います。「読みました」という応答はほとんどなくて言い放し、そして日々内容を更新したりする。しかも、全世界からアクセスできるけれども、一人も読まないかも知れないし、あるいは読むかも知れない。

ホームページという手段は、読んでもらいたくない人が選んでいるのではないかと思うことすらあって、それは自閉的だと思うんですが、世界に向けて、ひょっとすると読まれないことも希望しながら発信するスタイルというものが、当時の全共闘のスタイルと似通っているように思います。

私などはそこまでも行かなくて、文章が書けないから理系になったようなものです。初めて学外で活字になり、人の目に触れたのは、「朝日ジャーナル」に掲載された「たとえ砦の狂人といわれようとも」（一九七〇年）で、編集者が大げさなタイトルをつけてくれたものでしたが、文章なんて自分は書く柄じゃないなと思っていたのです。

東大闘争の頃は、書くというのはとてもしんどくて、自分の内面を書き付けていく習慣など、私には全然なかった。確かに、人に訴えるビラも書かないではなかったし、六〇年からの安保闘争、そして六二年の大学管理法案闘争などでもビラを書かないではなかった。そしてそのうち、東大闘争の中で、助手としてアピールを出すという、助手共闘のスポークスマンになったのです。ただ、私は文章として発表しない。一つには、文章だろうが言葉だろうが、ある既成の世界に向けてしゃべるのが、その頃は犯罪のように思われていたのです。

そして、読売新聞の谷川記者暴行事件などが起きたりして、全共闘はマスコミ取材に応じない、という方向に向かいました。そのスタイルを完全に貫き通したのは山本義隆ですが、彼はその後インタビューなどには一切応じなかった。

私の場合は、書くということに対してひるんでいたと思うのです。どうやって書いていいか分からない。それに書けない理由が自分でも分かっている。つまり、摑もうとしても摑めないような世界に急速に落ち込んでいったのです。

「はざま意識」を抱えて

――『水俣巡礼』の解題で栗原彬さんは、「水俣巡礼と一人旅は、根無し草である自分が根を探す旅だった」と書いておられますね。

最首　私の場合はいま言ったようなことだったんですが、岩瀬さんは自分を非常によく書いていますね。栗原彬さんも、当時の大学院生が抱えていた問題の四点セットが揃っている、と書いています。全共闘、学問の問題、社会や家との問題、そして女性問題を岩瀬さんも抱えていて、日記に書き留めています。やはり、書けるぐらいに自分が整理できていたんでしょう。

大学闘争前の奥浩平の『青春の墓標』や高野悦子の『二十歳の原点』などに比べると、岩瀬さんの『水俣巡礼』はふつうの文章なのですが、その意味で私がこだわったのは、安保闘争時の一九六〇年一〇月に死んだ、茅野寛志という私の駒場寮の同室生のことです。三池から帰ってきて、彼は喘息で死んだのでした。典型的な理系の学生で、地球物理を志していました。共産党から共産主義者同盟員となったのですが、非常に誠実で、組織のいちばん底辺の一員として支えるような人だったのです。安保条約が国会を通った後も、一人で頑張って大衆活動をやっていました。

この茅野寛志の遺稿集『**残さるべき死**』を、僕らは六二年に出すのです。最初は自費出版で出したのですが、後に新書（青木書店、一九六二年）になりました。でも、それを長田弘がこてんぱんに批評しましてね。

——そうなのですか。

最首　ええ。こういう平凡な、文章にもなっていない未熟な日記をどうして出したのか、と。しかし僕らは逆に、そのことのゆえに出したかったのです。そのころ「三立」というのがあったのですが、学問とアルバイト生活、そして闘病ですね。その三つを彼は頑張った。その平凡な、誠実な学生の日記をとにかく残したかったんです。

それを、まあ長田弘に批判されたわけですが、要するに本の世界にシミをつけるな、という感じですね。本の世界なんてそんなもんじゃないよ、素人が素人の文集を出版するとはなにごとか、ということだった。もちろん、今とは時代も違うと思いますが。

でも、だからこそ、全共闘の中で、岩瀬さんのような文章がどこかで欲しかったわけなんです。しかも岩瀬さんは、水俣巡礼に出かける。なにゆえ巡礼姿になるか、すごく抵抗があると思うのですが、すっと巡礼姿になって出かけてゆくんですね。そして、水俣を中心として一人旅をして、ひとりでカンパを集める。これはなかなか出来ないことです。本当にそれをしていくのがすごくて。

——当時、一人で巡礼に出かけた人は多かったのでしょうか。

最首　いいえ、いなかったと思います。おそらく彼一人だったのではないでしょうか。彼は気が済まなくなったんです。その時も、本当にカンパを集めるための水俣行脚ということと、やはりもう一つは、自分が一人になって旅に出なければいけないという、旅そのものが問題になったと思うんです。そのことが、『水俣巡礼』には出ています。

それから、彼は「英文科を出たからといって土の匂いは消えない」と書いています。ここには、「はざま意識」が非常に強く表れていると思うんです。

——水俣巡礼と、この「はざま意識」とはどうつながっているのでしょうか。

最首　「はざま意識」というのは、この時代の特徴なんです。この意識を感じた発端は、岩瀬さんの場合には、立教大学の大衆団交で、後ろの方にいた自分がいつの間にか前に出て、教授に向かってしゃべり始めたということだった。「学問はいったい何のためなのか」という問いかけ、このことなんですね。

それはいろんなニュアンスを持っていますけれども、岩瀬さんは『水俣巡礼』のあとがきで次のように書いています。「その問いの根底には、社会全体が自然との関わりの中でイキイキと生きていくために学問・研究は役に立たなければならないという前提があった」。

なぜそんなふうに思ったかというと、やはりその時、ベトナム戦争と四日市をはじめとする忍び寄る公害、そして水俣病問題が急に浮上してきたことだったのです。愕然とするのは、振り返って僕たちは、広島・長崎についてはそのような気分を持たなかったということなんですね。広島・長崎というのは少なくとも、学問研究がいったい何のためにあるのか、そしてそれが大量殺戮を行う武器の開発につながっているのだということについて、六〇年代末のような問題意識はないですね。もう少し、人間は理想を追いかけられるはずで、それを邪魔するもの、無にするものとして全体主義が登場してきた。全体主義を打ち破るためには、それは止むを得ない手段であるという合理化が、どこかで行われていたのだと思います。ただ、それを野放しにすればたいへんだということは分かっていたんですけれども。

それから、岩瀬さんは「あの世行き急行列車に乗っかった気分」と『水俣巡礼』に書いていますけれども、降りるに降りられない。かといって、あの世に向かっての目標を立てるわけにはいかない。その雰囲気は、一九七〇年ごろから、コロンブスの卵のように急に出てくるわけです。

ちょうど、ローマクラブの『成長の限界』や、同じ頃にシューマッハの『スモール・イズ・ビューティフル』が出てきます。そして、限界の中での代替技術といったことがいわれるようになります。そうした中において、「あの世行き急行列車から降りることが出来ない」という考え方には、科学技術に対する態度がよく出ていますね。

つまり、科学技術は思想などという問題ではなくて、思想を変えて行くんだけれども、それよりももっと巨大に、人々の生活を画一的に変えてしまう。そこでドロップアウトをするのはたいへんなことなわけですね。科学技術は資本と同じように独立したシステムで、しかも資本と官僚と科学技術がくっついてしまえば、どうしようもないのではないか。その中にいる人間がどんなに思っても変えられない。そのすごさが肌で分かってしまって、どうしていいか分からない。そして、自分のなすこと全てがそれに貢献してしまうのではないか、そういう問題に直面するわけです。

──そうした学問に対する問題と共に、『水俣巡礼』を読むと、家や家族との問題も浮かんできますね。

最首　身の置き所がなくて、家から出てきてしまうわけなんですね。

彼のお父さんは鋳物壊し職人で、鋳物を細かくしていく仕事を家族で営んでいます。彼もそうした家庭の中から理工系の専門高等学校へ行き、就職して企業の研究者の助手になるわけです。ですが、それにあきたらなくなって、立教大学の英文科を目指すのです。

『水俣巡礼』には、当時の雰囲気が良く出ているけれども、そのようにして英文科に入り、しかも大学院に行くということは、やはり家族から見れば不満なわけです。それは彼と一線を画すし、特に父親から見れば、何で英文科なんだ、という気持ちがある。しかし一方で、あいつはしようがない、見切るしかない、でも彼は自分たちとは違う才能を持っている、ということで生活費も援助するようになる。

そういう光と影、アンビバレンツがここには出ています。彼は、家族とは違うと押し出され、また自分も、父親を先頭とする家族の雰囲気にあまりなじめないわけですね。自分を受け入れない家族の頑迷さを拒否して、英文科の大学院に行く。しかしその一方で、そんな西洋的な学問をやっていったい何になるんだ、何が分かるんだ、という気持ちを抱えている。「俺は土から逃れられない」、彼はそう書くんですね。

当時の学生は、世俗的な利益と、その一方で学問を考え、「はざま意識」に悩み、帰属するところがなくなってしまうんです。もちろん、そこに居直って威張れば知識専門家になって、啓蒙主義者になれるんだけれども、本当にそれができないから苦しむんですね。

私は、その当時大学の助手だったんですが、助手というのも、もはや学生ではないし、研究者にすごく近いわけですけれども、かといって教授や助教授ではない。やはり「はざま意識」を抱えていました。

そうした「はざま」に立ったときの、「どこかに帰属したい」という意識。それが、あの頃非常につよくあったと思います。やはり、自分はいま帰属を求めている。けれども、また帰属を求めている自分に対する嫌悪感もものすごくあるわけです。

――その「はざま意識」の中で、岩瀬さんは水俣病の問題に出会っていくんですね。

最首　岩瀬さんのように大学にいる人間から見ると、社会全体が「これはたいへんなことになっているんじゃないか」と思うわけです。確かに影響の深さは分からないけれども、やはり化学物質の微量汚染というのは一朝一夕ではなくならない。むしろ、汚染は深まっていくのではないか、と思っているわけです。

そうした時に、社会はいったいどこにいくのかが分からないし、そこを棚上げにして暮らすとすれば、社会は空洞化した、実なきものに見えてしまう。しかし、それが身にしみていながら、一方で自分は帰属を求めている。そのことが、どうしようもなく自己嫌悪になってしまうんです。『水俣巡礼』に書かれていますが、当時大学は授業が全然なくなってしまっていて、岩瀬さんが英文科の大学院に進んで一年目を過ぎ、二年目の一月に初めての講義をする。その間は講義が全然ないんですよ。そういう状態のなかで、岩瀬さんのような学生は、闘いの場を大学の外へ求めていくんです。

私の場合には、「出ていったらおしまいだ、それだと戦後の文化人と同じになってしまう。大学に籍を置きながら、大学を批判し自分を否定するんだ」と考えていました。半分は「俺は怠惰だから」と思いながら、それでも大学から出ていかない。三里塚へも水俣へも行かない。行ってはいけないんだ。そう決めていました。

岩瀬さんの場合は、身軽と言えば身軽、ナイーブに、水俣の映画を見て、どうしようもない怒りを感じるわけです。そしてすすり泣く。許せないと思う。これで振り子が振れてしまうわけなんです。居場所がない、という背景は変わらないんですが、そこから、彼は自分をオリエンテートできた。そうして、新しい世界が開けていくんです。

「知らなかった！」と「あんた、分かるか！」とのはざまで

――「水俣病をかかえて歩き回るということはどういうことだろう」。栗原彬氏は解題でこう書いておられますね。


最首　そうですね。特に、あの頃問題になったのは「知ること」です。「俺は知らなかった！　新しい世界を知った」という、このことが大きいんです。私は病気などでふつうの人よりは六年ぐらい遅れてきた世代ですから、年代が合わないんですけれども、水俣で奇病が出た一九五六（昭和三一）年は、ちょうど私が二〇歳、高校一年生になった時でした。けれども当時、水俣でのことはほとんど記憶にないです。

私が大学に入るのは一九五九年ですけれども、その年の暮れに、水俣病は見舞金契約でふたをされてしまいます。それから八年ぐらいは、水俣病は全くないとされてしまうんです。五九年一二月三〇日の「解決」なんていうものは、「一九六〇年」という年のための、小さな波立ちを抑えてしまうような政治的圧力だったんだろうけれども、この時期は、工業立国を目指す日本の経済の鍵を握る時だったんですね。

一九五九年から一九六〇年にかけて、こうして水俣病が埋められてしまったということについて、何にも思っていない。そのことに気づいたとき、「知らなかった！」と思いました。それはいまでも、私に棘となって刺さっています。

岩瀬さんのような学生にしても、社会について知ることが少ないとはいっても、水俣でのことをあまりにも知らなさすぎた、と思うわけです。だから、大学闘争の後、彼らはいろいろなところに出かけて行きます。

私たちは大学で、学外から人を呼んでシンポジウムなどを開くわけです。部落解放同盟や障害者の人たち、あるいは在日朝鮮人の方たちの話を聞いて、そこでまた「知らなかった！」と思い知らされる。その衝撃というのは大きくて、そうした世界を知らないで、はたして学問ができるのか、と思うわけです。

また、その次にも非常につらいことが待ち構えているわけです。それは「知った」ということを前提にして、こんどは「あんた、分かるか！」と言われることなんですね。「あんた、分かるか！」と言われても、分かるはずがない。

「分かりました」なんてことは言えない。ふつうに言えば、「あんた、俺の気持ちがわかるか」というのは、ちょっと越権行為ではないかという気もしますが、そんなことを言ったって「分かりません」というしかない。生活を共にして、三世代過ぎて初めてその土地の者とみなされるような風土の中で、知ったことを前提として、「俺たちの気持ちがわかるか。俺たちの生活が、どんな苦しみに耐えてきたのか分かるのか」と言われても、「分からない」としか言いようがないんです。

けれども、「分からない」と言っても、なにか呆然としてしまう。でも、「分かりました」とも言えないし。そして、何か分かろうとして発言すると、ことごとくその発言の薄っぺらさを追及されてしまうんですね。

——『水俣巡礼』の中にも、多弁にしゃべることの薄っぺらさについて、「どうして黙っていられないのか」と書かれていますね。

最首 岩瀬さんたちは知らない世界に入っていったために、しゃべることと沈黙していることのはざまに置かれるわけです。そしてその中で、古典的な巡礼姿をまとったことのプラスとマイナスがある。その姿をまとえば、とにかく何か了解してもらえる。その一方で、「それは隠れ蓑だ」というマイナス。なにか自分が隠せるという、あるいは水俣の人たちと同化したという意識ですね。

やはり、僕らは衣裳とか持ち物とか、あるいは、結局、身分や学歴、分際ということで何かを表現しようとしていて、言葉を抑制しているわけですね。やはり、しゃべるとろくなことはないから、なるべくしゃべらないようにしている。しゃべると自分の浅はかさが出てしまって、ギャーッとやりこめられる。でも、言われて引き下がることもできない。かといって前に進むこともできない。そういう状況の中に、やはりみんな落ち込むわけです。

「知らないこと」から「知ること」へ、そしてそこから進んで「分からない」ということを確認するというのは、非常につらいことなんです。まず、分かることはできない。しかし、何処までつき合うかというと、これが、本当に難しい。でも、熊本告発は「地獄までつき合う」ということを言うわけですね。なかには、一生をかけて「やります」という人も出てくる。けれども、それを言われたら困るわけですね。それは、やはり言えないだろう、と。

このことは、運動として迫られ、行き当たったことです。

「知らないこと」から「知ること」へ、そしてそこから進んで「分からない」ということを確認するというのは、非常につらいことなんです。

つまり、水俣病の人たちと体験を共にすること、水銀を飲むこと、メチル水銀入りの魚を食べ続けること。「そうした生活をしてみろ」、あるいは「結婚してみろ」と。そして、そうでなければ、外側で一生つき合っていくのか。

これを言われると、本当に困ってしまって。でも、それはやはり、文字に自分の考えを表そうとしていく人間にとっては、どうしても避けて通れないことです。根無し草の自分というものを、どうしても考えざるを得ないわけです。「デラシネ」（根無し草）という言葉は六〇年頃からずっとあったんですけれども、本当に根がない、でも、ふわふわと浮いているわけにはいかない、という気持ちがありました。

――岩瀬さんは、「チッソだけが見えて、患者はどこにもいなくなってしまった。実に可視の世界のみを相手にし、不可視の世界に思いを致さぬ（東京）近代知識人の運動」に厳しく反発しています。「患者に代わって水俣闘争をしているのだという幻想にしがみついている」と。

最首　そうですね。それから、彼は東京にも、また地方にもいられない。どこにも居場所がないんですね。『水俣巡礼』でも、やはりここから旅に出るということが出てくると思うんです。若山牧水に「何故に旅に出ずるや／何故に旅に出するや／何故に旅に」という歌があって、それに通じるものがあるんです。それから、"The road to nowhere"という言葉があるんですが、これは松本清張が好きだったアイルランドの道路標識なんだそうです。本当にそういった感じなんですね。

自分はあの世行きの急行列車に乗ってしまっていて、それでもその中にいるしかなくて、他には何処にも行きようがない。ふわふわしている。しゃべることと沈黙のはざまで右往左往する、というか、やはりその中で、黙っていることの意義を思う。そして振り返って、黙って働いている父親のことなどが、また浮かんでくるわけです。

それから、胎児性水俣病患者の目、何も見ていない目そのものが美しい。胎児性水俣病患者の田中実子ちゃん、「実子ちゃんを見ると心が空になる」と岩瀬さんは書いています。非常に両義的な、怒りというのは優しさから出ているものでなければだめだ、と彼は考える。そしてまた、美しさが胎児性水俣病の子どもにしか残っていない逆説を思う。そうしたことは、本当に自分を縛ってしまいます。

「水俣は人なりき」

――『水俣巡礼』の中で、岩瀬さんは「いったい何が変革されたかと言えば、それは患者ではなく自分たちではないか」と書いていらっしゃいますね。

最首　そうですね。ちょうど、一九七〇年の一一月二五日に三島由紀夫の自決がありましたね。岩瀬さんはそのことに触れて、「生きている限り／明日という時空間に切りかかるか／さもなくば、黙って受け入れねばならない」と書いています。そこで、やはり一人、旅、それに巡礼姿でのカンパという三つが結びつくのです。旅に出なければどうしようもないし、しかも、旅は旅でも一人でなくてはいけない。そして、巡礼姿でカンパするというトライアングルが、岩瀬さんの場合、稀有な体験になっていくのです。

　それから、たとえば旅の中で老人と出会って、三〇分ほど話して、ぱっと自分が分かったりする。でも、その旅の出発点はやはり全共闘なんですね。全共闘の他の学生に対する評価は辛かったけれども、彼はこう書いています。「また一人で旅をしてみたい／……夜遅くまで語り、遂に朝になった／そう言えば、あれはあの小さな部屋／『全共闘』の旗があった」。

　その時代、みんながそれぞれ自分で生き方を決めようとあがいている。そして岩瀬さんは、「ところどころに生のかけらがあるだけで／それも灰色の霧の中にかくれがちだ」と書いています。オリエンテートするとすれば、そこにしか定位できない。そしてそこに、全共闘の旗があるわけです。

社会的事象を拒否しながら、信頼できる人探しをするために旅立つ。自分が、居場所がないゆえに、人を信じるしかなくなってしまう。

——『水俣巡礼』は、誰かを訪ね、人と出会う旅の記録ですね。

最首　「水俣は人なりき」。岩瀬さんはそう記しています。社会をつくっているのは人なんだろうけれども、人の社会というもののどうしようもなさを思うし、うまく接続されない。しかし、人そのものを、やはり自分はどこかで信頼し、寄りかかっている。そして自分も、人となりたい。

　岩瀬さんは三好十郎の『斬られの仙太』の一節、「桝一升には一升しきゃ入らねえ」を引用していますけれども、自分の柄というか自分のことを意識している。それでも、そういう中で「水俣は人なりき」と言うわけですね。

　おそらくそこには、ベトナム戦争を経験し、高度経済成長期を経て、工業化社会を実現してしまった時に出てきた無目的性、その中で僕らが抱えた、自分の在処を探らなければいけないという時代的特性が出ていると思います。しかしその中で、自分はやはり人と関係を結べるのだという救いを見つけなくては済まない。

　大言壮語したり懐かしがってばかりいる人もいたりするだろうけれども、それはあの頃の僕らが抱えた、人を信じていく、信じられるところへ行くということです。全共闘とはそういうことなんです。やはりそれに、水俣や三里塚はとても大きな影響を与えたんだと思います。

この本を、特に若者に読んでもらいたいです。それは「人を信じることができる」ということを知ってほしいからです。ところが、いま社会はもっとひどくなっていて、ますますあの世へ近づいているようで信じられないんだけれども、社会と関わりたくなくて、信じられなくて、先行きが見えなくて、けれどもその中で人が信じられる。そういうことが、いったい何を生み出すか、私はやはりそれに賭けてみたいと思います。

社会的事象を拒否しながら、信頼できる人探しをするために旅立つ。そういう文脈で、いまの社会を見て行きたい。その意味では、岩瀬さんの『水俣巡礼――青春グラフィティ'70~'72』は、まさに青春グラフィティにふさわしい。自分が、居所がないゆえに、人を信じるしかなくなってしまうという在り方として、この日記は内奥に届くメッセージになっている。そういう感じがします。

(一九九九年五月一日号)

「はざま意識」からの出発

岩瀬政夫氏の『水俣巡礼——青春グラフィティ’70〜’72』（現代書館、一九九九年）を携えて、横浜に最首悟氏を訪ねたのは、一九九九年春のことだった。駅を降り山手の方に歩いてゆく。やわらぎ出した気候のなかで、木々の緑が光りはじめていた。携えてきた最首氏の『星子が居る——言葉なく語りかける重複障害の娘との20年』（世織書房、一九九八年）末尾に記された言葉、「そしていま「生き生きと」の意味を深めなければならないと思う」を反芻しながら、私は緑に見送られて、最首氏のお宅に伺った。

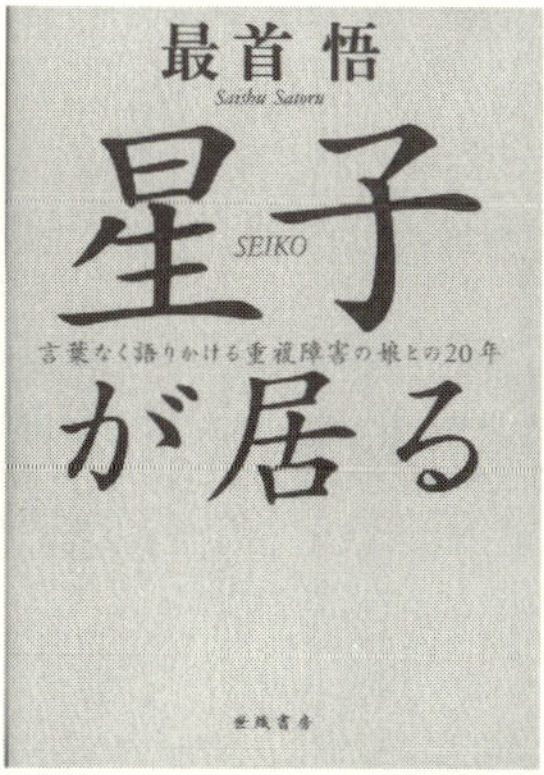

古書店を探し探して『生あるものは皆この海に染まり』（新曜社、一九八四年）と名付けされた最首氏の一書を見出したおりの、張りつめたと同時にそれが浸されほぐれてゆく、色にしていうならこの書に付された銀と青のなかに染まるような感情

を、誰かに伝えようとして生きてきたという思いが片隅にある。しかし私のそれは、『水俣巡礼』に読む如き巡礼者の姿というにはあまりにも程遠く、ただひたすらに霧中をゆくという実感だけが濃く深い。たんに自分の在処への手探りでしかなかったという思いもまた強い。しかしながら、みずからは常に、いまだ手応えなく霧中に在る。

最首氏の『生あるものは皆この海に染まり』を読むとき、この一書は其処此処で、無数の問いを響かせている。その響きは、それぞれを読む者一人ひとりの、みずからの問いへと伝わり繋がってゆく。私は、学問と研究者というものへの問いかけをそこに聴き響いた。最首氏はこう書いていた。「『学問とは何か』を問うことは、学問営為の必然性と、その営為の結果の予測不可能性とが形成するクレバスに身を投ずることである」。

最首氏は、大学闘争で自分が非学者であることを発見したという。水俣病の第一原因である、アセトアルデヒドの生成反応の触媒である無機水銀が反応過程において有機水銀化していたという「予測不可能」な結果を、心痛まず平然と受けとめられる学者というものの存在に気付いたとき、学者であると自ら名のる者のほとんどがまた非学者となった。学問の根底、その起源である「なぜ」と問うことが、やがてはその結果に善悪の問題を超えて対してしまう。「学問とは人間のなかから必然的に生まれ、しかも人間を逸脱したデモーニッシュな存在であることに気づいた溜め息」、それを私はこの書の内に聴いた。

かつて私は読者として、「図書新聞」一九九八年一月一七日付掲載、宮澤信雄『**水俣病事件四十年**』（葦書房、一九九七年）に寄せた最首氏の書評を読んでいた。氏はそこで、科学と技術についてこう記していた。「科学一般は事実を重んじ事実を追求する営みである。技術は何が大切かという価値を具体化する営みである」。現代の「科学技術」において、科学は独立性を失い、技術は支配的な力に規定された価値を具体化する。その結果、「ためにする事実の重んじ方が科学的だと思いこんで疑わない」非学者が続出する。技術者が水俣病事件の犯人となる真因が、そこにあったのである。

書評は学者、医者、技術者、官僚の「言いよどみ」を伝える。現在の生活や地位を失う不安、さらには国の現状を損なう恐れ等々。「それぞれが人々や国の運命、さらには地球の運命にかかわる職にありながら、することの意味、意義を等閑に付し、汲々とする。仕方がないと居丈高に言う。その考え方、身の処し方の根は深い」。最首氏はそう記していた。

私は、一九九九年一月二三日付

「図書新聞」でダイオキシン汚染についてインタビューした藤原寿和氏の語りに、最首氏のこの言葉を繋げ見た。藤原氏はそこで、日本社会に根強くある保守性、閉鎖性がダイオキシン問題の解決を阻害する要因になっていることを指摘した。自分の良心に従えば暮らせなくなる社会のありようが、問題の解決を阻んでいる。「それは、人間の生命に対する感性や未来への想像力に関わってくる問題だと思います」。藤原氏はそう語っていた。

　そして、本紙二〇〇〇年一〇月二一日付掲載のインタビューで精神科医の五島幸明氏は、最首氏が触れた「言いよどみ」について、そして藤原氏が語った、支配的な力によって目下推進される科学技術の方向について、「臓器提供病院」の現場から警鐘を鳴らした。臓器移植の問題は、「臓器提供病院」においてすぐれて判断停止の問題であること、そしてそれを超える想像力がいかに必要かを、五島氏は強調していたのだった。

　インタビューで最首氏は、「はざま意識」について語った。人々の生活を画一的に変えてゆく科学技術のなかで、学問や研究、そして自分のやることなすこと全てがそれに貢献してしまうのではないか。しかし、それは変えられず、どうしていいかわからない。どこにも居場所がない。そうした「はざま意識」を抱えて出てゆくところで、「知らなかった！」と思い知らされ、そうした世界を知らずに学問ができるのか、と思う。しかしこんどは、「あんた、分かるか！」という言葉に直面するのだ。「はざま意識」はいっそうその重みを増し、一人ひとりがそれぞれ、みずからの生き方を探し求めて霧中をゆく巡礼者の姿となる。

　最首氏のもとを辞するとき、私は『星子が居る』の見返しに署名をお願いした。「霧が光る」、そう氏はしたためた。そのとき最首氏の言葉に、私はミラン・クンデラ**『裏切られた遺言』**（西永良成訳、集英社、一九九四年）の一文「霧のなかの道」を思い重ねていたのだった。

「人間は霧のなかを進む者である。しかしうしろを振り返って過去の人々を裁こうとするときには途中にはどんな霧も見えない。かつて過去の人々の遠い未来だった現在から見ると、彼らの道はまったく明るく、その広がりがすっかり見渡せるように思える。人間がうしろを振り返ると、道が見え、そこを進んでいる人々が見え、彼らの誤りが見えるが、そこにはもはや霧はなくなっているのだ」。

　私たちは巡礼者のように、自分の在所を探し求めて霧のなかをゆく。しかしその霧は光に満ち、私たちを照らし出すのだ。帰途、緑に溢れる光を見つめながら、最首氏の言葉に、私はそのことを思った。

身体のざわめき

感受し、傷つき、共振する現在進行形の記録

栗原彬
Kurihara Akira

差別が見えなくなっている 社会の厚い覆いがかけられている

――このたび編まれた**『証言　水俣病』**（岩波新書、二〇〇〇年）序章と、共著**『内破する知――身体・言葉・権力を編みなおす』**（栗原彬・小森陽一・佐藤学・吉見俊哉著、東京大学出版会、二〇〇〇年）に収められた論文**「水俣病という身体――風景のざわめきの政治学」**、そして、「思想」二〇〇〇年一月号の特集「アイデンティティの政治学――身体・他者・公共圏」のイントロダクションともいえるインタビュー**「表象の政治――非決定の存在を救い出す」**（聞き手・市野川容孝氏）で栗原さんは、水俣病の公式発見から四〇年目にあたる一九九六年に開催された「水俣・東京展」に触れておられます。そして「水俣・東京展」で行われた出魂儀について、栗原さんは繰り返し立ち返っておられますね。そのお話からお聞かせ願えませんでしょうか。

栗原　ちょうどその頃ですけれども、「講座・差別の社会学」全四巻（弘文堂、一九九六年）を編集していまして、この編集には一年以上をかけたのですが、第一巻**『差別の社会理論』**に私は**「差別の社会理論のために」**という論文を書きました。私にとってその論文を書くということと、「水俣・東京展」の前夜に行われた出魂儀をめぐる議論とは、ほとんど同時並行のことだったんです。

水俣の人々から出魂儀というプランが提出されたとき、運営委員のなかからは、「宗教に市民は関わることができない」という異議が提出されました。つまり、水俣から水俣病者の魂を「水俣・東京展」の会場にお迎えする儀式を、

栗原彬（くりはら・あきら）　一九三六年生まれ。現在、立教大学法学部教員。主な著書に『やさしさのゆくえ——現代青年論』『管理社会と民衆理性』『政治の詩学』『人生のドラマトゥルギー』ほか多数。

本願の会の方たちがしてくださる。それを実行委員でやるべきだという人たちと、出魂儀そのものはやっていただいてかまわないけれども、実行委員会としては行わないという意見、そしてもう一つは、出魂儀そのものを行わないという、三つの考えが出されたんですね。

それで、最終的に運営委員会で評決をとったんです。その結果、二番目に挙げた、本願の会の主催で出魂儀をしていただく、けれども実行委員会の主催では行わないという意見が多数派を占めました。ですが、そのことは水俣病者たちを非常に傷つけましたね。結局は、少し突き放した言い方をすれば、市民社会が水俣の魂を受け切れなかったということになったわけです。

私はそのとき、水俣の魂を受け止められないような水俣展なら、いっそのことやらなくてもいいんじゃないかとすら思いました。でも、そのときはそう言い切れなかったですね。そして、この言い切れなかったということが、自分のなかですごく心に残りました。

水俣の人たちが白装束で、会場に水俣の魂をお呼びする。緒方正人さんが日月丸という船で水俣の魂を運ばれたわけです。その儀礼は満月の夜に行われたんですが、非常にすばらしいものでした。しかし、市民のなかには、魂なんておどろおどろしい、魂というと「大和魂」を思い起こす、宗教と政治を市民活動に入れてはいけないんじゃないかといった人たちがいました。

ただ、そこで問題なのは、宗教といったときに、市民社会側からの捉え方と、水俣病者サイドからの捉え方とは全く違うわけですね。そして出魂儀は、市民社会の側がいうような宗教では全くないということなんです。

水俣病者は、語ることができないような苦しみを受けるわけでしょう。そして同時に、それは恐ろしさをもたらします。そこには、本当にいろんな次元の恐ろしさがありますけれども、『証言　水俣病』で証言者たちは繰り返し繰り返し「恐ろしい」ということを言っています。

その恐怖、口にできないような思いを持たれたときに、そこにもう、ただ祈りとしかいいようのないものが出てくるわけですね。命をぎりぎりのところまで追いつめられた人たちは、少しでも命の蘇りの方へ向かおうとするとき、そのきっかけは祈りとしかいえないものでしょうね。私はそれを、イデオロギーといった意味での「信」や「宗教」でなく、宗教感情ないし魂の次元の祈りというしかないと思うんです。

しかし、そうした祈りを、「宗教」という制度のカテゴリーでしか捉えきれない市民社会の問題が、出魂儀をめぐる議論にはありました。そしてそこには、「講座・差別の社会学」で考えなければならない問題が、もうすでに実際に行われてしまっていることに私は気づかされたんです。

――そうした市民社会における、水俣の魂を受け取れないという感受性の問題と、差別の問題とが結びつくのですね。

栗原　つまり、差別の問題というのは、国民国家が特定のカテゴリーを差別するのではなくて、むしろ国民国家と市民社会がひとつのシステムをつくっていて、それが差別の源泉となっているのです。「講座・差別の社会学」を編集してよくわかりましたけれども、いってみれば古代から、プラトンやアリストテレスだって差別をしていたわけです。そういう意味で、差別は普遍的だといえるかもしれない。しかし、少なくとも差別は、近代に入って国民国家や市民社会の形成の具体的なあり方と密接に結びついています。

論理的にいえば、AはAであるという同一律と、AはBであるかBでないかのどちらかであるという排中律があって、そこから一民族一国語一国家というふうに「一の神学」に収斂していくわけです。国民国家にとっては、国境が多元的であったりすると困るわけですから。本来ならば、民族が多元的で、二重国籍三重国籍が現実であってよいのですが、近代には一つの民族と国語、国家というロジックが働いているんです。

そこに、近代になってつくられた近代家父長制のあり方や、産業資本主義の進展が重なってきます。たとえば、一七三五年に出版されたリンネの『自然の体系』で、彼は、人間をホモ・サピエンス（知恵をもつヒト）と、ホモ・モンストロスス（怪異なヒト）に分けて、アジア・アフリカの人たちを後者に分類しているんですが、このことは西洋における文明と野蛮という考え方と重なってくるんです。

また、リンネは、おしべとめしべに分割して、おしべを優位に置く。これは家父長制の家族モデルの投影で、男性優位の性の階層構造の再演と言えます。そして、一九世紀のフランスの外科医ポール・ブロカの頭蓋計測学が出てくるんですが、頭蓋の容量の大きさが知能の発達と結びつけられて、白人男性をトップに人間の序列が作られた。それはもう、最初から結論があって、それをなぞるだけのものなんですが、そういう科学の装いをまとって、とんでもない優生学と差別が入ってくる。

しかも、そこに資本主義がつくってきた階級的な区分を重ね合わせる。つまり、家父長制がつくってきた公的な仕事は男がし、シャドウ・ワークは女がするという差別に発展していくわけです。更に、賃労働者の中にも性差別が投影される。産業主義と国民国家が結びついてくると、そこにいわゆる一九世紀の「社会問題」がでてくることになりますが、そこでは、生産、産業に役立たないものと、戦争、国家に役立たない者が社会的な不適者だということになるわけですね。

一九世紀終わり頃で、この「不適者」といわれた人はヨーロッパの人口の三分の一ぐらいいるというふうにいわれ方もされています。そこで、どのようにして、社会的な不適者にかかるコストを切り下げていくか、そして、その人たちをいわば更正させて、生産のシステムなり戦争のシステムに組み込み直すという問題があったわけです。

そこに、二〇世紀初頭からの遺伝子浄化政策が出てくる。その延長線上に断種や移民制限が出てくることになります。一九二〇年代には、サンガー婦人が日本に来て、人口抑制を説くわけですが、彼女はアメリカでは有名な優生思想の持ち主で、劣等人種ほど多産であるから、こうした人種が世界を制覇しないように人口抑制をしなければならないと考えていた。

断種は、アメリカでは太平洋戦争終結ごろまでありましたし、日本では一九五五年頃がピークになったそうです。断種はもちろん戦前もあったのですが、日本は戦後のほうがさかんに行われたのですね。ところが、そうしたことがいままで問題にされてこなかった。そういう意味では、差別が見えないし、社会ぐるみで差別が行われていながら、それが見えなくなっていくという構図がそこにはあったわけです。

――まさに、そうした差別が見えなくなる構図が、水俣病問題に関連してくるんですね。

栗原　そうです。新潟水俣病の場合は、胎児性患者が一人といわれているんです。つまり、ほとんど胎児性患者がでなかったということになっているんですが、そのことが、新潟水俣病問題を評価する一つのこととしていわれてきたのです。

その当時、新潟水俣病では、毛髪水銀値が五〇ppm以上の妊婦が七七人いました。その人たちに保健所が通知を出し、妊婦たちが中絶したわけですね。だから胎児性患者が生まれなかったわけです。そのことを医学界も評価したし、支援者も評価しました。行政はもちろん評価しました。ですから、その当時、水俣病の可能性がある胎児を中絶したことの正当性を誰も疑いませんでした。

熊本水俣病の場合、胎児性の患者さんはたくさんいました。そうした患者さんを抱えている家族は、この話を聞いたとき、どのように感じたでしょう。でも、黙して語らないできたわけですね。いま、家族の方たちは胎児性の患者さんをちゃんと育てたということを誇りに思っています。亡くなった胎児性患者の上村智子さんの御両親は、智子さんを宝子と呼んで、大切に育てました。

差別が本当に見えなくなっている。社会の厚い覆いがかけられている。それをはぎ取っていくということは、もう、自分の内側からその覆いをはぎ取っていくということに近

差別が本当に見えなくなっている。社会の厚い覆いがかけられている。それをはぎ取っていくということは、自分の内側からその覆いをはぎ取っていくということに近いと思います。

いと思います。先ほど話しました出魂儀をめぐる問題は、差別の問題を考えるとき、いつもそこに立ち戻って考えていく出来事として私にはあるんです。

仮構現実の覆いをはぎとる自らのなかの覆いをはぎとる

――「講座・差別の社会学」第一巻『差別の社会理論』の論文「差別の社会理論のために」で、栗原さんは差別の社会学に取り組んでいる人間が、受苦者と出会うか否かがものすごく大事であると書いておられます。そこでは、差別の社会学が受苦者との愛の関係、相互性を意味すると書いておられて、私はそれを読みましたとき、率直に言って非常に驚きました。センシビリティをもって相対することが問われるような学問の研究者が、往々にして目の前の対話者に対してそのセンシビリティが働かないのはなぜなのか、そのことを編集現場にいて感じさせられることが非常に多いからなのです。しかしそれは研究者に限ったことではなく、そのまま私に問い返される問題なのかも知れません。市民社会に埋没して、いま言われたように差別が見えなくなってしまうことの危険性が常につきまとうなかで、栗原さんはそのことを繰り返し繰り返し問われておられるように思います。

栗原　私は社会学の訓練を受けてきたわけですが、まずある調査対象があって、それに対して調査を行う。そして、ある部分を記録し、自分のなかで語り直していくわけです。そうすると、語る者と語られる者という関係がそこにできます。ある種の関係がそこに生まれるわけですけれども、客観的なソーシャル・サイエンスの距離の置き方というのは、やはり語る者と語られる者との傾斜的な関係ですね。そこでしか成り立たないような実証化があるわけです。

けれども、私はこのことがいつも嫌だったんです。調査するという言い方一つのなかにも、身構えが生まれる。それと、とりわけある対象についてカテゴリー化し、分析するときにその対象に普通名を与えるわけですね。そうすると、結局ある調査対象に対してアイデンティティを付与することになってしまう。

なぜ嫌な感じがするかというと、対象にアプローチする前からある種の枠組みがあるからなんです。これを、社会科学ではまことしやかに仮説といいますけれども、仮説を現実に照らして論証するのが科学であり理論であるということになっているんですね。

ところが、仮説なるものが、自分を含めたシステムの意思のある種の表象であって、それをいわば論証する。そうすると、仮説の枠組みにうまく当てはまってくる部分だけが論証の素材になってくるわけです。私は、それは理論というよりむしろトートロジーであると思うんですね。そして、でっち上げられた仮構現実は対象を貶めている。私の言うのは、そのことの嫌さなんです。

その嫌さの感じを越えることのできる社会科学とは、どうやったら成り立つんだろうか。そして、そのときには、やはり従来の実証的な社会科学の姿勢の取り方自体を、内側から変えていかなければいけない。しかもそれは相手との関係によって変えていかなければならないし、自分が変わるということを経験しながらでないとだめだと思います。そのなかでは、当然のことですけれども、沈黙を守らなければならないことも出てくるし、語り方という問題も出てきます。そして、対象である相手に対する仮構現実を打ち破ってその人そのものの素顔を取り出そうとするわけですね。

水俣病患者であれば、水俣病患者であるということをめぐって、仮構現実が覆いになって十重二十重に取り囲んでいます。たとえば「水俣病で苦しんでいる悲惨な漁師」という仮構現実があり、他方では「チッソや国、県と闘う闘士」という仮構現実があります。いずれも、患者の生の豊かさを捨象して、語る者の都合に合わせて一面化した仮構現実です。それらは、支援者も協力しながらつくってしまうものでしょう。そして、水俣病に関わっている学者たちもそうですね。私は、そこのところが自分のなかでも嫌だったんです。ですから、この仮構現実を越えなければならなかったわけです。政治的・社会的に作られた仮構現実の覆いをはぎ取っていく。しかも、それは自分のなかにある覆いをはぎ取っていくこととパラレルだったのです。

そのことを何とか言語化しようとして、あの「差別の社会理論のために」の文章になったんです。それは、「かくあるべし」という覆いをはぎ取りながらの仕事になってきました。だからそこには、なにかを告発するというより、自分自身への批判という側面があるんですね。

ヴァルネラビリティ――受苦者と出会う

――「水俣・東京展」の出魂儀で、緒方正人さんが日月丸という打瀬船に乗って東京の品川沖まで来られました。『証言　水俣病』で語られているように、緒方さんは自分の水俣病の認定申請を取り下げられます。緒方さんは自分のなかにチッソがあるということを思って、テレビや車などあらゆるものを壊されます。自分のなかに、自分が闘い対峙してきたものがあるということを知るのは、先ほどおっしゃった、自分のなかの覆いをはぎ取ることと結びつくようにも思えるのですが、そのことについてはどうお考えですか。
栗原　受苦者と出会う、この「出会う」というのは、一言で言っていますけれども実は大変なことですね。そして、受苦者と出会うためには、さきほど言われたセンシビリティ、感受性が必要になります。この感受性とはなんだろうと考えたときに、それはヴァルネラビリティに通じます。

この傷つきやすい、柔らかな感受性がないと、受苦者との出会いは考えられないんです。

緒方さんから、私はものすごくいろんなことを学んでいます。たしかに、緒方さんのことが完全にはわからないかも知れないけれども、やはり伝わってくるものがあるんですね。

緒方さんが『証言　水俣病』の証言のなかで言っておられますが、チッソや行政とやりとりしていると、相手はもうコロコロ変わる。年度末になったりすると役所は人が変わるから、やりとりの相手はどんどん出てくるわけでしょう。そうすると、まるで暖簾に腕押しのようです。緒方さんが言っているのは、自分が言葉を投げかけると受け止めてくれる相手がいない、そうすると、自分の発した言葉が自分に返ってくるということです。その返ってきた言葉がどんどんたまりにたまったと言うんですね。それで、爆発する。そのことが、緒方さんの「狂った」になるわけです。象徴的な、チッソ型の社会に繋がるような近代的な器物を壊す。そして同時に、自分だってチッソ型社会の一員になりきっていることに気がつくわけですね。

水俣病の発生自体、チッソと行政という直接の責任者はいますけれども、それは高度経済成長にいたる日本の高度産業社会の大きなシステムのなかにおいて発生したわけですね。そうすると、病気を発生させたものがシステムであり、病気を規定し定義していくことこそが行政であり医学界だったでしょう。

一九七一年に環境庁ができますが、そのときの水俣病の判断基準は、たとえば感覚障害一つがあれば水俣病と認めるという、いちばん正しいものだったといえるでしょう。ところが七七年になると、運動失調、言語障害といった、複数の症状が認められないと、それは水俣病とは認定できないという厳しい、政治的な作為による基準が設けられるようになるんです。それによって、水俣病患者として認定される人の数が大幅に減ってしまいました。そして、未認定の患者が山のようにでてきます。

そのように、水俣病が発生したあとの処理の仕方もまた、現実に水俣病患者がいっぱいいるのに、仮構現実として「水俣病患者はこういうものである」という定義を下して、その仮構現実にうまく合うものだけが患者であるとされたわけです。つまり、その認定の機構そのものが政治的につくられたものだということですね。

緒方正人さんは、そのことをすべて見抜いてしまったんです。そうすると、水俣病の認定申請をしているということ自体が、そうした仮構現実に乗っかってしまって、お金の問題で決着ということになってしまいます。そうすると、人間のことや命のこと、魂のことなど、本質的な部分を常に置き去りにしながら、仮構現実に自分も手を貸していることになってしまうんですね。だから、自分の魂を取り戻すためには、そこから手を引く、その土俵を降りる。そのことによって緒方さんは自分の魂を守ろうとしたわけです。それが、緒方さんの一九八五年の出来事でした。

　このことは、大変重要ですね。つまり、水俣病闘争史のなかでも非常に重要な出来事だったし、それから、もっと長い射程で、ピープルの社会運動史のなかで見てもすごく重要です。闘いのなかから、そうした思想が生まれてくる。そのことによって、本当に多くを学びますね。

　それは自分にはね返ってきます。自分のなかの社会学を変えていかないと、緒方さんと付き合ってもらえないですよ。だから、とてももう、調査対象などというものではないんですね。

他者と共に居る――私の内側にざわめきが起こる

――先ほどヴァルネラビリティのことをお話しになられましたが、栗原さんは「思想」二〇〇〇年一月号のインタビューで、水俣病を背負った人たちが、傷つくということによって初めて言い返しが可能になると語っておられます。つまり、侮辱する言葉の繰り返しによって、自発的な服従で特徴づけられる主体の身体がつくられ、その主体のなかから言い返しの可能性が表れる。そしてそれが他者を救い出すのだとおっしゃっています。そのことについて少しお話しいただけませんでしょうか。

栗原　つまり、受苦によって感情構造に触れてくること、魂の揺り動かしがあるということが一つと、もうひとつは、同じようなヴァルネラビリティなり感受性をもっている他者が、そこに存在するということの重要さです。

　たとえば『証言　水俣病』で下田綾子さんがおっしゃっていることですが、下田さんの妹の静子さんと実子さんが次々と発病していく。そのとき、隣の娘さんが水俣病で亡くなったということを聞く。亡くなったとき、バスに乗れない、車で運んでくれる人もいない。だから、おじさんが亡くなった幼い娘さん、包帯でぐるぐる巻きにされているその遺体を背中に背負って、線路を歩いて帰ってくるわけです。下田さんの家の横を通って、おじさんが娘さんを背負って歩いて帰ってくる。そのとき、娘さんの足がぶらぶらしている姿が見えたんですね。下田さんは、もう怖くて怖くて、とおっしゃるんです。生きている人間がモノ化される恐ろしさ。それは妹たちにも自分にも起る。その話を

包帯でぐるぐる巻きにされている娘さんの遺体の足がぶらぶらしている姿が見えたんですね。生きている人間がモノ化される恐ろしさ。それは妹たちにも自分にも起る。

最初に聞いたとき、私はショックでしたね。

それから、仲村妙子さんの語りのなかで、娘さんが水俣病で、夜となる昼となく、明けても暮れても泣くんですね。娘さんも苦しくて、仲村さんも苦しい。そうして、あるとき娘さんの首に手をかけようとするんですね。そしてふっと思いとどまるんですが、もう本当に恐ろしい、と感じるわけですね。

そうした、怖い、恐ろしいという感覚ですね。それから、緒方さんが言っている、システム社会の恐ろしさを肌身に感じるような感覚があります。また、私が先ほど言った嫌だという感じなど。受苦によって人が傷つくのは、その人の内部の、非領有の、冒されていない他者、言いかえれば、ヴァルネラビリティの領域が傷つくということです。その傷つけられることが、怒りと祈りを生み出す。

そうした感情構造を共有できる人がいて初めて、私は言い返すということが出てくると思うんです。受苦者の内部の非領有の他者と、もう一人の存在の内部の他者との響き合い。共振の倍音が「言い返し」になる。それはもう、本当にその人の身体の底から出てくるような怒りですから、迫力があります。たとえば、川本輝夫さんがチッソとの自主交渉のときに、「水俣死民」というゼッケンを胸につけたんです。水俣病者は長い間、水俣の市民から総攻撃を受けていたわけですね。それを「恐ろしい」という方はたくさんいましたね。

もう、中傷する手紙は来る、「お前はチッソを潰すつもりか」といった恫喝の手紙は来る。それから、水俣病という名前を変えろ、といった運動が、八〇年代半ばまで延々と続けられたわけですね。いま、ようやくそれが変わろうとしていますけれども。そうしたことがあるから、自分たちは死民じゃないんだという言い返しが、川本さんの「水俣死民」にはあるわけです。

さまざまな仮構現実による支配と領有、それを私は「表象の政治」といっていますけれども、十重二十重の重層的なシステムのそうした仮構現実を解き放していく。ヴァルネラビリティによって、初めてこの言い返しが可能になるわけです。不条理な受苦の底で、人間の解体とモノ化の危機の淵から辛うじて引き返してくることに力をそえるものは、非決定、非領有の部分であり、そこには同時にヴァルネラブルなもの、生命に対する感受性があります。

けれども、そのときには、やはり一人ではなく、もう一人が必要なんですね。ただ存在し、共振することによって、受苦者の言い返しを支えるもう一人が。そして、家族などの、従来社会的なものといわれてきた部分についての批判的な扱い方が必要になってくるし、そこでこそ、新しい親密圏のあり方が問われるのではないか。そして、親密圏から公共圏に向かうときに、社会的なものを媒介にするとなし崩し的になっていきますから、あえて社会的なものをはずす。社会的なもの自体を内破して、親密圏のネットワークを重層的に構築して、公益と公論の立場を立ち上げていく。そこで初めて公共圏のあり方も違ったものになってくると考えています。

私は、「思想」一・二月号に結実した研究会の進行と平行して、小森陽一、佐藤学、吉見俊哉と三年かけて、『越境する知』のシリーズを編集しました。その第0巻に当る四人の共著『内破する知——身体・言葉・権力を編みなおす』がすでに刊行されました。続いて今夏から全六巻が刊行されますが、それらは、第一巻「身体：よみがえる」、第二巻「語り：つむぎだす」、第三巻「言説：切り裂く」、第四巻「装置：壊し築く」、第五巻「文化の市場：交通する」、第六巻「知の植民地：越境する」という構成になっています。このシリーズは、私たちが変りたいという切実な欲求から出発しています。他者と共に居る実践を通して、近代知を内破し、胎動し始めている新しい知を見出そうとする人々の、現場からの苦闘の報告です。

他者と共に居ること。呼びかけがある。次いで他者からの応答がある。応答する声に触発されて、私の内側につぶやきというか、ざわめきが起る。「表象の政治」から「死者と未生の者のほとりから」(『証言　水俣病』)を経て「水俣病という身体」(『内破する知』)へ至る仕事は、いわば私の身体のざわめきの、現在進行形の記録です。

(二〇〇〇年六月一〇日)

「ジェノサイドの政治」への抗い

　図書新聞に職を得て数日後、私は水俣病患者連合編『**魚湧く海**』（葦書房、一九九八年）の書評を、栗原彬氏に依頼した。魚湧く海——いのちに満ちたそのゆたかな姿が、寄せられた原稿の書き出しを読んだとき、眼前に光った。不知火の海は美しい、そう書き出された書評は、しかしこの海を「苦海」へと変貌させた水俣病に、生き残った者たちが死者とともに立ち上がる姿、そして認定制度や「最終解決案」のさなかに引き裂かれる姿を伝えている。「海に生きるとは、海にみちあふれる豊饒な生命と共に生きることである。垂れ流された猛毒メチル水銀は、海の全ての生命の皆殺し、ジェノサイドをもたらした。海の死の延長上に、海に生かされてきた人間の死があった」。書評に栗原氏はそう記した。

　かつていのち湧く海であった不知火海の水際は、垂れ流されたチッソの廃液で汚され「苦海」となり、生きる者と死者とのほとりとなった。栗原氏は書評のなかで、その水際は魂の居場所なのだと書いている。失われた魚湧く海、しかしその「幻視の風景」のなかで、かけがえない聞き書きや記録が編まれ世に出されている。『魚湧く海』もその一書であり、インタビューの手がかりとなった栗原彬編『**証言　水俣病**』（岩波書店、二〇〇〇年）もそうであった。そして私たちのもとには、森千代喜著／最首悟・山之内萩子編『**我は雨をもいとわず段草を切る**』（世織書房、一九九七年）、緒方正人・語り／辻信一・構成『**常世の舟を漕ぎて——水**

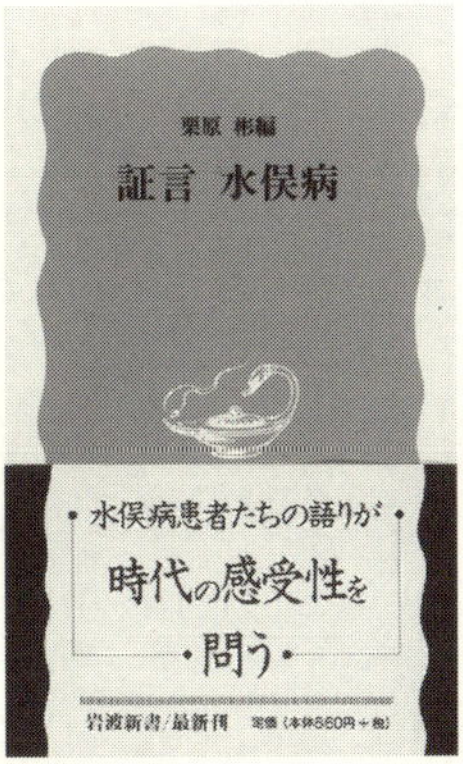

保病私史』（世織書房、一九九六年）なども届けられている。そうした、水俣病のなかの一人ひとりの生活史の記録は、栗原氏のいうように、近代のありように対する異議申し立て、そのかけがえない、一人ひとりの生による証となっているのである。

『常世の舟を漕ぎて』に記された、緒方正人氏が一九八七年、チッソ正門前に座りムシロにしたためた「チッソの衆よ」「被害民の衆よ」「世の衆よ」という呼びかけは、チッソの垂れ流した公害、水俣病者を引き裂く「認定」という名の新たな差別、そして社会や市民の無知無関心をともに問うのだ。呼びかけは、それぞれ三方に発せられている。「この水俣病事件は／人が人と思わんごつなったそのときから／はじまったバイ。／そろそろ『人間の責任』ば認むじゃなかか。／どうーか、この『問いかけの書』に答えてはいよ」「近頃は、認定制度てろん／裁判てろん、と云うしくみの上だけの／水俣病になっとらせんか。／……患者じゃなか。／人間ば生きっとバイ。」「この水俣に環境博ば企てる国家あり。／あまたの人々をなぶり殺しにしたその手で／この事件の幕引きの猿芝居を、／演ずる鬼人どもじゃ。／世の衆よ／この事態またも知らんふりをするか。」

栗原彬氏が共著『**内破する知――身体・言葉・権力を編みなおす**』（東京大学出版会、二〇〇〇年）の文章「**水俣病という身体**」で示した「ジェノサイドの政治」は、日本の近代のありように深く刻まれている。それが近代の正統な嫡子であり、ファシズム国家のみならず福祉国家、新自由主義政治、グローバリズムにも変奏版として貫流しているという指摘に、私は水俣病とともに、戦後進められた「高度経済成長」や「合理化」、あるいは巨大開発や企業社会のあり方などを「ジェノサイドの政治」で透視し読み解くことを学んだ。そうであるがゆえに、九州という地を考えるとき、水俣病とともに、筑豊や三池に代表される炭鉱と人間の近代を考えざるを得ないのだった。「人類史上最大規模の環境汚染によ

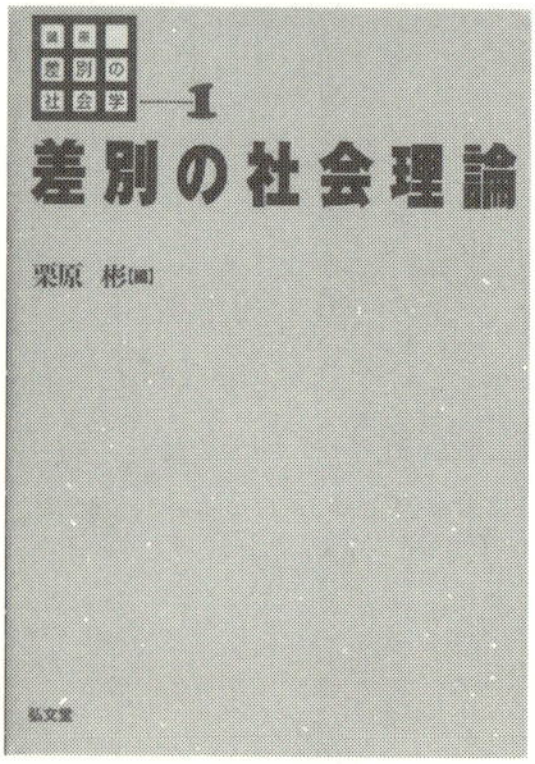

る中毒事件『水俣病』（一九五六年）とわが国最大の炭鉱事故『三池炭じん爆発事件』（一九六三年）が九州の地でおこったのは偶然ではない」。『炭坑《やま》の灯は消えても――三池鉱炭じん爆発によるCO中毒の33年』（日本評論社、一九九七年）のなかで、原田正純氏はそう記している。敗戦により植民地を失った日本の巨大資本が、「植民地経営」の代替地を九州に求めたという記述には説得力がある。生産を至上とする日本近代化が、対外膨張と植民地支配、そして戦争に行き着くナショナルな政治のもとで行われたこと、人間を「人的資源」として労働力のもとで計る構図は、中国人や朝鮮人の強制連行として極限化し、敗戦ののちは「ジェノサイドの政治」を九州ほか日本各地を代替地として行なったことがうかがえる。水俣病、そして筑豊や三池炭鉱で引き裂かれたのは、人間の生命であり尊厳であった。そのことを医師の視点から問い続けた原田氏の仕事は、『水俣病にまなぶ旅――水俣病の前に水俣病はなかった』（日本評論社、一九八五年）、『水俣が映す世界』（日本評論社、一九八九年）、『裁かれるのは誰か』（世織書房、一九九五年）などに結実している。

「残されたのはついに三遺体だけとなった。ひつぎに眠る顔は他人の顔だ。しかし、坑内にもう遺体はない。残った遺体と遺族の勘定は合った。世の中は簡単な引き算で幕を引きたがっていたのだ」。これは奈加悟『閉山』（岩波書店、一九九七年）に綴られる、一九六三年一一月九日に起こった三井三池炭鉱三川鉱の炭塵爆発、その地底での遺体収容作業の様子だ。この、人命と数とを引き合わせる「幕引き」の論理は、政府・与党の「最終解決案」で「終わった」ことにしようという、水俣病者に対する「幕引き」の論理とも通底する。そして毎日新聞西部本社編『三池閉山』（葦書房、一九九七年）の伝える、炭塵爆発に対し会社の責任を問う遺族やCO中毒患者・家族と、「物取り主義」だと提訴を渋った労組とのきしみ、そして「疾病利得」などの言葉が内包する差別嫉妬の渦もまた、水俣病者のアイデンティティを幾重にも引き裂いた「表象の政治」のもたらした人間性へのジェノサイドに他ならなかったのだ。

　そして九州について思うとき、私は、宮崎・土呂久の亜砒酸公害に苦しむ人びとを記録し続けてきた川原一之氏の仕事を思う。『土呂久羅漢』（影書房、一九九四年）は、鉱毒に苦しむ土呂久の一人ひとり、その生を刻み込んで成った一書だ。そして土呂久を記録する会編『記録・土呂久』（本多企画、一九九三年）は、人間一人ひとりを挽き潰した日本近代のありよう、その「ジェノサイドの政治」に抗し編まれた「書碑」ともいえるドキュメントであった。

「震災五年」の視点から

神戸から日本近代の「根」を抉る

柳原一德
Yanagihara Ittoku

「虫の目」で見つめる震災

——柳原さんはこのたび『「震災五年」の神戸を歩く』（みずのわ出版、二〇〇〇年）を出さはりました。「震災五年」を経たこの時期に、いまご自身が住んでる神戸を記録した本を神戸の「地方」出版社から出さはった思いというか、この本に込めたものを聞かせてほしいと思うんです。

　柳原さんは、生まれ育ちは神戸ですが、震災前の二年間、私の地元の奈良で、奈良新聞の記者をしてはったそうですね。私も同じ一九六九年生まれで、新聞記者を経て編集者をやってるわけですが、柳原さんの地方紙記者としての経験と、いま自ら「みずのわ出版」を興して出版活動をするなかから見つめる神戸について、話してもらえませんか。

柳原　二年間勤めた奈良新聞の記者を辞めたあとの一年間、市民運動の専従をやってて、震災直前まで東京にいたんですけど、これはあかんっちゅうんで神戸に帰ってきたんですよ。運動のなかの軋轢もあったし、東京との文化の違いいうんか、ここは自分の「居場所」やないなと思ったんです。ワシはやっぱり神戸から離れられへんのやな、もう神戸から動かんとこう、そう思って帰ってきて、ちょうど一ヶ月後に震災に遭うたんですわ。

　実は、一九九一年一二月に奈良新聞に中途入社してからの三年間というのは、ほとんど神戸とは縁のない生活やったんです。最初のころはちょこちょこと神戸に帰ってましてんけどね、しまいには月にいっぺんも帰らんようなねえ。

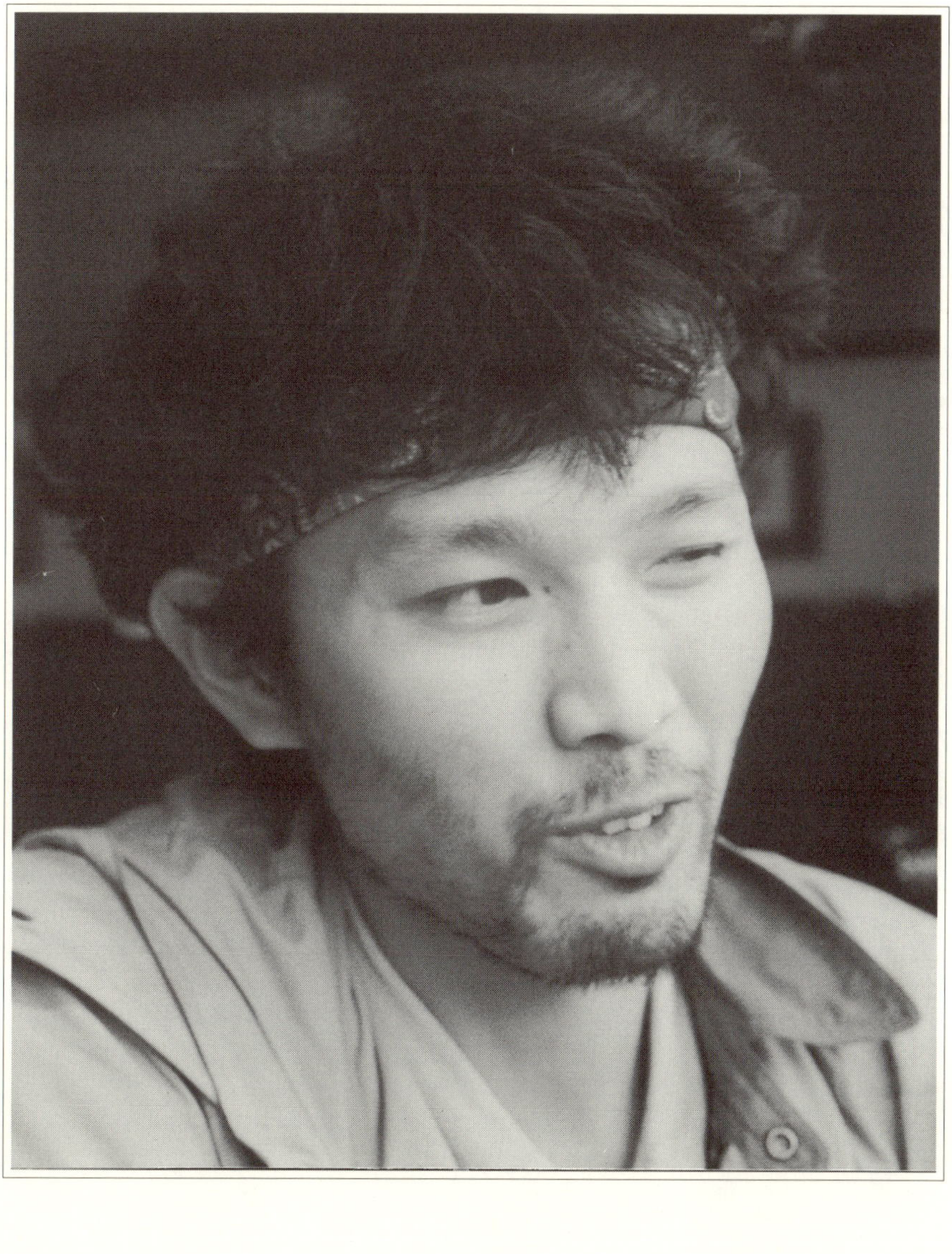

柳原一徳（やなぎはら・いっとく）　一九六九年神戸市葺合区（現・中央区）生まれ。甲子園・西宮球場内売店アルバイト、地方紙記者、運動団体専従、放送記者などを経て、一九九七年秋、みずのわ出版を創業。著書に『「従軍慰安婦」問題と戦後五十年』『阪神大震災・被災地の風貌』。

まあ、奈良で記者の仕事に夢中になったいうのもあるんですけど。

そうして記者活動をするなかで、いろいろのものが視えてきました。「鳥の目」といいますかね、高いとこから全体を眺めてる分には、どこにでもある平凡な町並みにしか見えないんやけど、そこにはどんな人たちがいて、どんな思いで日々の暮らしを営んでいて、どんな悩みを抱えているのか、また自分たちの住む町を本来の意味で「豊か」にするためにどのような行動を起こしているのか、また何をどう表現しようとしているのか、そういった諸々のことが、自分の足で歩いて取材すること、「虫の目」で見つめることから少しずつですが視えるようになっていったんです。すると、町の息づかいとかいったものが躍動感をもって感じ取れるようになりましてねえ。それまでの私は、恥ずかしいことですが行動せずに頭だけで考えてまう、頭でっかちなところがあったんです。「あるく・みる・きく」ということの大切さが身にしみてわかったのは、わずか二年間でしたが、地方紙記者としての経験が大きかったんです。そんなこんなでいろいろ人と出会っていくなかで記者稼業の面白さにはまりましてね。そしたら抜けられへんようになってもたわけです。

震災に遭うたことがとりもつ縁というか、震災がなければ出会えなかった人ってけっこういてるんですよ。たとえば大阪で、弁護士や研究者、行政のワーカーが「社会保障・社会福祉一一〇番」という活動に震災前から取り組んでましてね、月一回の定例相談日に仮設住宅での巡回相談を行ったことがあるんです。それに参加して訪ねた仮設住宅で出会って、いまもおつきあいの続いてる人がいるんです。避難所で話し込んだり、寒いなか銭湯の順番待ちで並んだり、いろんな人たちと出会っていくなかで感じたことはぎょうさんあります。わけても自分が、自分の生まれ育った神戸という町を知らずに生きてきたこと、町をかたちづくる「人」といったものとの関わりが希薄なままに生きてきたということがわかってきました。

また、二〇年近く音信のなかった小学校の時の友達と、「なんでおまえこんなとこにおんねんな」とばったり再会したり。それから、「震災に遭うてつらいことばっかりやったけど、ええこともあった。こうしてあんたと知り合えた。友達になれた」と言うてくれた人もいましてねえ。ボランティア活動で仮設住宅を訪ねた縁で知り合った人で、

避難所で話し込んだり、寒いなか銭湯の順番待ちで並んだり、いろんな人たちと出会っていくなかで、生まれ育った町を知らずに生きてきたことがわかってきました。

晩ごはんをよばれもって、いろいろ話し込んだこともあります。

　そうやって出会った人たちも、仮設住宅から復興住宅に移ったりして、それぞれの困難を抱えるなかで生活を続けてはるわけやけど、みなさん自分のことで忙しいでしょう。私もそうやけど、日々の暮らしに追い立てられてる。震災から五年を経るなかで、ずーっと気になってはいるんやけど、現実にはだんだん疎遠になってる。

「風化」への忸怩たる思い

　——その、疎遠になってることの背景には、どういう現実があるんですか。

柳原　震災で命運を分けたのは、やっぱり、家が無事やったかどうかということですわ。これは大きいと思うんです。私のとこは半壊やってんけど、鉄骨入ってましたからね。コンクリート塗り直せば住めるような壊れ方で済んでんけど、ほな家が無事やったらそれで済むかいうたらそうはいかんもんで、どうしても仕事して食いつながなあかんから、日々追い立てられてる。そうこうするなかで、出会った人たちとの関わりがどんどん稀薄になっていってる。地元の書き手として「被災地の問題にこだわる」とか何とか言いながら、現実には被災地や被災者といった問題からどんどん遠ざかっとるなあ、とずっと感じてたんです。

　そうしてだんだん「非常時」から「日常」へと戻っていくんやろうけど、はたしてそれでええんかなあ、と。見ず知らずの人と語り合い、当たり前のように親切を受け、愚痴を言い合い……なんにも無くなったあの時、共同体意識というたらええのかなあ、近代の虚構が音を立てて崩壊するなかで、「人間」の存在だけが唯一絶対のものとしてあったわけでしょう。それが震災から五年という時間を経るなかで消し去られていった。あれはいったい何やったんや。そして、いまもなお苦しみが続いている人もおれば、私なんかは家が無事やったことと何とか仕事が続いたことで、あかんなりに何とかなってる。そんなこんなで私のなかでも正直、震災体験が風化している。しかし一方では、それではあかんやないかという、忸怩たる思いがずっとあったんですよ。

　それが出発点となって生まれたのが、前作**『阪神大震災・被災地の風貌——終わりなき取材ノートから』**（みずのわ出版、一九九九年）であり、その続編としての今回の『「震災五年」の神戸を歩く』なんです。

事象の「根」に迫る

　——柳原さんがこの本の第一章「『震災五年』の忘却と現実」で書いてはるように、「何時までも被災地ではないやろ」という明示的黙示的な言動が行政の対応にしても見られたり、またジャーナリズムも、あれだけ当初はセンセーショナリズムに走った報道合戦が、波が引くように消えて、紋切り型のものに収まったりといったようになってます。長いようで短い五年ですが、実際神戸を歩いて、そのあたりのことはどう感じましたか。

柳原　私自身、新聞記者やった経験から考えるんですけど、目の前で起こってる現象や事件、事象ですね。たとえば何人死んだとか、食べるものに困ってる人はどんだけおるかとか、工場の再建にどう困ってるかとか、そういった諸々の事象を新聞やテレビがリアルタイムで伝えていき、それはどえらいこっちゃ、ということを広く訴えて、その結果支援が広がったということは大きいと思うんですよ。

　現実に起こってるものは、カメラをどこに向けても絵になるんですよ。ところが時間が経過するなかでその事象が変化して形を変えたり、また目に見えにくくなったりするわけでしょう。けれども、その火種は残っていて、一見鎮火したように見えるけど、いつ何どき、何かのはずみで再び燃え上がるかわからない。そんな時に、「また、こんなことが起こっとる」と現象面だけとらえて報じることはできても、「なんでそんなことが起こっとんのか」と、その事象の「根」に迫り、掘り下げて伝えることができていない。

　たとえば、「認定」されているだけでも二百数十人の「孤独死」があった。それはそうなんやけれども、何でそんなことが起こっとんのか。「二百数十人」という数字で括っているうちは、どのような人が被災して家や職をなくしたのか、明日の展望すら持てない被災生活のなかでどのようにして命を失ったのか、社会を形成している人間の、一人ひとりのありようとか歴史といったものが視えないようにさせられてしまう。震災で家や職をなくしたこと、さらには震災前の暮らしぶりや生きざままで含めての「孤独死」に至る過程、社会との関わり、人それぞれの歴史があるわけですよ。

　また、このままでは生活は再建でけへんと、よく言われます。ではなぜでけへんのか。その原因は震災だけか。たしかに震災は大きいんやけど、震災の前から継続してきたいろんな問題がありますやん。たとえば、我々の生活がいかに脆弱な基盤の上に成り立っていたか、何ぞ起こってひっくり返されたら、もう起き上がれんぞという状況がずーっとあって、それを問い詰めないままに、目先の事象にばっかり流されてきたんやないかと思うんです。

　かく言う私も元はサラリーマン記者でしたから、記者稼業を続けるなかで、ずっと忸怩たる思いを抱いてきました。表面的な事象に流されず、その「根」に迫る仕事をせなあかん、それができんかったら、本当の意味での「新聞記者」にはなれんぞ、といった危機感めいたものを抱いてきたんですが、忙しさに流され、「なんでそんなことが起こったんか」「それをなくすにはどうしたらええのか」という問いかけをしてこなかったんやないか、という引っかかりがずっとあるんですよ。

「震災五年」の現実

――こないだ柳原さんとこに行く前に三宮を歩いて驚いたんですけど、表向きの町並みは「なんでそんなことが起ったんか」という「根」への問いを封殺するような勢いで「復興」してると見まごうほどですね。

柳原　一歩裏道に入れば震災の爪痕はいまだに残っとうけど、表通りだけ歩いている分にはもう「被災地」とは思えませんからねえ。知らん人は「ああ見事に復興したなあ」なんて平気で言いますよ。そういうふうになってくると、日常の報道のなかで、ますます問題が視えてこなくなる。たしかに、新聞やテレビのなかで「被災地」という話題の占める割合はどんどん減っていくし、震災の起こった一月一七日が近づくと特集組んで、なんか八月一五日の「終戦記念日」特集みたいなもんで、それを境に報道はぴたっと止まってまうとかね。ほな、「一月一七日」は年に一度おきまりの「メモリアル・デー」か、となってしまう。

どうしても被災地のことを語ってくれとは言わんけれども、問題は今でも続いてるということ、またそれが極めて日常的なものであり、被災地の日常というのは誰しも「明日は我が身」の世界であって、震災でたまたま神戸・阪神間、淡路でこういうことが起こったけれども、それはどこでも起こり得ることやし、そういう危うさがはっきりと目に見えるかたちで示されたにもかかわらず、場当たり的な対応に終始して何ら改善がなされることなく放ったらかしにされてるわけでしょう。

たとえば、震災義捐金にしても気に食わんこと、ぎょうさんありますよ。義捐金なんて、非常時の「頼母子講」的なもんやねんから、必要な時、必要とする人に対してどかっと出すのが筋でしょう。ところが第一次配分額は一世帯あたりわずか一〇万円ですよ。そんで残りは、名目やら対象者やらいろいろ変えて、四、五年もかけてチビリチビリと出してった。ほな公的責任は一体何処へ消し飛んだんや、いうたら、バブルに踊って破綻した銀行には血税をつぎ込むくせに、被災者に対しては「日本は私有財産制ですから個人補償はできません」ときたもんでしょう。結局のところ善意の義捐金に「おんぶにだっこ」で、国家は何もせえへんかった。むしろみなさんの善意が、公的責任忌避の道具に使われてしまった。

義捐金なんか、屁の突っ張りにもならんのですよ。だからこそ公的支援が不可欠なのに、この無責任国家は何ら手だてを講じようとしない。そやけど、そんな腐った国家とか社会とかいったものを構成してるのも、また私たちでしょう。結局は我々自身の問題やねんから、我々自身でどうにかせんならん。平たくいえば、お互い死にたないし、死なんためには社会のありようをどう変えていくか、それしかないと思うんですよ。私たちがいままで無神経に見過ごしてきたものが震災体験を通じてはっきりと見えてきた。これからは無神経ではいられへん。あかんからこそ、少しでもマシになるよう、変えていくべきや……にもかかわらず、実際にはそうした力に繋がってないやないか。確かに約一八〇〇億円もの義捐金が集まった。空前の額や。そやけど、義捐金は被災者の生活再建を担保しえなかった。ところが、義捐金だけで「自己満足」してもたんかしらんけど、「ほな、どないしたらええねん」という問い返しがない。被災者だけのためやない、自分自身のためでもあるのに、なんでそれが新たな動きに繋がっていけへんのか、そのことをすごく感じてるんです。

なんで本のタイトルに「震災五年」ということばを入れたのか。「震災五年」の今やから本を出すというのではないんです。あの震災以降の五年間という時間と、震災の日に至る近代以降一〇〇年の神戸、そういった集積・連続性を問いたかった。たとえば、一九四五年八月一五日を境に日本は変わったのかというたら、表面的には「変わった」ことになっとうけど、実体としてはなんら変わることなく「継続」している。それと同様に一九九五年一月一七日を以て「断絶」すべき国家や社会のシステムが、「断絶」することなくそのまんま「継続」してるわけでしょう。震災という大きなショックを受けたのに、何も変わらない。「五年経って風化が進むなかで結局元の鞘に収まった」というより、鞘から抜いてもいないやないかと思うんです。

未来を見据えるためにも、この近代以降の「連続」とは何なのだろうか、そのことを考えて、あえて震災本らしくない震災本を書いたわけなんです。

人間不在の官僚体質

——柳原さんは本のなかで、神戸の近代化と日本の近代化とは軌を一にすると書いてますね。たとえば東海道本線の終点は神戸やし、外国に開かれた港湾都市・神戸は、日本の国策とセットになって発展した。またいま住んではる新開地は、まさに川崎造船所の拡張を背景として、日清・日露といった二つの戦争の間に行われた湊川付け替え事業とともにできた、その名

一九四五年八月一五日と同様に、一九九五年一月一七日をもって「断絶」すべき国家や社会のシステムが、「断絶」することなくそのまんま「継続」してるわけでしょう。

の如く新たに開かれた町なんですね。それに、この本の第六章「宮崎辰雄・前神戸市長の死去に思う」で書いてはるけれども、戦後の神戸を特徴づける開発行政の元をたどれば、敗戦により「満洲国」で果たせなかった都市計画を、都市計画畑の内務官僚だった原口忠次郎元市長が戦後神戸に持ち帰って果たすといった側面もうかがい知れます。

笹山現神戸市長は、震災後一週間も経たんうちに「神戸空港は予定通り造る」と発言してるといいますが、近代以降の日本が抱える問題が、震災後も連綿と続く開発行政などのかたちで、神戸に凝縮されて表れている。そのことも話してもらえませんか。

柳原　これは有名な話なんですけど、震災が起こった二ヶ月後に、神戸市は都市計画決定を強行するんですよ。そのころは、みなさん家もどうなるやらわからんし、仮設住宅もまだできてへん、とりあえず食うもんは何とかなってきたけれども、それかてカチカチに冷えきった弁当ばっかり食わされとるという状態ですね。その、街が壊れて人がいなくなってるときに、神戸市は都市計画決定を強行したんですよ。

当日、約二〇〇人の住民が審議の公開を求めて詰めかけたんやけど、神戸市は職員約五〇人を動員してピケを張って住民を排除したんですよ。昼すぎから夜の八時位までやったかな、都市計画審議会が開かれてる市役所二七階の会議室の前で押し合いへし合い、私もその場におったんですけどくたくたになりましてね、終わったらへたーっと座り込んでもた記憶があります。

そのとき思たんですよ。これは専門バカやと。計画を考えたのは、「優秀」な神戸市の都市計画官僚ですやん。たとえばあちこちで建物が倒壊したり、火事で焼けたりしている。「そこには、まだ人が埋まっとるんや」とか「ここで、人が焼け死んだんや」ということは、かれらの眼中にはないんですよ。もちろん「あの人らを、何もできんと見殺しにしてもた」という自責の念すらない。「人間不在」の専門バカ。そんでもって、焼けたぞ、チャンスやと、どっと取りかかる。行政は強制執行力を持っとるから、地上げ屋よりタチが悪い。「震災でこれだけ更地が出来た。反対ばっかりするわがままな住民もいてへん。千載一遇のチャンスや」とばかりに、ここを区画整理しよう、ここにでっかい道路を通そう、ここに何棟の再開発ビルを建ててやろう、とかいったことを勝手に決めたわけでしょう。それまでそこに住んできた人間は、どのようにしてそこで生活を営んできて、震災で住処をなくしたいま、どんな思いで日々を過ごしているのかということ、そういったことがすっぽり抜け落ちている。

専門家にしてみれば、道路はようなるし、ビルが建って住宅はできるし、その下にはテナントが入って儲かりまっせということでしょう。いわゆる「高度利用」というやつですか。たとえば、区画を整理し道路を拡幅するために何パーセントかずつ土地を削る「減歩」という手続きがある。「元々狭い土地をこれ以上削ってもたらまともな商売はできんやないか」と土地持ちが言うと、役所は「お宅の土地の接してる道路が広がるんやから、土地の価値は上がる。狭くなっても、その分で相殺できる」なんて言いよるんですわ。でも、そこは人が住んだり商売を営んだりする〈場〉でしょ。それを「資産」としてしか見ることのできないかれらのものの見方・考え方が許せんのですよ。

かれらの論理で言えば、たしかにそれは「効率的」やと思うんです。けれども、住んでる人間にしてみれば、俺の家はどうしてくれんねん、と。みんな困ってるときに、明日のパンをどないするかが先やろう、ということになるわけでしょう。そして、人間の個々の暮らしとか生きざまとか、その人たちがどうやって暮らしてきたかという実態、なんぼ給料貰ってて、お年寄りやったら年金はなんぼでふだんどういう暮らし向きやったのか、そういう人たちが何でそこで暮らしが成り立ってきたのか。専門バカの官僚どもよ、それを真剣に考えたことがあるのか、と言いたい。地震で潰れた家の家賃を聞いてみると、ほんまに安いんですよ。月一万円台から二万円、高くても三万円、関西でいうところの文化住宅というやつ。たしかに住環境は劣悪やったし、狭いですしねえ、物をいっぱい置いてたから、地震で家具なんかが倒れてきて、それに潰されて亡くなったり、家そのものが潰れて圧死したり、あるいは火事で亡くなった人も多いです。焼死した人たちにしても、家さえ潰れなければ逃げることができたわけですよね。でも、行政はそれに対する手当をしてこなかったわけでしょう。こと住まいに関してはすべて「個人の甲斐性」に委ねられ、公的責任が消し飛んでいる。

被災した旧市街地に住んでる人々を追い出すかたちの都市計画ではなく、いま住んでる家を手当しながら共同建替えなりなんなりして少しずつよくしていくことはやらない。手間ひまかかるし、儲からんからです。そのような理屈で、震災前からインナーシティー問題を放置してきた。そこに住む人の暮らしを少しでも豊かにしようとか、生きる権利を何とかしようとか、そういった施策を考えてこなかった。インナーシティー問題を放ったらかす一方で、六甲の裏側や西神の丘陵地を削って住宅地や工業団地を造成する、削った土砂で海を埋めて造成した土地を企業に分譲する、といった儲け優先・人間無視の開発行政に走ってきたわけですよね。

そこに震災が起こって、これまで放ったらかしてきた下町が壊れた。「壊れたぞ、よっしゃ、ええこっちゃ」ということでどっと入り込んで、一方的に再開発の線引きをする。被災した人たちの仮設住宅を元の居住地に造るんやなくて郊外に造って無理矢理移住させる。復興住宅も郊外に造る。被災して住処を失った人たちが元の居住地に帰ってこれないという状況をつくりあげたわけですよ。戦後の焼け跡みたいにバラックは建てさせないということで。

「効率」「儲け」「技術」への信仰

――それは、柳原さんがこの本で書いたはる「都市計画という名の大規模な『まちこわし』」の実態なんですね。

柳原　新長田（神戸市長田区）の市街地再開発事業なんかひどいもんですよ。二〇ヘクタールの事業面積に三〇棟の超高層ビルを林立させるというやつ。神戸市が戦後五〇年にわたってやってきた市街地再開発事業の総面積を、この一ヶ所だけで上回るんですよ。そんなどでかい再開発事業を、震災後わずか五年の今の段階で住民を追い出してやってまうわけです。そして、焼け出された人たちはいつまでたっても帰ってこれない。市場なんか閑古鳥が鳴いてる。人がいないから、夜になると真っ暗という状態になってまう。

だから、焼け出された人々にしてみれば、これはもう「震災」を口実にした強制移住やないか、それをみなさん「天災」やからいうことで諦めさそうとしてるんやないか、ということなんです。そして、そこに入り込んできたのが、やっぱり「技術」に対する過大な信仰でしょ。

「社会的弱者」いう言い方はあんまり好きやないけど、たしかに住環境は良好ではなかったけれども、しかし神戸の下町は、そうした人たちの生存権といったものをギリギリのところで担保してきたと思うんですよ。住むとこ、働くとこ、市場、銭湯などなど、職と住が混在したごった煮のような町でね、郊外のニュータウンのように「効率的」ではないけれども、そういうとこのほうが、人間が、人間らしく生きていける。西神ニュータウンなんか行ったら、寒々としますよ、私ら下町に育った人間は。前作『阪神大震災・被災地の風貌』で書いたんですが、文化住宅の一室で年老いて寝たきりの母親の介護をしている人がいた。七三歳まで元気で働いてきたのに「ある日突然」痴呆の症状が出たんです。そういう人がパニック起こしたりするのは、決まって深夜ですやろ。そんなことがあって、翌朝ご近所と顔を合わせたら「ゆうべは大変やったねえ」と声をかけてくれる。「静かにせんかい」と怒鳴ったりしない。また、どうしても家をあけんならん時は、留守番をしてくれて、母親の話し相手になってくれる。そうして助け合いながら暮らしてきた。それが、震災で住処を失い、避難所、仮設住宅、復興住宅とたらい回しにされるなかでバラバラに引き離され、孤独のなかで、それぞれ苦しみが続いている。

そうしたさまざまな人間のありようというか、生活のありようを、都市計画をする人間は全く見ようとしてこなかったんやないか。「効率」とか「儲け」を追求するかれらのものの見方・考え方には、人間一人ひとりの生きざまとかは欠落してるんです。まさに人間性の否定。これが、都市計画とか技術をやってる専門家と呼ばれる人らのいちばんの問題やと思うんですね。

――神戸市はけっこう広くて、六甲山の裏側までその範囲に含まれますね。こんど柳原さんの本を読んでわかったことですが、神戸・阪神間の、いわゆる震災の激甚地帯というのは、六甲山と大阪湾に挟まれた東西に細長い地域で、その地域で六〇〇〇人以上の人たちが亡くなったけれども、これは神戸市でもほとんど被害を受けてない所から見ると、マイノリティになってしまってる状況があるわけですね。それは神戸の社会構造の問題でもあると思うんですが、そのことについてはどうですか。

柳原　おっしゃるとおり神戸は意外と広い町でしてね、そのなかでいうと、神戸の旧市街地というのは本当に狭い地域なんですね。そこにみなさん密集して暮らしてたわけです。それに、旧市街地というのは高齢化が進んでるんですよ。実際家は狭いでしょう。子どもは就職すると外に出ていく。勤め人やったら、郊外の建て売り住宅を買うてローン組めるだけの経済力があるから。そやけど、お年寄りにはそれがない。だから、家賃の安い旧市街地の文化住宅にはお年寄りが多い。また、そういう人らの所得はおしなべて低いもんやから、旧市街地は生活保護率が高い。神戸市全体の生活保護率は全国平均の倍やけど、長田区なんかでは六、七倍にもなる。典型的なインナーシティー問題をもつ地域です。そういうことで、神戸市の人口の多くは郊外が占めているんですよ。そして、神戸市民一五〇万人のなかで、被災した人口は半分もいないんですよ。

神戸でも郊外に住む人にしてみたら、今いちばんの関心事というのは、不況とか給料が減ったとか、ボーナスがまともに出んかったとか、いつリストラに遭うかわからへんとか、そうしたことになってるわけです。だから震災への関心はどんどん薄まっていく。それは一面仕方のないことやと思うし、「あんた関心持たんかい」言うのも酷やろうし。しかしその一方で、震災の惨劇、その記憶が昨日の如く残っている人もいる。運が悪ければ自分たちもそうなってたということでしょう。

郊外に住んでて働いてる人も、景気が悪くて会社が一生面倒見てくれへんし、いつ何どき「もう来んでええ」と言われるかわからへん。そういう不安を抱えて生きてるわけです。そして震災に遭うた人のなかには今も仕事がないという人がいる。根の部分では通じてるんやないか。そのあたりが繋がっていかないというか、もっと想像力を働かせれば、それが繋がっていくんやないかなあ。そうしないと広がっていけへんし、自分の問題に閉じこもる限りは視えてこんのやないかと思うんですね。そこを捉え直すことで、本当はもっと変わるんやろなと思うんやけど、みなさんやっぱり自分の問題がいちばん重たいから……。

神戸——近代日本の象徴を問う

——震災の問題というのは、地震による直接の被害の問題のみならず、神戸の開発行政のありようと神戸の社会構造のありように密接に関わってますね。それはひいては日本の近代のありように直結するわけですけど、そこを見ていかなあかんと柳原さんは強調してますね。

柳原　神戸市の開発行政がおかしいんやないかと思い始めたのは、高校生のときだったんです。神戸電鉄有馬線を挟んで六甲山の北側に位置する丹生・帝釈山系の秘境・芦谷川渓谷が神戸市の廃棄物処理場として埋め立てられたことを知ったのがきっかけです。

　ポートアイランドもそうですけど、一九八一年にポートピア博覧会がここでありましたよね。狭い神戸が発展するためには新たな土地が要る、だから山を削って海を埋めるんや、海上に未来都市を造るんや、というような幻想を、私たち神戸の住民はずっと信じ込まされてきたわけです。

　でも考えてみれば、日本が明治以降の近代化のなかで突き進んだのは、殖産興業と軍事大国化の道でしょう。それは一九四五年八月一五日を以て「断絶」することはなかった。軍事大国化の方はオブラートに包んでますけど、経済成長を前提にした右肩上がりの神話に毒されたものの見方・考え方は戦後日本の「基調」であったわけやし、私たちのなかにもそれが入り込んでたと思うんですよ。そうして発展することはええことや、と。

　だから、近世の終わりまでたかだか寒村でしかなかった神戸が、明治以降神戸港の開港によって海外貿易の窓口になり、外国から人とモノが入ってくるようになって港湾都市として発展を遂げ、軍事がらみで三菱・川崎の造船所がつくられ、神戸製鋼所やダンロップ・ゴムがつくられるわけですね。そして、そこで働くために、労働力が地方から神戸に吸い寄せられて、一五〇万都市・神戸が出来上がってくる。

　昨年九月に出した**『あるシマンチュウの肖像——奄美から神戸へ、そして阪神大震災』**（みずのわ出版、一九九九年）の著者、大山勝男さんのお父さんも、戦前の集団就職で奄美群島の沖永良部島から神戸に出てくるわけです。私の親父も、洋服の仕立て職人として一九六二年に山口県から神戸に出て来るんですよ。私の持論ですがね、「三代続いた神戸っ子はそうそういない」とよく言うんです。私は山口の周防大島にルーツを持つ二代目の神戸っ子なんですが、私の友達なんかも、いなかは神戸以外のところが多くて、二代目とか三代目というのが多いですね。皆そういった歴史を持って神戸にやって来てる。

　私なんかも、よくも悪くも神戸の人間なんです。震災で非常に神戸的やなあと思たのは、震災に遭って、神戸の人は自分の町に戻りたがったでしょう。何とか元の町に戻りたい、と。一概に言うたらあかんけど、これが首都圏やったら、そういうことにはならないと思います。たとえば板橋区高島平あたりの住宅地が震災で壊滅したとすれば、そこの人ら、埼玉でも千葉でも、移り住むはずでしょう。仕事場は東京近辺やけど、そこに住み続ける必然はない。神戸の場合はそこが違う。一五〇万都市やけど、住んでる人たちの感覚は土着的というか、人口数万の地方都市のノリです。神戸以外にルーツを持つ人が多いんやけど、その人にとっての故郷は神戸でもあり、ルーツの地でもある。マージナルな人々というんかな。

その点、非常に「神戸的」やと思うんです。その土地にしがみつくという感覚なんですね。私自身も神戸の下町で生まれ育ってきたんですが、奈良新聞や奈良テレビに働きに出たけど、結局神戸に舞い戻ったというのは、やはりそんな感覚が自身の内面にあるからやと思うんです。

神戸には、神戸特有の嫌らしさというのもあるんですよ。山手、浜手の違いやとか、西と東の違いとかね。新開地も、「西の浅草」なんていわれて昔は非常に栄えたところだったのが、三宮、元町の方に町の中心が移ってもて、すっかり寂れてもたんです。いまは労働者の町で、日雇いのおっちゃんが多いのと、福原という歓楽街が隣にありますからね、「新開地はこわい」なんて、差別的な言い方を平気でする人も多いですよ。高校時代のことですが、「元町から西（新開地）には近づきたくない」と言う同級生がいたし、授業中にそういうことを平気で言う先生もいた。

神戸は大阪ほど開放的ではないですねえ。よく神戸は雑多な町や言われるけど、やっぱり私は、大阪ほどの猥雑さが神戸にはないし、ある種の冷たさをもつ精神風土が街並みに表れてるんやないかと思います。

だから、ずっと神戸を出たいと思ってました。でも、東京に一年間いたときに、私は神戸を逃れられないんやないかと思いましたね。東京と関西の精神風土の違いを痛切に感じて、こういうところではやっぱり生きていけんなあ、そうでない人も多いんやろうけど、ワシの場合は自分の生まれ育った土地から動かれへんねんなあと思ったんですね。だから、神戸に帰って自分を再構築せないかん、そう思って戻って一ヶ月後に震災に遭うたんです。

「この町で記録し伝えていく」

——柳原さんは神戸に帰って、震災後出版社を始めますね。『「震災五年」の神戸を歩く』と前作『阪神大震災・被災地の風貌』を読んで一貫して感じることなんですが、柳原さんは神戸の問題を掘り下げることで見えてくる日本のさまざまな問題を視野に入れて、そこから、自分の住んでいる神戸を変えようとする視点で書いていますね。

柳原　市政を批判したりどうしようもないってぶつぶつ文句言うたかて、そんなしょーもない市長や議員を通したのも自分たちなんやし、それが使い物にならんのやったら、自分たちで変えていかんと、変えていく力を奮い立たさなおかしいやないかという思いがあるんですよ。

たとえば、二年前、神戸空港建設をめぐって、住民投票条例制定を求める直接請求署名運動が盛り上がって、わずか一ヶ月で三五万筆の署名が集まった。しかしオール与党の市議会は実質三日間の審議で否決しました。それに対して運動の側は有効な手だてをとることがでけへんかった。そして一年後に「神戸空港賛否・市民投票」という模擬住民投票をやったけれども、法的根拠のない自主管理投票やからあっさり無視されて終わってもた。曲折の末に今年やっと市長リコール運動が取り組まれたわけです。熱いうちに鉄を打たなかったツケといいますか、あきらめムードがただよってるなかで厳しい闘いですよ。住民投票運動の時は協力した共産党が、今回はまったく手を引いている。「オール与党の市議会で住民投票条例が否決されるのは見えている。最終的には市長リコールへと展開すべき」という議論は当初からあったのに、足を引っ張ってきたのはほかでもない共産党ですから。党利党略こそ最大のガンですよ。

たしかに、リコール成立の可能性は薄いかもしれんけど、「あかん、あかん」じゃ世の中全然変わらへんやないか。あきらめるまえに、やるべきことを全てやり尽くしたんかと思うんですね。私たちは、生きるために闘ってるのであって、決して「アリバイ作り」のために闘ってるんやない。自分たちの社会を少しでもマシな方向に変えていくのが人間の英知やし、それが先人から連綿と続いてきた歴史でしょう。その続きを我々がするかせんか、結局そこに行き着くと思うんやなあ。「やったかて何も変わらんから無駄や」言うんやったら、最初からやめやがれと。負けても負けてもこっちは這い上がるしかないわけで、自分たちの世代では勝てんかもしれんけど、だったら次の世代が勝てるようにつないでいけばええやないか。人間の思想とか、闘いの歴史って、そういうこととちゃうかなあ。

いかに先の世代に繋ぐか。そこが責任やないかなと思うんです。先人が私たちの捨て石になってきたんやから、私たちもまた、先の世代の捨て石になったらええやないか。それは無駄なことに見えるかもしれんけど、「あかん、あかん」言うて陰々滅々になっとるよりか、そういうふうに先々の発展に夢をつないだ方が楽しいんやないかな。

――そうした思いがバネとなって、柳原さんは神戸で出版活動と取材・執筆活動を続けてはると思うんですが、これからの仕事について聞かせてもらえませんか。

柳原　「地方」出版やからといって、いわゆる「神戸ネタ」ばかりやるつもりはないんやけど、神戸にいながら、地域に根ざした仕事をしてへんなと思うんです。震災後五年間、神戸に関わる仕事を目指してきて、そのなかで九七年秋に「みずのわ出版」を立ち上げたんですけど、まだまだ仕事ができてへんな、という忸怩たる思いがあります。

それと、私は書き手である以前に編集者ですから。震災の問題は自分が書くんやなくて、もっと他の人に書かさなあかんのです。と言いながら、去年、今年と自分の本を書いたのは、しょーもない私がこうして書き残すことで、何らかの起爆剤にならへんかな、という思いもあるんですけどね。

また、私が震災の本を書けたということは「余裕があった」ということの証明なんですよね。まだまだ語ることのできない、沈黙している人が大勢いると思うんです。そういう人たちがどのような歴史を生きたのか、どのような闘いがあったのか、いわゆる「正史」ではない、庶民の歴史を残したい。そうした記録はまだまだ出てないし、むしろこれからやと思うんです。そういう意味では、まだまだ仕事ができてないなあと思ってるんですよ。

私自身もさっき言うたように、しょーもないくらいに保守的で日和見で、笛吹けど踊らない、どうしようもない社会をつくってきた近代の「神戸」に酔わされてきた一人なんです。そのことも含めて、良くも悪くも私は神戸の人間やなあ、と思うところがあります。書き手として、編集者としてこの町で記録し伝えていく作業ですかね、「終わりなき取材ノート」はこれからも続きますねえ。

（二〇〇〇年六月一七日号）

「一人ひとり」へのまなざし

毎週「図書新聞」を納品に行く東京・神田神保町の「書肆アクセス」。地方小出版の書籍を集めるこの書肆で、私は数多くの本と出会っている。いつもの習い性で入口近くの新着書をのぞく私が、存在を主張する一冊の本に引き寄せられ手に取ったのは、一九九九年初夏のことである。それが、柳原一徳氏の**『阪神大震災・被災地の風貌――終わりなき取材ノートから』**（みずのわ出版、一九九九年）であった。

一読して、私はすかさず、柳原氏に書評をお願いしてみようと思った。額田勲**『孤独死――被災地神戸で考える人間の復興』**（岩波書店、一九九九年）に寄せた柳原氏の寄稿は、一九九九年八月二八日付「図書新聞」に掲載された。柳原氏はそこで記している。「個々の人間が、どのような人生遍歴を経て震災に遭遇し、震災後どのような生活を余儀なくされ、どのような経過を経て死んでいった（社会的に殺されていった）のか、亡くなった人たちの社会的階層はもとより、そのルーツまでも丹念にたどった検証の書である」。

そして「震災五年」を迎えた二〇〇〇年一月、柳原氏に寄稿してもらった。「復興」の内実を問うたその文章は、地震を大震災に変えてしまった政治や社会、そして私たち一人ひとりのありようが、震災前と何ら変わらぬまま「継続」あるいは「拡大・再生産」されている現実を衝くものであった。

この書評を通じても、そしてインタビューにおいても、柳原氏の「一人ひとり」への視点は一貫している。阪神大震災の「風化」は、この一人ひとりへの眼差しを薄れさせていくことから始まっているといってよい。仮設住宅で、誰にも看取られないままに息を引き取る死が「孤独死」と一括りにされ、それが「二〇〇人を超えた」「何人目である」と表記される、その裡に潜む一人ひとりの死の抽象化は、柳原氏のいう人間の「風貌《かお》」を見えなくさせてゆく。「私は、震災後出会ってきた人たちの風貌《かお》を思い出していた」と書く氏の筆致は、報道者や行政のありように拭い難く巣くう、人間への量的思考をえぐり出す。書評に刻まれた次の言葉は、記録者としての氏の姿勢を読む者に伝える。「表面的な事象に流され、その「根」に迫る努力を怠れば、結局のところ、「何人死んでも『孤独死』」の一言で片付けられてしまうのである」。

なぜ、私たちは死の「量」やその多寡でしか、阪神大震災の「大きさ」を伝えられないのか。多寡で図られる人間の悲劇は、つまるところ「多寡が知れている」ものに行き果てないか。そのことは、私には何より、現代の私たちの感性のありようと、「風化」の内実を示して余りあるとすら思えた。

柳原氏の姿勢は、神戸にみずから築いた発信の場「みずのわ出版」の活動にも結実している。「図書新聞」二〇〇〇年三月四日付に紹介した大山勝男著**『あるシマンチュウの肖像――奄美から神戸へ、そして阪神大震災』**（みずのわ出版、一九九九年）は、「阪神大震災後遺症」ともいうべき肉体的・精神的疲労のなか、不慮の事故で亡くなったシマンチュウの父を描いた一書だ。彼の人生からは、港湾都市として発展した神戸の産業を基底で支えた多くの奄美出身者の姿が浮かび上がる。副題である「奄美から神戸へ、そして阪神大震災」に

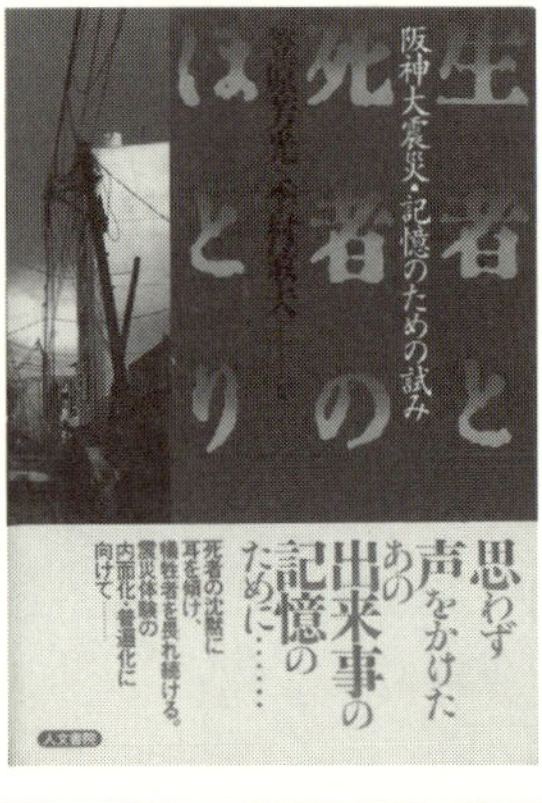

示される軌跡をたどる本書は、神戸で紡ぎ出された精神史の一脈である。

阪神大震災に襲われた神戸は、その生を途絶された一人ひとりの「場所」となった。「阪神大震災・記憶のための試み」と副題の付された笠原芳光・季村敏夫編**『生者と死者のほとり』**（人文書院、一九九七年）は、「生者のほとり」となったその場所、一人ひとりの記憶の場所を編んだ一書である。

「あの震災はなんであるのか。何度もおもい起こすこと、深く想起すること。私たちは、ここを旅立ちの場所とし、私的な記憶を通路として歩

もうとおもう」。季村敏夫氏は本書にこう記していた。信じるにたる社会を、自分たちは本当に築いてきたのか、信頼しともに歩める社会、その意識を自分たちは本当に培ってきたのか。「あの日」に問うた声が、その言葉の奥低く通じ響いている。「だが問いは、日常の回復とともに薄れ、やがて問いそのものも消えようとしている」。しかし、一人ひとりが震災体験を経験にできるかどうか、その歴史意識の問題に触れるとき、季村氏のその言葉は、読む私たちの意識に通底し重奏される。

「あの日私たちは、死者のほとりにたたずんでいた。私たちには、震災を映像として見いる、この国のすべての人がふくまれていた。「ほとり」は、距離であり、関係であった。刻々と迫る現実に、私たちは追いつくことができなかった。何もかも、知識も思想もふくめ、すべてがそこで立ち止まっていた。映像という仮想の現実に、あるいは死者のほんのそばにいながら、私たちは結果的に何もできないでいた」。季村氏は『生者と死者のほとり』に書き記していた。「ほとり」、その距離、関係は、あの日関西にいながら映像をとおして、仮想の現実のなかにしか震災を見出せなかった私の内にも根付き、ときに遠のきそして迫る。

　飛び込んだばかりの書評紙の場で、私は偶然にも、震災のさなか神戸新聞論説委員長の職にあった三木康弘氏の文章に出会うことになった。「図書新聞」一九九八年六月二〇日付寄稿の桑原昭『**震災日録抄——一九九五年・芦屋**』（編集工房ノア、一九九八年）書評で、三木氏は被災者と局外者の「内」と「外」との隔絶について触れていた。他人をどれだけ理解できるか——人間として在ることの根の問いを、それは読む者に問いかけるものであった。私は三木氏に、一九九九年一月一日付の紙面に寄稿を依頼した。そこに氏は、こう記した。「震災直後、この災厄を逆手にとり、バネとして、未来のあるべき都市へ飛躍しようと、意気込んだ神戸は、国の変わらぬ政治や制度の壁に、繰り返し希望を阻まれ、幻滅し、順応していくうちに、人に優しい、とくに社会的な弱者に優しい都市社会を築こうという、高邁な理想を見失ってしまいました」。

　神戸の新聞記者としての三木氏の姿勢は、『**震災報道いまはじまる——被災者として論説記者として一年**』（藤原書店、一九九六年）に刻み込まれている。

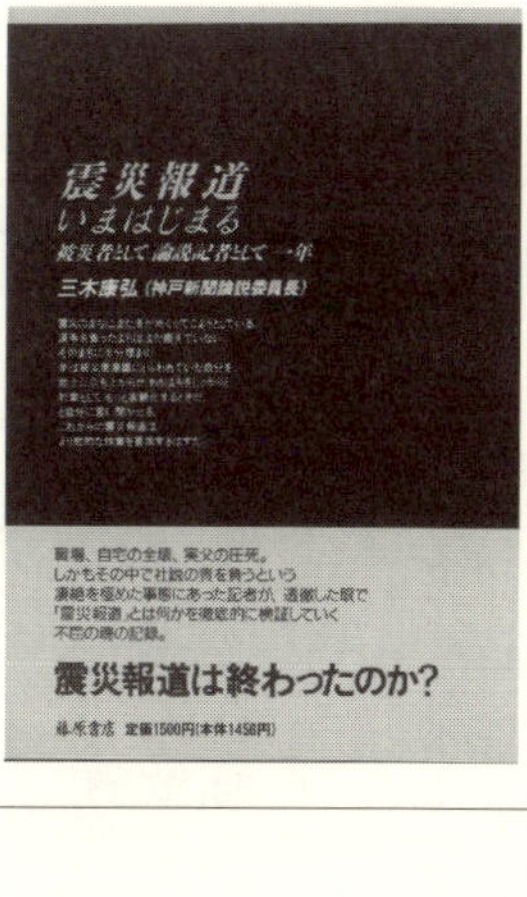

未完の放浪者として

受けとめ語り伝える暮らしのなかの思想

野本三吉
Nomoto Sankichi

子ども観の確立が次の時代をつくる

――このたび、野本さんは『子ども観の戦後史』（現代書館、二〇〇〇年）という大著を刊行されました。そして現在、「野本三吉ノンフィクション選集」全六巻（新宿書房）が刊行中です。そこで、この『子ども観の戦後史』などを手がかりとして、野本さんの取り組んでこられている御仕事についてお話をおうかがいしたいと思います。

かつて学生時代、私はタイトルに引かれて野本さんの『不可視のコミューン』（社会評論社、一九七一年。現在ノンフィクション選集1に収録）を手にしたのですが、今回読み直してみて、野本さんが二〇代の時に書かれたこの本の「戦後児童史断章」などに、すでに『子ども観の戦後史』に結実する問題意識が込められているように感じました。おとなが子どもをどう見てきたのかという「子ども観」について、野本さんが考えていこうと思われたきっかけとはどのようなものだったのでしょうか。

野本　僕が大学に入ったのは六〇年安保の年だったのですが、最初は教育や子どもにあまり関心はなかったんです。ちょうどその頃、中学のとき仲のよかった友人が海で事故に遭い亡くなるという経験がありました。そして、安保闘争のあと、挫折して自殺する仲間もいて、同世代の人間が死んでいくという現実にぶつかったんです。

それから、僕は柔道部だったのですが、事故で頭を打って医者から「もうだめだ」と言われ、死を覚悟せざるを得

野本三吉（のもと・さんきち）　一九四一年生まれ。小学校教師、日本列島放浪、地方公務員などを経て、現在、横浜市立大学人間科学科に勤務。主な著書に野本三吉ノンフィクション選集全六巻、『近代日本児童生活史序説』『社会福祉事業の歴史』『父親になるということ』ほか多数。

なくなるということがありました。大学一年のときですから、その時は一八歳ですね。それまで僕は親にも学校の先生に対してもいい子で来て、自分の本音を抑え状況に合わせて生きてきてしまいましたから、この年で死ぬということにぶつかって、このままではいけないんじゃないか、人生はくり返せない、たった一度しかない。だとしたら本音で生きたい、そう思ったんです。

振り返ってみると、学校に通い出すまえ、あるいは小学校三年生ぐらいまでは、本当に好き勝手やっていたわけですね。つまり幼くなればなるほど、子どもという存在に近付けば近付くほど、僕らしかったんです。それが、だんだん社会の制度に合わせて、自分ではなくなって社会的存在になっていくわけですね。

そのことを考えるなかで僕は、生きていることのいちばんの原形質が子どもにあるのではないかと思ったんです。本当に泣きたいときは泣くし、笑いたいときは笑う。そうしたありのままの自分、つまり自然性そのままで生きている存在が、実はまず、前提として先にあるのではないか。けれども、本来はその自然性に適応するように社会制度をつくるはずなのに、実際には社会制度が先にあって、みんなそれに合わせていくことになってしまうわけですね。そこではじめにあった自然性は変形されてしまうんです。

だから、その自然性と社会制度との逆転をつくり変えていくためには、子どもたちの生々しいリアリティある生活を受け止めていくことによって社会も変わっていくことが大切なのではないか。そのことに気がついて、僕は子どもと関わりたいと思うようになったんです。おとなになってしまった自分がどうやって自然性を取り戻すか、それは子どもと関わることだ。子どもと関わっていけば、社会性に取り込まれたものではない、初々しい自然性の感覚が取り戻せる。そう考えて子どもと付き合おうと思ったのが、いわば原点ですね。そして、そのプロセスのなかで、子どもというのは人間の原形質である、という視点を獲得するのです。

ちょうど安保闘争が終わったあと、みんな挫折したんですね。そしてみんな何をしていいのかわからなくなってしまったんです。そういうなかで、僕は友人たちと「子ども研究会」をつくりました。つまり、子どもたちと関わることで新しい社会の形態をつくり出したいし、人間論をつくりたい。そうしたなかから、子どもに関わるきっかけが生まれたんです。

――その頃、子ども論はどのように論じられていたのでしょうか。

野本　ちょうど現代っ子が出てきた頃で、子どもを軸に社会を変えようという気運も高かったですね。だから、僕もそこに依拠していこうと思ったのですが、考えてみると、子どもの歴史というのはなかったですね。実際には子どもは未熟なもので、社会の付属品としてみられていて歴史の主人公じゃないんですよ。当時はまだ男の歴史が主流でしょう。つまり偉人伝ですね。まだ女性の歴史はなかったですし、障害者の歴史もありませんでした。それは次第に論じられるようになっていきましたけれども、子どもの歴史もやはりなかったし、今になってもまだないのではないかと僕は思うんですね。だから僕は学生のころから、子どもの歴史が抜けているな、なんとかしたいなと考えていました。

——子どもが生き生きとした生命であるという言葉を、野本さんは『不可視のコミューン』にもお書きになっています。そして、いまお話しになった人間の原形質としての子どもへの視点は『子ども観の戦後史』を貫くテーマでもあるのですね。

野本　そうですね。それと、子どもが人間の原形質であって、子どもと付き合うことを通して、おとなの僕らの側がもう一度自分を取り戻す作業が大切になってくるんです。それに当たり前のことなんですが、みんな誰しもが子ども時代を経過していますしね。

僕は日雇い労働者の街である横浜・寿町の寿生活館で働いて、日雇い労働者と話をしたり相談を受けることになったんですが、そこで日雇い労働者の人たちが、子ども時代は不遇だったという話をするんですよ。親からも酷い虐待を受けてきたし、先生も俺たちのことなんか目もかけてくれなかった、相談できる人もいなかった、と。それで、世の中をもう信用しなくなったと言うんですね。

つまり、子ども時代にどんな人間関係のなかで育ったかということが、実はおとなになってからの価値観を決定するんですね。もちろん、おとなになってからも自分の価値観をつくり直すということはあるんだけれども、やっぱり、子ども時代につくられた社会像は人間関係によってつくられるわけだから、どういう人間関係だったかによって、その後につくられる時代は変わってしまうと思うんです。

そう思うようになって、僕は子ども時代どういうふうに過ごしていたかという話を聞くことが好きになりました。そして、僕も自分の子ども時代を振り返るようになります。そうすると、自分の子ども時代に経験したことを、その後おとなになって求めていたりすることに気がつく。例えば、子ども時代になじみ育った自然風景が壊されていくことに、非常に抵抗があるわけですね。それから、広島・長崎に原爆が落とされたことを僕はうっすら覚えているし、中学時代にビキニ環礁で第五福竜丸が被爆したことを覚えていますから、放射能や原子力は恐ろしい、地球が滅んでしまうんじゃないかという恐怖は、もう身体に染み込んでいるわけです。だから、東海村の原子力事故の問題などが起こったときには、真っ先に「危ない！」と感じてしまう。

そうした感覚は子ども時代につくられたものですね。魯迅も言っているように、子ども時代をどのように過ごしたかが次の社会を決定していくという思いが、僕のなかにも強くあるんです。そういう意味でいうと、今の子どもたち

教育や子どもをどう見るかということが、次の時代、社会像をどうつくるかということと、密接に関係しています。子ども観を確立することが次の時代をつくるんだと思う。

がどんな生活をしているかが、ある程度次の社会を規定してしまうと思います。だから、いま子どもたちが人間関係をもてなくなって、相手を支配してしまうか引きこもってしまうかといった関係の二者択一になってしまうような、そんな子どもたちが育ったときには、次の時代はかなり厳しい人間関係になるだろうなと思うんですね。

そうだとすれば、いまの子どもたちの社会そのものを、もうすこし生きものの原形質として生き、つき合えるような社会に変えることが、僕は政治的課題であると思うんですね。教育や子どもをどう見るかということが、単に子どもを見るということではなくて、次の時代をどう見るか、社会像をどうつくるかということと、ものすごく密接に関係しています。だから、子ども観を確立することが次の時代をつくるんだと思うのです。

ライフヒストリー——凝縮された関係史

——戦後教育のなかで、子どもに求められた「あるべき人間像」というものに対して、野本さんは早い時期から批判をされてきましたね。先ほどおっしゃっ

た、子どもと関わることでおとなが自分をたどり直し、自分を取り戻すことが大切であり、それが人間の原形質を取り戻すということなのですね。

野本　子どもとおとなというのは、いわば年齢が下と上ということなんですけれども、子どもからおとなを見た場合、おとなというのは一つのモデルなんですね。先にああいうふうに生きるんだとか、これから生きる予行演習のようなものが、良い悪いは別にして、おとなから見えてくるんですね。

そして、こんどはおとなの側から子どもを見ると、単に子どもを後継者として指導するということだけではなくて、子どもから青年を経ておとなへというふうになってくるときに、成長の過程でいろんな課題にぶつかるわけですね。そのなかでもいちばん原初的な、なぜ人は生きるのか、なぜ死んでしまうのかというような、生きものとしては逃れようのない現実について子どもたちはおとなに聞いてくるわけです。それに対して、おとなたちもかつてはみんなそうしたことを考えていたはずなんですけれども、そんなことを考えていたら生きていけないわけだから、途中でその課題をごまかしたり放棄していくんですね。

そうした問いを、子どもたちは特に思春期になると、おとなにぶつけてくるわけです。そのことが、僕にいわせるとおとなにとって人生の復習になるんですね。つまり、人間が本当に考えなければならなかったことを、子どもから突きつけられる。例えば子どもたちが、なぜ学校にいかなければならないのか、学校になんて行かなくてもいいじゃないかと問うことは、おとなにとって、学校は何のためにあるのかを考えることになります。そしておとなは、子どもの問いに答えなきゃいけないわけです。

——実際には、学校に行かなければならないということを既定事実のように押しつけることが大勢ですね。

野本　そうですね。おとなの側は、子どもの問いかけを真剣に受け止めていくことによって、いまある矛盾や問題点を変えていく梃子になるわけですね。ところが、学校にはいくべきものなのだ、むかしから学校へは行くものと決まっているんだと言って、子どもからの問いかけに答えないと、子どもたちがおとなにモデルとして求めていたものが見えなくなってしまいますね。

子どもとおとなに区分けするとすれば、そこには相互の交流があって、そして相互が変わっていく。子どもは、あんなおとなになりたくない、あるいはなりたいということを取り込みながら成長していくわけだし、おとなはこどもから突きつけられた問題を受け止めながら、これは間違っているな、これはやっぱり正しかったんだと考えさせられて変革されていく。そういう対話が、子どもとおとなには可能なはずなんですね。ところが、そうであるにもかかわらず、いまは権力として、おとなの側が子どもを抑圧している。そして子どもの自然性が出てこないものだから、社会も硬直することになってしまう。

いま、子どもたちからおとなに対して異議申し立てがどんどん出ています。でもそれを聞いてもらえないものだから、子どもは引きこもってしまいますね。しかし考えてみると、僕らが六〇年安保のときに考えた、大学とは何か、社会とは何かという批判の構図が、いまの子どもとおとなの関係にもあてはまるように思うんです。あのとき僕らが向けた批判を、社会の側はいちおう受け止めようとしたわけです。ところが、そのとき異議申し立てをした人たちが、いま社会や政治の中枢を握っている。それなのに、自分たちの体制を守って、子どもたちからの突き上げを受け止めなくなってしまったんですね。

六〇年安保のあと、中学生や高校生の学園紛争が起こりましたけれども、それをおとなたちはいろんな意味で力によって圧殺したと思うんです。そのことによって子どもたちは異議申し立てができなくなってしまった。その結果、子どもたちは自分のなかに閉じこもるか、自分よりもっと弱い存在にエネルギーをぶつけることになります。それが、ひいてはいじめや、あるいは殺人にまで行ってしまう。

実際にはそういう構図になってしまってますね。だから、子どもたちのエネルギーを表に出して、それを受け止めながら状況を変えていくという考え方がおとなの側でできるかどうかが、いま問われているんだと思います。

――野本さんは『子ども観の戦後史』のなかで、おとなたちは子どもが生まれたときに、自分は生まれてくる子どもたちよりも確実に先に死ぬのだから、子どもに何を伝えるか、受け渡すべきものを自分は持ってるかどうかを問わなければいけない、と書いておられますね。これの伝え、受け渡すという継承の問題は、先ほどおっしゃった、子どもが次の時代を規定するんだということと密接に関わっていると思うのですが。

野本　そうなりますね。そして僕はその次の課題に来ているんです。これまでずっと子ども論に取り組んできて、それを少しまえに『近代日本児童生活史序説』（社会評論社、一九九五年）という本にまとめたんですが、いまもう一度近代の児童思想史をやるまえに、一人一人の個人史、その歴史をみんなが振り返ることに取り組む必要があると考えているんです。

かつて柳田國男が敗戦後、日本人がもう一度自分を取り戻すために、自分たち固有の文化や伝統を振り返ろう、それが国民の学だと言いましたね。それを継承された宮本常一さんは『忘れられた日本人』を書くわけですね。

僕はずっと民俗学をやりたいと思ってきたんですが、いまそれをもう少し絞り込んで、自分の人生を振り返る自分史、ライフヒストリーを丁寧に掘り起こしていく作業をしようと思っています。そしていま、それをみんながするといいなと考えているんです。

僕は最初、個人史やライフヒストリーというのは、固有の一人の人生を探るだけだと思っていたんです。ところが気がついたのは、固有の人間が成り立つためには、その人がどんな人と関係を結んできたか、どんな事件や出来事とつながっていたかという、その関係を読み解いていかなければいけない。つまりそれは関係史であり、社会の関係の総和なんですよ。凝縮された社会の歴史なんですね。

個人史やライフヒストリーはまるで細胞質のようなもので、そのなかに時代性が全部含まれているんです。つまり、どの個人を切り裂いていっても、分析していくとその人の生きた時代がくっきりと浮かび上がってくる。

僕は最初、横浜・寿町で働いていたとき、そのことに気がついて、個人史をたどる『風の自叙伝』（新宿書房、一九八二年。現在ノンフィクション選集3に収録）にまとめたんですが、そのあと児童相談所に移って、そこで子どものことに取り組んでいると、だんだん子どもの親のことが気になってきました。つまり、親がある生き方をしていると、子どもをも巻き込んでしまうことに気付いたんですね。そして、親のことを追っていくと、会社でリストラに遭ったとか、お母さんがアルコール中毒になってしまったとか、さまざまなことがわかってくる。

——では、個人史はまさに社会のさまざまな関係の縮図であるということなんですね。

野本　ライフヒストリーは凝縮された関係史であり、個人史を繙くことは、一つの時代を明らかにしていくことになります。しかし、自伝を書いたり日記をつけたりすることは、やはり関係のなかでやらなければ意味がないんです。つまり聞き手がいて、聞き手が聞き出して、話し手がそれに一生懸命答えていくという二人の相互関係があって、例えば言いたくないことを突かれたり、自分でも気がつかなかったことに気づかされたりすることが大切ですね。

それに、話し手はやはり話したい人に話すし、聞き手も聞きたい人のところに行くわけでしょう。そうすると、双方の共通項は何か、共通の課題は何かということが、お互いに見えてくるわけです。そういうかたちで個人史やライフヒストリーがまとまってくると、それは聞き手と話し手二人の共有物になるんですよ。だから、自分史だと思っていたのが、そうすることで「私たち史」になるんです。そしてさらに重要なのは、それを読む、読み手がいることです。

——読み手は、読むことによって受け止め、また伝えていくことができますね。

野本　そこで読み手は、ああこんな人がいたのか、と共感して読むわけだから、それはある時代の生きた証が伝承され継承されていくことになります。これがいってみれば歴史で、本当は書き物などなくても、誰かが受け止めてそれを次の人に伝承していけばいいんですけれども、そのなかでやはり自覚的に伝え残そうとするものが出てくるんですね。だから聞き手は、どうしても人生経験の長い人に聞くことになりますね。

その聞き取ったものを記録して残す。それが次の人に伝わる。さらに直接聞きたければ、そこに訪ねていけばいいわけです。そのようにして世代継承ができてくるわけですね。

やはりおとなたちは、自分たちの生きてきたことについてあまりにも無自覚です。自分は何をしてきたのか、どう生きてきたのかを振り返らなさ過ぎると思います。だから、おとなたちが自分の生きてきたことを語り継いで、次の世代に残すべきものを残していく。そして次の世代の子どもたちは、そうして語り継がれたたくさんの人生のなかから、選択して選び取っていくわけです。

語り継ぎ、語り伝える

——いま野本さんは、実際に個人史を聞くことをされているんですね。

野本　ええ。僕はいま、自分の住んでいる町の町内会の活動に参加しているんですが、そこに住んでいるどんなお年寄りに話を聞いても、実に面白いんです。みんな戦争を経験してますしねえ。なかには関東大震災を知っている人もいるわけでしょう。みんな、本当に大変な歴史を抱えているんですよ。そして、聞かなければ何にも言わずに死んでいってしまうんですね。しかも、僕らはなんとか話を聞けたとしても、彼らの孫はそんな話を全然知らないままでいてしまうわけでしょう。

だから僕はいま、この地域の方々のライフヒストリーを聞いています。そして大学の授業でも、ライフヒストリーを大切にするようにしているんです。この四月から大学のなかにライフヒストリー研究会をつくろうという話を、卒業生たちとしているんです。それに学生の卒論でも、非常にいいライフヒストリーが出てきているんですよ。ぜひ米田さんもやってみて下さい。

——そうですね。ライフヒストリーを聞くには、先ほど野本さんがおっしゃったように、聞き手と語り手の関係と結びつきが非常に重要になってきますね。

野本　その点でいえば、今の社会に差別や偏見が起こったり、暴力や体罰が絶えなかったりする背景には、結局のところ相手のライフヒストリーを聞く力がないことがあると思います。例えばホームレスと言ったときには、その決められた概念をかぶせるわけですから、そこに個人は見えないんです。一人のホームレスの話をずっとうかがってみると、それは一人の人間の歴史であり社会の縮図そのものなんですね。そして、そこで初めてその人が見えてくる。そうすると、差別なんていうものとは全然違ったレベルで人間を理解しますね。

だから、小学生も大学生もおとなたちも、自分の記録をちゃんと残していくことをこころがける。そのことが、僕は非常に重要になってきていると思います。

——野本さんは『子ども観の戦後史』の冒頭で、子ども観の歴史を考えるときに、やはり原爆と戦争孤児が非常に大きな出発点としてあったと書いておられますね。

野本　ええ。けれども、やはり戦争の体験は風化してしまいます。語り部がいて、戦争はこうだったんだよと語ってくれる人がいれば、子どもたちもそうだったのかとわかるわけですけれども、そういう人たちがどんどんいなくなっていますね。すると、歴史的事実は消えてしまいます。それをどうやって語り継ぐかということなんです。

語り部となる生身の人がいればいいんだけれども、もしいなくなってしまったとすれば、記録として残すことしかありませんね。そして、その記録を知っている人が語り伝えていくということしかないですね。つまり、戦争なら戦争を直接経験した人から話を聞いた人が、また誰かに語り継いでいく。それは、もしかしたら薄まっていくし事実として直接は伝わっていかないかもしれませんけれど、その話を聞いたときの感覚というのは、人間を通して世代継承して語り継がれていかなければならないと思います。

特に第二次世界大戦というのは、亡くなった方だけでいうと全世界で五五〇〇万人なんですね。それは信じられない数です。そして、僕は日本が一九四一年に戦争を始めた日の一週間前に生まれているんです。だから、戦後史はまさに僕の個人史でもあるわけです。

そうすると、僕の個人史の最初がこんなに愚かな、人間が殺し合うことによってこれほどたくさんの死者をもたらしてしまった時代なんですね。もう二度とこんな愚かなことはしないと誓ったことから日本の現代史は始まりましたし、そこに僕は否応なく生まれてしまったんですね。だから、その原点をちゃんと受け止めて語り続けるというのが、僕の仕事だと思っています。

——野本さん御自身の原点を考えるとき、そこには長田新編『原爆の子——広島の少年少女のうったえ』と永井隆『この子を残して』の二冊があったと書いておられますね。

野本　そうですね。自ら被爆した永井隆さんが必死になって子どもたちに語り伝えたのは、こんなことがあってはならないというメッセージです。そして自分自身被爆した長田新さんも、悲惨な状況におかれている子どもたちの記録を残したいということだったんですね。それを、次の世代に生きる僕たちが受け止めたわけです。それが僕にとっては、やはり原点なんですね。

いまの子どもたちにとって何が原点なのか、そこは僕にはわからないんですよ。もちろん、受験戦争が原点になったり、また神戸事件が原点になったりするかもしれません。でも、何度も何度もそこに戻らないと、きっとそれは風化しますよ。

ぼくも自分史を何度も何度も書いています。最初に書いた『不可視のコミューン』も二〇代のときの自分史だったわけですけれども、そうやって掘り起こしていくうちに、浮浪児や戦争孤児の問題に行き当たったんですね。そしてまた何度も何度も掘り起こしながら、時代が変わるごとに、その意味や大きさが見えてくる気がするんです。

暮らしから価値観や思想が生まれる

——本当に私たちは、いとも容易に原点を忘れがちだということをいま痛感しています。いま野本さんが言われた、何度も何度も掘り起こすということの大切さが、特に戦争の記憶の風化や昨今行われている議論などを振り返っても、改めて感じられます。

野本　戦争直後はみんなとても貧しいなかで、それでも自由だったんですよ。これからは新しい時代をみんなでつくるんだって、みんな生き生きしてたんですよ。だけど、どんどんモノが豊かになってくるに従って、その原点性を忘れて、いまの状況を維持することばっかり考え始めてしまった。これはやっぱりすごく保守的になるし、自分を守るために相手をはねのける方向にどうしても行ってしまいます。

『子ども観の戦後史』にも個体発生と系統発生ということについて書いたんですが、自分の個人史を子供時代に遡るということは、歴史的にいえばより原始的な世界というか、自然性に近い世界に戻るということですね。だから、敗戦直後はやはり原点としてしっかり押さえたいと思っているんです。

――その原点と世代継承ということが、野本さんの児童思想史の出発点になるわけですね。野本さんは『子ども観の戦後史』のなかで、「それぞれの子ども時代の体験を原石として、新たな子ども学構築への道のりがはじまるんだ」と書いておられますね。野本さんは寿生活館に一〇年おられて、そこでの子どもたちとの出会いを『**裸足の原始人たち――横浜・寿町の子どもたち**』（田畑書店、一九七四年。現在ノンフィクション選集4に収録）にまとめておられます。そこでは、生きることが学ぶことである寿町の子どもたちを、採集民族と呼んでおられますね。そして児童相談所に移られて、児童ケースワーカーとして子どもたちと関わってこられた記録を『**風になれ！子どもたち――児童ケースワーカー・10年の記録**』（新宿書房、一九九二年。現在ノンフィクション選集2に収録）にまとめておられます。現在さらにいまは、大学で二〇歳前後の学生と日々接しておられるというように、それぞれのさまざまな場面で子ども、あるいは若者と接してこられましたね。

野本　そうですね。僕はそうした現場で考えたり子どもたちと関係してきたことを記録してきましたけれども、やはり現場を離れては考えられないんですよ。自分の思想や価値観が生まれてくるというのも、どういう暮らしをしているかということからしか見えてこないんですね。

もちろん、その人が何を語っているかということも大事ですけれども、その人がどんな暮らしをし生き方をしているか、つまりその人の行動が思想なんですよ。だから、生活の場所や仕事を通してその人の価値観や思想は表れるわけです。

例えば、僕は最初小学校の教師になって、その場のなかで悩んだり考えたりしていました。それがフィールドであり現場なんですね。そして、教師を辞めて放浪生活に入って日本中を放浪しましたけれども、そこでは旅そのものが僕にとってのフィールドでした。そして寿町に行くと、今

やはり現場を離れては考えられない。自分の思想や価値観が生まれてくるというのも、どういう暮らしをしているかということからしか見えてこないんですね。

度は寿町がフィールドになり、児童相談所に行くとそこがフィールドになるわけです。

そうしていま大学で学生と接しているわけですが、大学生も一人一人はいろんな悩みを抱えながら来ていたり、またいまは社会人の方、主婦の方も企業の方も、市会議員の方もどんどん僕のところにきて、ゼミに参加したりしています。そうしたさまざまな人たちが集まって、そこが学びの場になっているわけです。

今までの大学というのはやはり青年たちが軸になっていたわけですから、これからどう生きるかが非常に大きな問題だったんですけれども、そこにいろんな経験をもった人たちが集まってきて、青年たちと語り合うわけですね。そして、それぞれが背負ってきた生活を出し合ってそこで交流しているんです。それを僕は見守りながら、ああ学ぶってこういうことなんだと思うんです。

学びというのは、社会科学の場合は自分の生き方を確立して、また次の現場に行くということになるんですね。そしていま、大学が僕にとっての現場になってきたわけです。今の僕には、大学とはいったい何かというのが課題なんです。

こんどノンフィクション選集の5巻目に収録される予定の本は**『太陽の伝説』**というタイトルなんですが、僕はそこで今の現場である大学のことを書きたいと思っているんです。もうすぐ大学にきて一〇年になりますけれども、僕が大学で何を思い、学生たちから何を感じ、地域の人たちと何を語ってきたのか、そうした大学実践を書きたいと思っています。そしてその最後のところで、僕は先ほど話したライフヒストリーにたどり着いたので、それまでの流れ、つまりいまの僕の現場を書きたいと思っているんです。

その現場で学んだことは、やはりさっきも言いました自分の住む地域の問題になってくるんですね。そして最後は、この町のなかで記録をまとめ、また自然環境を守ることをやっていきたい。そのように、生活をしている場のなかから自分の課題が見つかってくるし、それしかないわけだから、そこで精一杯生きていくことが僕には大切なんです。

――そしてノンフィクション選集の最終巻6に『未完の放浪者』が入る予定なんですね。

野本　そうですね。この『未完の放浪者』には、僕が大学に入学したところから教師を辞めて放浪生活に入り、それをストップするまでの十数年間を、克明に書こうと思っているんです。この時期の日記が全部残ってますし、また僕がいま学生と付き合っているものだから、青年時代に自分が何を感じたのか、何を思ったのかが実によくわかるんですよ。恋愛のこととか親との葛藤のこと、お金がなくて苦しんだり、アルバイトのこと、語学がいやだとか一般教養が面白くないだとか……。もういっぱいあるわけですね。

僕はいま学生と付き合っていて、学生に共感するんです。学生がいまぶつかっている問題と僕がかつてぶつかっていた問題とが非常に近いものだから、いまなら書けるんじゃないかなあという気がしています。放浪生活をありのまま書きたい。だから『未完の放浪者』になるんだけれども、もちろんまだまだ放浪しそうですが、そこで一区切りをつけこの五十数年間をふり返ってみよう。いまはそう考えているところなんです。

(二〇〇〇年四月一日号)

異なる他者と出会う旅

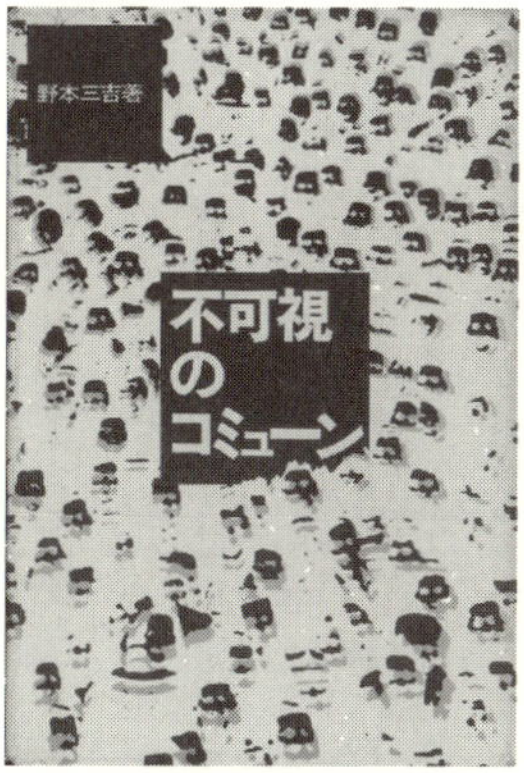

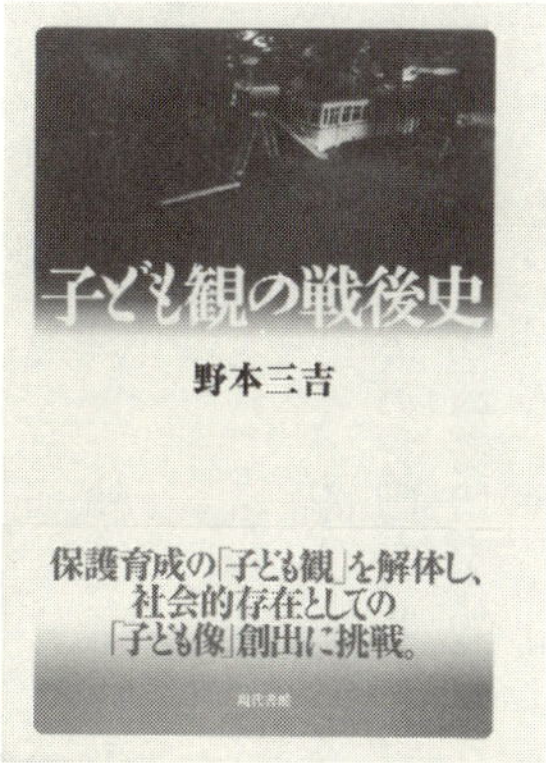

まだ二〇歳前後の頃、その書名の放つ魅力に引かれて『不可視のコミューン』（社会評論社、一九七一年）を手にしたとき、私は野本三吉という著者の名を脳裏に刻んだ。それから一〇年、『子ども観の戦後史』（現代書館、二〇〇〇年）の刊行を期に、野本氏を訪ねることになった。

インタビューで野本氏は、「野本三吉ノンフィクション選集」全六巻（新宿書房）の最終巻に予定されている『未完の放浪者』に、大学入学から、教師を辞し放浪生活を経る十数年間を克明に綴るつもりだと話された。そのとき、私は「未完の放浪者」という言葉に、いまに至る一〇年ほどの月日を重ねていた。ほぼ自分の二〇代に相当するこの時期を、文字通り私自身、未完の放浪者として生きている。六年間もいながら大学嫌いで、できるかぎり足を向けずに古書店を学びの場としていた私は、『裸足の原始人たち』（田畑書店、一九七四年）、『寿生活館ノート』（田畑書店、一九七七年）、『風の自叙伝』（新宿書房、一九八二年）など、野本氏の著作群に触れていたのだった。そうして、私にとって横浜は、野本氏の名前とともにあった。

時代の記録者を目指し新聞記者に

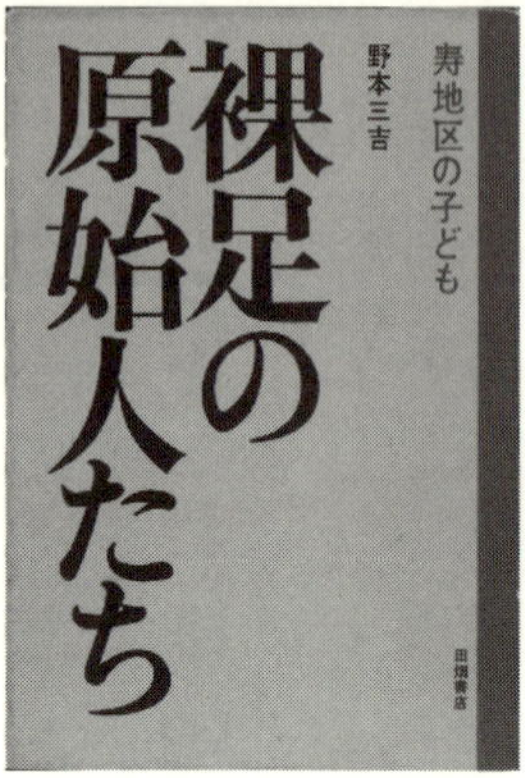

なってはみたものの、大組織と警視庁詰めの「サツ回り」に馴染めず、一年足らずで脱社した私には、未完の放浪者というみずからの存在を、いっそう加速度を強めて生きたという実感がある。紛れ込んだ京都の出版社で、大学への出入り業者に甘んじられず、力なく飛び出たはずの学問の場の閉鎖性に、こんどは出版社員として迷い込み幻滅し、時代に触れ得る開かれた知を渇望して、放浪はいっそう未完の度合いを強めた。なすすべなく入り浸った京都の書店で出くわした、刊行され始めた「野本三吉ノンフィクション全集」に鮮烈な印象を受けたことを、私はいま、これらの本を目の前に積んでたどり直している。

　インタビューのなかで野本氏は、どんな暮らしや生き方をしているか、つまりその人の行動が思想なのだと語った。生活の場所や仕事をとおして、その人の価値観や思想は表れる、と。私はそこに、暮らしのなかの思想を受けとめ伝える、未完の放浪者ゆえに有するセンシビリティを感受した。

　野本氏は、そのときどきの現場で、暮らしのなかの思想を記録してきた。そしてインタビューで氏は、ライフヒストリーを掘り起こしていく作業のなかで、固有の人間をたどるとその人の人間関係、事件や出来事との結び繋がりが浮き上がってくる、と語った。凝縮された社会の歴史、関係史は、時代の生きた証となる。「個人史やライフヒストリーはまるで細胞質のようなもので、そのなかに時代性が全部含まれているんです」。野本氏はそう語った。

　インタビューで野本氏の話を聞きながら、私のなかで『不可視のコミューン』あとがきの言葉が響き伝わった。「それぞれの個性と創造性をありったけ花開かせるように互いが努力することだ。全ての存在は異なる。多様である」。多様ゆえに、〈異なる〉ゆえに〈事成る〉世界が生まれる、と。〈革命〉とは〈覚命〉すなわち命にめざめることだと、二〇代の野本氏は記していた。同じ年代を生きてきた私は、その言葉に出会うことで、不可視のコミューンがみずからのうちで胎動し、可視化され始める感を覚えたのだった。

　一九九八年一〇月一七日付「図書新聞」インタビューで、**『ワンダーエイジ――ぼくたちの日本』1・2**（窓社、一九九八年）を手がかりに、私は編者である春田倫弘氏と服部貴康氏にインタビューしていた。合わせて二六人の、主として二〇代のワンダーエイジ、文字通り「彷徨える世代」にインタビューして成ったこの書をめぐって、同じ年代の二人と私は、インタビューというよりは我がこととして話を交わしたように思う。

「僕はこのインタビューをやって、自由について考えるとき、胃袋の強さと眼の鋭さを鍛えたいって、そう思いましたね」。春田氏はそこでこう語っていた。みんな、彷徨おうと思って彷徨ってるわけじゃない、自分の目指すものを求めてそうなってるんじゃないか。出口は見つかるのかどうか分からない、「でも出口を求めようとしてる人と出会うこと、この現状を突破しようとしてる人と出会うために」——彷徨える世代そのものを生きる、まぎれもなく春田氏も私も、既成の枠組みを抜け出そうとし、不可視のなにものかを希求し歩く未完の放浪者となった。

眼の鋭さを、カメラマンである春田氏は表現し続けている。「図書新聞」紙上でも、一九九九年一〇月三〇日付創刊五〇周年記念号掲載のノンフィクション作家吉田司氏へのロングインタビューをはじめ、数々のポートレートを寄せている。眼の鋭さを追求する春田氏と、私はワンダーエイジのさなかに出会ったことになる。

「『寄せ場的なもの』は、……いろいろな境遇の共有というかたちで、さまざまな場所で生まれているだろうし、生まれてくるだろう。同じような境遇の人間が寄せ集まって、それぞれ独自な世界を持って、緩やかか強固かは分からないけれども、それぞれ共同性をつくりあって独自の文化を可視化していく。そうしたダイナミズムというのは、これからいろんなところで見えてくる」。本紙一九九九年七月一七日付「図書新聞」で、青木秀男編**『場所をあけろ！——寄せ場／ホームレスの社会学』**（松籟社、一九九九年）を手がかりにインタビューしたとき、西澤晃彦氏はそう語った。私は西澤氏の**『隠蔽された外部——都市下層のエスノグラフィー』**（彩流社、一九九五年）に触発され、「隠蔽された外部」に、多様な他者が出会う「寄せ場的なもの」を見る視点を教えられた。インタビューのなかで語られた、異質性を排除する同化圧力、均質な成員から成る疑似共同体を前提にした、「普通」を是とするイデオロギーに対する「対抗心性」は、自己を相対化する視点によって支えられるものなのだ。

自己を果てなく相対化しそして探し求める、異なる多様な他者と出会う旅はまた、未完の放浪者の旅でもある。そうしてワンダーエイジは「対抗心性」に鍛えられ、不可視のコミューンを可視のものへと夢見、旅するのである。

認識に賭ける

〝生きる場の哲学〟を求めて

花崎皋平
Hanazaki Kohei

「ここで一歩を踏み出さなければ、いつ？」

――二〇世紀が終わろうとしています。花崎さんは哲学者として、この世紀の後半を、時代と社会に向き合い、アカデミズムを超えて実践のなかで哲学を深めてこられました。そこで、御著書を手がかりに、花崎さんの思索の軌跡をたどりながらお話をうかがいたいと思います。

一九六四年、花崎さんは北海道大学の教員として来道されたわけですが、べ平連運動に加わり、全共闘運動に向き合われるなかで、一九七一年に北大を辞められます。『いのちをわかちあう』（田畑書店、一九八〇年）のなかで書いておられますが、学生生活を送られた一九五〇年代前半、花崎さんが接された知識人たちには暗黙の価値基準があって、それは「戦争の歴史からの声と、その歴史のなかの死者たちの声とが低く鳴っていて、その声に和したり、応答したりしながらはたらこうではないかという、一種の黙契」であった。それに対して、全共闘やべ平連、新左翼運動が提起した新しい原理の萌芽は、戦後民主主義原理によって培われた「主体」であったはずの自分たちが、実は全くの「客体」であり、管理と操縦の対象でしかなかったことを発見したのだ、ということだったのですね。

それは「自分が踏まれる痛みの経験」であった、そしてそこから「歴史のなかで踏まれつづけてきた人々や踏まれ続けて死んでいった人々に思いが及び、それらの声に応える共同性への求めが出てきた」と、花崎

花崎皋平（はなざき・こうへい）　一九三一年生まれ。哲学者。主な著書に『力と理性』『いのちをわかちあう』『風はおのが好むところに吹く』『生きる場の哲学』『解放の哲学をめざして』『静かな大地』『アイデンティティと共生の哲学』『個人／個人を超えるもの』ほか。

さんは書いておられます。

そうして、「役割人間であること」を拒否し大学を辞されたのですが、**『力と理性——実践的潜勢力の地平から』**（現代評論社、一九七二年）所収の論文「理論と実践をめぐって」では、哲学的思考の地平においても、実践の優位のもとでの理論と実践との統一、実践を支配的—包摂的契機としての理論の発展をはかるという視座を示しておられます。そのことは別のところで、「人生」を生きることに賭けつつ、同時に「真理」の発見、創造に賭ける、とも表現されています。そこから花崎さんは、マルクス主義哲学においてもカレル・コシーク**『具体的なものの弁証法』**（せりか書房、一九七六年）の翻訳につながるコシークへの注目へと進まれたのだと思います。

すこし前置きが長くなりましたが、花崎さんの個人史と哲学的思考をめぐって、まずお話し願えますか。

花崎　私は高校の終わり頃から哲学に関心を持ち始めました。最初に読んだのはキェルケゴールです。キリスト教的な実存哲学に興味を持ちました。私が大学に入ったのは一九五〇年で、その年の六月に朝鮮戦争が始まったんです。朝鮮戦争まではまったく政治や社会問題に関心が乏しく、哲学や文学にばかり関心をもっていました。ですが、朝鮮戦争は私にとって決定的な契機になり、政治や社会問題へ関心を持ってこなかったことを深刻に反省してマルクス主義の勉強を始めました。そのあと、松川事件の救援の活動にも取り組みました。福島県松川町で列車転覆事件が起こり、国労の活動家と東芝労組の共産党員が実行者として逮捕された事件です。私の友人の神学生がその被告の一人と親しかったことから救援運動に誘われ参加しました。大学四年生で卒業論文を書き上げたその足で、仙台高裁に第二審の傍聴に行きました。私は、マルクス主義者になる前までにかなりゆっくりとした過程がありました。キリスト教が私には強い影響力を持っていたものですから、キリスト教とマルクス主義というテーマの間で揺れてずいぶん長いこと悩みました。集中的にマルクスの哲学・社会科学を学ぶようになったのは大学院に入ってからです。卒論はヘーゲルの精神現象学で、カール・バルトの神学の影響がまだ残っていました。

話は少し先回りになりますが、戦後、私個人の歩んできた道程を振り返ったとき、転機となったのは、まずアジア太平洋戦争の敗戦です。そのとき私は一四歳だったので、まだ敗戦が直接に決定的な意味を持ったとはいえず、徐々にその意味が分かってくるのですが、やはりそれは大きな転機でした。それから朝鮮戦争、その次はベトナム戦争です。朝鮮戦争にぶつからなければ、古代哲学か西洋古典学の学者になっていたんじゃないかと思ったりしています。ベトナム戦争は、ベ平連運動と大学闘争に参加して大学を辞めるきっかけになりました。そのように、人生の三つの転機がすべて戦争だったと思っているんです。そういう意味では、反戦平和の課題を離れては人生を考えられなかった二〇代、三〇代だったといえると思います。

北大に就職できて、研究の時間がたっぷりあって、その恩恵をずっと享受し続ければ、楽しく充実感のある生活ができた場所であったのですけれども、その一方で、このまま行ったら私の一生は自己中心的に進んで、先まで決まりだなあという危機感があったんです。それがあって、べ平連運動から全共闘運動にぶつかって、「ここで一歩を踏み出さなければ、いつ?」と方向を変える推力を得たという感じがしています。

仕事としては、大学院時代にマルクスの『経済学批判要綱』を、それが何であるかをよく知らないで極東書店の店頭で手にしたんです。「ローエントブルフ(草稿)」と書いてあったのに引かれて読み始めました。私はヘーゲル論理学をやって、マルクスを論理学の側面から分析したいと思っていたので、『経済学批判要綱』はそれに格好のテキストでした。その成果として書いたのが、**『マルクスにおける科学と哲学』**(盛田書店、一九六九年。増補改訂版、社会思想社、一九七二年)です。また、ロシア語文献も読めたので、『哲学の諸問題』誌に載った「ドイツイデオロギー」の新編集についての論文をみつけ、そのバガトゥリャの編集プランにしたがって「ドイツイデオロギー」第1章の翻訳をしました。

それと同時に、あなたがいわれたカレル・コシークですが、一九六〇年代にヨーロッパで新しいマルクス主義思想の波が起こって、コシークのみならず、イタリアではコレッティ、ソ連ではイリエンコフなどが新鮮な問題提起をし始めます。その六〇年代の新しいマルクス主義の思想に刺激されました。エルンスト・ブロッホもそうした関心のなかで知るようになったんです。

手作りでも、経験の総括や概念装置を組み立てて作っていく

——花崎さんはブロッホやマルクーゼ、それにコシークなどの論文も収められた**『マルクスと革命』**(紀伊國屋書店、一九七二年)を訳しておられますね。それから、ポーランドのマルクス主義哲学者アダム・シャフの著書**『マルクス主義と個人』**(岩波書店、一九七六年)と**『社会現象としての疎外』**(岩波書店、一九八四年)を翻訳しておられますが、シャフもいま言われた関心のなかで読まれたのですか。

花崎　日本語に翻訳されていないんですが、最初に、これも偶然見つけたシャフの『マルクス主義真理論の諸問題』というシャフの若いときの本を読んだんです。この本は、ポーランドの当時の哲学界の議論を踏まえたもので、むずかしかったけれど、とても意欲的な書物でした。いま挙げられた二冊の翻訳は、大学を辞めてから、自分の専門の範

囲内で、翻訳である程度収入を得るという側面もあってやった仕事です。後期のシャフからはそれほど大きな影響は受けませんでした。

――コシークの場合には、「人間の顔をした社会主義」を目指した一九六八年のプラハの春のあと、大学教授の職を追われ迫害されますね。その後、花崎さんは邦訳されたサルトルとコシークの往復書簡を読んで衝撃を受けられたと『具体的なものの弁証法』の訳者あとがきに書いておられますが、私はこの訳者あとがきを読んで、「哲学する」ということが実践としてあるということを学びました。花崎さんは『力と理性』（現代評論社、一九七二年）で、サルトルの言葉「コシークを支援することが自分を支援することにつながるような行動」という言葉を引いておられます。それから、ヴェトナムの哲学者チャン・デュク・タオの『言語と意識の起原』（岩波書店、一九七九年）を訳しておられますけれども、花崎さんは、タオの哲学と社会主義と粛清のなかの苦難にみちたその生涯を『個人／個人を超えるもの』（岩波書店、一九九六年）に綴っておられますね。コシークの場合もそうですが、タオの哲学に取り組む花崎さんの姿勢にも、研究のための研究ではない、それを超えたところで、彼らを支援することが自分を支援することにつながるような行動、そうした哲学的思考を実践してこられたように思います。そのことについてもお話しいただけませんか。

花崎　コシークの『具体的なものの弁証法』を、私はいまでも名著だと思っています。これは二〇世紀の古典というに価する優れた書物だと思うのです。なぜならこの書はアカデミックな研究ではなくて、独創的な「作品」という性質を持っています。そのことに私は非常に感銘を受けたんですね。『具体的なものの弁証法』は独自の思考を積み重ねながら、しかもそれが哲学の過去を受け継いで発展させるというあり方を貫いているんです。しかも、コシークの生き方を見ても、彼は「絶対亡命しない、最後までチェコにとどまる」と言い続けました。そして、親しい仲間とサロンを作って、そこで哲学的な思索を続ける。そういう彼のあり方に、何か非常に慕わしいという思いをしたんです。そして振り返って、私自身もかなり長く身を置いた日本のマルクス主義哲学・経済学は、多くのほかの思潮と同じように、輸入でありかつ官学アカデミズムを拠点にしていて、官学アカデミズムの文体で書かれ、同僚を読者とする性質を色濃く持ってしまっている。そうすると、未熟でも自分のなかで培ったものを土台にして先に進むというあり方は歓迎されないわけです。私としては、手作りでもいいから、経験の総括や概念装置を組み立て作っていくという方向に進みたいと思ってきました。

生きる場の現実の分析から理論を築き上げていく

——花崎さんは『力と理性』でコシークの言葉を引いて、危機に見舞われているのは「人と物、人間と自然、理念と感情、生けるものと死せるものの全般的操縦可能性という考え方」に基礎をおくシステムであると書いておられます。人間はそうしたシステムに組み込まれ、理性は技術へと堕し、資本主義社会の支配的な価値に基礎づけられた合理性は非合理へと転落する。そうした批判は『マルクスと革命』に収録された西欧マルクス主義者たちの論点でもあると思うのですが、六〇年代後半から七〇年代の日本を見た場合、列島改造に代表される巨大開発と自然環境破壊、それに対して、各地で三里塚闘争や反公害運動、花崎さん御自身も関わっていかれた北海道伊達市の北海道電力伊達火力発電所建設反対運動が起こりましたね。そうした住民の運動と向き合うなかで、花崎さんは実践の哲学、そして「生きる場の哲学」を積み重ねていかれたのだと思います。そのことについてもお話しいただけませんか。

花崎　これは日本の人文科学の弱点だと思うんですけれども、自分の生きている場である日本の現実から問題を受け取って、その現実の分析から理論を築き上げていくということが、特にアカデミーのなかでは乏しいという気がしています。いま言われた七〇年代以降のさまざまな社会的な運動は、ヨーロッパの場合は「新しい社会運動」という呼び名がつけられて、アラン・トゥーレーヌとかアルベルト・メルッチなどが理論化を図っているわけですね。日本では、三里塚や水俣が、同時代の、同じ構造の文脈の事柄として取り上げられ、たとえば社会学者によって理論化されて、成果となって出るということはほとんどない。三里塚については、アメリカ人の学者が書きましたけれども、日本の研究者が参加観察しながら書いた本はないという状況ですね。私は哲学や思想の側面からですから社会学の仕方とは違いますけれども、人々の経験の適切な抽象作用ということを、手探りでやってみようと思ったんです。教養や理論に頼って、出来合いのカテゴリーに経験的事実を例証として送り込むという理論化はよくあるわけですが、それだと、抽象された経験の内容が捨象され、過剰に一般化されてしまうと思うんです。「適切な」という意味は、経験そのものからは離れるんだけれども、その経験が持っていた内容をすべて捨てないような抽象作用ということです。これは簡単にはできないし、失敗を繰り返すと思います。しかし試行錯誤するうちに、他の人がもう少しいい知恵を出してくれるといった、そうしたあり方を追求したいと思っているんです。

——花崎さんは『いのちをわかちあう』で、「対話」

の原則ということを書いておられます。そこでは、「学問や文化も、論理の一人歩きを許す独自性を基本とするのではなく、一見、些細にみえる具体的現実からの訴えを聴き取りつつ、理論や形象の言葉でそれに応答する不断の対話性」と記しておられます。

一九七〇年代前後からの住民運動の発生は、自然破壊や公害が住民の生活をも破壊するという危機感であったと花崎さんは書いておられます。そうした運動は、いまに至るまで連綿と続く、自然を搾取し操作できる対象とみる思考の転換をも促す契機であったと思うのですが、そのなかで、「対話」の原則は人間と人間のみならず、人間と自然との関係を包む共生的世界を生むものになるのですね。

花崎さんは『力と理性』のなかで、「自然とはなにか、と問うときには、自然は問う者の認識対象であるより以前に、問う者の立脚点と背後にまわりこんでくるものである」と書いておられますが、マルクスのなかにもこうした自然の捉え方があるのでしょうか。

花崎　六〇年代の西欧マルクス主義の成果で、アルフレート・シュミットの『マルクスにおける自然概念』があります。私も注目していたのですが、マルクスの『神聖家族』や『経済学哲学草稿』など初期の著作には、ドイツにおける有機的自然観、近世初めのヤーコブ・ベーメからヘルダー、ゲーテ、シェリングなどにつづく自然観、いまの言葉で言うと、自然を一つのトータルなシステムとして、まずは即自的に考え、その展開、発展を概念化するという考え方があって、マルクス自身その系譜を引いている。だから、自然観についてエンゲルスはマルクスと非常に違います。ただ、マルクスは後年、それを自然観としては展開していません。有機的自然観とのそうしたつながりは、マルクスの独自な読み方をしたエルンスト・ブロッホなどに生きています。

理性を手放さずに

――花崎さんは『いのちをわかちあう』の最後に、三里塚の島寛征さんの『野遊び歌』という詩文を引いておられます。そこには「この台地人のたたずまいとこの風景の壊死のなかに、また今まさに起きている現実の反人間的な情景の片々に野を駆ける神々の音を聞かないやつはだれだ。……いまは地上から潰えた野槌たちが集いうたう野遊びの歌さえも阻もうとするのはだれだい」と綴られています。風景を壊死させる自然破壊や環境破壊、人間が自然を搾取するありようを捉え、それを解き放っていく哲学を、花崎さんは大地と人間とがいのちをわかちあう「風景の創造」として示されていますが、大学を辞められてから七〇年代にかけて、そうした哲学の実践へと花崎さんは進んで行かれたのですね。

花崎　その傾向が強められたのは、アイヌ民族の文化に身近に接するようになったことが大きなきっかけです。そして、このテーマはいま、ますます大きくなってきているんです。

たしかに、それは西洋近代の言葉でいうとアニミズムになるのですが、そうした言葉で拾ったときに、はたしてどういう内容が落とされ、どういう内容が拾われるのかということをもう少し慎重に考えないと、いきなりアニミズムといってわかったというふうにならない方がいいだろうという気がしています。アニミズムといってしまってはこぼしてしまう内容を受けとめることのできるパラダイムを手作りでいいから作らなくてはならないと思っています。近代以前の合理性を欠く民俗宗教だという解釈についても私は批判的に考えたいと思っています。そのなかにある筋道や論理について、我々の知っている理性と差異はあるけれども、やはりそれも論理ではないかというふうに問題を立てて考えたいと思っているんですね。

――すこし話がずれますけれども、すでに花崎さんは『力と理性』のなかで、理性を「あくまでも、事を成しとげるべく努める人間のはたらきであるべき」と捉えておられます。全共闘運動に対する国家の力の行使を、それが合法的であるがゆえに理性的であるとする支配的考え方に対して、全共闘運動や三里塚闘争に含まれていた「告白あるいは宣言としての暴力」を、花崎さんはベンヤミンの『暴力批判論』を手がかりに考えておられます。「風景の創造」によって、花崎さんは歴史の普遍性に根ざす合理的秩序をうみだすロゴスを獲得することができると書いておられますが、人間と大地が生命をわかちあう共生的世界において、そしてアイヌ民族の文化に接されるなかで、そこに理性は手放されないものとしてあるということなのですね。

花崎　そうですね。それは先ほど話した適切な抽象と同じことなんですけれども、理性を手放すのではなくて、より課題を深めるための媒介として、対話的な関係のなかで理性を働かせる。そうした理性の使い方をしていきたいものだと思っているんです。今の関心は、論理学の地平にもどって――もどってというのは、哲学研究の出発が弁証法論理学研究だったので――非西欧世界や現代のクレオール文化の言説、先住民族の思考様式などで生きている思考を論理として考えてみたいというところに来ています。

――そして普遍的なもの、合理的なものを、花崎さんは一貫して問い求められたのだと思うのですが。

花崎　普遍性、合理性ということの文脈と内容は、少しずつ変化してきているんです。というのは、私は影響は受けませんでしたが、ポストモダンの思想の激しい批判がありましたね。脱構築によって、普遍性や合理性を徹底的に解体していくという思想の傾向があって、そのときに、そこからまた改めて諸断片を編集する、エディティング作用としての主体を考えるあり方との緊張関係なしに、普遍性合理性をいうわけにはいかない気がしています。ですから、そうした批判との対話が必要だと思っています。

――『生きる場の哲学』（岩波書店、一九八一年）で、花崎さんは一九七〇年代の歩みを、「共感から出発して近代科学批判の前線を横切り、対自然関係と対自己関係にあらわれるエゴイズムの構造をへて、さいごに民衆、とりわけアジアの民衆の解放と宗教の問題に達する筋道」と記されていますね。

花崎　その段階で私は、対自己、対自然、対社会という三つの軸のまわりで、いろんな問題を考えようとしました。その思考の軸のまわりに、エコロジーの思想と政治、フェミニズム、オルタナティブな社会形成と共生といった問題を引き寄せて論じてきたんですが、そろそろ整理をして、哲学的な課題に集中したいと思っているんです。これまで考えてきたカテゴリーの整理というかたちをとりながらまとめに入りたいという気でいます。

それから、最近の私のもう一つの集中点として、日本のナショナリズムの復活の問題があります。一九四五年以後に自己形成をした私どもとしては見逃せない問題です。少しいま考えることをお話しすると、思春期に幕末から維新への大変動に出会った世代が、文明開化と自由民権運動を経験し、その後大日本帝国憲法制定、教育勅語発布に至る時代の変化をどう見ただろうか。明治の民権自由、反戦平和派は、ついには一九一〇年の朝鮮併合によってアジア侵略の大日本帝国国民であることをよぎなくされ、時代はちょっと飛びますが、治安維持法によって体制を批判する自由な言論を最終的に封じられるにいたる、そのプロセスが他人事、昔のことと思えなくなっています。プロセスは全く同じではありませんけれども、一九四五年をまたいできた世代の私どもとしては、敗戦を黒船到来とすれば、占領軍主導の戦後国家の再建を経て、文明開化に相当するのはアメリカ文化の浸透であり、戦後前期の平和と民主主義運動は明治の自由民権運動に擬すことができるのではないか。その分裂と極左化が、七〇年代の爆弾闘争や連合赤軍の壊滅に行き着いて終わるというのは、加波山事件、飯田事件、名古屋事件、静岡事件など爆弾闘争、強盗、クーデタ計画などの失敗をくり返して壊滅した自由民権運動の末期と相似形です。最近の世論の推移は、明治後期と同じように民権から国権へ、軍備強化と国粋主義へという流れとして繰り返されていると見ることができます。こうしたアナロジーで歴史を説明してしまうことは安易ですが、私個人は、日本という国の歴史と文化の惰性を認識し、時代への対処の仕方を考えるヒントにしたいと思っています。

――いま、個人と共同性のありようを考えると、それは花崎さんが『いのちをわかちあう』に書かれている「自力更生」の思想とその実践のあり方とは対極に至るある、個人が自足的な、自閉的な日本人、そして日本的なるものに無自覚なまま安住しているということが、いまの日本ナショナリズムの根にあるという気がします。バラバラになってしまった個人、自閉的な個人がナショナリズムに共同性を見出すのではないありかたとして、対話と繋がりによる共同性をどう考えていくのかが、現代の思想的課題としてあるように思うのですが。

花崎　最近考えているのは、いま働きかけたからいま反応が返ってくるという直接的な一対一対応を期待することが難しい時代になっていて、むしろあるときに投げたボールがどこかでは受け取られたとしても、どこだかわからない。それはすぐには返されないで、途中に引っかかっている。そういうあり方で、何年か経ってから扇状地のわき水が予期しないところから地表に出てくるように、いったん地下に消えて、断絶を介して間接的に現れるような作用を考えるしかないのではないかという気がしているんです。ベ平連運動のあと、ちょうどみんなが激烈にやっていたときに、自分はデモに入りたいと思ったんだけれどもいろいろな事情があって歩道で見ていたという人が、その後、内面の自問自答をバネに、当時先頭を切っていた人よりもかえってねばり強くいい働きをしている。そうしたことに私はぶつかったりするものですから、いまは長期的に利いてくるような働きかけはどういうものかという問いを立てて考えているんです。

——それは、全共闘やベ平連、新左翼運動が、萌芽としてはあたらしい原理の諸断片をさまざまなところに残したということとつながるのですね。それから花崎さんは、**『解放の哲学をめざして——衆愚は天に愚ならず』**（有斐閣、一九八六年）で、この副題にも採られている田中正造の言葉を引いておられます。「農民ハ愚でも百年の計を思ふ。知識ある官吏は一日の計のみ」というものですが、これも長い時間のなかで培われる民衆の思想を指すものであると思われます。

花崎　さきほど、明治以来の歩みと戦後の歩みの類比を言いましたけれども、違うところとしては、いま国家の上部構造としての権力構造は非常にどうしようもないですけれども、いろんな地域で進んでいる、地域における民主主義的な構造改革がありますね。住民投票によってさまざまな公共事業をチェックする働きなどは、後戻りしないかたち

いま働きかけたからいま反応が返ってくるという直接的な対応を期待することが難しい時代になっている。いったん地下に消えて、断絶を介して間接的に現れるような作用を考えたい。

で徐々にだけれども前進していて、それは上からの秩序形成に対して、横につながる民衆の社会形成として希望が持てるんじゃないかと思うんですね。

――花崎さんが『解放の哲学をめざして』に書いておられる、人間と人間、人間と自然とのあいだの「和解」と「ゆるし」に解放の目標をおくという哲学は、日本ナショナリズムの強まりや、いまの社会や時代状況がいっそうネガティヴなものであればあるほど、私たちの「希望の原理」として実践的であると思います。

花崎　それは、確実な認識に基づいた展望というよりは、祈りみたいなところがあるのです。私はそう願っているんですが、いまのような言説が、場合によっては、たとえば「慰安婦」問題における政府の責任や日本人としての責任を曖昧にする役割をするんじゃないかという批判も受けるわけです。そのことについては、ちょうど来年（二〇〇一年）みすず書房から出す本で、もう少し緻密なかたちで論じたつもりです。

「根拠地」と「旅」をめぐって

――『民衆主体への転生の思想』（七つ森書館、一九八九年）において、花崎さんは根拠地と自力更生について五つのテーゼを示しておられます。これは、さまざまな住民運動や民衆運動のなかで編み出された考えだと思うのですが、一人ひとりが、生きる場で考え行動する哲学がそこに刻まれているように思います。そこでは「根拠地と旅」ということが非常に重要な鍵になっていますが、そのことについてもお話しいただけませんか。

花崎　このテーゼを書いたころは、各地域に情報を伝え行動の連携を行う総合的な運動のセンターがあって、そうしたものの横のつながりと意義について考えていたのです。けれども、その後の運動の展開として、総合性を持ったセンターを身銭を切って維持するのは難しくて、反原発は反原発、リブはリブ、反差別は反差別というように、課題別に運動体がそれぞれ事務所を持ったり、ミニコミを作ったりするあり方をしてきたんですね。ですから、「根拠地」は場所というよりは、それ以後の考えとしては、人のつながりとして、個別課題の運動を離れても生き方、考え方を共にする友達であり続けるようなゆるやかなつながりとして考えているんです。その当時の人たちは、それぞれの場所で力をつけて、ミニコミを出したり、自治体の議員になったりして活動を続けています。それから、私自身はこの一〇年間、「さっぽろ自由学校『遊』」を維持し、発展させることを自分の課題にしてきました。そのプログラムで、ソロモン諸島へ現場で学ぶ旅をしたり、アイヌ民族の歴史と文化を学ぶ企画を毎年行ったり、平和と安全保障の問題の講座を企画したりしています。社会の現状に批判的な方向を持つ成人市民学習の場という理念を同じくする「自由学校」は、東京、札幌、福岡、大阪、京都、富山、名古屋と少しずつ広がっています。

――人と人とのつながりを大切にしていく「根拠地」のありようとともに、『民衆主体への転生の思想』では、「私たちに見えていなかった、もうひとつの歴史」について書いておられます。それは、アジア太平洋の歴史であり、また先住民族の歴史であったと思うのですが、花崎さんは北海道の先住民族であるアイヌ民族の歴史について、**『静かな大地――松浦武四郎とアイヌ民族』**（岩波書店、一九八八年、後に「同時代ライブラリー」に収録）を書いておられますね。「もうひとつの歴史」という考え方は、いままでの日本の歴史観を転換させていくものであったと思うのですが、そのことについてもお話しいただけませんか。

花崎　私は鶴見良行さんと親しくさせていただいたんですが、鶴見さんが言っておられた、東南アジアの海民の側から歴史をたどることにとても共感したんです。鶴見さんのほかに、同時代的に網野善彦さんが日本史のパラダイムを転換する作業をされています。鹿野政直さんのお仕事にも同じ努力が見受けられると思います。また、先日「図書新聞」に私が書評を書かせてもらったテッサ・モーリス＝鈴木さんの**『辺境から眺める』**（みすず書房、二〇〇〇年）は、今度は日本史という壁を、同時代のサハリンや沿海州の先住少数民族社会の歩みの側から捉えようとした仕事です。そうした「もうひとつの歴史」、そして「もうひとつの世界史」のあり方がいま展開しつつありますね。まだ、それが広く世界的に交流し、学問上でも大きな影響を持つにはいたっていないですけれども、そういう胎動はあると思うんです。ですから、二一世紀の後半になれば、もっと歴史観は変わってくるのではないかと期待しています。

――花崎さんは『民衆主体への転生の思想』で、いまいわれたことともつながるのですが、「民衆が主体のもうひとつの世界という世界像の問題」とともに、もう一つ「エスニシティをめぐる思想問題」を挙げておられます。それについては、「オールタナティヴな世界像の構想という脈絡の中に位置づけて考えるべきもの」と書いてられますね。

花崎　それは、知のパラダイムの転換ということとつながっていると私は思っています。レヴィ＝ストロースなどから「野生の思考」という発想で出てきたものもあるし、近代科学批判の文脈で、柴谷篤弘さんや高木仁三郎さんがいままでとは違う知のあり方を提唱されましたね。テッサさんの本も、同じような視点から、これまでの歴史学の知を転換するような試みをしておられます。そのようにして、西洋近代の知の一元的な支配に対する、オールタナティヴな知のあり方への探究という強い流れが出てくるといいと思います。

――それから、『民衆主体への転生の思想』で花崎さんは、民衆の多様なあり方が国家や資本や民族を超えて交響しあえる普遍的な世界認識の獲得を課題としておられます。それは、グローバル化やグローバリゼーションをめぐって今日問題になっている、世界資本やあるいは超大国による軍事や政治の世界一元的支配といった状況のなかで、いっそう重要なテーマになってきているように思うのですが。

花崎　一九八九年の社会主義世界の崩壊というものが、グランド・セオリー、大きな理論に対する拒否、マルクス主義や社会主義に対する絶望と結びついています。マルクス主義の側からは、残念ながら現実自体によってその一面性が批判された「従属理論」という理論がありましたね。世界が「中枢」と「辺境（ペリフェリー）」に二分され、ペリフェリーがますます貧しくなり中枢はますます富むということを、マルクス経済学を発展させながら解き明かそうとしたアンドレ・グンダー・フランクやサミール・アミン、アルジリ・エマニュエルなどの人たちがいました。しかし、そうした大きな理論は組み立て直さなければならなくなっています。現代では、ウォーラーステインの仕事が注目すべきだと思います。フェミニズムを基礎において、グローバル化の現象に対する根本的な批判と世界構造についての体系的な批判を結びつけているものとして、私はマリア・ミースの**『家父長制と世界的規模の蓄積――国際的分業の中の女性』**、一九八六年、（『国際分業と女性』奥田暁子訳、日本経済評論社、一九九七年）を重要だと考えています。

「ピープルネス」と「世話《ケア》の倫理」

――花崎さんは九〇年代に入って、**『アイデンティティと共生の哲学』**（筑摩書房、一九九三年）と**『個人／個人を超えるもの』**（岩波書店、一九九六年）を刊行されています。この二つの本のなかで、「ピープルになる」ということと「ピープルネス」について考究しておられます。前者は「おたがいにナニサマでもない者としての関係に思いをひろげ、関係をピープル化すること」、そして後者は「つねに対象化されつくさない、非対称な質をもつ人間の生命活動」と記されています。貧富や搾取被搾取のなかで、あるいは差別被差別のなかで、また民族対立や紛争、超大国による軍事的経済的支配や情報格差など、それから植民地支配やそれが犯した罪、地域や人間に刻まれた傷に刻印され、世界に重層する分断や対立が厳然と存在しています。「希望の原理」の烽火を絶やさないためには、それから目をそらすことなく見据えながら、ピープルになるということ、そしてまたピープルとしてのあり方が実践の課題であり続けているように思います。

花崎　それはとても難しい課題です。一つは本質主義的に、あらかじめピープルネスというものが人々に備わっているというふうには言えない、言ってはならないと思うんですね。しかし、それでは人々と人々とをつなぐなにものもなくて、あるのは個人の競争や富に対する欲望が人をつないだり離したりするというような哲学を、私はとるつもりはないんです。

　ピープルネスというものは、断片断片として、ときに触れて点滅したりするものだと考えた方がいいだろうと思うんですね。いつもそれを信頼していいというようなことはない。しかし私は、何かを認識するということは「賭ける」という要素を持っていると思うんです。それが単なる思考の遊戯でなければ、認識に賭ける、もし裏切られたらそれはなぜかを反省するという意味で、私はピープルネスというものを立てているのです。そうして、そこに生きる希望の源泉を置きたいと思っています。

──『個人／個人を超えるもの』で、花崎さんは「世話《ケア》の倫理」について書いておられます。この思考はいま、きわめて重要かつアクチュアルなものだと思うのですけれども、これは共生あるいは対話ということとも結びつくように思います。本のなかで書かれている、「他人の必要を自分に内面化して、その必要に自発的に関与すべきであるという責任の意識をもつような内的なうながし」ということに、往々にして私たちが呪縛される義務や負担ということではない、他者との関わりのあり方が提示されていると思います。人間が傷つきやすさ、ヴァルネラビリティや苦しむ可能性、病む可能性を持ち、介護や配慮、愛情によって病みや苦しみや不安を和らげつつ生きる存在であるという、花崎さんが「世話《ケア》の倫理」で示された人間観は、これから二一世紀に向けた、人間の未来に賭けられたものだと思うのです。いまの社会のありようとの関わりで、「世話《ケア》の倫理」についてお話しいただけませんか。

花崎　それは、現場の経験知の総括から、いまいちばん学びたい内容なんですね。「世話《ケア》の倫理」というかたちで、うまくいけば適切なかたちで抽象化できるようなたくさんの経験が、いま現場で、高齢者や病者や障害者に接する人たちのなかに、それこそ断片のかたちで埋まっている。「こんなことは私だけの苦労で、他に人に役に立つわけで

「世話の倫理」というかたちで、壊れ物としての人間の関係についての、他者との関わりの技法についての貴重な富が、膨大に埋もれているような印象を持ち始めているんです。

はない」と考えたり、自分が持っているノウハウを「そんなの誰でも知っていることだ」と取り出さずに朽ちさせている。壊れ物としての人間の関係についての、他者との関わりの技法についての、そうした貴重な富がなにか膨大に埋もれているような印象を持ちはじめているんです。しかし、それは必ずしもゆがんでいないとは言えないんで、病院の付添婦さんなんかで、老人を縛る、うまく管理するとか、そういうかたちでのいろいろなノウハウがあったりしているでしょう。けれども、ポジティヴな意味で年とった人に接した経験から、いまの社会の規範や構造などいろんなものが読みとれるし、考えられるという思いがしているんです。だから、それを私はぜひ勉強したいと思っているところなんです。なかでも、社会学者である春日キスヨさんの、フェミニスト・エスノグラフ・メソドロジーによる聞き取りの分析は非常に見事ですね。いまの家族がどんなに多様化しているかという、家族の変容について分析されたものを読んで、非常に感銘しているところです。そして、私も高齢者の特養施設に関わるきっかけをえたので、これからそこで学びたいと思っているところです。

――「世話《ケア》の倫理」を考えたときに、花崎さんは、アイヌ社会が持っている共感の文化を世話《ケア》へと引き継ぐことができるのではないかと書いておられます。世話《ケア》と共感を軸とした文化を生み出すことができるかということは、これからの文化の可能性とも関わってくると思うのですが、その点についてお話し願えませんか。

花崎　いまの支配的なイデオロギーと文化は、自己の能力と欲望の最大限の開発・発揮と、それによる競争、そしてその欲望は、最終的には健康や富に帰着するようなものです。そうしたあり方というのは、自分がこうしたい、こうありたいというように、自分の欲望でいっぱいなわけですね。だから、他者は、利用できればいいけれども利用できなければ邪魔になるという関係でしかなくなる。そういう自己のあり方に対して、「まわり道ができるあり方」というか、他人の要求に応えるような回り道をしても損をしたと思わない、そのようなあり方がもう一方の極に強まらないと、ますますばらばらで相互敵対、相互無関心的な関係しか出てこない。だから、共感と世話《ケア》というのは、自分中心の、やりたいことや欲しいものに自分の関心を一点集中してしまうあり方を変えるために、とてもいいレッスンになると思うんですね。

――世話《ケア》と共感の文化のあり方ともつながると思うのですが、花崎さんが『個人／個人を超えるもの』の最後に、「自己に即す」ということと「自己を超える」ということについて書いておられます。このことは、花崎さんが書き次いでこられた本に一貫しているテーマのように思われるのですが、最後に「自己に即す」と「自己を超える」についてお話しいただけませんか。

花崎　『風はおのが好むところに吹く』（田畑書店、一九七六年）のなかで、これは手作りの概念なんですが「三人称のわたし」ということを言い出しました。うまく論理として展開しきれていないんですけれども、私にとってのキーワードなのです。個人的危機に直面した際でしたが、「一人称のわたし」のほかに自分のなかに「三人称のわたし」という次元があることを発見するということがあったんです。『個人／個人を超えるもの』を書いた後、いま思っているのは、そういう「三人称の場」を論理と倫理の次元で展開したいということです。それは、自分を超える場、自分を相対化する場ですね。その場を持つことによって自分を照らすことができる。伝統的には宗教がそういう場を用意してきたと思うんですが、いまの世俗化した社会のなかで、それをすぐ宗教に求めることは、また別のゆがみをもたらします。ですから、より合理的な、世俗的なかたちでそのことを言うと、「三人称の場」を発見し形成するということになります。それなしには、自己相対化がきかないと思うんですね。自己相対化がきかないというのは、日本全体の問題としては、さきほど話したナショナリズムにどっぷり浸かり込むということにつながる。「三人称の場」というのは、いろんな民族やいろんな地域の人たちが、それぞれ自前のかたちで持っていると思うんです。そうした「三人称の場」を、私は論理として展開したいという希望を抱いていています。それは必ずしも体系としてということではないんですが、思想の言葉、哲学の言葉でとらえてみたいと思っているんですね。ピープルネスともつながるのですが、先ほど挙げられた「風景」も、「三人称の場」として考えてみたいと思っているんです。

（未発表、二〇〇〇年一〇月二八日）

いのちをわかちあう「風景」の創造

北海道・小樽に花崎皋平氏を訪ねたのは、二〇〇〇年一〇月末のことであった。花崎氏には二年前、一九九八年の思想・現況と展望をめぐってインタビューしていた。「図書新聞」一九九八年一二月二六日付に掲載された花崎氏の語りには、たんに一九九八年に刊行された書物をめぐってのみならず、今回収録したインタビューに通じる花崎氏の「生きる場の哲学」が浮き彫りにされていた。

フォーラム90s研究委員会編『20世紀の政治思想と社会運動』（社会評論社、一九九八年）に寄せた論文「エコロジーの思想と政治」に拠りながら、花崎氏は九八年のインタビューで、世界的に見て一九六八年は大きな時代の変わり目であったと語った。水俣とともに、一九六八年をひとつの始点として、開発や環境破壊に対する日本の住民運動・市民運動は始まった。地域社会と生存環境の破壊に抵抗するさまざまな運動は、三里塚や水俣、そして花崎氏自身も加わった北海道・伊達の火力発電所建設反対運動などで闘われたのだった。

成田空港建設反対闘争から生み出された思想を、花崎氏は「エコロジーの思想と政治」のなかで、「地球的課題の実験村」構想具体化検討委員会による文書『若い世代へ――農の世界から地球の未来を考える』と、この文書作成の前提となった空港反対同盟（熱田派）の「徳政をもって一新を発せ」「仮死の土地に地発しを」「子孫のために自由を律す」という三つの文書を手がかりに考察している。ひとつひとつ実現に向けての模索や試行が続けられるなかで、大量生産・大量消費・大量廃棄の無限進行に歯止めをかけ、循環に基づく社会の再編成へ向けて多文化共生の実験の場を作るという構想のなかに、花崎氏は三里塚から生まれた思想が結晶化されていることを指摘した。
「現象的には、火力発電所にしろ空港にしろ、原子力発電所にしろ、建設反対という点では多くの場合敗北して、建設されてしまうわけです。……社会運動というのは、敗北したから骨折り損のくたびれもうけだったと見られがちなんですけれども、やったって無駄じゃないということですね。それは、屈折したかたちだけれども、ある時代へ警鐘を打ったことが時間をかけると制度の中へ、あるいは思想の中へ結晶化していく」。花崎氏は九八年のインタビューにおいて、こう語っていた。私はこの言葉に、エルンスト・ブロッホの「希望の原理」に通底する思想を感じ取った。

ブロッホ**『世界という実験』**（小田智敏訳、法政大学出版局、一九九九年）を手がかりに、訳者の小田智敏氏にインタビューしたなかで（二〇〇〇年三月二五日付掲載）、『世界という実験』に引かれた、ドイツ農民戦争に敗北した農民たちの歌の一節「打ちひしがれ俺達は家に引き下がる、俺達の孫はもっとうまく戦い抜くぞ」に触れて、小田氏はこう語った。
「挫折したからこそ、歴史の終わりは最高善でなければならないという証人になるし、いまある世界をより良いものに変革して最高善に一歩でも近づこうとする実践の強力な見方になる、というのです。現在までの数多くの否定的な事態こそが、むしろ世界の最終的なかたちが最高善でなければならないという倫理的な要請になるわけです」。

小田氏は「俺達の孫はもっとうまく戦い抜くぞ」という言葉を、死後への希望と捉えた。つまり、世界変革がその志半ばで潰えたとしても、まだ生まれていない人間が俺達の志を継いでくれる。それがブロッホの希望のあり方だ、と。世界過程を「まだ決して成功していないが、しかし同じくまだ決して挫折してもいない過程」と呼ぶブロッホの思考は、幾多の否定的な事態にもかかわらず「まだ決して挫折していない過程」を生きる当事者として「究極」を問う姿勢に貫かれているという。次々と押しよせる否定的な経験を経て、それゆえにこそますます希望が強められるというブロッホの「希望の原理」は、二〇世紀末を生きる私たちに、ひとつの希望の在処を知らせるのであった。

花崎氏は**『アイデンティティと共生の哲学』**（筑摩書房、一九九三年）において、「水俣宣言」にうたわれている希望の合い言葉として、「いまのようでない世の中」を意味する水俣の方言「じゃなかしゃば」について言及し、それとの関連でブロッホの希望の哲学に触れていた。そして、九八年のインタビューのなかで、**『個人／個人を超えるもの』**（岩波書店、一九九六年）で考察した「個人を超えるもの」について、それは水平的に、横に超えていくという意味で、自分を相対化することでもあると語った。そしてこう続けた。「文明をも含めた宇宙観をも含めた枠組みをつくりながら、その個人を超えた生命のつながりを背景に『希望』ということが言えないだろうか」。

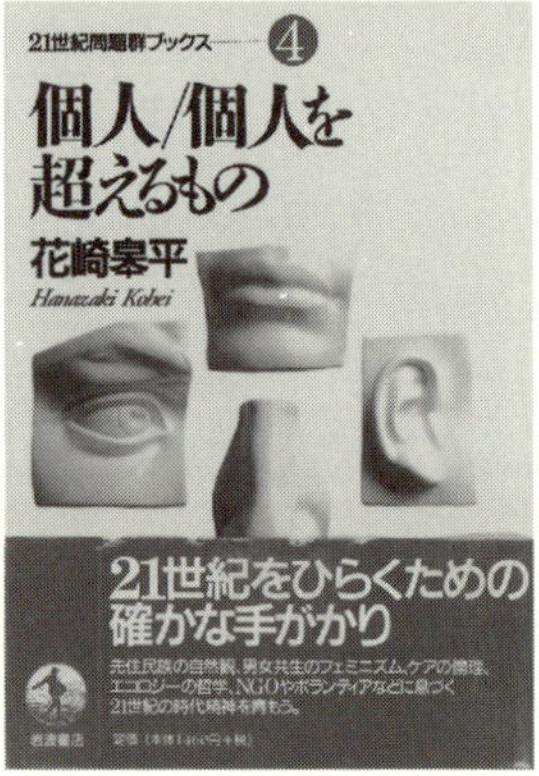

「図書新聞」では、一九九八年九月一二日付紙上で、石毛博道氏と吉田司氏の対談を掲載した。石毛氏の**『ドラム缶が鳴りやんで――元反対同盟事務局長　石毛博道　成田を語る』**（四谷ラウンド、一九九八年）刊行を契機とした語り合いであった。石毛氏は、一九九一年からのシンポジウム・円卓会議の当事者であり、国が三里塚の農民に謝罪するというかたちで、国家と農民が力と力の対立による抗争を繰り返す構図に終止符を打ったその立役者でもある。対談のなかで、石毛氏はこう語っている。「これじゃだめだと思って、それでシンポジウムにこぎつけたわけだ。そうした新しい場所に踏み込んだ時、ぱっと世界が広がったよね。たとえば、いままで話をすることもなかったような人とも話すようになった。成田には、いま友人がいっぱいいるけど、たぶん俺はこれから、そうした人とつき合いながら生きていくんだろうね」。

三里塚の原野を潰し、風景を壊死させてゆく国や為政者への怒り。それは、人間の自然性への大規模な破壊行為に対する怒りでもあったのだ。島寛征氏は詩文『野遊びの歌』に「今まさに起きている現実の反人間的な情景の片々に野を駆ける神々の声を聞かないやつはだれだ」と綴った。前田俊彦編**『三里塚――廃港への論理』**（柘植書房、一九七七年）に収められた島氏の詩文を、花崎氏は**『いのちをわかちあう』**（田畑書店、一九八〇年）の最後に引いている。花崎皋平氏は、そこに大地と人間がいのちをわかちあう「風景」を見、その営みを「風景の創造」と呼んだ。生命の営みにセンシティヴであること、そしてそのいのちのわかちあい、その「風景」を創造することに、私は二一世紀へ向けての、私たちの「希望の原理」を読みとったのである。

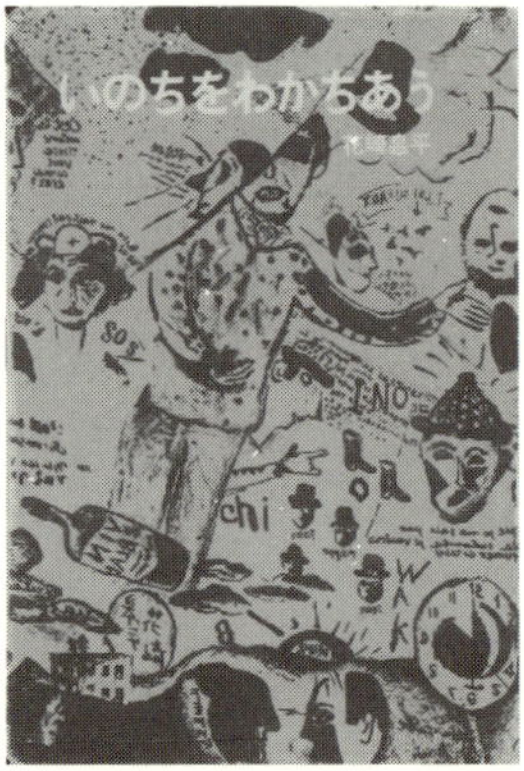

編者あとがき

図書新聞での三年足らずの時間を思うとき、交錯しときに私を牽引した、三つの光景があった。六ヶ所村、サンクトペテルブルグのフィンランド駅、そしてベルリン・アレクサンダープラッツ。そのいずれにも、導きの書物があり、二〇世紀を生きた人間の足跡をたどる、時代の記録が存在したのだ。

一九九八年一月一日、下北半島の中ほどに位置する青森県六ヶ所村に降り立った。眼前に建ち並ぶ核燃料サイクル施設群は、風雪のなか、荒涼とした大地にあたかも忽然と姿を現したかのようであった。まぎれもなく、それは「開発」の代償が生んだ光景であった。施設の入口に近づくと、何事かを叫びながら警備員が飛び出してきた。誰に向けられるか、人気ない野に見上げるが如き防護柵を張り巡らし、監視カメラが常時作動する核燃料サイクル施設。その光景は、二〇世紀文明が行き着いた、廃墟の面影をしのばせていた。そこに集約された問題を、イメージだけに収斂させてはなるまい。とはいえ、荒涼とした土地に立つそれらの施設群はまぎれもなく、私の眼に、二〇世紀の墓標の如くに映ったのであった。

船橋晴俊他編『**巨大地域開発の構想と帰結――むつ小川原開発と核燃料サイクル施設群**』（東京大学出版会、一九九八年）で詳細に分析されているように、「誘致型開発」として着手された当初の石油化学コンビナート計画が挫折し、核燃料サイクル施設計画へと大転換するなかで、この六ヶ所村は「従属型開発」、さらには「危険施設受け入れ型開発」の舞台へと転化していった。科学技術開発とともに、それらを「国土開発」と位置づけた政府・財界からみれば、この地は人口も少なく、広大な土地が入手しやすいうえに、公害が顕在化しにくい。青森県からすれば、開発は経済振興の起爆剤になる。そこに、「地域格差」を解消しようとする県と、それを利用しようとする政財界の思惑は一致した。核燃料サイクル施設の受け入れは、県と村当局の意志で決せられたのである。

住民に示されたのは、「開発によって豊かになるからいいではないか」という論理だ。彼らは雇用をあてにして土地売却に応じ、得た金で、用意された「新住区」に移り住んだ。だが、雇用は確保される見込みのないまま、代わりに核の施設が「飛来」したのである。心中苦（しんじゅうく）の響きすら帯びた「新住区」もまた、人間の廃墟の雰囲気を漂わせ、切り拓かれた大地に蹲るように建っていた。

二〇年にわたり六ヶ所村に通い、書き上げられた鎌田慧『**六ヶ所村の記録**』**上下**（岩波書店、一九九一年）は、六ヶ所村を激変させてゆく開発と、そこに生きる人間の姿を描いている。この書によって、六ヶ所村は下北半島に位置する一寒村であることをやめた。記録し伝えることが、常に逃れ去ろうとする時代に人間の証を、思想を穿ち刻み込んでいく作業に他ならないことを、私はこの書物から学んだ。

そして二〇〇〇年一月四日、私は厳寒のロシア、サンクトペテルブルグにあるフィンランド駅に立った。フィンランド駅――それはロシア革命の一九一七年、レーニンが亡命の地チューリヒを発ち、封印列車に乗って到着した駅に他ならなかった。『フィンランド駅へ』上下（岡本正明訳、みすず書房、一九九九年）という、この書名のとおり、フィンランド駅に降り立つレーニンに極まる社会変革と人間解放の思想史・思想家列伝を書いたエドマンド・ウィルソンは、最終章「フィンランド駅に立つレーニン」でこの駅を描写していた。二〇世紀末、ソ連崩壊ののちに、私はこの書に駆り立てられるようにして、フィンランド駅に向かったのだった。

「レーニンはいま、人類史上はじめて、歴史哲学の鍵が現実の錠に合う瞬間を目撃していた」。エドマンド・ウィルソンは、レーニンを乗せた封印列車がフィンランド駅に到着する瞬間を、こう描いていた。歴史哲学の鍵が開けた二〇世紀の扉の向こうは、しかしながら圧制と粛清、ラーゲリに刻印された果てしなきマルティロローグ（殉教史）の連続ではなかったのか。ベルリンの壁とソ連、その二つの崩壊以降を生きる私には、二〇世紀の道行きは人間の理想にとり、ネガティヴな現実の連続であったという思いを抑えることができない。しかし、フィンランド駅から扉を開けた二〇世紀には、その進行を方向づけた歴史哲学と押し寄せる現実との相剋が、立ち塞がる現実と理念との格闘が、そして人間の理想への挑戦があったに違いないのだ。

理念を生きる、生きられた理念としての革命を目指したレーニン。彼にとって、理念と現実との乖離はもはやない。だからこそ、彼の乗った封印列車は、シュテファン・ツヴァイクが『人類の星の時間』（片山敏彦訳、みすず書房、一九六一年）で物語ったように、第一次世界大戦で放たれた幾百万もの破壊的弾丸よりも遠くロシアへ、しかも近代史上、最も決定的に人類を運命づけた「最も危険」な弾丸として、それは着弾したのだった。その「最も危険」が、打倒されるべき支配や人間を虐げる権力に向けられるのではなく、解放を目指した人たちに見舞われることになった二〇世紀の道のり、そのことを知る私は、しかしそれゆえにこそ、エドマンド・ウィルソンの『フィンランド駅へ』を手がかりに、思想が生きられてあったその原点に、繰り返し立ち戻ろうとしたのだった。

歴史とは何か、そして歴史学への問いをめぐってインタビューを行ったのも、そうした、さまざまな歴史に向き合い、考えざるをえないこの世紀の末に際会してのことゆえであった。二〇〇〇年一月一日付「図書新聞」に掲載した、西洋中世史家でピーター・ゲイ『歴史の文体』（ミネルヴァ書房、一九七七年）の訳者、鈴木利章氏にうかがったのは、歴史家がみずからの主観、すなわち価値観と責任において歴史を書くという話であった。歴史が主観であるとは、フィクションのように勝手に話をつくり出し、何もないところから「捏造」することではない。史料を調べられるかぎり調べ尽くし、それに拠りながら、最終的には歴史家自身の主観、すなわち価値観と責任をもって「跳躍（リープ）」するという意味においてである。跳躍（リープ）する歴史学を語る鈴木氏の話には、無味乾燥な歴史記述に生命を吹き込むような魅力が漲っていた。

そして、二〇〇〇年三月一八日付紙面で、リチャード・J・エヴァンズ**『歴史学の擁護——ポストモダニズムとの対話』**（今関恒夫・林以知郎監訳、晃洋書房、一九九九年）を手がかりに、ドイツ近現代史家の望田幸男氏にインタビューした。ポストモダーンの歴史学批判を受け止め、従来の歴史家のなかにあった、最終的結論としての歴史的事実や客観性の議論を土俵の外にはじき飛ばしたポストモダーンの役割を認めつつ、望田氏は、批判に耐えうる、そして時間の試練に耐えうる結論を歴史家が導き出すという、歴史学のあり方について語った。私は望田氏の語りに、学問が歴史に向き合う姿勢、その潔さと沈着さを学んだのだった。

また、ロシアをめぐって二度のインタビューを行っている。一九九八年一一月二八日付紙面で、叢書「二十世紀ロシア文化史再考」の第一巻、パーヴェル・フロレンスキイ**『逆遠近法の詩学——芸術・文化論集』**（桑野隆他訳、水声社、一九九八年）を手がかりに、この叢書の責任編集を担う桑野隆氏に話をうかがった。革命やソ連の帷の向こうに伏在しあるいは断たれた、いままで日本においてほとんど知られていなかった二〇世紀ロシアの開かれた知、民衆文化やロシア・コスミズム、またアヴァンギャルド芸術にも通じ合う知の諸相をめぐって桑野氏は語った。『逆遠近法の詩学』に続いて、オーシプ・マンデリシターム**『言葉と文化——ポエジーをめぐって』**（斉藤毅訳、水声社、一九九九年）も刊行されている。叢書「二十世紀ロシア文化史再考」の刊行によって、ロシア現代思想の海、その知の沃野が、私たちの眼前に姿を現し始めたのである。

一九九九年九月四日付紙面には、**『「英雄」たちのロシア』**（岩波書店、一九九九年）をめぐって、著者の川崎浹氏へのインタビューを掲載した。亡命ロシア世界に早くから着目してきた氏は、ロシア亡命者の足跡や彼ら一人一人の関係、発言や論争などをたどることで、二〇世紀ロシアの陰翳を浮き彫りにする。川崎氏はソ連解体を、文学と政治の境界を超えてその双方が交錯する大きな流れと捉え、そこにロシアのみならず、世界の実相が見えてくるのではないかと語った。そして二〇世紀についてこう話した。「二〇世紀は解体の世紀で、ソ連は共産主義の解体という脱構築を経験したわけです。だからポストモダンという時代に共産主義が遭遇して、共産主義もこれに符丁を合わせざるをえないような、これも二〇世紀の宿命だったと思います」。

二〇〇〇年五月一日、私はベルリン、アレクサンダープラッツに降り立った。ベルリンの壁崩壊から、はやくも一〇年余の時が流れていた。私をこの都市へと駆り立てた三冊、ヴァルター・ヤンカ**『真実とともにある困難』**（**『沈黙は嘘——暴露された東独スターリン主義』**林功三訳、平凡社、一九九〇年）とクリスタ・ヴォルフ**『残るものはなにか』**（**『残るものは何か?』**保坂一夫訳、恒文社、一九九七年）、そしてハンス・マイヤー**『バベルの塔——ドイツ民主共和国の記憶』**（**『バベルの塔——ドイツ民主共和国の思い出』**宇京早苗訳、法政大学出版局、一九九三年）は、消滅した「東独」をめぐって書かれた書物だ。この三冊はいずれも、東独に生きることの「矛盾の深淵」を描き出していた。ナチズムのみならず、戦後建国されたこの社会主義国家もまた、存在の矛盾を二〇世紀後半に露呈して迷走した。崩壊の必然は、しかし、そこにとどまり生きようとしたヴァルター・ヤンカやクリスタ・ヴォルフ、そして去らねばならなかったハンス・マイヤーの抱え込んだ矛盾の深淵を埋め去りはしなかったのだ。真実とともにある困難―ヤンカの書名に採られたそれは、二〇世紀が解かぬまま置き去りにした問題であった。私はベルリンにおいて、ナチズムに抗し、その弾圧や迫害をくぐり抜けた「反ファシズム」の闘士、また「真の社会主義」を希求したはずの者たちが東独において陥らねばならなかった、真実とともにある困難、その矛盾の深淵を幻視していた。

一九八九年一一月四日、五〇万人デモの行われたベルリン、アレクサンダープラッツで、クリスタ・ヴォルフは群衆に語りかけていた。「信じられない変化です。「ＤＤＲ（東独）国家の人民」が、自らを人民として認識するべく街頭に出ているのです。何千回となく繰り返された叫び！――私たち・は・人民だ！――これは、私にとってここ数週間の最も重要な言葉なのです」。東独の党官僚によって濫用され、空疎化し支配の建前となった言葉「人民」（Volk）、ことあろうかその実体が、街頭に溢れ叫んでいた。ヴォルフはそこに、「解き放たれた言葉」「新しい言葉」の可能性を一瞬垣間見たのだ。しかし、同じそのとき、西側に雪崩を打って脱出する人民の姿をもまた、ヴォルフは見なければならなかった。「私たちは人民だ」（Wir sind das Volk）は、東西ドイツ統一を望む「私たちはひとつの民族だ」（Wir sind ein Volk）へとはやくも転化した。今こそ自分たちの手で、自分たちの言葉で「民主的な社会主義」をつくろうという呼びかけは、消費社会と経済的繁栄を求め西側に向かう人民、民族（Volk）へと姿を変えたその群衆の声にかき消されたのだった。そして私たちは、崩壊する東西分断の壁の映像、その歓喜と祝祭の後景に、矛盾の深淵を覗いたヴォルフたちの姿を見失ったのだ。統一から一〇年後の二〇〇〇年、私は遅ればせながら、虚空へと消えたヴォルフの「解き放された言葉」「新しい言葉」への希望、その残滓を探し求めるように、アレクサンダープラッツにたどり着いた。

五月一日のベルリンで、私はドイツ現代史家の芝健介氏にインタビューした。『**ヒトラーのニュルンベルク――第三帝国の光と闇**』（吉川弘文館、二〇〇〇年）をめぐって行ったそのインタビューで、芝氏はナチズム運動の諸相とナチ体制の権力構造、そしてシオニズムとの関わりなどについて語った。二〇世紀ドイツの歴史はナチズムに刻印され、ホロコーストの記憶は世界に刻まれた。そして、ナチズム運動とその体制とは何だったのかという問いは、いまいっそう精緻なかたちで分析され研究されている。そのことを、芝氏の語りはなにより浮き彫りにしていた。

ナチズムの歴史を振り返るとき、とりわけ書物に関わり、書物を読者に伝える仕事をする人間にとって、「焚書」とはみずからの生命が断たれるような、「精神のホロコースト」ともいえる記憶であった。ハイネの「書を焚く者は、ついには人間を焼く」という言葉を引いて、ドイツ文学者の島谷謙氏はユルゲン・ゼルケ**『焚かれた詩人たち——ナチスが焚書・粛清した文学者たちの肖像』**（浅野洋訳、アルファベータ、一九九九年）をめぐって語った。二〇〇〇年七月一日号のインタビューで語られたその内容は、焚書と亡命という、二〇世紀を生きる人間に走った精神の亀裂、その在処を示していた。焚かれた詩人たちのたどった道のりもまた、二〇世紀の陰画をなす出来事、その渦中を生き死した人間の運命をなしていたのだ。

書評紙編集の場に飛び込み、二〇世紀末の二年余りを走りながら、ときに私は六ヶ所村の光景に、そしてフィンランド駅に、またベルリン・アレクサンダープラッツの光景に幾度も立ち戻ろうとしてきた気がする。そうした光景を往還し、そしてそれらの交錯のなかを、私は書物を手がかりにして、二〇世紀の記憶と書物の精神史をたどるように人々を訪ね、インタビューをしてきた気がする。書評紙という場で、書物を手がかりにいったい何ができるのか、本が売れず、歴史や思想に刻まれた書物など読まれぬといわれて久しいこの時代に、本と人とを結ぶとは、本を読者に届けるとはどういうことかと、ときに疑い、自信を失いつつ、自分を引きずるように問い続けながら歩いてきているように思う。

準備などいつもなかった。せき立てられるようにして、ときに、いましかないと生き急ぐようにして、人々を訪ねて語りに接してきた。無知であることに拘泥してはいられなかった。あるいは、無知であることを恥じる余裕さえなかったと言った方が本心に近いのかもしれない。その意味で、ノンフィクション作家の吉田司氏が言った言葉は、私にとって縁《よすが》となった。二〇〇〇年初夏、サミット直前の沖縄にインタビューに行く前、沖縄の歴史や現実を何も知らないとみずからの無知を恥じる私に、吉田氏は「な〜んにも知らなくてよい。沖縄から学ぶものなんてな〜んにもない」と突き放した。増補改訂版**『ひめゆり忠臣蔵』**（太田出版、二〇〇〇年）で展開したように、「偽善は偽悪の言葉で叩きのめさなければ、真に目覚めない」ことを身上とする吉田氏のリアリズムが、結果として安易に対象に同化し、それによってなにかしら「連帯」した気分になる「共感ファシズム」の弊から、私を阻んだことになる。

『ひめゆり忠臣蔵』で吉田氏が衝く、「戦争と平和」をめぐって語られ続けてきた言葉に染みつく偽善は、つまるところみずからの戦争責任を問わずに来た日本人の、「無責任」な姿勢の偽善に他ならない。「戦争した」ことを不問に付し、「戦争させられた」被害者意識にもぐり込んで「悲劇という避難所」に身を隠した戦後日本人は、それをときに広島へ、そして沖縄へとおっかぶせて生き延びたのだ。悲劇が嘘だというのでは決してない。人々は殺され死に、戦争の傷跡は非戦への誓いを戦後日本のアイデンティティへと高めたはずであった。

だが、吉田氏の言う「永遠に平和する心」が、「ひめゆりの靖国化」から「靖国のヒロシマ化」へ向かう「ガイドライン忠臣蔵」に加担し強化してしまう構図が、実は「無責任」のまま来た日本人の姿勢に巣くう偽善に淵源することを、吉田氏は沖縄で、そして広島で嗅ぎ取ったのだ。二〇〇〇年七月の「沖縄サミット」が明らかにしたのは、沖縄人の非戦の誓いがこめられた「命どぅ宝」を巧みに取り入れ、クリントン米大統領が「平和の礎」で日米安保＝軍事同盟の重要性を強調するという光景であり、戦後積み重ねられてきた反戦平和の理念と行動が、軍事化へと取り込まれてしまう現実であった。とりあえずは「核ぬき戦争力」強化という方向で進む日本の軍事化が、核廃絶というヒロシマの平和の願いを出し抜くかたちで、むしろそれを利用し生み出されてしまうという、戦後日本の実像を暴きその偽善を突いてきた吉田氏が一貫して問うのは、「戦争と平和」にまつわる自己責任の問題であるといっていい。その問題は、時代状況の保守化と自閉化のなかで、いま刻々と重要性を増してきているのである。

吉田氏には、一九九九年一〇月三〇日付の図書新聞創刊五〇周年記念号でロングインタビューを行った。四時間に及んだその語りで話されたのは、みずからの人生の歩みを語りながら、戦後日本の構造、そのからくりを読み解いていく吉田流同時代史の世界であったのだ。自立の思想をむき出しにして生きよ、と私たちに呼びかける吉田氏は、二一世紀に「生きる場所探しの時代」を望んで語りを結んだ。

この本に収録した方々の語りは、聞き手である私にとって、他ならぬ「希望」であった。この言葉を口にするたび、私はナジェージダ・マンデリシュターム『回想』（Воспоминания）の英訳“Hope against hope”を想起する。夫をラーゲリで失い、詩人ヨシフ・ブロツキイのいう“nonperson”を、彼女はオシップ・マンデリシュタームの詩を記憶に刻み込んで生きた。彼女の名ナジェージダはロシア語の「希望」（надежда）を意味する。その言葉にいのちを宿す彼女の生きた時代は、しかし「反希望」ともいうべき粛清とラーゲリの時代であった。けれども、そのさなかで「反希望の希望」を生きるとき、「希望」はそれゆえにこそ、いっそう強く夢見られるのである。

それぞれの方々の語り、人生に刻まれた言葉、歴史と人間を見据えた思想に培われた語りの記憶が、書物の精神史へと紡ぎ出されていくものであることを、私は聞き手として感じている。なによりそれぞれの方々の語りが読者に届き、それを手がかりとしてさらには書物へとたどり繋がってゆくことを、そして書物の精神史が紡ぎ続けられてゆくことを、いま、私は切に願っている。

不意に連絡し訪ねる私を迎えてくださり、こころよく話を聞かせてくださったうえに、本書への収録をお許しいただいた方々一人ひとりに、改めて感謝の言葉をお伝えしたい。そして、毎週の新聞編集の傍ら、本の原稿をそろえる作業に、結局のところタイムリミット直前まで取りかかれず、突貫作業を強いてしまうことになってしまったけれども、収録するインタビューを選び、編んでくださった社会評論社編集部の新孝一さんに感謝します。出版を引き受けてくださった松田健二さん、そして福島啓子さん、社会評論社の皆さんには、東京・神田神保町と本郷を行ったり来たりの日常のなかで、本当にお世話になりました。印刷所、製本所の方々にも、お礼申し上げます。

この仕事の舞台となった図書新聞の大黒柱である井出彰氏には、感謝の言い表しようがない。渡健一、鎌田みどり、佐藤美奈子各氏には、不在がちな私をフォローしていただいている。図書新聞スタッフの応援がなければ、この仕事は続かなかっただろう。そして東京明朝舎には、関連書物の収集、資料作成から校正まで、いつもながら全面的に支えていただいている。

いましかない。いま、ここからはじまる。その思いを抱え書物に駆り立てられ、著者、語り手を訪ね歩く日々が続く。この仕事を、その意味を、二〇世紀の終焉に立ち会い、小さな仕事場の片隅で思い返し、考え続けている。

二〇〇〇年一一月六日

米田綱路

本書で「語られた」本たち

I　証言の時代としての二〇世紀

二〇世紀を生きる　石堂清倫

＊石堂清倫『わが異端の昭和史』（勁草書房、一九八六年）
＊石堂清倫『異端の視点』（勁草書房、一九八七年）
＊石堂清倫『続わが異端の昭和史』（勁草書房、一九九〇年）
＊石堂清倫『中野重治と社会主義』（勁草書房、一九九一年）
＊ユ・ア・クラシン／石堂清倫訳『レーニンと現代革命』（勁草書房、一九七一年）
＊ロイ・メドヴェージェフ／石堂清倫訳『共産主義とは何か』上下（三一書房、一九七三・四年）
＊ロイ・メドヴェージェフ／石堂清倫訳『社会主義的民主主義』（三一書房、一九七四年）
＊グレゴリー・ジノヴィエフ／石堂清倫訳『レーニン主義研究』（三一書房、一九七五年）
＊ロイ・メドヴェージェフ／菊地昌典・江川卓・石堂清倫監修『ソヴィエト反体制——地下秘密出版のコピー』一・二輯（三一書房、一九七六・七年）
＊アントニオ・グラムシ／石堂清倫訳『グラムシ獄中ノート』（三一書房、一九七八年）
＊荒畑寒村『寒村自伝』（論争社、一九六〇年。のち、筑摩叢書。現在岩波文庫）
＊菊地昌典『歴史としてのスターリン時代』（盛田書店、一九六六年。増補版・筑摩書房）

二〇世紀と「この時代」　池田浩士

＊池田浩士『似而非物語——池田浩士評論集』（序章社、一九七二年）
＊池田浩士『初期ルカーチ研究』（合同出版、一九七二年）
＊池田浩士『ルカーチとこの時代』（平凡社、一九七五年）
＊池田浩士『ファシズムと文学——ヒトラーを支えた作家たち』（白水社、一九七八年）
＊池田浩士『教養小説の崩壊』（現代書館、一九七九年）
＊池田浩士『抵抗者たち——反ナチス運動の記録』（ＴＢＳブリタニカ、一九八〇年。現在軌跡社）
＊池田浩士『闇の文化史——モンタージュ１９２０年代』（駸々堂出版、一九八〇年）
＊池田浩士『ふぁっしょファッション——池田浩士表現論集』（社会評論社、一九八三年）
＊池田浩士『隣接市町村音頭』（青弓社、一九八四年）
＊池田浩士『文化の顔をした天皇制』（社会評論社、一九八六年）
＊池田浩士『死刑の［昭和］史』（インパクト出版会、一九九二年）
＊池田浩士『権力を笑う表現？——池田浩士虚構論集』（社会評論社、一九九三年）
＊池田浩士『［海外進出文学］論・序説』（インパクト出版会、一九九七年）
＊池田浩士『火野葦平論——［海外進出文学］論・第一部』（インパクト出版会、近刊）
＊池田浩士編訳『論争・歴史と階級意識』（河出書房新社、一九七

七年）

＊エルンスト・ブロッホ／池田浩士訳『この時代の遺産』（三一書房、一九八二年。現在ちくま学芸文庫）

＊池田浩士編訳『表現主義論争』（れんが書房新社、一九八八年）

＊池田浩士編訳『ドイツ・ナチズム文学集成』（全13巻、柏書房、近刊）

〈記憶〉の出会う場所　細見和之

＊細見和之『アドルノ――非同一性の哲学』（講談社、一九九六年）

＊細見和之『アイデンティティ／他者性』（岩波書店、一九九九年）

＊イツハク・カツェネルソン／飛鳥井雅友・細見和之訳『滅ぼされたユダヤの民の歌』（みすず書房、一九九九年）

＊オシップ・マンデリシュターム／早川眞理訳『石』（群像社、一九九八年）

＊ナジェージダ・マンデリシュターム／木村浩・川崎隆司訳『流刑の詩人マンデリシュターム』（群像社、一九九八年）

＊ハイコ・ハウマン／平田達治・荒島浩雅訳『東方ユダヤ人の歴史』（鳥影社、一九九九年）

＊平田達治・佐藤康彦訳『ヨーゼフ・ロート小説集』全四巻（鳥影社、一九九三～九九年）

＊メンデル・ノイグレッシェル／野村真理訳『イディッシュのウィーン』（松籟社、一九九七年）

＊野村真理『ウィーンのユダヤ人――一九世紀末からホロコースト前夜まで』（御茶の水書房、一九九九年）

＊尹東柱『空と風と星と詩』（影書房、一九八四年）

＊金時鐘『クレメンタインの歌』（文和書房、一九八〇年。現在『「在日」のはざまで』立風書房、一九八六年に収録）

＊高史明『生きることの意味』（筑摩書房、一九七四年。現在ちくま文庫）

＊岡真史『ぼくは12歳』（筑摩書房、一九七六年。現在ちくま文庫）

〈敵〉はわが裡にあり　太田昌国

＊太田昌国『鏡のなかの帝国』（現代企画室、一九九一年）

＊太田昌国『〈異世界・同時代〉乱反射』（現代企画室、一九九六年）

＊太田昌国『「ペルー人質事件」解読のための21章』（現代企画室、一九九七年）

＊太田昌国『日本ナショナリズム解体新書』（現代企画室、二〇〇〇年）

＊太田昌国『「ゲバラを脱神話化する」』（現代企画室、二〇〇〇年）

＊太田昌国「第三世界は死んだ、第三世界主義万歳！」（フォーラム90s研究委員会編『20世紀の政治思想と社会運動』社会評論社、一九九八年所収）

＊太田昌国「『はじめに戦争ありき』とする時代錯誤」（宮台真司・網野善彦他共著『リアル国家論』教育史料出版会、二〇〇〇年所収）

＊若桑みどり「小林マンガの図像分析と受容の理由」（上杉聡編著『脱戦争論』東方出版、二〇〇〇年所収）

＊竹内好「日本人のアジア観」（竹内好評論集1『日本とアジア』筑摩書房、一九六六年所収。現在ちくま学芸文庫）

＊朴慶植『朝鮮人強制連行の記録』（未來社、一九六五年）

＊姜在彦「朝鮮問題における内田良平の思想と行動」（『朝鮮近代史研究』日本評論社、一九七〇年）

＊尹健次『孤絶の歴史意識』（岩波書店、一九九〇年）

＊尹健次「戦後日本のアジア観」（『岩波講座　日本通史』別巻1所収、岩波書店、一九九五年）

＊尹健次『日本国民論』（筑摩書房、一九九七年）

*金静美『故郷の世界史』（現代企画室、一九九六年）
*清水幾太郎『現代思想』上・下（岩波書店、一九六六年）
*清水幾太郎『わが人生の断片』上・下（文春文庫、一九七五年）
*小倉英敬『封殺された対話――ペルー日本大使公邸占拠事件再考』（平凡社、二〇〇〇年）
*エルネスト・チェ・ゲバラ『ゲバラ選集』全四巻（青木書店、一九六八・六九年）
*エルネスト・チェ・ゲバラ『ゲバラ日記』（みすず書房、一九六八年ほか）
*エルネスト・チェ・ゲバラ『革命の回想』（筑摩書房、一九六七年ほか。のちに改名され集英社文庫）
*エルネスト・チェ・ゲバラ『ゲリラ戦争』（三一書房、一九六七年）
*エルネスト・チェ・ゲバラ／棚橋加奈江訳『チェ・ゲバラ　モーターサイクル南米旅行日記』（一九九七年）
*コルダ写真集／ハイメ・サルスキー・太田昌国文『エルネスト・チェ・ゲバラとその時代』（現代企画室、一九九八年）
*パコ・イグナシオ・タイボⅡほか著／神崎牧子・太田昌国訳『ゲバラ　コンゴ戦記1965』（現代企画室、一九九九年）

断ち切られた対話　小倉英敬

*小倉英敬『封殺された対話――ペルー日本大使公邸占拠事件再考』（平凡社、二〇〇〇年）
*太田昌国『「ペルー人質事件」解読のための21章』（現代企画室、一九九八年）
*ホセ・カルロス・マリアテギ／原田金一郎訳『ペルーの現実解釈のための七試論』（柘植書房、一九八八年）
*ホセ・カルロス・マリアテギ／辻豊治・小林致広訳『インディアスと西洋の狭間で――マリアテギ政治・文化論集』（現代企画室、一九九九年）
*サパティスタ民族解放軍／太田昌国・小林致広編訳『もう、たくさんだ！――メキシコ先住民蜂起の記録1』（現代企画室、一九九五年）
*石原保徳『世界史への道――ヨーロッパ的世界史像再考』前後編（丸善、一九九九年）
*坪井善明『ヴェトナム　「豊かさ」への夜明け』（岩波書店、一九九四年）

記憶せよ、和合せよ　金時鐘

*金時鐘『「在日」のはざまで』（立風書房、一九八六年）
*金時鐘集成詩集『原野の詩』（立風書房、一九九一年）
*金時鐘他『金時鐘の詩――もう一つの日本語』（もず工房、二〇〇〇年）

Ⅱ　掘り起こされる列島の記憶

北海道精神史　平澤是曠

*平澤是曠『汚名――ゾルゲ事件と北海道人』（北海道新聞社、一九八七年）
*平澤是曠『弾圧――北海道綴方教育連盟事件』（北海道新聞社、一九九〇年）
*平澤是曠『叛徒――二・二六事件と北の青年将校たち』（北海道新聞社、一九九二年）
*平澤是曠『開戦――大本営陸軍部・道産子幕僚たちの苦悩』（北

海道新聞社、一九九三年）

＊平澤是曠『哲学者菅季治』（すずさわ書店、一九九八年）

＊平澤是曠『越境――岡田嘉子・杉本良吉のダスヴィダーニャ（さようなら）』（北海道新聞社、二〇〇〇年）

＊石原吉郎『望郷と海』（筑摩書房、一九七二年。現在ちくま学芸文庫）

＊内村剛介『定本　生き急ぐ――スターリン獄と日本人』（国文社、一九七七年）

＊内村剛介『失語と断念――石原吉郎論』（思潮社、一九七九年）

＊升本喜年『女優　岡田嘉子』（文藝春秋、一九九三年）

＊井出孫六『ルポルタージュ戦後史』上下（岩波書店、一九九一年）

＊パステルナーク詩集／工藤正廣訳『我が妹人生――一九一七年夏』（鹿砦社、一九七二年。未知谷、二〇〇〇年）

能代から世界へ　野添憲治

＊野添憲治「聞き書きと取材」（一九七九年）（『別冊東北学』vol.1、東北芸術工科大学東北文化研究センター、二〇〇〇年に再録）

＊野添憲治『花岡事件の人たち』（評論社、一九七五年。現在社会思想社・現代教養文庫）

＊野添憲治『ドキュメント出稼ぎ』（三章堂、一九六八年。現在社会思想社・現代教養文庫）

＊野添憲治『聞き書き・花岡事件』（無明舎出版、一九八三年。増補版、御茶の水書房）

＊野添憲治『開拓農民の記録』（日本放送出版協会、一九七六年。現在社会思想社・現代教養文庫）

＊野添憲治『塩っぱい河をわたる』（福音館書店、一九九四年）

＊野添憲治『資料・能代飛行場』（能代文化出版社、一九九七年）

＊野添憲治編著『秋田の朝鮮人強制連行――歴史の闇を歩く』（彩流社、一九九九年）

＊野添憲治『山村からの発信――中山間地域の明日を見据えて』（楽游書房、一九九九年）

＊野添憲治『幻の木造船――松下造船能代工場』（能代文化出版社、一九九九年）

＊野添憲治著・貝原浩画『花岡一九四五年・夏――強制連行された耿諄の記録』（パロル舎、二〇〇〇年）

＊赤坂憲雄『東北学へ』1～3（作品社、一九九六～九八年）

＊村上善男『津軽〈明朝舎〉101発』（北方新社、一九九二年）

＊村上善男『岡本太郎頌』（創風社、二〇〇〇年）

大阪、猪飼野発　金蒼生

＊金蒼生『わたしの猪飼野――在日二世にとっての祖国《くに》と異国《くに》』（風媒社、一九八二年）

＊金蒼生『赤い実』（行路社、一九九五年）

＊金蒼生『イカイノ発　コリアン歌留多』（新幹社、一九九九年）

＊徐京植『子どもの涙』（柏書房、一九九五年。現在小学館文庫）

＊徐京植『プリーモ・レーヴィへの旅』（朝日新聞社、一九九九年）

＊徐京植『新たなる普遍性へ――徐京植対話集』（影書房、一九九九年）

＊ハンナ・アーレント／阿部斉訳『暗い時代の人々』（河出書房新社、一九七二年）

＊エリザベス・ヤング＝ブルーエル／荒川幾男他訳『ハンナ・アーレント伝』（晶文社、一九九九年）

〈反復帰〉の思想を　新川明

＊新川明『反国家の兇区』（現代評論社、一九七一年。増補版、社会評論社）

*新川明『異族と天皇の国家――沖縄民衆史への試み』（二月社、一九七三年）
*新川明『新南島風土記』（大和書房、一九七八年）
*新川明『琉球処分以後』上下（朝日新聞社、一九八一年）
*新川明『沖縄・統合と反逆』（筑摩書房、二〇〇〇年）
*鹿野政直『戦後沖縄の思想像』（朝日新聞社、一九八七年）
*鹿野政直『沖縄の淵――伊波普猷とその時代』（岩波書店、一九九三年）
*小熊英二『〈日本人〉の境界――沖縄・アイヌ・台湾・朝鮮植民地支配から復帰運動まで』（新曜社、一九九八年）

世界を映す「島」　三木健

*三木健『八重山近代民衆史』（三一書房、一九八〇年）
*三木健『聞書西表炭坑』（三一書房、一九八二年）
*三木健『西表炭坑概史』（ひるぎ社、一九八三年）
*三木健『西表炭坑史料集成』（本邦書籍、一九八五年）
*三木健『写真集・西表炭坑』（ひるぎ社、一九八六年）
*三木健『オキネシア文化論――精神の共和国を求めて』（海風社、一九八八年）
*三木健『リゾート開発・沖縄からの報告』（三一書房、一九九〇年）
*三木健『西表炭坑夫物語』（ひるぎ社、一九九〇年）
*三木健『原郷の島々――沖縄南洋移民紀行』（ひるぎ社、一九九一年）
*三木健「〝辺境〟から見えるもの――沖縄の新聞記者として」（簾内敬司・松本昌次編『さまざまな戦後・第二集』日本経済評論社、一九九五年所収）
*三木健『沖縄・西表炭坑史』（日本経済新聞社、一九九六年）
*三木健『沖縄ひと紀行』（ニライ社、一九九八年）
*三木健『ドキュメント・沖縄返還交渉』（日本経済評論社、二〇〇〇年）
*三木健『八重山を読む――島々の本の事典』（南山舎、二〇〇〇年）
*上野英信『出ニッポン記』（潮出版社、一九七七年）
*上野英信『眉屋私記』（潮出版社、一九八四年）
*森口豁『子乞い――沖縄　孤島の歳月』（マルジュ社、一九八五年。増補新版、凱風社）
*森口豁『沖縄　近い昔の旅――非武の島の記憶』（凱風社、一九九九年）
*新崎盛暉『沖縄同時代史』（凱風社、既刊八巻）

III　身体からつむぎだされることば

水俣を抱き旅立つ　最首悟

*最首悟『生あるものは皆この海に染まり』（新曜社、一九八四年）
*最首悟『星子が居る――言葉なく語りかける重複障害の娘との20年』（世織書房、一九九八年）
*岩瀬政夫『水俣巡礼――青春グラフィティ'70～'72』（現代書館、一九九九年）
*最首悟編『出月私記――浜元二徳語り』（新曜社、一九八九年）
*森千代喜著／最首悟・山之内萩子編『我は雨をもいとわず段草を切る――水俣病を生きた不知火海一漁師の日記』（世織書房、一九九七年）
*宮澤信雄『水俣病事件四十年』（葦書房、一九九七年）

*茅野寛志遺稿集『残さるべき死』（青木新書、一九六二年）
*ミラン・クンデラ／西永良成訳『裏切られた遺言』（集英社、一九九四年）

身体のざわめき　栗原彬

*栗原彬編『差別の社会理論』（「講座・差別の社会学」第一巻、弘文堂、一九九六年）
*栗原彬編『証言　水俣病』（岩波新書、二〇〇〇年）
*栗原彬「水俣病という身体――風景のざわめきの政治学」（栗原彬・小森陽一・佐藤学・吉見俊哉著『内破する知――身体・言葉・権力を編みなおす』東京大学出版会、二〇〇〇年所収）
*原田正純『水俣病にまなぶ旅――水俣病の前に水俣病はなかった』（日本評論社、一九八五年）
*原田正純『水俣が映す世界』（日本評論社、一九八九年）
*原田正純『裁かれるのは誰か』（世織書房、一九九五年）
*原田正純『炭坑《やま》の灯は消えても――三池鉱炭じん爆発によるCO中毒の33年』（日本評論社、一九九七年）
*緒方正人・語り／辻信一・構成『常世の舟を漕ぎて――水俣病私史』（世織書房、一九九六年）
*森千代喜著／最首悟・山之内萩子編『我は雨をもいとわず断草を切る』（世織書房、一九九七年）
*水俣病患者連合編『魚湧く海』（葦書房、一九九八年）
*土呂久を記録する会編『記録・土呂久』（本多企画、一九九三年）
*川原一之『土呂久羅漢』（影書房、一九九四年）
*奈加悟『閉山』（岩波書店、一九九七年）
*毎日新聞西部本社編『三池閉山』（葦書房、一九九七年）

「震災五年」の視点から　柳原一徳

*柳原一徳『阪神大震災・被災地の風貌――終わりなき取材ノートから』（みずのわ出版、一九九九年）
*柳原一徳『「震災五年」の神戸を歩く』（みずのわ出版、二〇〇〇年）
*三木康弘『震災報道いまはじまる――被災者として論説記者として一年』（藤原書店、一九九六年）
*笠原芳光・季村敏夫編『生者と死者のほとり』（人文書院、一九九七年）
*桑原昭『震災日録抄――一九九五年・芦屋』（編集工房ノア、一九九八年）
*大山勝男『あるシマンチュウの肖像――奄美から神戸へ、そして阪神大震災』（みずのわ出版、一九九九年）
*額田勲『孤独死――被災地神戸で考える人間の復興』（岩波書店、一九九九年）

未完の放浪者として　野本三吉

*野本三吉『不可視のコミューン』（社会評論社、一九七一年。現在新宿書房）
*野本三吉『裸足の原始人たち――横浜・寿町の子どもたち』（田畑書店、一九七四年。現在新宿書房）
*野本三吉『寿生活館ノート』（田畑書店、一九七七年）
*野本三吉『風の自叙伝』（新宿書房、一九八二年）
*野本三吉『風になれ！子どもたち――児童ケースワーカー・10年の記録』（新宿書房、一九九二年）
*野本三吉『近代日本児童生活史序説』（社会評論社、一九九五年）
*野本三吉『子ども観の戦後史』（現代書館、二〇〇〇年）

*野本三吉『太陽の伝説』（新宿書房、近刊）
*野本三吉『未完の放浪者』（新宿書房、近刊）
*春田倫弘・服部貴康編『ワンダーエイジ――ぼくたちの日本』1・2（窓社、一九九八年）
*青木秀男編『場所をあけろ！――寄せ場／ホームレスの社会学』（松籟社、一九九九年）
*西澤晃彦『隠蔽された外部――都市下層のエスノグラフィー』（彩流社、一九九五年）

認識に賭ける　花崎皋平

*花崎皋平『マルクスにおける科学と哲学』（盛田書店、一九六九年。増補改訂版、社会思想社）
*花崎皋平『力と理性――実践的潜勢力の地平から』（現代評論社、一九七二年）
*花崎皋平『風はおのが好むところに吹く』（田畑書店、一九七六年）
*花崎皋平『いのちをわかちあう』（田畑書店、一九八〇年）
*花崎皋平『生きる場の哲学』（岩波新書、一九八一年）
*花崎皋平『解放の哲学をめざして――衆愚は天に愚ならず』（有斐閣、一九八六年）
*花崎皋平『静かな大地――松浦武四郎とアイヌ民族』（岩波書店、一九八八年、現在同時代ライブラリー）
*花崎皋平『民衆主体への転生の思想』（七つ森書館、一九八九年）
*花崎皋平『アイデンティティと共生の哲学』（筑摩書房、一九九三年）
*花崎皋平『個人／個人を超えるもの』（岩波書店、一九九六年）
*花崎皋平「エコロジーの思想と政治」（フォーラム90s研究委員会編『20世紀の政治思想と社会運動』社会評論社、一九九八年所収）
*前田俊彦編『三里塚――廃港への論理』（柘植書房、一九七七年）
*石毛博道『ドラム缶が鳴りやんで――元反対同盟事務局長　石毛博道　成田を語る』（四谷ラウンド、一九九八年）
*エルンスト・ブロッホ他／花崎皋平編訳『マルクスと革命』（紀伊國屋書店、一九七二年）
*アダム・シャフ／花崎皋平訳『マルクス主義と個人』（岩波書店、一九七六年）
*カレル・コシーク／花崎皋平訳『具体的なものの弁証法』（せりか書房、一九七六年）
*チャン・デュク・タオ／花崎皋平訳『言語と意識の起源』（岩波書店、一九七九年）
*アダム・シャフ／花崎皋平訳『社会現象としての疎外』（岩波書店、一九八四年）
*マリア・ミース／奥田暁子訳『国際分業と女性』（日本経済評論社、一九九七年）
*エルンスト・ブロッホ／小田智敏訳『世界という実験』（法政大学出版局、一九九九年）
*テッサ・モーリス＝鈴木『辺境から眺める』（みすず書房、二〇〇〇年）

編者あとがき

*船橋晴俊他編『巨大地域開発の構想と帰結――むつ小川原開発と核燃料サイクル施設群』（東京大学出版会、一九九八年）
*鎌田慧『六ヶ所村の記録』上下（岩波書店、一九九一年）
*エドマンド・ウィルソン／岡本正明訳『フィンランド駅へ』上下（みすず書房、一九九九年）
*シュテファン・ツヴァイク／片山敏彦訳『人類の星の時間』（み

すず書房、一九六一年）

＊ピーター・ゲイ／鈴木利章訳『歴史の文体』（ミネルヴァ書房、一九七七年）

＊リチャード・J・エヴァンズ／今関恒夫・林以知郎監訳『歴史学の擁護――ポストモダニズムとの対話』（晃洋書房、一九九九年）

＊パーヴェル・フロレンスキイ／桑野隆他訳『逆遠近法の詩学――芸術・文化論集』（水声社、一九九八年）

＊オーシプ・マンデリシターム／斉藤毅訳『言葉と文化――ポエジーをめぐって』（水声社、一九九九年）

＊川崎浹『「英雄」たちのロシア』（岩波書店、一九九九年）

＊ヴァルター・ヤンカ／林功三訳『沈黙は嘘――暴露された東独スターリン主義』（平凡社、一九九〇年）

＊クリスタ・ヴォルフ／保坂一夫訳『残るものは何か？』（恒文社、一九九七年）

＊ハンス・マイヤー／宇京早苗訳『バベルの塔――ドイツ民主共和国の回想』（法政大学出版局、一九九三年）

＊芝健介『ヒトラーのニュルンベルク――第三帝国の光と闇』（吉川弘文館、二〇〇〇年）

＊ユルゲン・ゼルケ／浅野洋訳『焚かれた詩人たち――ナチスが焚書・粛清した文学者たちの肖像』（アルファベータ、一九九九年）

＊吉田司『ひめゆり忠臣蔵』（太田出版、一九九三年、増補改訂版・二〇〇〇年）

米田綱路（よねだ・こうじ）

1969年奈良県生まれ。

新聞社，出版社をへて，現在，図書新聞編集長。

語り《カタリ》の《ノ》記憶《キオク》・書物《ショモツ》の《ノ》精神《セイシン》史《シ》

2000年11月30日　初版第1刷発行

編著者＊米田綱路

装　幀＊市村繁和（i-media）

発行人＊松田健二

発行所＊株式会社社会評論社

東京都文京区本郷2-3-10 お茶の水ビル

☎03（3814）3861　FAX.03（3818）2808

http://www.netlaputa. ne.jp/~shahyo

印　刷＊㈱ミツワ印刷

製　本＊東和製本

ISBN4-7845-0553-9　Printed in Japan